OS ESPANHÓIS

COLEÇÃO POVOS & CIVILIZAÇÕES

Coordenação Jaime Pinsky

OS ALEMÃES *Vinícius Liebel*
OS AMERICANOS *Antonio Pedro Tota*
OS ARGENTINOS *Ariel Palacios*
OS CANADENSES *João Fábio Bertonha*
OS CHINESES *Cláudia Trevisan*
OS COLOMBIANOS *Andrew Traumann*
OS ESCANDINAVOS *Paulo Guimarães*
OS ESPANHÓIS *Josep M. Buades*
OS FRANCESES *Ricardo Corrêa Coelho*
OS INDIANOS *Florência Costa*
OS INGLESES *Peter Burke* e *Maria Lúcia Pallares-Burke*
OS IRANIANOS *Samy Adghirni*
OS ITALIANOS *João Fábio Bertonha*
OS JAPONESES *Célia Sakurai*
OS LIBANESES *Murilo Meihy*
OS MEXICANOS *Sergio Florencio*
O MUNDO MUÇULMANO *Peter Demant*
OS PORTUGUESES *Ana Silvia Scott*
OS RUSSOS *Angelo Segrillo*

Proibida a reprodução total ou parcial em qualquer mídia sem a autorização escrita da editora.
Os infratores estão sujeitos às penas da lei.

A Editora não é responsável pelo conteúdo deste livro.
O Autor conhece os fatos narrados, pelos quais é responsável, assim como se responsabiliza pelos juízos emitidos.

Consulte nosso catálogo completo e últimos lançamentos em **www.editoracontexto.com.br**.

Josep M. Buades

OS ESPANHÓIS

Copyright © 2006 Josep M. Buades

Todos os direitos desta edição reservados à
Editora Contexto (Editora Pinsky Ltda.)

Imagem de capa
Festival de São Firmino, em Pamplona (Espanha)
© Blaine Harrington iii / Corbis / LatinStock Brasil

Montagem de capa
Ricardo Assis

Diagramação
Gustavo S. Vilas Boas

Revisão
Celso de Campos Jr.
Lilian Aquino

Dados Internacionais de Catalogação na Publicação (CIP)
(Câmara Brasileira do Livro, sp, Brasil)

Buades, Josep M.
 Os espanhóis / Josep M. Buades. 2. ed., 4ª reimpressão. –
São Paulo : Contexto, 2025.

Bibliografia.
ISBN 978-85-7244-344-9

1. Cultura – Espanha 2. Espanha – Condições sociais
3. Espanha – História 4. Espanha – Usos e costumes
5. Espanhóis – História 6. Identidade nacional – Espanha
I. Título

06-6436   CDD-946

Índice para catálogo sistemático:
1. Espanha : Condições sociais : História 946
2. Espanha : Cultura : História 946

2025

Editora Contexto
Diretor editorial: *Jaime Pinsky*

Rua Dr. José Elias, 520 – Alto da Lapa
05083-030 – São Paulo – sp
pabx: (11) 3832 5838
contato@editoracontexto.com.br
www.editoracontexto.com.br

À Andréa e à Joana

SUMÁRIO

INTRODUÇÃO	11
PARA ENTENDER OS ESPANHÓIS	13
Por que são tão bravos?	13
Sangue na areia, no altar e no copo	16
Quando dorme esse povo?	29
Amanhã sempre	32
A tertúlia: fumaça, barulho e conversa fiada	32
¡Qué mala leche!	36
Seja quem for o governo, eu sou contra	37
Trabalho e família: não são a mesma coisa?	39
Times tão bons e uma seleção tão ruim...	41
Em outros esportes também se dão bem	46
UM PASSEIO PELA HISTÓRIA	49
Os primeiros inquilinos da Península Ibérica	49
Roma inventa Hispânia	57
Um reino, dois povos	62
Al-Andalus	67
A Hispânia das três religiões	75
A mal chamada Reconquista	82
A monarquia católica	91
O império onde o sol nunca se põe	100
Artistas de ouro, governantes de chumbo	114
Uma dinastia à moda de Versalhes	119
Napoleão, a *Pepa* e o liberalismo	125
América para os americanos	132
Um país subdesenvolvido	137
O descontentamento social	142

Fazer as Américas	145
O labirinto político	149
As duas Espanhas	161
As reformas frustradas da Segunda República	162
O trauma da guerra civil	171
"Uma, grande e livre"... ou quase	182
O desenvolvimento, as suecas e o seiscentos	190
"Atado e bem atado", *pero no mucho*	197
A ilusão do estado do bem-estar	205
Cabeça da África ou rabo da Europa?	213

TRÊS MITOS ESPANHÓIS E UM MITO FRANCÊS — 221
El Cid	221
Dom Quixote	223
Don Juan	227
Carmen	229

CONTRIBUIÇÕES ÀS ARTES — 233
Artes plásticas	233
Arquitetura	251
Música	258
Cinema	270
Literatura e pensamento	282

QUEM SÃO OS ESPANHÓIS? — 303
Contrastes da Espanha atual	303
Que línguas falam os espanhóis?	305
Outras línguas e dialetos	313
Pluralidade cultural	316
O conflito basco	317
Um modelo territorial *à la carte*	324
O que une os espanhóis?	327

OS DESAFIOS DA ESPANHA DE HOJE — 331
Existem as marcas espanholas? Desde quando?	331
Efeitos colaterais do turismo	337

Da emigração à imigração	341
As novas formas de terrorismo	345
Do mito do macho ibérico à igualdade dos sexos	349
Acabou a família tradicional?	352
CONCLUSÃO	357
CRONOLOGIA	359
ANEXO	367
A pele de touro	367
Orografia	367
População	374
Divisão política e administrativa	375
BIBLIOGRAFIA	377
O AUTOR	383

INTRODUÇÃO

Quem passeia hoje pelas ruas de alguma cidade espanhola dificilmente reparará que há menos de setenta anos esse povo mergulhou em uma das guerras civis mais cruéis que a Europa conheceu. Seguramente chamarão mais a atenção as praças ocupadas pelas mesas e cadeiras dos bares, o barulho das motocicletas com os tubos de escapamento alterados, as multidões de turistas norte-europeus curtindo aquele sol da Península Ibérica – tão raro em seus países de origem – ou a forma alegre e desenfadada como os espanhóis praticam seus afazeres diários. Se o visitante não é uma pessoa muito atenta, ou se carece de uma sólida bagagem cultural ou de contatos pessoais com os nativos, seguramente voltará para casa com uma bela série de estampas turísticas na cabeça e comentará com seus amigos os estereótipos que costumam circular sobre os espanhóis. Mas, com certeza, voltará sem ter entendido praticamente nada sobre o país e sua gente.

A Espanha vivencia hoje um dos seus melhores momentos. Nunca no passado, nem sequer no apogeu de seu império de ultramar, tantos espanhóis desfrutaram de tão intenso bem-estar como na atualidade. Um país tradicionalmente agrário é hoje uma potência no setor turístico. Uma terra que não podia alimentar seus filhos e os empurrava a emigrar é receptora de importantes contingentes de imigrantes. Uma nação pobre e atrasada figura atualmente entre as maiores economias mundiais. E seu tecido empresarial, que por gerações manteve métodos de gestão obsoletos e buscou no protecionismo a única via para garantir um mercado cativo, hoje possui multinacionais que concorrem nos mercados globais.

Politicamente, os espanhóis parecem ter superado os ódios *caínicos* que os compeliram ao beco sem saída do confronto civil. A Espanha dispõe de um sistema político democrático, que garante de forma bastante aceitável os direitos humanos de seus cidadãos. Até mesmo a monarquia, uma instituição aparentemente antiquada, possui uma imagem de modernidade. E o sistema parlamentar funciona bastante bem, o que não é frequente nos países latinos, permitindo a alternância no poder de distintas forças políticas.

No entanto, por trás dessa face risonha se esconde uma história muito trágica e toda uma série de conflitos que os espanhóis aprenderam a superar só parcialmente.

A guerra e a crueldade fazem parte da história desse povo, mas também a coragem e o cavalheirismo. Terra de conquistadores, sedutores, sonhadores, mas sobretudo de grandes individualistas, a Espanha forjou alguns dos mitos mais importantes da cultura universal. A dor e o sangue vertido marcaram o caráter do espanhol. Poucas civilizações têm refletido tanto sobre o sofrimento e têm feito dele um objeto de prazer estético.

Mistura de mil raças e ao mesmo tempo gerador de múltiplas miscigenações, o espanhol é um povo complexo e contraditório, que causa perplexidade e interesse em igual medida.

Neste livro, o leitor encontrará uma abordagem do tema que começa por aqueles elementos culturais que chamam a atenção a qualquer um que visite a Espanha. São elementos aparentemente superficiais (quase curiosidades), mas que contribuem poderosamente com a formação da imagem que se tem dos espanhóis no exterior. A partir dessa epiderme, iremos nos aprofundando nos aspectos históricos, culturais, políticos e econômicos que têm feito dos espanhóis um conglomerado de povos bastante diferentes entre si, mas com um passado em grande medida comum e com desafios de futuro quase idênticos. Finalmente, nos interrogaremos sobre o presente e o futuro dos espanhóis, com uma série de temas que preocupam intensamente a sociedade espanhola de nossos dias. No final do livro há um anexo com orientações geográficas, pensadas para aqueles leitores que queiram saber mais sobre o território, a orografia, a demografia, o clima, a vegetação e a divisão política da Espanha.

Se com estas páginas conseguirmos aproximar o leitor brasileiro da riqueza e da variedade cultural que se encerram sob o gentílico "espanhol", os esforços deste autor serão compensados.

PARA ENTENDER OS ESPANHÓIS

Em relação ao caráter espanhol, existem alguns traços que causam perplexidade entre os observadores de fora e que geram comentários sobre a maneira de ser dos espanhóis. Nas próximas páginas, trataremos de alguns desses estereótipos e veremos até que ponto coincidem com a realidade.

POR QUE SÃO TÃO BRAVOS?

Como lidar com os espanhóis? Manual de sobrevivência

Um comentarista estrangeiro bastante mal-intencionado definiu há tempos o espanhol como "um tipo baixinho, careca e com pinta de transar pouco". Em relação à altura, é uma realidade que, tanto por motivos étnicos quanto pela insuficiente alimentação, os espanhóis (como quase todos os europeus do sul) tinham no passado uma altura média inferior à registrada no norte da Europa. O progresso econômico da segunda metade do século xx reduziu essa diferença. Em relação à calvície, devo reconhecer que não disponho de estatísticas confiáveis para assegurar que os espanhóis padeçam de uma maior queda de cabelo que seus vizinhos. E sobre a vida sexual, bem, é verdade que o número de coitos *per capita* ao ano dos espanhóis é bem inferior à cifra das estatísticas norte-americanas, brasileiras ou até mesmo russas.

Seja como for, o espanhol é visto internacionalmente como uma pessoa de caráter bronco, de pavio curto e facilmente irritável. Embora pudesse ser um indivíduo de trato afável e simpático, bastava qualquer pequeno comentário levemente ofensivo para que passasse dos risos e abraços às porradas e facadas.

Uma virtude dos espanhóis é a sua sinceridade. O espanhol gosta de dizer aquilo que pensa. E o fará da forma mais crua e direta possível, sem considerar as consequências que suas palavras possam ter. Essa virtude é aplicada com tanta veemência que se converte em um defeito, o da soberba. "As coisas são como eu digo que são e ponto final."

Se os italianos conseguiram recuperar na mesa de negociação os territórios que perderam nas campanhas militares, a falta de tato negociador fez com que a Espanha perdesse no campo diplomático terras que havia conquistado pela força. O espanhol foi educado para impor a sua forma de entender o mundo, mas não para escutar a opinião dos outros. Essa falta de empatia dificulta enormemente a resolução de qualquer conflito de forma pacífica.

Diante de uma opinião que ele não compartilha, o espanhol reage com indignação. E esse recurso à ira provoca resposta irada do interlocutor. O que começa como um diálogo aparentemente civilizado deriva em poucos minutos para imprecações pessoais, desqualificações, xingamentos e, se ninguém fizer algo para os deter, agressões físicas. Esse fácil recurso às vias de fato ajuda a entender por que a Espanha vivenciou tantas guerras civis entre os séculos XIX e XX.

Mesmo na atualidade, porém, quando parecem superados esses ódios atávicos, persiste na Espanha uma certa "cultura do *cabreo*" (chateação). O *cabreo* é uma expressão de mau humor, semeado de reações bruscas e de qualificações impertinentes. Está muito presente na vida política. Basta ler alguns editoriais e artigos de opinião nos jornais ou sintonizar determinadas tertúlias radiofônicas para perceber como a "cultura do *cabreo*" está intensamente presente na vida espanhola. As propostas políticas são comentadas não em função de critérios ideológicos, mas segundo as características pessoais de quem as proferiu. Não se diz se uma proposta está certa ou errada por tal ou qual motivo, mas afirma-se que seu autor é um maluco, um cretino ou um imbecil. No lugar de uma valoração dos pensamentos, geralmente temos uma censura das pessoas.

Entretanto, a "cultura do *cabreo*" impregna quase todas as esferas a vida cotidiana. Você pode ser maltratado pelo balconista da mercearia ou pelo garçom do restaurante, simplesmente porque pediu um produto que se encontrava em um rincão recôndito da loja ou por demorar demasiado tempo para escolher o prato que você quer pedir. O mau humor é comum a todos os estratos sociais, dos mais humildes aos mais poderosos. Quase todos creem que as coisas só funcionam na base do grito e da pancadaria. Se fosse assim, a Espanha seria com certeza um dos países mais organizados do mundo. Mas basta visitá-la para comprovar que não é bem desse jeito...

É certo que existem gradações regionais. Em geral, os moradores do sul da Espanha são menos bravos que os do norte, mas isso não é completamente verdade. Os galegos têm fama de ser mais frios e calmos que os temperamentais granadinos. É corrente dizer que os espanhóis são bravos porque são latinos e têm o sangue quente. Essa fervura do sangue nas veias facilitaria reações mais agressivas em comparação aos outros povos de sangue mais frio. Como em tantas outras crendices populares, é melhor não procurar constatações científicas do fato, se não quisermos ficar roxos de vergonha.

Para o visitante interessado em conhecer a Espanha e suas pessoas, gostaria de dar algumas dicas de sobrevivência, que, espero, poderão ajudá-los a se relacionar e entender melhor os espanhóis.

Primeira dica: não leve como algo pessoal o trato bravo dos espanhóis. Entenda-o como uma máscara colocada para ocultar suas inquietudes e debilidades. O espanhol recorre ao *cabreo* como o brasileiro recorre à cordialidade, o britânico à fleuma ou o alemão à precisão. São diferentes formas culturais de lidar conosco mesmos e de lutar contra a nossa ansiedade.

Segunda dica: não entre no círculo das desqualificações. Se você reagir às provocações, estará fazendo o jogo do espanhol. E pense que ele está mais treinado do que você na arte do xingamento.

Terceira dica: nada desarma mais do que uma boa argumentação lógica. Apesar de seu orgulho quase racial, o espanhol ainda conserva um certo complexo de inferioridade. Se o estrangeiro mostrar-se uma pessoa civilizada, o espanhol se renderá logo. Chegado esse momento, desvie a atenção do tema que gerou a polêmica e puxe a conversa sobre algum assunto leve ou mostre interesse por alguma tradição local (as touradas, as festas maiores etc.). O espanhol se sentirá valorizado e esquecerá o motivo da disputa. No entanto, evite mostrar-se soberbo em sua posição, porque ele é orgulhoso e retaliará.

Finalmente, o espanhol tem um caráter vulcânico. Evite a erupção de todas as maneiras possíveis, mas, se esta acontecer, fique o mais longe que conseguir. Aí não há nada que se possa fazer.

Raízes históricas desse comportamento

Desde a Idade Média, os espanhóis foram criados no culto à intolerância e na proteção a qualquer custo da honra. Mais de três séculos de autoritarismo imperial e de perseguição inquisitorial modelaram o caráter coletivo dos espanhóis. Além disso, o individualismo, tão presente em todas as manifestações artísticas, complicava ainda mais a viabilidade do consenso.

Esse legado imperial e católico pesou como uma rocha na formação do Estado liberal e condicionou a história contemporânea do país. Algumas vozes radicais se levantaram para exigir que o sepulcro de El Cid fosse trancado com sete chaves. E outros enxergaram perfeitamente como a sombra de El Escorial e dos autos de fé ainda se projetava sobre a vida pública nacional. Os políticos tentaram imitar os modelos democráticos e parlamentaristas do exterior sem terem uma população acostumada a dialogar nem habituada a que suas reclamações fossem levadas a sério pelas autoridades. Os fantasmas do passado ganharam nova forma em expressões como "ou tudo ou nada", "o senhor não sabe com quem está falando" ou *antes roja que rota*,[1] que impregnaram a vida política e social da Espanha e conformaram uma atitude absolutamente contrária à intermediação com o rival. Era mais fácil recorrer às armas do que usar as palavras.

Existe uma piada que exprime com perfeição essa ideia.

Um amigo pergunta ao outro:

— Escuta, Patxi, por que você é carlista?
— Pô, eu sou carlista porque o meu pai era carlista.
— E por que o seu pai era carlista?
— Porque o meu avô era carlista.
— Tudo bem, mas por que o seu avô era carlista?
— *Você quer apanhar, não é?*

A honra, a moral, a pátria, a tradição, a revolução, a liberdade, o casticismo, o internacionalismo, o fascismo, o socialismo e qualquer outro "ismo" eram defendidos com as entranhas e não com a razão. As coisas eram assim porque eram. E acabou. Tanto para os militantes de direita como para os de esquerda. Somente uma pequena elite ilustrada conseguia sublimar os baixos instintos da política espanhola e sonhava com uma integração do país na Europa, o lugar em que – segundo um verso de Salvador Espriu – "a gente era culta e feliz".

SANGUE NA AREIA, NO ALTAR E NO COPO

Uma cultura da dor

A dor e o sofrimento estão presentes na cultura espanhola em suas mais variadas manifestações, tanto eruditas quanto populares. O sangue, a morte, o padecimento, o tormento ou o vazio existencial têm sido objetos de reflexão coletiva, de forma às vezes quase inconsciente. Esses temas têm inspirado letras de canções, obras literárias, peças teatrais, monumentos arquitetônicos, pinturas e esculturas e filmes. Até a chamada "festa nacional" é um desafio à morte, para o qual o sangue do touro é derramado.

A história da Espanha está repleta de episódios violentos.
Os espanhóis aprenderam a conviver com a dor no dia a dia.

A dor e a crueldade, levadas às vezes até extremos sádicos, fazem parte de muitas expressões culturais espanholas. A conturbada história do país, marcada por guerras civis, perseguições e repressões políticas e religiosas, espalhou o sofrimento entre todas as camadas sociais. Os artistas, como Goya, foram especialmente sensíveis ao impacto da dor. O horror e o absurdo da guerra marcaram toda sua criação pictórica posterior, como se observa em obras como O três de maio, de 1808.

Poucos povos têm refletido tanto sobre a dor como os espanhóis. E poucos têm sabido sublimar o sofrimento com tanta pureza estética.

A tauromaquia

As origens das touradas perdem-se na noite dos tempos (com o perdão do uso dessa figura literária tão pouco original). O duelo entre o homem e o animal é antiquíssimo e já se acha representado nos palácios cretenses da era minoica. Algum tipo de adoração aos bovinos também se dava entre os primitivos povos da península, como assim parecem indicar certos monumentos pré-históricos, como os touros de Guisando ou as *taules* menorquinas. No Império Romano, foram muito apreciados os espetáculos em que grupos de animais selvagens (touros, ursos, leões, lobos etc.) enfrentavam-se entre si ou com os gladiadores.

Contudo, as formas mais primitivas das touradas (em espanhol *corridas de toros*) estão documentadas na Idade Média. Sabe-se que alguns reis mandavam trazer touros vivos para que os cavaleiros demonstrassem seu valor lutando contra eles. A coroação do rei Alfonso VII em Vera (La Rioja), em 1135, veio acompanhada de festas de touros; o imperador Carlos V celebrou o nascimento de seu herdeiro Felipe (1527) matando um touro com uma lança. Além dessa diversão de palácio, muitas festas populares tinham (e ainda têm em muitas localidades) como momento central o *encierro*, isto é,

Pamplona é conhecida pelas suas festas de São Firminho (7 de julho), quando são celebrados os *encierros*, isto é, a soltura dos touros que serão lidados à tarde na praça.

a soltura de um touro pelas ruas do povoado para que os homens pudessem medir sua valentia provocando-o. A modalidade de *encierro* mais conhecida internacionalmente é a que acontece em Pamplona na semana das festas de São Firmino (7 de julho). De manhã cedo, os touros que serão lidados à tarde saem correndo pelas ruas do centro de Pamplona,[2] acompanhados dos *cabestros* (bois mansos), percorrendo a distância que há entre o estábulo em que passaram a noite e a praça de touros. Durante essa corrida, moços vestidos de branco, com um lenço vermelho no pescoço e um jornal enrolado na mão, saem ao seu encontro para correrem por vários metros em frente dos seus chifres. Todo ano ocorrem acidentes de maior ou menor gravidade, mas, apesar do evidente risco para a vida dos que praticam esse esporte-tradição, nunca falta um bom grupo de voluntários para participar da festa.

As touradas, tal como as conhecemos hoje, começaram a ser regulamentadas no século XVIII, conforme o atestam as águas-fortes de Goya. Boa parte do vestuário do toureiro data dessa época. O *traje de luces* é um complexo conjunto de peças de seda – enfeitadas com fios de ouro e prata que lhe dão um especial toque luminoso – formado pelas meias, as calças, a camisa, a *chaquetilla* e a gravata curta. O conjunto fica completo com a *montera*, chapéu de duas pontas. Caso o toureiro ache que vai realizar uma boa *faena* (trabalho), brinda o touro jogando a *montera* para alguém que está assistindo ao festejo. O brinde também pode ser feito para o presidente ou para o "honorável público". Só se brinda um touro ao público em geral quando o toureiro está convencido de que realizará uma *faena* magistral.

As touradas sempre começam pontualmente (coisa estranha na Espanha) às cinco da tarde.[3] São lidados seis touros, que normalmente são repartidos entre três toureiros, à razão de dois touros cada. Embora pouco frequentes, também existem as lidas em que um único toureiro enfrenta os seis touros. O toureiro tem um tempo limite de 15 minutos para matar o touro. Se ele se aproximar do tempo limite e o animal continuar vivo, o presidente avisa-o com um solo de cornetas e tímpanos. Um aviso pode deixar o toureiro sem troféu, mesmo que a corrida tenha sido excelente. Dois avisos acirram os ânimos do público, e ao terceiro aviso para o espetáculo e o toureiro é retirado da praça. Antigamente ele era conduzido à delegacia de polícia por crime de estelionato, já que era óbvio que havia defraudado todos os que haviam pago para assistir ao festejo.

A corrida divide-se em três partes: o terço de varas, o terço de *banderillas* e o terço de muleta ou de morte.

Quando o touro sai à praça, geralmente é recebido pelos subalternos da quadrilha do toureiro, que fazem os primeiros passes para avaliar as condições físicas do touro e a forma como ele reage aos estímulos. Mas em certas ocasiões é o próprio matador quem o aguarda ajoelhado quando de sua saída. Nessa ocasião, o touro é recebido por uma

O culto ao touro esteve presente na cultura hispânica desde tempos imemoriais. Assim o demonstram algumas expressões plásticas dos povos pré-romanos, como os *Touros de Guisando* (El Tiemblo, Ávila).

larga cambiada, arte do toureio feita com o capote, elevando-o por cima da cabeça do toureiro. Logo depois entram os dois *picadores*, que, montados a cavalo, enfiam a lança no lombo do touro com a intenção de fazê-lo sangrar. Isto é feito para o touro perder forças e facilitar a entrada para matar. Geralmente, o touro é lanceteado três vezes, mas o toureiro pode impedir as últimas lancetadas se achar que o castigo foi suficiente. Um excesso de severidade pode deixar o touro impossibilitado de continuar a tourada.

A seguir vem o terço de *banderillas*. Essas são uma espécie de setas recobertas de tecidos de cores que imitam a bandeira espanhola ou da bandeira regional. São colocadas três pares de *banderillas* no lombo do touro, que têm uma dupla função – decorativa e de ferimento do animal.

Finalmente chega o terço de morte, que são os minutos finais da lida e os mais interessantes do ponto de vista estético. É nesse terço que se demonstra a arte e a maestria

Festa nacional ou espetáculo bárbaro? A tourada é uma tradição que divide entusiastas seguidores e profundos detratores, tanto dentro como fora da Espanha. Os primeiros destacam suas qualidades estéticas e rendem tributo a uma celebração da coragem e da morte, num ritual que remonta ao início dos tempos. Os segundos só veem nessa festa o horror e o vexame de uma morte lenta e cruel de um ser vivo indefeso.

do matador. Com a *muleta*, um pano vermelho menor que o capote, o toureador faz diversos passes. Quando eles são realizados com a mão esquerda são chamados de "naturais" e são os mais apreciados pelos aficionados. O corpo do touro passa a pouca distância das pernas do toureiro, que precisa então demonstrar sua destreza no uso do braço esquerdo. Quando os passes são feitos com a mão direita, são chamados de *derechazos*. Às vezes, o matador usa o *estoque* (um tipo de espada fina e comprida) para prolongar a superfície da muleta e manter o touro mais longe dele.

O objetivo dos passes é fazer com que o touro seja "humilhado", ou seja, que fique com a cabeça baixa. É nessa posição que o toureiro pode entrar para matar, pois abre-se um espaço entre duas vértebras do animal. Se o matador acertar a entrada e conseguir enfiar o *estoque* nesse ponto da coluna, a morte do touro é rápida. Caso contrário, terá de fazer uso do *descabello*, uma espada com ponta acabada em cruz, com a qual o toureiro deve acertar o bulbo raquiano do animal para garantir-lhe uma morte imediata.

Se o público gostou da *faena*, solicitará, mediante a exibição de um lenço branco, que o presidente premie o toureiro. Os troféus são, por ordem de menor a maior importância: a volta ao *ruedo* (a praça) para receber a ovação do respeitável, uma orelha, duas orelhas, duas orelhas e o rabo e – muito excepcionalmente – a pata.

As touradas são uma paixão comparável ou superior ao futebol. Daí que seja chamada a "festa nacional", embora os militantes dos movimentos de defesa dos animais não compartilhem dessa opinião. É uma celebração cruel, sim, e questionada dentro da própria Espanha. Ainda que o touro pese mais de meia tonelada e um ataque de seus chifres possa ser fatal para o toureiro, não é uma luta entre iguais. O touro está em um ambiente hostil e desconhecido, enquanto o matador dispõe de uma equipe de assistentes, inclusive os picadores, e de uma agilidade e inteligência muito superior à do animal. Contudo, é uma tradição fortemente enraizada no país. Existem inclusive *peñas* taurinas, uma espécie de clubes recreativos em que os aficionados se reúnem para tomar uma taça de conhaque e discutir sobre o andamento da temporada. Esta começa no mês de março (festas de São José, em Valência) e acaba em outubro (festas da Virgem do Pilar, em Zaragoza), coincidindo com os meses mais quentes do ano. Durante o inverno, os toureiros espanhóis costumam visitar as praças de touros de países hispano-americanos, como México, Colômbia, Equador ou Peru, entre outros. É curioso ressaltar como o entusiasmo pelos touros arraigou-se nos países que no passado foram sedes vice-reinais, enquanto que nas nações do Rio da Prata, apesar de sua longa tradição pecuarista, essa festa é praticamente desconhecida.

Uma religião muito carnal

Como em todos os países aonde chegou a fé cristã, o cristianismo espanhol é fruto do sincretismo entre o Evangelho e as religiões romanas e pré-romanas. Cultos milenares, como o dos ex-votos, documentado em jazidas arqueológicas ibéricas, depois se exprimiram através da veneração dos santos.

Também o culto à Virgem Maria guarda relação com adorações pré-históricas de deusas da fertilidade. O próprio Jesus Cristo adquiriu fisionomia de um deus guerreiro, e à sua participação nos campos de combate se atribuiu a vitória dos cristãos em algumas batalhas contra os muçulmanos (como a de Clavijo).

Mas foi o Concílio de Trento o responsável por fixar de maneira indelével as características do catolicismo. Procurando diferenciá-lo dos ritos protestantes, mais introvertidos e intelectualizados, o catolicismo tridentino centrou suas atenções nos aspectos mais emocionais da liturgia e do culto. A arte barroca mediterrânea não pode ser entendida sem o papel de liderança que adotou a Igreja Católica. Enquanto os protestantes se esforçavam por converter os fiéis intelectualmente, ensinando-os a ler e a escrever, para poder refletir melhor sobre a mensagem do Antigo e do Novo Testamento, os católicos acharam melhor deixar as massas imersas no analfabetismo. Ler demais não fazia nada bem para a cabeça. E, senão, perguntem a Dom Quixote. Os protestantes andavam com um exemplar da Bíblia sob o braço e sabiam de cor capítulos, salmos e provérbios. Os católicos haviam sido expressamente proibidos de ler a Bíblia, até o ponto em que, já bem entrado o século XIX, o papa Pio IX incluiu o livro santo no primeiro lugar do índice de livros proibidos.

A liturgia protestante destacava o canto em comunidade e a discussão entre os fiéis das passagens da Bíblia. O cristão sentia que era parte integrante de sua comunidade espiritual e, ao mesmo tempo, tinha a oportunidade de trocar ideias e perguntar a respeito do significado profundo da palavra de Deus. Era uma forma mais democrática de entender a religião. Mas não podemos esquecer que o protestantismo comportou uma pressão social muito mais forte contra aqueles indivíduos que se separavam da linha dominante no grupo. E tampouco esteve isento de fanatismos. As caças às bruxas na Europa do Norte foram, pelo seu número de vítimas, comparáveis aos autos de fé da Inquisição.

Com a Contrarreforma, o catolicismo reforçou seus aspectos mais emocionais. As igrejas enriqueceram-se com decorações carregadas. A música teve um papel fundamental na liturgia, mas era praticada por profissionais especificamente formados para tal labor. O fiel não participava da cantiga dos motetes, mas assistia passivamente às missas solenes ou aos oratórios que acenavam com episódios das sagradas escrituras. A força de uma música que parecia descer das altas esferas elevava a alma do crente e reafirmava sua convicção de professar a fé "única e verdadeira". Da mesma forma, a pregação era um vetor com um único sentido: do pregador ao fiel, sem nenhuma possibilidade de contestação.

Mas se ainda assim havia alguém que não estava plenamente convencido da superioridade do papa de Roma, da imaculada conceição de Maria ou do perdão dos pecados por meio da confissão e da penitência, sempre havia a possibilidade de que este fosse chamado para algum inquérito da Inquisição, através do qual, ou pela força do raciocínio ou pelo poder de persuasão da tortura, teria oportunidade de voltar ao bom caminho. Caso contrário, só restava vestir o *sambenito* e servir de espetáculo para

O catolicismo espanhol é abundante em manifestações populares de fé. Na imagem, a procissão da Sexta-Feira Santa em Sevilha, pintada por Manuel Cabral em 1862.

as massas em uma horrenda execução, que poderia incluir a vivisseção dos quatro membros ou a morte em fogo lento, entre outras barbaridades.

O cristianismo, que em princípio era uma religião de amor e de perdão, transformou-se, por obra e graça dos inquisidores e de outros pregadores fundamentalistas, numa religião do ódio. O catolicismo ensinou as pessoas a odiarem quase tudo: o próprio corpo, a sexualidade, o pensamento livre, a iniciativa individual, aqueles que eram diferentes etc. Tudo (ou quase tudo) era pecado, e os pecadores culpados pelas próprias faltas. Uma cultura da culpa e da expiação dos pecados se arraigou no país e criou as bases de uma intolerância inconciliável com a democracia e o pluralismo.

A dor e o sofrimento são próprios da religião cristã. Jesus padeceu a paixão (foi preso, denegrido, insultado, cuspido na face, acorrentado, açoitado, teve colocada uma coroa de espinhos em sua testa, quando estava ensanguentado foi obrigado a carregar uma pesada cruz até o Gólgota, foi pregado a ela, atravessado por uma lança e em suas últimas horas de vida foi exibido às multidões) para, segundo o dogma cristão, salvar a humanidade. Anos depois, os primeiros cristãos tiveram de padecer perseguições semelhantes; o martírio sempre foi visto como um caminho para a santidade. Da mesma maneira, o ato culminante da liturgia, isto é, a transubstanciação do vinho e do pão no sangue e no corpo de Cristo, respectivamente, é um ritual cujo simbolismo tem suas raízes nos rituais canibais e nos sacrifícios humanos da pré-história e da história antiga. Por isso, faz parte do cristianismo aceitar e carregar a cruz, porque esse foi o desígnio de Deus. E se Deus tolerou que os homens praticassem todas aquelas sevícias contra seu próprio Filho, quem é um simples mortal para se opor aos desígnios de Deus?

Mesmo assim, o catolicismo em geral e, especialmente, o da Península Ibérica (e, por influência ibérica, o das ex-colônias portuguesas e espanholas) é especialmente mórbido no tratamento desses assuntos. Entrar numa igreja é quase passear por um museu de horrores. O cristo crucificado esboça no rosto um gesto de contenção do sofrimento que está padecendo, o *ecce homo* está ensanguentado e prostrado em seu túmulo, a Virgem possui sete punhais cravados no coração e chora desconsoladamente, São Sebastião está amarrado a um pilar e as flechas fazem jorrar sangue do seu tórax, a cabeça de São João Baptista está decapitada, ou seja, todas as imagens criam um clima de pesadelo.

Maria é o símbolo da mãe dedicada por inteiro à família. É a mãe que ama, cria, cuida e compreende que seu filho é algo mais que um simples mortal. Ainda que ela intua e tema o triste destino que espera seu filho, aceita-o como um mandado de Deus Pai. Durante a paixão e a morte de Jesus, Maria sofre o maior suplício que uma mãe pode receber: presenciar todos os detalhes da *via crucis*. Em compensação, Deus deu a Maria um prêmio que nenhum outro humano recebeu: subir aos Céus em corpo e alma. Os nomes de algumas mulheres espanholas revelam esse culto à mãe que padece: Dolores, Soledad, Consuelo, Purificación etc.

Mas a carnalidade da fé expressa-se não somente nos aspectos mais violentos e funestos da religião católica, como também na mística e na religiosidade popular. A mística católica está carregada de erotismo. A união da alma com o Criador está descrita pelos místicos como um momento de supremo êxtase. Os poemas de Santa Teresa de Jesus ou de San Juan de la Cruz descrevem sensações muito próximas ao ato sexual. Daí que algumas representações iconográficas dos místicos nos lembrem o orgasmo.

Esse mesmo conteúdo carnal está presente nas manifestações religiosas populares. Deixando de lado o fato de que muitas romarias e outros atos coletivos de devoção possam acabar em embriaguez e libertação dos impulsos sexuais dos seus participantes, a veneração aos santos exige em muitos casos o contato físico (um beijo, um abraço, um roçar dos dedos ou das palmas das mãos...) que supõe uma transmissão de energia entre a imagem religiosa e o fiel. A religiosidade popular atribui a essas ações diversos efeitos curativos, profiláticos ou purificadores.

Cada localidade espanhola é devota a um santo e venera uma imagem de Nossa Senhora. As festas maiores da cidade ou do povoado coincidem com a festividade de um deles. Conservam-se, aliás, tradições sobre como esse santo ou essa Virgem protegeu no passado a cidade da invasão dos mouros, da seca ou da peste. Nas igrejas em que se conservam as imagens objeto de culto, sempre há um capelão que conhece todas as lendas e tradições a respeito e que orienta o fiel sobre como solicitar as mercês dos santos. Às vezes há de entregar-se uma dúzia de ovos, noutras é necessário acender um círio ou subir ajoelhado a escadaria da igreja enquanto se reza um pai-nosso.

O catolicismo impregnou a sociedade espanhola de uma maneira tão profunda que até mesmo aqueles que se declaram ateus ou agnósticos mantêm, no fundo, uma mentalidade católica. Não estranhe o leitor que, ao receber seu primeiro Oscar, Pedro Almodóvar tenha feito uma menção à Virgem de sua localidade de nascimento.

Um culto ao sangue na gastronomia

O espanhol, quando se senta à mesa, gosta de comida substanciosa e prefere a qualidade dos ingredientes à estética de sua apresentação no prato. A revolução gastronômica que alguns *chefs* catalães e bascos têm liderado nos últimos tempos respondem mais a uma integração da alta cozinha espanhola aos moldes internacionais (principalmente à influência da gastronomia francesa) do que à tradição culinária intrinsecamente espanhola. As espumas, gelatinas e essências que Ferran Adrià extrai de sua alquimia no Empordà supõem que se vire as costas a uma gastronomia baseada nos legumes cozidos, nas sopas de ave e de verduras, nos arrozes secos ou com caldo e nas carnes ao forno.

Uma coisa que pode surpreender o visitante é que o espanhol gosta de ver exatamente o que está comendo. Assim, se o prato principal é um leitão assado, ele vai gostar de ver o corpo inteiro do animal recém-saído do forno, e o garçom fatiando a carne e distribuindo-a nos pratos na frente dele. Vai adorar morder a pele crocante do porco e não vai reclamar se do couro do bicho sobressaem alguns pelos. Partes do corpo do animal, que em outras latitudes são servidas com maior dissimulação, ou simplesmente acabam na lata do lixo, como as orelhas, os pés, os testículos, o cérebro ou os rins, são muito apreciadas na Espanha. Não se assuste, então, se ao entrar num restaurante for servido em sua mesa um prato com esses órgãos tão chamativos.

A preparação da *paella* (o prato espanhol mais difundido internacionalmente) é, antes de tudo, um ato social, que se pratica geralmente aos domingos, numa reunião de amigos e parentes.

Paella

Ingredientes
- 1 xícara (chá) de arroz lavado
- sal a gosto
- salsa picadinha
- 1 folha de louro grande
- 1 cebola média picada
- 2 colheres (sopa) de azeite
- 1 colher (chá) de alho socado
- 1 xícara (chá) de tomates sem pele picado
- 3/4 de xícara (chá) de água
- pimenta-do-reino a gosto
- 1 pimentão verde grande em pedacinhos de 2 cm
- 1 pimenta vermelha ardida (opcional)
- 8 camarões médios limpos
- 1/2 colher de tomilho
- 4 gomos de linguiça toscana
- 4 coxas de frango pequenas
- 1/2 colher (chá) de açafrão
- 8 mariscos limpos

Modo de preparo
Fure as linguiças em vários pontos com um garfo. Aqueça o azeite e frite as linguiças por 5 minutos virando dos dois lados. Junte as coxas de frango e frite-as por mais 5 minutos, até a pele ficar dourada. Abaixe o fogo e deixe mais 10 minutos, virando o frango e a linguiça de vez em quando. Adicione o pimentão, a cebola e o alho. Junte o açafrão, a folha de louro e o tomilho; mexa bem. Junte o tomate, o arroz e a água e tempere com sal e pimenta. Tampe bem e cozinhe por 15 minutos. Acrescente os mariscos e os camarões. Tampe novamente e cozinhe por mais 8 minutos. Sirva polvilhado com a salsa.

As carnes de porco e de cordeiro são, junto com o frango, as mais consumidas na Espanha. Fatores climáticos e culturais explicam essa realidade. O porco é um animal que se adapta muito bem ao clima e à orografia da Península Ibérica. Seja fechado em granjas ou pastando livremente pelas montanhas, a criação do porco sempre tem dado bons resultados. Aliás, o fato de a península ter sido no passado uma terra de fronteira entre o mundo cristão e o islâmico, além de ter existido nela uma importante comunidade judaica, fez do consumo de carne de porco um sinal de identidade da Espanha cristã. Nos séculos XVI a XVIII, denunciavam-se os criptojudeus por negarem-se a comer carne suína. O próprio Quevedo arremetia em seus versos contra outros literatos, acusando-os de serem cristãos-novos mediante alusões ao toucinho.

Do porco se aproveita tudo. Há quem fale que gosta até do jeito de andar do porco. Os intestinos são aproveitados para os embutidos e do estômago são feitos os *callos*, uma especialidade típica de Madri. Inclusive o sangue (mais o de cordeiro que o de porco) é aproveitado para elaborar alguns pratos fritos.

O elemento mais emblemático da culinária espanhola derivado do porco é o *jamón serrano* (presunto cru). Novamente encontramo-nos diante de uma presença perturbadora quando entramos numa cozinha e vemos aquela perna de porco dessecada e sujeita pela *jamonera*, um utensílio desenhado especialmente para o corte do *jamón*, e vemos como uma faca tira lascas do membro do animal até arranhar o osso. Em fatias ou em cubos, o *jamón serrano* é uma das iguarias incomparáveis da Espanha. Nenhum *presunto di Parma* aproxima-se do sabor e da textura de um autêntico *jamón pata negra*, bem curado ao pé das montanhas.

O sangue também está presente (mas só nominalmente) numa das bebidas mais típicas da Espanha: a *sangría*. Chama-se assim pela cor vermelha que o vinho tinto lhe dá. A *sangría* é nada mais que um ponche feito à base de vinho, com açúcar, suco de laranja e frutas maceradas. Serve-se gelada e é muito apreciada nos meses de verão.

QUANDO DORME ESSE POVO?

Uma nação de notívagos

Um comentarista inglês, autor de um guia xenófobo (de brincadeira) dos espanhóis,[4] definiu esse povo como "aquele que não dorme nunca, exceto às tardes". Mesmo nos dias de semana é fácil encontrar os bares e restaurantes lotados após a meia-noite. E programas que se retransmitem a altas horas da madrugada ganham audiências que seriam insólitas em outros países.

Celebrações como a Feira de abril em Sevilha são boas desculpas para comer, beber, cantar e dançar até o amanhecer.

O espanhol janta tarde, por volta das dez da noite, porque acaba o serviço tarde (nunca antes das oito). E acaba o serviço tarde porque ele costuma dividir a jornada de trabalho em duas metades, com um intervalo de até três horas. Consequentemente, às onze da noite acaba de jantar, está de barriga cheia e sem vontade de ir dormir. Se a isso acrescentarmos que o país oferece uma vida noturna agitada e que o espanhol adora a vida social, entenderemos logo que ele não gosta de ir para a cama antes das duas ou três da madrugada. Dorme à noite cinco ou seis horas e recupera as horas de sono que lhe faltam no dia seguinte após o almoço.

A santa *siesta*

Um dos costumes mais respeitados no país é a *siesta*, uma palavra castelhana que designa a soneca de depois do almoço e que com o tempo virou um termo de aceitação internacional. A *siesta* ajusta-se muito bem ao calor do entardecer dos meses de verão. Após às 14h, a temperatura pode atingir os 40º C, o que deixa o corpo mole. Ademais, o almoço é a principal refeição do dia, bem carregado de gorduras, proteínas e carboidratos. Tanto pelo calor como pela copiosa comida, o resultado é que à tarde o espanhol não está em condições de realizar nenhuma atividade física ou mental.

Existem várias modalidades de *siesta*, embora, segundo Camilo José Cela, somente podemos chamar apropriadamente de *siesta* aquela soneca que se pratica "com pijama e urinol". O normal, porém, é que a pessoa deite por meia hora no sofá da sala. A programação da televisão nesse horário contribui notavelmente para produzir o sono. Geralmente são programados *culebrones* (novelas) venezuelanos, reportagens sobre a natureza ou eventos esportivos tão trepidantes como o *Tour* da França. Entre desventuras amorosas à beira do Caribe, rugidos de leões e pedaladas pelos Alpes, o organismo relaxa facilmente.

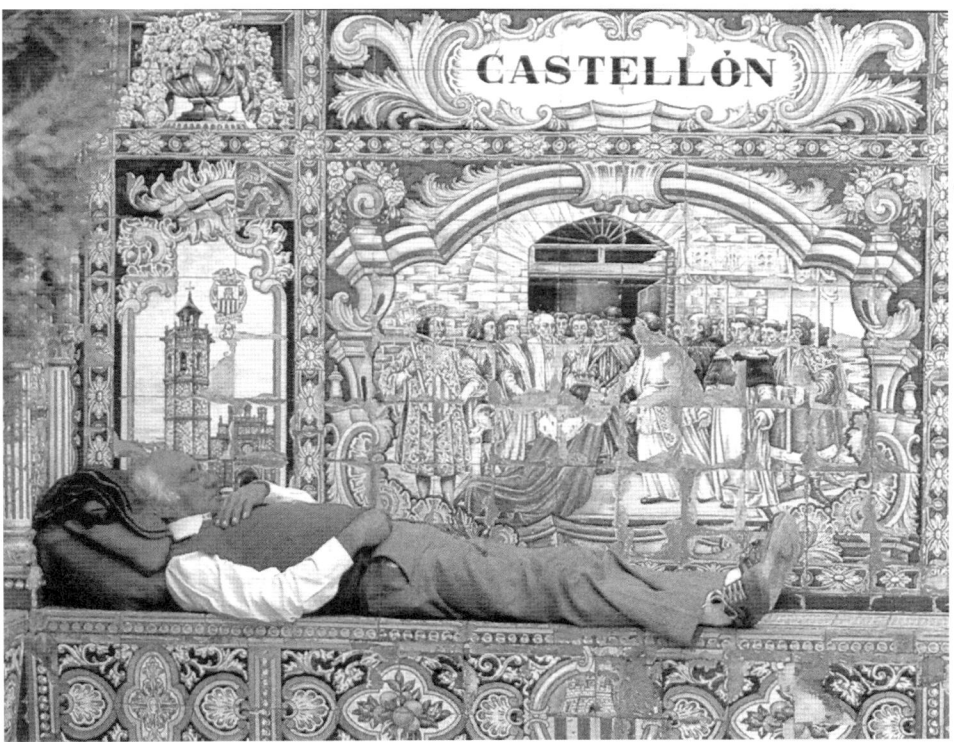

Qualquer lugar serve para repousar do agito diário e recuperar as forças com uma bela *siesta*.

AMANHÃ SEMPRE

A programação e a planificação das atividades não estão entre os pontos fortes do espanhol. Tudo o que não pode ser feito hoje fica para amanhã. E se não puder ser feito amanhã, ficará para depois de amanhã, e assim sucessivamente. Isso é particularmente verdade no caso de pedreiros, eletricistas, encanadores e outros ofícios relacionados à construção civil. Ainda que o profissional em questão intua que um determinado serviço só poderá ser feito na semana que vem, ele dirá ao cliente que amanhã será feito, caso contrário o cliente lhe encherá a paciência até que ele diga que irá fazer a encomenda amanhã. E o amanhã chega e o camarada não aparece. O cliente ligará para ele chateado e cobrará explicações pela sua ausência. O pedreiro eletricista encanador ou o que for inventará qualquer desculpa e jurará de pés juntos que amanhã cumprirá seu compromisso. Mas no dia seguinte ele não aparecerá.

Esse hábito é especialmente irritante, tanto para os nativos quanto para os estrangeiros que residem na Espanha. Lembro-me de um dinamarquês que construiu uma casa em Maiorca. A experiência serviu-lhe para compreender melhor todos os significados da palavra paciência. Em um arrebatamento de humor, o dinamarquês batizou sua moradia como *Mañana siempre*.

Já num plano mais literário, recomendo a quem tiver conhecimento da língua castelhana que leia o artigo de Larra intitulado *Vuelva Usted mañana* (Senhor, volte amanhã). O texto conta a história de um estrangeiro que chega em Madri nas primeiras décadas do século XIX com a intenção de resolver alguns negócios, e acredita que em duas semanas tudo estará resolvido. Seus contatos locais não conseguem disfarçar o sorriso. Após 15 meses o estrangeiro continuava em Madri sem ter resolvido nada.

A TERTÚLIA: FUMAÇA, BARULHO E CONVERSA FIADA

O melhor sintoma para determinar se um estrangeiro está bem integrado na Espanha é ver se ele consegue acompanhar – e resistir a – uma tertúlia.

Para começar, será necessário que o interlocutor tenha um par de pulmões de aço. Se não for fumante ativo, deveria ser, pelo menos, passivo. O espanhol fuma muito – e ainda mais quando se reúne com os amigos no bar para tomar uns drinques.

Em segundo lugar, o participante deverá ter a capacidade de acompanhar três ou quatro alocuções simultâneas, e saber em todo momento o que cada um dos tertulianos está dizendo. A tertúlia consiste em que os outros escutem o que você tem a dizer. Não interessa a opinião dos outros; o que importa é que você diga o que pensa sobre qualquer assunto, mesmo que não tenha mínima ideia do que se trata. Se os outros não querem ouvir o que você tem para dizer, só há uma solução: gritar mais alto do que eles. E é aí que os pulmões têm que demonstrar uma dupla resistência à fumaça de nicotina e aos decibéis dos outros tertulianos. Na tertúlia não se impõe aquele que organiza melhor suas argumentações, mas aquele que as enuncia com maior volume e firmeza. Em alguns momentos, vira um torneio no qual ganha aquele que falar a maior besteira.

Na tertúlia à espanhola, não importa o conteúdo das intervenções. Todo mundo fala de qualquer coisa. Você pode ouvir um pedreiro falar com veemência sobre a história da Espanha como se ele fosse um catedrático universitário. E não ouse contradizer as suas afirmações, porque o passado foi como ele relata. Logo participará da conversa a cunhada do pedreiro, que se dedica à venda de secos e molhados, e lhe instruirá sobre a revolução científica que atualmente está acontecendo no campo da engenharia genética. Falta dizer que tudo o que essa senhora falar não passará de uma repetição de algo que ela ouviu algum dia na TV ou que alguém lhe comentou no mercado. Desses temas transcendentais, os tertulianos pularão para assuntos mais cotidianos, como a filha da vizinha, que engravidou com 16 anos, a onda de vandalismo que assola o bairro, a crueldade dos professores que impõem tanta lição de casa que as crianças não têm tempo para brincar com o videogame, ou o último boato sobre o filho da cabeleireira, que todo mundo diz que é gay. O importante da tertúlia, assim, não é a troca de conhecimentos, mas o entretenimento. As pessoas saem da tertúlia tão ignorantes como quando entraram, mas as duas ou três horas de conversa passaram voando.

Além disso, o estrangeiro deverá estar bem antenado para captar todas as gírias, modismos e expressões incompletas – normalmente com a vontade clara de ofender – que povoam esse diálogo de surdos.

Existem muitos tipos de tertúlias, desde aquelas que versam sobre temas sem nenhuma transcendência até as especializadas em política, futebol, touradas ou literatura. Estas últimas foram decisivas na articulação e dinamização de diversos movimentos artístico-literários. Tertúlias com as que se celebravam no *Café Gijón* de Madri ou em *Els 4 Gats* de Barcelona serviram para a transmissão informal entre artistas e escritores das tendências de vanguarda em voga na Europa. Cela soube pintar um quadro vivo dessas tertúlias literárias de Madri do pós-guerra em várias passagens de seu romance *La Colmena*.

Um tipo de tertúlia que tem crescido muito nos últimos tempos é a radiofônica. Nela um grupo de *experts* trata questões tão variadas como o financiamento das administrações municipais, os avanços científicos em matéria de fusão fria ou a obrigatoriedade do ensino da religião nas escolas públicas. O mais curioso é que esses

Nos anos 1950, o humorista Gila fez-se popular com suas piadas no telefone, nas quais misturava situações absurdas com elevadas doses de humor negro.

A tertúlia nasce em qualquer contexto: na fila do ônibus, na sala de espera do médico ou, como na imagem, entre os fregueses do bar, enquanto tomam um banho de sol outonal.

experts são sempre os mesmos, o que faz suspeitar que, ou essas pessoas têm um saber enciclopédico, digno dos gênios do Renascimento, ou na verdade falam com profunda convicção de temas que conhecem apenas na superfície, após terem lido umas breves linhas no jornal. Geralmente, esses tertulianos das ondas hertzianas são ao mesmo tempo colunistas de jornais de prestígio.

As tertúlias, assim como os jornais, podem ser classificadas segundo sua orientação política. As mais escutadas na Espanha são as da COPE (uma emissora da Igreja Católica, de orientação claramente conservadora e centralista) e as da SER (uma emissora muito próxima dos postulados do Partido Socialista Operário Espanhol – PSOE). Ouvir numa mesma manhã os tertulianos das duas cadeias de rádio pode causar esquizofrenia, já que as teses que se apresentam em cada uma delas contrastam como o dia e a noite.

¡QUÉ MALA LECHE!

O humor espanhol é muito negro, mas não como o humor inglês, que é cheio de sutilezas. Ele bate pesado e deixa o ouvinte à beira da indignação. É uma exposição de situações tão cruéis e absurdas que deixa o ouvinte a meio caminho entre o riso e o pranto. Eis um exemplo do que estou dizendo:

> Nas festas de seu povoado um senhor fala aos seus vizinhos: "Vocês mataram meu filho, mas, nossa!, nunca ri tanto".

Essa piada dificilmente provocaria gargalhadas entre ouvintes do norte da Europa. Ao contrário, estes poderiam se sentir agredidos emocionalmente por uma brincadeira de tão mau gosto. Mas na Espanha quase todo mundo ri ao ouvi-la pela primeira vez.

Esse senso do humor, que é resultado de levar situações trágicas até o limite do suportável, foi objeto de reflexão de vários autores. Talvez quem tenha melhor captado essa mistura de dor e hilaridade seja Ramón del Valle-Inclán. Autor de vários *esperpentos*, definiu tais criações literárias como o resultado da observação de realidades com espelhos côncavos e convexos. O que se vê neles é uma deformação da realidade, que deixa em evidência seus aspectos mais feios e repulsivos, mas que também provoca uma espontânea risada no espectador.

Embora exista ainda o humor neutro e inofensivo, os humoristas mais apreciados na Espanha são os que têm muita *mala leche*. *Leche* (leite) faz referência a diversas secreções humanas de cor branca – o leitor pode adivinhar perfeitamente quais são sem que eu seja mais explícito. Quando alguém diz que uma pessoa tem *mala leche* (leite ruim) quer dizer que seu interior está podre e, consequentemente, suas secreções (e entenda-se aqui tanto as fisiológicas quanto as ideológicas) estão contaminadas por alguma perturbação doentia. Às vezes, em lugar da expressão *mala leche*, cujas conotações escatológicas são óbvias, o falante prefere a forma mais educada da *mala sangre* (sangue ruim), que, na realidade, é a mesma coisa, só que dita de maneira mais elegante.

Um conceito próximo da *mala leche* é a *chingada* dos mexicanos, comentada e analisada por Octavio Paz. Assim como a *chingada*, a *mala leche* fere e causa mágoas, mas seu uso é socialmente aprovado e aplaudido. Um político ou um profissional com *mala leche* na Espanha pode chegar ao topo da carreira. E um humorista sem ela é meio insosso. Seu humor será excessivamente infantil.

A sátira é a forma literária com mais *mala leche*. Quem satiriza revela as debilidades e defeitos do satirizado e o deixa constrangido diante dos demais. A sátira é sempre uma lição, e com ela o satírico quer deixar as coisas no seu devido lugar. A *mala leche* vai além. O uso da *mala leche* não precisa se restringir a uma simples lição. Pode ser usado para finalidades puramente sádicas, para castigar ou para humilhar alguém. No debate político, usa-se frequentemente a *mala leche* para destruir o oponente e obter-se o poder.

No extremo oposto ao humor com *mala leche*, situa-se o *graciosillo* (engraçadinho). A vontade do *graciosillo* não é ferir alguém, mas simplesmente entreter e divertir. Ele usa e abusa das piadas ouvidas mil vezes, mas contadas por ele de um jeito engraçado; reproduz sotaques que supostamente fazem rir e faz imitações de personagens famosos. É um humor neutro, sem as consequências devastadoras da *mala leche*. O humor do *graciosillo*, ao não ser especialmente inteligente, chega muito melhor às massas, que não precisam de extensos referenciais nem acompanhar os ágeis jogos mentais que o humorista com *mala leche* pratica com habilidade.

SEJA QUEM FOR O GOVERNO, EU SOU CONTRA

É proverbial a aversão dos espanhóis a qualquer forma de governo. Se para um alemão as normas são um imperativo categórico que deve ser cumprido a qualquer custo (é conhecida a frase atribuída a Beethoven, *Muss es sein? Es muss sein!* – Há de ser? Há de ser!), para o espanhol – como para a maioria dos povos latinos – as normas são apenas uma recomendação ou uma declaração de princípios. Sua interpretação e sua aplicação devem ser flexíveis – quando não acontece alguma coisa que nos faça simplesmente ignorá-las. Basta ver como os espanhóis interpretam o código de trânsito ou como, diante da mais mínima possibilidade, furam a fila no mercado para concluir que a aplicação das normas não está entre as prioridades desse povo.

Surpreende que os espanhóis tenham conseguido construir um império de tão vasta extensão, pois as ordens recebidas da metrópole raramente tinham efetividade prática. Foi comum o *se acata, pero no se cumple*, segundo o qual não se negava a legitimidade da fonte do poder, mas não se fazia nenhum esforço para realizar o que era mandado. No fundo, por muito tempo, continuou a prevalecer o mito de El Cid, ou seja, a ideia de que os espanhóis fazem parte de um povo com um grande potencial, mas que sempre esteve governado por personalidades medíocres. Não seguir as ordens dos assessores do imperador era a maneira mais segura de garantir o futuro do império. Conquistas como a do México foram feitas à revelia do que dispunham as autoridades imperiais. E Cortés[5] teve de lutar tanto contra os astecas como contra o governador Velasco, que também desembarcou no Yucatán para evitar que o extremenho levasse toda a glória.

No teatro do século de ouro (XVII), essa ideia esteve muito presente. Em peças como *El alcalde de Zalamea* ou *El mejor alcalde, el Rey*, Calderón de la Barca e Lope de Vega assentaram o princípio da soberania real em contraste com as mesquinhezas das oligarquias locais e dos funcionários de médio e baixo escalão. O rei é justo e bom e seu poder vem diretamente de Deus, mas as decisões reais são entorpecidas pelos intermediários do poder. Por isso, o povo tinha todo o direito terreno e divino de se rebelar, "em nome do Rei", contra os abusos dos poderosos.

O poder foi sempre distante na Espanha. Se no país aconteciam injustiças, era porque o rei não tinha conhecimento delas, já que, se ele soubesse, tomaria as devidas providências para o bem-estar de seus súditos. Da mesma forma, quando algum funcionário real cometia arbitrariedades, era porque tinha feito um mau uso das prerrogativas reais, nunca porque a decisão fosse injusta na sua origem.

Essa distância do poder teve um duplo efeito. Por um lado, o povo quase sempre aceitou de bom grado a soberania do rei – as revoltas populares contra a monarquia são raríssimas na história da Espanha – e não lhe negou a legitimidade do seu poder. Mas, ao mesmo tempo, o espanhol sempre reagiu com desconforto diante das ações do governo. Do poder, central ou local, só chegavam ônus econômicos, através de impostos e contribuições, cargas pessoais (como o serviço de armas para lutar em guerras longínquas e estranhas), limitações à liberdade e controles da moralidade. Ministros, corregedores, jurados, inquisidores e demais poderosos sempre tolhiam os direitos dos súditos alegando que o faziam "em nome do rei". À medida que o Estado foi se consolidando, com as reformas da dinastia Bourbon e depois com a formação do Estado liberal, os poderes públicos passaram a intervir de forma cada vez mais intensa na esfera privada dos cidadãos. E a cada nova regulamentação, maior era a vontade de descumpri-la. As constituições, as desamortizações, as leis de *quintas*,[6] as do registro civil e da propriedade e as contínuas reformas tributárias que só faziam incrementar a pressão fiscal eram medidas que complicavam ainda mais a vida das famílias e pioravam suas condições de vida. Daí que esquivar-se das normas e burlar o poder fosse uma espécie de esporte nacional, bem visto socialmente. Contrabandistas, sonegadores, bandoleiros, proscritos e outros gêneros de descumpridores da lei integraram o imaginário coletivo dos espanhóis como se fossem heróis nacionais.

O resultado disso tudo foi o "anarquismo de direita", isto é, a rejeição das normas pelo simples fato de terem sido promulgadas por um poder distante e desconhecido, alheio aos verdadeiros interesses do homem comum. No entanto, tal rebeldia não significava necessariamente que o espanhol negasse a legitimidade do sistema, nem que se articulasse politicamente para conseguir uma revolução. Pelo contrário, o espanhol sempre tem sido muito conservador nessas questões. Daí que os espanhóis fossem anarquistas – ainda que, mais que a anarquia, se pregasse a anomia – e ao mesmo tempo pessoas de direita, que não contestavam nem a legitimidade do poder constituído nem a arquitetura do regime político.

Esse "anarquismo de direita" tem sido um sério empecilho para a prática de qualquer tipo de reforma de cima para baixo, mas também tem dificultado a propagação dos ideais democráticos no país. Os espanhóis – e a história lhes dá argumentos para pensar assim – suspeitaram por muito tempo que sob a máscara da democracia se escondessem os mesmos interesses espúrios das classes dominantes. A distância do poder não se encurtava pelo simples fato de os cidadãos serem chamados a votar uma vez a cada quatro anos. Se não fossem instaurados sistemas que veiculassem a opinião popular para os órgãos de decisão ou para aproximar a política dos cidadãos, o poder ficaria tão longínquo como nos anos da monarquia absolutista.

TRABALHO E FAMÍLIA: NÃO SÃO A MESMA COISA?

Os horários comerciais

O horário comercial na Espanha é fruto da adaptação das regulamentações trabalhistas aos hábitos alimentares e de sono dos espanhóis. O expediente começa às 9h, mas os funcionários fazem uma pausa às 10h para o lanche (normalmente, um sanduíche ou um pastel doce acompanhado de um café com leite). Voltam ao escritório às 10h30 e ficam lá até as 13h30, quando voltam para casa para preparar o almoço (dois pratos e uma sobremesa, mais o café; tudo acompanhado de vinho e, ao final, uma taça de conhaque), assistir às notícias e dormir a *siesta*.

Já recuperados, reincorporam-se aos seus afazeres profissionais por volta das 16h e continuam trabalhando até as 20h, horário em que voltam para casa para jantar, sair ou assistir à televisão e dormir.

Esse horário comercial foi o dominante em todas as esferas de trabalho, das repartições públicas às lojas e os escritórios. Também as escolas praticavam essa jornada partida, oferecendo aos pais a possibilidade de irem buscar seus filhos para almoçarem em família ou de deixá-los para comer no refeitório do colégio. Somente aquelas atividades que requeriam a luz solar (como a construção) ou as que se praticavam à noite (como a coleta de lixo) ficavam fora desse padrão de comportamento.

Contudo, nas últimas décadas foi se espalhando a jornada intensiva, isto é, a concentração de toda a carga horária na manhã e no começo da tarde. Cada vez existem mais empresas que começam o expediente às 8h e o encerram às 15h. As vantagens são evidentes: mais horas de lazer para o trabalhador, mais facilidade para compatibilizar um emprego com os estudos universitários ou com a prática de algum esporte. Mas essa nova rotina também significa suprimir aquelas pausas que tornavam mais fácil a digestão da mesmice do dia a dia.

O paternalismo nas relações de trabalho

Embora o horário comercial permita alternar a atividade profissional com a vida em família, a distinção entre trabalho e família é muito tênue na sociedade espanhola.

É frequente que o funcionário converse, durante o expediente, sobre temas pessoais com seus companheiros de trabalho ou que discuta sobre futebol, política ou o desenlace da novela. Também é normal que o espanhol leve suas preocupações do trabalho para casa, e as divida com os membros da família. É raro ficar em um escritório por mais de uma hora sem que ninguém trate de nenhum assunto de ordem pessoal. Tampouco ninguém estranha se as conversas nas reuniões de amigos estiverem centradas pura e exclusivamente no comentário de questões de trabalho, tanto fofocas sobre os companheiros quanto assuntos que versam diretamente sobre a atividade profissional.

Essa fusão da vida pessoal com a profissional seria inimaginável para um europeu do norte, educado para saber distinguir perfeitamente entre uma esfera e outra. No horário de trabalho se conversaria sobre temas de trabalho, e nos momentos de lazer, em casa ou com os amigos, deveriam ser praticadas atividades que não têm nada a ver com o emprego. Mas na Espanha isso não é bem assim. O lugar de trabalho serve como confessionário, como centro de articulação política, como ponto de apostas sobre a escalação da seleção espanhola no próximo jogo ou local de paquera. Se não houver a possibilidade de alguma dessas atividades ser praticada, então os funcionários não têm outra coisa a fazer senão trabalhar.

A melhor maneira de conseguir um emprego não é através de um bom currículo, que revele conhecimentos, aptidões e experiências relevantes, e sim possuir bons contatos, laços familiares se possível. "Ser filho de Fulano" é mais importante que os títulos acadêmicos conseguidos, os idiomas aprendidos ou as passagens por outras empresas do setor. E as firmas estão lotadas de primos, sobrinhos, cunhados, irmãos etc., além de alguns poucos funcionários que não fazem parte da família e que são os que na verdade tocam a empresa.

O nepotismo está presente na função pública. Embora nos concursos se pratique oficialmente uma política de igualdade de oportunidades, é gritante como determinados cargos são passados de um membro da família para outro. O tráfego de influências é um dos cânceres da administração, e faz com que as repartições se encham não com as pessoas mais competentes, mas com aquelas mais influentes. Não é raro que as famílias mais poderosas filiem seus filhos em distintos partidos políticos. Dessa maneira garantem que, independentemente de quem ocupar o poder, sempre terão alguém da linhagem próximo dos centros de decisão.

Quando esses vícios são criticados, geralmente a resposta é a de que, se não fosse assim, as relações de trabalho seriam muito frias e impessoais. A produtividade, a eficiência e a equitatividade são, pelo jeito, questões secundárias.

TIMES TÃO BONS E UMA SELEÇÃO TÃO RUIM...

A Liga

Com os seus nove meses de duração (como uma gestação), que começam em setembro e acabam entre maio e junho, o campeonato espanhol de futebol – a Liga – é o evento esportivo que mais atrai a opinião pública. A mídia escrita e audiovisual dedica todo dia um extenso espaço para o acompanhamento de todos os detalhes das partidas, das classificações, das polêmicas, das lesões dos jogadores, das sanções e de qualquer incidência que possa afetar o andamento do campeonato.

A Liga coincide com o ano escolar e com o período parlamentar. A volta aos estádios marca a reincorporação das pessoas aos seus afazeres cotidianos, após o verão.

Barça-Madrid: a máxima rivalidade

Entre todos os times que participam da Liga, há dois que se destacam: o Real Madrid C.F. e o F.C. Barcelona, apelidados, respectivamente, de clube *merengue* e *culé*. Ambos com o maior orçamento da Europa, o que lhes dá a possibilidade de contratar os principais craques internacionais. Nas últimas temporadas, o Madrid conseguiu incorporar tantas estrelas (Ronaldo, Roberto Carlos, Beckham, Figo, Zidane, Robinho...) que foi denominado o "time galáctico". No passado, o Madrid contou com jogadores como Puskas, Di Stéfano, Gento, Suárez, Hugo Sánchez, Valdano e um longo etcétera. Pelo Barça também desfilaram – e desfilam – grandes figuras do futebol, como Kubala, Cruyff, Maradona, Romário, Stoichkov e Ronaldinho Gaúcho.

Barça e Madrid são sempre os favoritos para ganhar a Liga, a Copa do Rei e a Champions League, torneio continental europeu. Os embates entre os dois times são esperados com o máximo interesse pelos aficionados do futebol, não somente pela qualidade esportiva desses encontros, mas pelo fundo político que está por trás deles. E não é raro que o choque futebolístico gere enfrentamentos violentos entre as duas torcidas. Os duelos entre o Barça e o Madrid são, em certa medida, uma catarse do conflito entre as duas Espanhas.

Poucas vezes o esporte, a política e a consciência nacional estão tão intimamente ligados como nos jogos de futebol entre o Barcelona e o Real Madrid, clubes que representam duas formas antagônicas de entender o país.

O Real Madrid representa Castela, o centralismo e a autoridade. Durante a ditadura, o clube *merengue* foi um dos mais próximos de Francisco Franco. De seu presidente, Santiago Bernabeu, dizia-se que governava o Real Madrid com o mesmo pulso firme com que o caudilho governava Espanha. O Barcelona, por sua vez, é uma espécie de seleção oficiosa da Catalunha, mesmo que os jogadores catalães melhor se destaquem pela sua ausência. Nos tempos em que não existia pluralismo político nem liberdade de expressão, ser sócio do Barça era uma maneira de desafiar o regime. Quando nos anos 1970 o clube decidiu contratar o holandês Johan Cruyff, a legislação de câmbios da época impediu que fossem feitas transferências internacionais de um montante tão elevado. Os torcedores barcelonistas evitaram esse obstáculo atravessando pessoalmente a fronteira e depositando seus próprios fundos em contas que o clube tinha no exterior.

A orientação política das torcidas dos dois times (ou ao menos de seus setores mais fanáticos) é evidente. Enquanto nas arquibancadas ocupadas pelos madridistas abundam as bandeiras espanholas (algumas com o escudo franquista da águia imperial) e inclusive símbolos nazifascistas, nos setores do estádio ocupados pelos barcelonistas são notórias as bandeiras catalãs independentistas.[7] Os palcos dos estádios são frequentados – sobretudo nos jogos mais decisivos – por personalidades políticas, que, assim, apoiam um determinado time. A diretoria dos clubes, por sua vez, é disputada por renomados empresários, que se candidatam à presidência oferecendo o investimento de parte de seus recursos na contratação de bons jogadores.

Além da máxima rivalidade existente entre o Barça e o Madrid, no país existem outras rivalidades locais ou regionais. O "duelo basco", entre o Athletic de Bilbao e a Real

Os jogos entre o Real Madrid e o Barcelona ultrapassam o plano meramente futebolístico. Os lances entre os dois eternos rivais são relatados pela imprensa esportiva quase como duelos à morte entre as "duas Espanhas", condenadas a conviver eternamente, apesar de sua mútua aversão.

Sociedad de San Sebastián, é seguido com interesse mesmo fora do País Basco. Na capital existe uma forte rivalidade entre o Real Madrid e o Atlético de Madrid, e em Barcelona acontece o mesmo entre o Barça e o Espanyol. Em alguns casos, a rivalidade futebolística exprime uma certa luta de classes. É o caso, por exemplo, das torcidas do Real Sevilla C.F. e do Real Betis Balompié, ambos da cidade de Sevilha. O Sevilla foi tradicionalmente o clube dos *señoritos*, enquanto o Betis aglutinou a torcida das camadas populares.

Na Espanha, falar de futebol é falar de política. E muitas vezes os debates políticos aproximam-se demais das tertúlias futebolísticas. Em poucos países esse esporte está tão misturado com os negócios e com as ideologias. Torcer por um time é quase uma manifestação de espírito tribal. Desonrar os símbolos de um clube de futebol equivale a blasfemar contra o totem da tribo – daí que as pessoas levem tão a sério essa questão e briguem violentamente para defender aquilo que consideram que é seu.

O jornal mais lido

A Espanha está bem nutrida de jornais de qualidade. Existem para todos os gostos e tendências políticas. Há jornais de esquerda (*El País*), de direita (*El Mundo*), monárquicos (*ABC*), de extrema direita (*La Razón*, *Las Provincias*), nacionalistas catalães (*La Vanguardia*, *Avui*), nacionalistas bascos (*Deia*), independentistas (*Gara*), além de uma prolífica imprensa regional e local, voltada às necessidades mais próximas do leitor. No entanto, o jornal com a maior tiragem é o *Marca*, que chega a vender mais de um milhão de exemplares por dia.

Marca é um jornal esportivo, cujo melhor dia de vendas é a segunda-feira, já que nessa edição são publicados os resultados da *Liga*. A imprensa esportiva é quase uma febre na Espanha. Além do *Marca*, editam-se o *As*, o *Sport* e *El Mundo Deportivo*, entre outros. Os dois primeiros são publicados em Madri e têm viés pró-Real Madrid, enquanto os dois últimos são editados em Barcelona e torcem pelo Barça. Pela leitura do jornal dá para saber por qual time o leitor torce.

Ao contrário de outros países europeus, na Espanha os tabloides sensacionalistas fazem pouco sucesso. Não existe no país um equivalente ao *Bild* alemão ou a *The Sun* inglês. Esse espaço da imprensa marrom está ocupado na Espanha pelos jornais esportivos e, parcialmente, pelas revistas femininas de fofocas (*Pronto*, *Diez Minutos*, *Hola* etc.), cuja periodicidade é semanal.

Glórias do futebol espanhol...

Os clubes espanhóis têm se destacado nas competições esportivas internacionais, tanto pelos seus volumosos orçamentos quanto pelos seus resultados.

O Real Madrid ganhou nove vezes a Champions League, antes conhecida como Copa dos Campeões da Europa, principal competição entre clubes da UEFA – Associação Europeia de Futebol. Dessas nove copas, cinco foram obtidas em anos consecutivos, de 1956 a 1960, e as quatro restantes em 1966, 1998, 2000 e 2002. Ademais, o clube *merengue* conseguiu três títulos intercontinentais, que são disputados anualmente entre o campeão europeu e o latino-americano (vencedor da Taça Libertadores da América), em 1960, 1998 e 2002.

O Barcelona tem uma única Copa da Europa, conseguida em 1992. Outros clubes espanhóis têm ganhado títulos internacionais como a Recopa da Europa ou a Copa da UEFA.

No começo da década de 1960, fortalecida por jogadores de grande categoria, como Suárez ou Puskas (húngaro exilado na Espanha após a revolução de 1956 e finalmente naturalizado espanhol) no ataque, a seleção espanhola esteve entre as melhores da Europa. Em 1964, a seleção coletou o maior sucesso de toda a sua história, com a conquista da Eurocopa, em uma final contra a seleção russa, que o regime de Franco instrumentalizou politicamente como uma nova vitória contra o inimigo vermelho. Nenhum outro chefe de Estado ou de governo pôde aproveitar um título internacional de futebol da seleção espanhola – simplesmente porque a Espanha não ganhou nenhum em todas as quatro décadas passadas.

A seleção espanhola chegou a outra final europeia em 1984, mas foi derrotada pela França capitaneada por Michel Platini. A classificação da Espanha para esse campeonato ficou em suspenso até os instantes finais: na última rodada das eliminatórias, a Holanda tinha uma vantagem de dez gols. A Espanha precisava vencer a fraca seleção de Malta por, no mínimo, 11 gols para garantir a vaga na Eurocopa. A partida acabou em 12 x 1 a favor da Espanha.

...e fracassos estrondosos

Os torcedores do Barcelona ainda se lembram de duas infaustas finais da Champions League: a de 1986, em Sevilha, em que o Barça, que era o favorito, foi derrotado pelo Steaua de Bucarest, e a de 1994, em que o time foi humilhado pelo Milan, o que fez rolar a cabeça de Johan Cruyff, o treinador que havia levado o time à glória em 1992.

Mas tem sido sem dúvida a seleção nacional a causadora de maior desassossego entre os torcedores espanhóis. Parece mentira que um país com clubes tão potentes e com jogadores de primeira categoria tenha uma seleção nacional tão ruim. A melhor colocação da seleção espanhola num campeonato mundial ocorreu no Brasil em 1950, quando os espanhóis alcançaram o quarto lugar. Após vencer a seleção inglesa na fase final do mundial por 1 a 0 (um gol de Zarra, que ainda hoje é rememorado e que levou o representante da federação espanhola de futebol a proclamar que a Espanha tinha derrotado "a pérfida Albião", o que supôs um incidente diplomático entre os dois países), a seleção espanhola disputou o título com os finalistas Suécia, Uruguai e Brasil. O último jogo desse quadrangular aconteceu no Maracanã com o favorito Brasil e o surpreendente Uruguai, num jogo que já é história...

É um mistério saber por que a seleção espanhola joga tão mal. Será que a falta de estruturação e coesão interna do país se manifesta nos espetáculos esportivos? Todavia, uma coisa parece meridianamente certa: os espanhóis brilham mais em esportes solo do que naqueles que exigem um trabalho em equipe. Talvez o individualismo hispânico, tão presente na história e na arte, também contamine seus esportistas.

EM OUTROS ESPORTES TAMBÉM SE DÃO BEM

Motociclismo

A Espanha dispõe de grandes motociclistas. Nas modalidades de 125 cc, 250 cc e 500 cc (hoje chamada Moto GP) e no motocross brilharam campeões espanhóis. O mais destacado de todos eles foi Ángel Nieto, com seus 12+1 campeonatos mundiais (Nieto é supersticioso em relação ao número 13). Outras figuras importantes são o malogrado Ricardo Tormo, Sito Pons, Jorge Martínez Aspar, Dani Pedrosa, Carles Checa, Álex Crivillé, Sete Gibernau, entre tantos outros.

As boas condições climáticas da Península Ibérica e o relativo baixo custo das motos fizeram com que na Espanha houvesse, há tempos, grande fanatismo pelo motociclismo, sobretudo no centro e no levante. A partir dos 14 anos é permitido circular com ciclomotores, que povoam as cidades e as áreas rurais do país. O sonho de muitos adolescentes é o de se tornarem campeões de motociclismo.

Automobilismo

Menos sucessos têm conseguido os pilotos espanhóis quando se trata do automobilismo. Contudo, temos que destacar a figura de Carlos Sainz, bicampeão mundial de *rally*.

Na Fórmula 1, até tempos recentes, os pilotos espanhóis primavam pela ausência. Somente em 2005 um espanhol, Fernando Alonso, conseguiu ganhar o título mundial da Fórmula 1.

Ciclismo

O ciclismo foi o primeiro esporte de massas da história espanhola. Antes que o futebol ocupasse a primeira posição, atraiu – e continua a atrair – a paixão dos aficionados, seja pela sua prática física ou pela observação de como é praticado pelos outros.

Na primeira metade do século XX, construíram-se velódromos nas principais cidades. A Espanha teve alguns campeões mundiais na modalidade de ciclismo atrás de motocicleta, como foi o caso de Guillem Timoner. Mas a modalidade que hoje chama mais a atenção do público é o ciclismo de estrada. O *Tour* da França, o *Giro* da Itália e a *Vuelta* da Espanha são as três principais competições europeias dessa modalidade. Bahamonte e Ocaña nos anos 1960 e Delgado e Induráin nos 1980 e 1990 foram figuras míticas do ciclismo espanhol.

Tênis

Os tenistas Manuel Orantes e Manolo Santana deram os primeiros triunfos para o tênis espanhol na passagem da década de 1960 para a de 1970. Mas do fim dos anos 1980 em diante houve uma verdadeira eclosão do tênis espanhol, com a aparição de figuras como os irmãos Sánchez Vicario, Conchita Martínez, Àlex Corretja, Sergi Bruguera, Albert Costa, Juan Carlos Ferrero, Carles Moyà e, mais recentemente, Rafael Nadal.

A fundação de um centro de treinamento de ponta em Barcelona contribuiu nas duas últimas décadas do século XX para formar várias gerações de brilhantes tenistas, que têm se destacado nas pistas de terra batida, como a de Roland Garros, em Paris, mas ainda mostram dificuldades nas pistas rápidas de grama ou de concreto.

Outras modalidades esportivas

O golfe teve um campeão espanhol na década de 1980. Foi o cântabro Severiano Ballesteros. Seguiu os seus passos o golfista Olazábal.

O hóquei também é um esporte que reúne muitos seguidores. As modalidades sobre grama ou sobre patins são as mais praticadas na Espanha, e as seleções espanholas desse esporte estão entre as mais importantes do mundo, ganhando em diversas ocasiões medalhas olímpicas e campeonatos mundiais.

No País Basco pratica-se um esporte autóctone, chamado *frontón* ou pelota basca. Tem várias modalidades (mão, cesta de ponta etc.) e consiste numa competição entre dois times formados por duas pessoas (um zagueiro e um dianteiro) que lançam uma bola para uma parede frontal (daí o nome de *frontón*). É um jogo extremamente popular no norte da Espanha e está no negócio de apostas. A emigração basca exportou esse esporte para outros países: na Flórida ele é praticado com frequência.

Notas

[1] "Antes vermelha do que quebrada" foi um grito direitista dos que preferiam um governo socialista ou comunista à divisão da Espanha em vários países independentes.

[2] Em relação aos topônimos, procurei usar a grafia mais familiar ao leitor brasileiro (como Madri, Sevilha ou Ibiza). Em casos menos conhecidos do público geral, preservei os topônimos e os antropônimos na ortografia de sua língua original (catalão, galego ou castelhano). No entanto, evitei nomes em *euskera* (basco), já que em muitos casos poderiam confundir o leitor (nem todos saberiam que Iruña e Pamplona são a mesma cidade). Uma das poucas exceções foi o caso da grafia de Gernika (e não Guernica), devido ao caráter simbólico dessa localidade para o nacionalismo basco. Como as normas de acentuação do castelhano divergem das do português, a escrita dos nomes em seu próprio idioma poderia gerar dúvidas de dicção entre os leitores brasileiros. Por isso preferi escrever Múrcia em lugar de Murcia, ou València em lugar de València (catalão) ou Valencia (castelhano).

[3] Agora, com a aplicação do horário de verão, as touradas normalmente começam às 19h, que correspondem ao sol das cinco da tarde.

[4] Drew Launay, *The Xenophobe's Guide to the Spanish*. London, 1999.

[5] Optei por usar a grafia original de todos os nomes de pessoas espanholas. Assim, padronizei "Hernán Cortés" e não "Hernan Cortez", como talvez seja mais comum para o leitor brasileiro. No caso de nomes de outras nacionalidades, preferi a grafia mais habitual no Brasil (como "Américo Vespúcio" em vez de "Americo Vespucci"). Uma das poucas exceções a essa segunda regra foi o nome do imperador asteca "Moctezuma", que mantive escrito com "c", como aparece nas crônicas castelhanas do século xvi, embora no Brasil seja mais conhecido como "Montezuma", com "n".

[6] Os pracinhas são chamados na Espanha de *quintos*. A explicação vem do século xix, quando eram recrutados pelo exército um de cada cinco moços em idade militar.

[7] A ideologia política é um elemento significativo mas não absolutamente dominante nas torcidas do Real Madrid e do Barcelona. Ambas estão compostas por pessoas de todo o espectro político. São maioria os madridistas que não compartilham com a ideologia de extrema direita. Igualmente, apenas uma minoria de barcelonistas prega a independência da Catalunha. Como acontece com frequência, os que mais gritam nos estádios não são os mais representativos da maioria da torcida. Questões familiares costumam ter um peso superior na hora de escolher o time. Os filhos, em geral, herdam dos seus pais o amor às mesmas cores, mas não faltam os jovens contestatários que torcem pelo time rival dos pais.

UM PASSEIO PELA HISTÓRIA

OS PRIMEIROS INQUILINOS DA PENÍNSULA IBÉRICA

Os alunos das escolas da Terceira República francesa recebiam aulas sobre "seus antepassados gauleses". Os livros de texto omitiam que os gauleses tinham tanto em comum com os franceses de 1900 quanto as tribos africanas da África central. Nem a língua nem as tradições dos pré-históricos gauleses guardavam relação alguma com a dos cidadãos da França renascida do Sedan e da Comuna.

Todos os nacionalismos da Idade Contemporânea – inclusive os hispânicos – sentiram a tentação de procurar nas eras mais remotas o elemento primigênio que desse sentido e origem aos seus modernos Estados nacionais. Ainda que não se possa negar que algum traço cultural desses povos primitivos tenha ficado nas culturas ibéricas atuais, seu peso deve ser devidamente medido e não submetido a visões excessivamente poéticas do passado. Mais adequado que falar dos "nossos ancestrais" seria mencioná-los como os primeiros moradores de um território que hoje abrange a Espanha e Portugal. Só a partir de uma consideração que abstraia os Estados e as nações poderíamos considerá-los o que são: antepassados comuns da humanidade.

Atapuerca

Na serra de Atapuerca (Burgos), está sendo escavado o conjunto arqueológico que até o momento apresenta os restos humanos mais antigos da Europa e que demonstra que o continente esteve povoado há mais de um milhão de anos.

Das diversas jazidas que formam o conjunto de Atapuerca, cabe destacar a Sima del elefante, um abismo que guardou os vestígios de atividade humana mais antigos do continente (cerca de 1,2 milhão de anos), assim como vestígios de fogo deixados por um lar de neandertais, datados em 150 mil anos. Junto com os restos dos hominídeos, a jazida oferece uma ampla informação paleontológica sobre o hábitat em que se desenvolveram as atividades desses primitivos habitantes da península.

Outra jazida relevante para o estudo da evolução humana é a Gran Dolina, uma galeria onde se encontraram os restos do *homo antecessor* (datado em 800 mil anos), uma espécie de hominídeo desconhecida até 1994, cuja descoberta levantou novos dados sobre a história da evolução humana. Na Sima de los Huesos foram jogados restos de hominídeos datados de 400 mil anos, no que parece ser o primeiro ritual funerário documentado.

As escavações do Mirador estão ainda em andamento. Os resultados parciais obtidos até o momento indicam que se trata de uma jazida de neandertais, o que completaria todo o ciclo evolutivo humano do último milhão de anos.

A Galería contém vários estratos que abrangem o período compreendido entre 350 mil e 180 mil anos. Pelos restos animais e líticos achados, parece que era uma armadilha natural que os habitantes de Atapuerca usavam para caçar suas presas. Os restos mais modernos se encontram no Portalón e na Galería del Sílex, em cujos estratos descobriram-se fósseis e utensílios de pedra e cerâmica datados entre o paleolítico superior e a Idade do Bronze.

Altamira

De "Capela Sistina do Paleolítico" tem sido chamado o conjunto de pinturas rupestres da cova de Altamira (Cantábria). Sua descoberta, em 1875, foi fruto do acaso. Um pastor entrou na gruta, viu as imagens pintadas e comunicou sua existência a

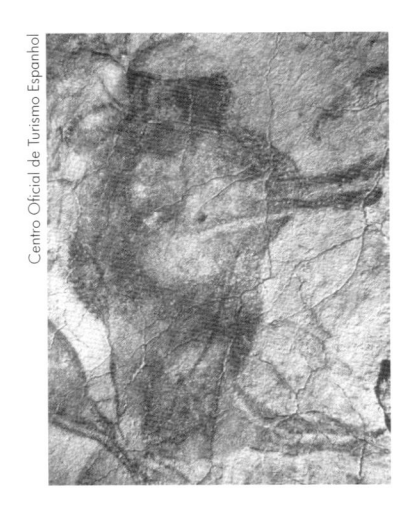

Magia simpática ou a arte pela arte? A descoberta das pinturas de Altamira agitaram o debate estético na Europa do *art nouveau*.

Marcelino Sanz de Santuola, um erudito local, que, após ter contrastado essas pinturas com o conhecimento que naquele momento se tinha da arte pré-histórica, publicou os *Breves apuntes sobre algunos objetos prehistóricos de la provincia de Santander* (1880), primeira notícia e estudo das pinturas de Altamira.

As imagens, datadas entre as fases do solutrense e do magdaleniense inferior, mostram uma profusão de animais de caça: bisontes, cervos, javalis e cavalos. Para sua realização, os artistas do paleolítico usaram basicamente três cores: o preto, o ocre e o vermelho. A descoberta dessas pinturas gerou um forte debate entre a comunidade científica. Historiadores de renome, como Cartalhaic, negaram-se prontamente a aceitar a autenticidade dessas obras figurativas. Segundo as concepções do homem pré-histórico em voga no final do século XIX, as pinturas de Altamira eram perfeitas demais para terem sido feitas por homens primitivos. Porém, a presença no mesmo contexto arqueológico de utensílios de pedra datáveis no paleolítico superior e a descoberta, vinte anos mais tarde, de pinturas semelhantes na Dordogne francesa subtraíram argumentos dos céticos. O próprio Cartalhaic entoou um *mea culpa* e reconheceu a autenticidade da cova de Altamira.

A Naveta des Tudons é um claro expoente da arquitetura ciclópea praticada na ilha de Menorca durante a cultura talaiótica.

A Caverna de la Menga (Antequera, Málaga) mostra o grau de perfeição arquitetônica atingido pelas culturas megalíticas do sul da Península Ibérica.

As pinturas têm suscitado muitas hipóteses sobre o seu significado. Inicialmente, motivadas pelas tendências estéticas vigentes na Europa de 1900, ganharam força as teorias que afirmavam que as pinturas haviam sido feitas por um puro prazer estético ("a arte pela arte"). Pesquisas mais recentes, que combinam os dados arqueológicos com os estudos etnológicos, contudo, apontam para outro significado. Seguramente, ao pintar esses animais dentro de uma cova, cuja forma se assemelha à de um útero materno, os homens do paleolítico estavam praticando algum tipo de ritual mágico, para auspiciar a proliferação desses animais, de cuja carne e peles dependia a sobrevivência do grupo humano.

No século XX, as pinturas de Altamira converteram-se em um polo turístico de primeira magnitude. O excesso de visitantes e o fato de muitos deles entrarem munidos de tochas foram danificando paulatinamente as pinturas. No começo da década de 1980, foi limitado o seu acesso, e na década seguinte procedeu-se à construção de uma réplica fidedigna. A cova original só fica aberta para pesquisadores e é necessária uma autorização prévia para a sua visita.

As primeiras civilizações

O conceito de neolítico deriva da catalogação que os antiquários realizaram nos séculos XVIII e XIX dos instrumentos arqueológicos que custodiavam em suas coleções. Diferenciavam o paleolítico (ou pedra antiga) das ferramentas feitas com pedra talhada do neolítico (ou pedra nova) para aquelas feitas com pedra polida. Na verdade, como sabemos nos nossos dias, o neolítico supôs uma mudança muito mais radical para as populações humanas do que o simples aperfeiçoamento dos instrumentais líticos. O processo de aquecimento da Terra após a última grande glaciação condicionou que os seres humanos tivessem de idealizar novas maneiras de obter alimentos. Se no paleolítico as agrupações humanas dedicavam-se à caça, à pesca e à coleta de frutos e vegetais, as sociedades neolíticas descobriram, passo a passo, como cultivar a terra e como criar o gado.

Essa passagem da caça-coleta para a agropecuária foi, com a revolução industrial dos séculos XVIII e XIX, um dos momentos mais decisivos na evolução cultural do *Homo sapiens*.

A agricultura teve sua origem, em momentos diferentes, em cinco pontos distintos do planeta: na crescente fértil que abrange o vale do Nilo até a Mesopotâmia, o vale do Indo, os vales do Yang-tsé e Huang-ho, o altiplano centro-americano e o altiplano andino. Em cada uma dessas regiões, a agricultura se desenvolveu em função das espécies vegetais autóctones, embora os cereais, por sua capacidade de armazenagem e pelo fato de serem panificáveis, tenham sido as espécies preferidas pelos primeiros agricultores. No Oriente Próximo, esse cereal foi o trigo, no Extremo Oriente, o arroz, e nas Américas, o milho.

A agricultura chegou até a Península Ibérica *ex Oriente lux* – para usarmos uma expressão de Gordon Childe –, isto é, como propagação das inovações nascidas no Mediterrâneo Oriental. O modo exato como se efetuou essa proliferação da agricultura pela bacia mediterrânea ainda não é perfeitamente conhecido, mas a presença de alguns traços culturais comuns com outros territórios europeus (como o caso do vaso *campaniforme*, com forma de sino) denotam que a transmissão se fez por via continental.

O sedentarismo, a hierarquização da sociedade, a institucionalização da guerra como meio de controle do território e, consequentemente, a aparição das fortificações e das cidades primitivas são mudanças que se deram ao longo do neolítico e da Idade dos Metais, como consequência da adoção da agricultura como base econômica dos grupos humanos. O megalitismo foi uma das primeiras expressões do primitivo urbanismo do neolítico tardio. Povoados como o de Los Millares (Almería) ou o de El Argar (Granada) nos documentam a existência de agrupações humanas de até mil habitantes desde o III milênio a.C.

As colunas de Herácles

Na Idade dos Metais, a Península Ibérica esteve povoada por diversas tribos e etnias, que podem ser agrupadas em dois grandes ramos linguísticos: os iberos, cujos idiomas tinham parentesco com as línguas faladas no norte da África, e os celtas, que foram o grupo linguístico dominante na Europa ocidental no primeiro milênio antes da era cristã. Além desses dois grandes grupos, já existiam comunidades que falavam basco, uma língua que – como veremos em capítulos posteriores – alguns autores relacionam com os idiomas iberos, mas cuja origem é ainda objeto de controvérsias.

Conhecemos relativamente esses povos primitivos da Península Ibérica graças aos fenícios e aos gregos, povos que já praticavam a escrita e que nos deixaram descrições das terras que colonizaram no Mediterrâneo ocidental, e pelas posteriores crônicas dos romanos. Por isso, essa fase da história ibérica é conhecida como proto-história, conceito intermediário entre a pré-história e a história propriamente dita.

Graças ao contato com os povos do Mediterrâneo Oriental, a arte ibérica alcançou suas maiores cotas de refinamento e perfeição.
A Dama de Elche é uma boa demonstração do estilo "orientalizante".

A partir do século VIII a.C., fenícios e gregos repartiram o Mediterrâneo em duas grandes áreas de influência: o norte da África e a maior parte da Península Ibérica ficaram sob a hegemonia comercial dos fenícios, enquanto o Mar Negro, a Península Itálica e o sul da França ficaram sob domínio grego. De todas as regiões da Península Ibérica, o litoral catalão foi o que recebeu a principal colonização dos gregos.

Os fenícios eram um povo semítico do Oriente Próximo. Os limites da Fenícia coincidem *grosso modo* com a delimitação do atual Estado do Líbano. Uma série de cidades fenícias (Tiro, Sidão, Biblos etc.) despontaram no começo do primeiro milênio a.C. como grandes centros comerciais e manufatureiros. A prosperidade econômica da região levou seus comerciantes a expandir o império mercantil ao longo do litoral sul do Mediterrâneo, fundando importantes colônias, como a de Cartago, que com o tempo viraria uma potência militar. A primeira colônia fenícia na Península Ibérica foi a cidade de Gades (Cádiz), que, segundo as crônicas, foi fundada em 1100 a.C., embora os restos arqueológicos exumados até o momento não nos permitam assegurar que sua fundação fosse tão antiga. A colonização da península foi obra dos tírios, que estabeleceram outras feitorias pelo litoral andaluz e nas ilhas Baleares. A cidade de Ibiza foi uma fundação fenícia do século VII a.C. Por motivos de defesa, os fenícios procuravam ilhéus próximos da costa ou promontórios unidos ao continente por estreitos istmos. A riqueza mineral da península atraiu a atenção dos fenícios, que comerciavam com as tribos indígenas a troca dos metais por outros objetos ou manufaturas.

Emporion (na província de Girona) foi a principal colônia grega na Península Ibérica. Fundada pelos foceus no século VI a.C., a cidade era o centro capital de irradiação da cultura grega pelas tribos iberas da região.

O contato dos povos ibéricos com os colonizadores do Mediterrâneo oriental enriqueceu notavelmente as culturas indígenas. Fenícios e gregos trouxeram novidades no âmbito da planificação urbanística, na navegação, na indústria de armas, na forma de se vestir e de se relacionar. Foram um fator decisivo na urbanização e civilização do sul e do levante da península, facilitando séculos mais tarde uma ação romanizadora mais profunda. A influência da arte fenícia e grega é marcante nas manifestações artísticas iberas; esculturas como a célebre *Dama de Elche* apresentam traços orientalizantes.

Contudo, as relações entre indígenas e colonizadores não foram em todos os momentos pacíficas. Fases de cooperação e comércio amistoso alternaram com épocas de beligerância e agressões mútuas.

A mitologia grega conta que Herácles (Hércules para os romanos), em um dos seus trabalhos titânicos, separou as duas colunas e abriu a passagem do Mediterrâneo para o Atlântico. Outro mito afirmava que essas duas colunas luziam uma inscrição que dizia *Non plus ultra* (Não vá além), advertindo os navegantes de que lá começava o *finis terrae* (o fim do mundo). Nas concepções geográficas da Antiguidade, a terra era plana e o oceano pouco extenso. Bastava distanciar-se umas poucas milhas da costa para se deparar com o abismo. Ninguém que chegasse a esse confim da Terra voltaria para contá-lo. A Península Ibérica era para os antigos – numa crença que se conservou na Idade Média – o extremo mais ocidental do mundo. Além do cabo Finisterra (eis a origem de seu nome), não se esperava nada.

Tartessos

Envolto pelas brumas da lenda, nos chega o mito de Tartessos. Dele nos falam os cronistas gregos, e o misterioso nome de Tarsis aparece nos textos bíblicos como representação de uma terra rica em ouro e produtos exóticos, da qual eram enviados navios aos reis de Israel. Existe inclusive um mito grego relacionado com Tartessos. Trata-se da lenda do rei Argantônio, um soberano sábio que governou por muitas décadas Tartessos e que ajudou os gregos de Focea a assentar-se em seus domínios, que estavam situados na desembocadura do rio Guadalquivir. Para isso, Argantônio contribuiu para a fortificação de Focea, que no começo do século VI a.C. estava ameaçada pelos persas.

Embora as notícias da existência de uma cidade com esse nome tenham despertado o interesse de muitos arqueólogos que, seguindo os passos de Schliemann, esperavam descobrir a Troia hispânica, quase um século de escavações arqueológicas não tem dado os frutos esperados. Ainda que não possamos concluir que Tartessos jamais existiu (nunca pode se provar a não existência de uma coisa), o certo é que os especialistas em proto-história praticamente têm abandonado a crença na existência de uma cidade com tal nome.

O que, sim, temos suficientemente documentada é a cultura tartéssica. Jazidas arqueológicas como as de La Aliseda e El Carambolo nos revelam a riqueza de um povo que prosperou entre as Idades do Bronze e do Ferro, coincidindo com as colonizações fenícia e grega da Península Ibérica. Seja pelo contato com os povos do Oriente, seja pela própria evolução dessa cultura, os tartéssios desenvolveram uma complexa estrutura social claramente estratificada.

Tudo parece indicar que a cultura tartéssica entrou em decadência no século VI a.C. As tribos turdetanas (um dos povos iberos localizados entre o Algarve português e a Andaluzia espanhola) foram as herdeiras de Tartessos. A localização delas, entre Cádiz e Cartagena, fez dessas tribos uma espécie de protetorado primeiro dos fenícios e depois dos cartagineses. As crônicas romanas citam os turdetanos como o povo indígena mais civilizado e sofisticado da Hispânia. Também foram um dos povos que de forma mais aguerrida se opuseram ao domínio de Roma na Segunda Guerra Púnica.

ROMA INVENTA HISPÂNIA

As guerras púnicas

No século III a.C., a antiga rivalidade comercial entre gregos e fenícios transformou-se em uma competição entre o império cartaginês e uma potência emergente chamada Roma. Gregos e fenícios haviam interrompido sua aventura colonial nos séculos VI e V a.C., tanto por motivos internos como pela pressão que sobre eles exerceu o império persa.

Cartago fora uma colônia fenícia que no andar do tempo virou uma cidade-estado independente e estendeu a sua hegemonia sobre todo o Mediterrâneo central e ocidental. Roma era uma pequena república situada na região do Lácio que conseguira unificar os povos do centro da Itália (latinos, sabinos, etruscos...). Atingiu um grau tal de potencial bélico que conquistou e submeteu as cidades da Magna Grécia, um conjunto de colônias helenas localizadas no sul da Península Itálica e na metade leste da Sicília. A expansão de Roma pelo sul da Itália e a sua política de intromissão nos assuntos sicilianos levou-a a entrar em conflito com Cartago, que viu ameaçado seu domínio da parte oriental da ilha e colocada em perigo sua hegemonia marítima nos mares Tirreno e Jônico.

A Primeira Guerra Púnica começou em 264 a.C. e durou 23 longos anos, numa conflagração que foi antes de tudo naval. Em 241 a.C., Cartago teve de reconhecer a derrota. Perdeu o controle da Sicília, da Córsega e da Sardenha, além de ter de pagar indenizações de guerra a Roma. A sublevação dos mercenários que exigiram o pagamento de seus salários levou Cartago à beira do colapso. Roma também saiu muito desgastada do confronto, mas as compensações territoriais e econômicas tornaram-na a nova potência do Mediterrâneo central. O homem forte de Cartago, Amílcar Barca, dominou a crítica situação em que se encontrava seu Estado e projetou um novo plano de expansão que permitisse a Cartago superar o amargo gosto da derrota.

O alvo escolhido por Barca foi a Península Ibérica. Rica em alimentos e recursos minerais, essa terra e as tribos que nela habitavam poderiam fornecer a Cartago os meios econômicos e humanos para refazer seu império. Ademais, pelo acordo de paz com os romanos, Cartago tinha as mãos livres para expandir-se ao sul do rio Ebro. Em pouco tempo, Amílcar Barca conseguiu submeter os turdetanos e espalhou seu domínio pelo terço sul-oriental da península. Com os seus filhos Asdrúbal e Aníbal, a dinastia Barca afiançou o controle cartaginês desse território mediante a fundação da várias cidades, como Cartago Nova (Cartagena) ou Akraleuke (Alicante).

Em menos de vinte anos de experiência ibérica, os cartagineses estavam de novo prontos para enfrentar-se com Roma. A conquista de Sagunto (218 a.C.), uma cidade aliada de Roma, detonou a Segunda Guerra Púnica. Enquanto os romanos aguardavam um embate por mar, Aníbal preferiu conduzir seu exército a pé através do Ebro, dos Pireneus, remontando o Ródano e entrando na Península Itálica através dos Alpes, pelo único flanco que os romanos não tomaram o cuidado de proteger. O efeito surpresa e seus dotes como manobrista militar garantiram a Aníbal uma vitória após a outra: Tesino, Trasimeno, Trébia e Cannae. Cannae significou a maior derrota que Roma jamais sofrera. Mais de 80 mil soldados pereceram, e a cidade ficou à mercê de Aníbal – uma oportunidade que o general cartaginês não quis ou não pôde aproveitar. Enquanto aguardava a chegada de reforços de seu irmão Asdrúbal, os magistrados e o Senado romano traçaram uma estratégia igualmente audaz: se a Hispânia tinha sido a fonte de subministros para Cartago, a melhor forma de vencer a guerra era conquistar essa rica península e fazer com que seus recursos contribuíssem à causa romana. O encarregado de tão crítica missão foi Públio Cornélio Cipião (apelidado posteriormente de "Africano").

Cipião desembarcou na colônia grega de Emporion e daí empreendeu a ação de tolher do domínio cartaginês a possessão da Hispânia. Usando por partes iguais a força das armas e da diplomacia, arrebatou de Cartago sua hegemonia sobre a península. Reabastecido pelas tribos iberas, submetidas militarmente ou aliadas por própria vontade, Cipião formou um exército suficientemente poderoso para atacar Cartago em seu território africano. Aníbal, que estava aquartelado em Cápua, teve de voltar às pressas para a África, onde foi finalmente derrotado pelos romanos na batalha de Zama (202 a.C.). Cartago rendeu-se pela segunda vez. A cidade-estado não voltaria a ser nem a sombra do que foi. No entanto, o medo de que algum dia os cartagineses se alçassem de novo contra Roma provocou uma campanha de extermínio, mais conhecida nos anais históricos como a Terceira Guerra Púnica (149-146 a.C.).

A conquista

A Hispânia havia sido um território de importância estratégica máxima para os dois lados. A ocupação dos Barcas e a Segunda Guerra Púnica abriram os olhos dos romanos sobre o potencial daquele país. Nas décadas seguintes, Roma prosseguirá sua expansão pela Península Ibérica. O processo de conquista pode se periodizado em três fases:

> 1ª fase: Coincide com a fase final da Segunda Guerra Púnica. Cipião Africano conquista a fachada mediterrânea da península e o vale do Guadalquivir. São

as regiões com a maior densidade de população urbana e as que apresentam civilizações mais avançadas, dado o contato secular com os povos orientais.

2ª fase: No século II, Roma expande seu domínio pelo interior da península, avançando pelo vale do Ebro (rio que marca a divisa entre as duas províncias: a Hispânia Citerior ao norte e a Hispânia Ulterior ao sul) e pela Meseta. A resistência à ocupação romana foi muito mais tenaz. Os povos iberos e celtas dedicavam-se principalmente à pecuária e conheciam bem uma orografia abrupta que dificultava o avanço das tropas romanas. Os lusitanos e os celtiberos foram povos que impuseram uma decidida resistência à conquista. Os primeiros praticaram uma forma primigênia de guerra de guerrilhas, habilmente conduzidos por seu caudilho Viriato. Roma só conseguiu aplacar a oposição lusitana quando, por meio da traição e do engano, assassinaram Viriato.

A cidade de Numância (província de Sória) foi um baluarte da resistência dos povos celtiberos ao domínio romano. Dizem as crônicas que seus habitantes preferiram o suicídio a se entregar aos invasores.

Numância era uma das principais cidades dos arévacos (da etnia celtibera). Situada na atual província de Sória, num território de clima hostil, opôs resistência por vinte anos à conquista romana. Para derrotar os arévacos, Roma teve de mandar seu melhor general, Públio Cornélio Cipião Emiliano, o mesmo que em 146 a.C. arrasou Cartago. Depois de um assédio de 11 meses, Cipião Emiliano conseguiu vencer os numantinos por meio da fome. Muitos dos habitantes da cidade preferiram suicidar-se antes de entregar-se aos romanos. A cidade foi demolida e semeada com sal (como era de costume praticar-se na Antiguidade para evitar que nada voltasse a crescer nela) e os sobreviventes foram vendidos como escravos.

3ª fase: No fim do século II a.C., praticamente toda a Península Ibérica foi submetida à *pax romana*. Somente restou fora do domínio de Roma a vertente cantábrica, cuja difícil geografia, junto à bravura e baixo grau de desenvolvimento das tribos que nela moravam, fez desta região prioridade secundária dentro dos planos imperiais romanos. Somente no fim do século I a.C., o imperador Augusto – por ter fixado como objetivo manter todo o império numa situação de paz – empreendeu as guerras cântabras. Foi uma sucessão de expedições militares de extrema crueldade, que na prática supuseram um genocídio quase total dos povos indígenas da região.

A romanização

A Península Ibérica foi um dos territórios romanos em que mais intensamente se fez sentir a influência de Roma. Hispânia legou ao Império grandes pensadores e literatos, como Sêneca ou Marcial, assim como três imperadores: Adriano, Trajano e Teodósio.

O grau de romanização era decrescente na medida em que as localidades hispânicas ficavam mais longe do litoral mediterrâneo. Eram plenamente romanizados os portos de Ampúrias, Barcino (Barcelona), Sagunto, Cartago Nova (Cartagena), Cádiz e as cidades béticas de Híspalis (Sevilha) e Itálica. Nesses empórios, as pessoas vestiam-se à maneira romana, e o latim foi aos poucos ganhando terreno perante as línguas iberas locais. Roma reconheceu essa integração a seus usos e costumes concedendo os privilégios do direito latino e do direito romano. As primitivas comunidades indígenas transformaram-se em municípios e aplicaram as normas romanas para a gestão dos negócios públicos. Um número crescente de hispânicos adquiriu a cidadania romana, o que lhes garantia um *status* de igualdade com os habitantes de Roma.

A valorização do espaço público (na imagem, o teatro de Emérita Augusta, hoje Mérida) foi um dos fatores decisivos na romanização dos povos peninsulares.

A ductilidade do império romano, isto é, sua facilidade de integrar expressões culturais diversas, ajudou consideravelmente à integração de Hispânia ao Império. Os romanos não impunham seus deuses, mas incorporavam os dos povos vencidos a seu panteão. Tampouco exigiam que os submetidos se adaptassem à forma de governo de Roma. O Império aceitava que cada povo mantivesse seus costumes, desde que fosse fiel a Roma, pagasse devidamente seus impostos e contribuísse nas campanhas militares com os contingentes exigidos. A romanização chegava de forma natural, pelo contato entre os indígenas e os romanos. O Império abria mão de algumas de suas exigências e estendia os direitos aos indígenas, na mesma medida em que estes se integravam nos usos e costumes romanos.

Conforme se avançava da costa mediterrânea para o extremo norte-ocidental da península, o grau de romanização diminuía. Mesmo que no século III o imperador Caracalla concedesse os privilégios da cidadania romana a todos os habitantes livres da península, os nativos do norte da Gallaecia e de toda a vertente cantábrica apenas experimentaram os efeitos da romanização.

A cristianização

A fé cristã, surgida na Palestina como uma seita judaica, virou uma religião independente nos anos seguintes à morte de Jesus de Nazaré. Uma vez decidido o batismo dos gentios à nova religião, sem precisar da conversão prévia ao judaísmo, os discípulos de Cristo iniciaram a propagação dessa fé pelos quatro cantos do Império Romano. Pedro, o sucessor de Jesus à frente da Igreja, viajou até Roma com a intenção de constituir as primeiras comunidades cristãs na capital do Império e de lá espalhar o cristianismo por todas as províncias. Paulo também desenvolveu uma intensa ação missionária, com diversas viagens pela metade oriental do Império. Existe a lenda de uma viagem de Paulo à Hispânia, mas não há dados históricos que a confirmem.

O cristianismo nasceu como uma religião dos pobres e dos oprimidos. A fé que pregava a igualdade de todos os homens perante Deus e a recompensa da ressurreição e da vida eterna para os explorados ganhou adeptos entre os escravos e os humildes. Também uma minoria da classe alta, influenciada pelo ecumenismo da filosofia estoica, sentiu atração pela nova religião, que falava da limpeza dos pecados e espalhava bem-aventuranças aos humilhados. Entretanto, o caráter monoteísta do cristianismo colidia com as práticas religiosas de Roma. O fato de os cristãos não aceitarem render culto aos outros deuses do panteão romano (entre eles o imperador) e o caráter subversivo dessa fé motivaram diversas perseguições.

Na Península Ibérica, o cristianismo enraizou-se nas áreas mais romanizadas, sobretudo nas cidades. Após a proclamação dessa religião como a única oficial do Império, no fim do século IV, o campo permaneceu por muito tempo fiel às suas religiões ancestrais. De fato, a palavra pagão deriva de *pagus*, isto é, campo.

UM REINO, DOIS POVOS

A partir do século III, o Império Romano entrou em crise. As causas da sua queda têm suscitado, desde o século XVIII, acaloradas discussões entre historiadores e filósofos. A decadência de Roma foi um duplo processo, econômico e político. O sistema econômico escravista da Antiguidade entrou em colapso a partir do final do século II, coincidindo com o fim da expansão territorial de Roma (a última conquista importante foi a da Dácia, na época de Trajano). Sem guerras de conquista que fornecessem mais escravos para as atividades agrícolas, extrativas e industriais, a economia escravista não tinha como crescer. A esse colapso econômico somou-se uma séria crise política. Depois do reinado da dinastia antonina, o Império entrou em uma fase de perpétua convulsão e instabilidade. Os imperadores se sucediam a um ritmo vertiginoso.

As reformas de Diocleciano (final do século III) e de Constantino (começo do século IV) tentaram frear a decomposição política do Império. A solução definitiva foi a partição do Império Romano em duas metades: a ocidental, com capital em Roma, e a oriental, com capital em Bizâncio. Esta última conseguiu superar a crise; a primeira não.

As invasões germânicas

A debilidade de Roma propiciou as incursões de povos "bárbaros" (estrangeiros). O principal coletivo era o de etnia germânica, que Tácito já havia descrito no século I. Mas também invadiram o Império outros povos procedentes da Ásia central, como os hunos e os alanos.

A relação de Roma com os bárbaros foi evoluindo durante o tempo. Às vezes esses povos se comportavam como predadores, que atravessavam as fronteiras (*limes*) e saqueavam as cidades e os campos. A fortificação dos limites do Império para segurar os ataques dos bárbaros obrigou a instituição a realizar importantes sacrifícios econômicos, justamente em um momento em que a produção estava em franca decadência. A pressão fiscal chegou até o ponto em que os cargos municipais, que séculos antes eram a maior honra que um cidadão podia receber, viraram uma pesada carga. Para evitar o pagamento de impostos cada vez mais onerosos, muitos citadinos optaram por fugir das cidades e estabelecer-se no campo. O mundo romano, que por gerações se baseara na supremacia urbana (daí que "civilização" derive de *cives*), experimentou uma nova ruralização, presságio da futura realidade europeia medieval.

Impotente para deter o avanço dos bárbaros, Roma "contratou" os serviços de algumas tribos germânicas para realizar tarefas policiais. Esses pactos eram conhecidos como *foederationes* e asseguravam ao povo em questão uma situação de igualdade face a Roma, assim como um território onde se assentar dentro dos limites do Império.

Quando em 409 a Hispânia foi invadida pelos suevos, vândalos e alanos, Roma acabou fechando um acordo com os visigodos (ou godos do Oeste) para que estes firmassem a paz na península. Estabelecidos no sul da Gália, e com a sua capital em Toulouse, os visigodos empreenderam diversas ações punitivas que se concluíram com a submissão dos alanos, localizados nas regiões centrais da Hispânia, e o confinamento dos suevos no seu reino da Gallaecia. Os vândalos dividiram-se em duas tribos: a dos asdingos, que acabou por abandonar a península e constituir um reino soberano no norte da África – que em pouco tempo dominou as rotas marítimas e as ilhas do Mediterrâneo ocidental –, e a dos silingos, que se integrou no reino suevo.

A formação do reino visigodo

A derrota dos visigodos para os francos na batalha de Vouillé (507) acabou com seu reino no sul da Gália. Os godos tiveram de atravessar os Pireneus e fundaram na Península Ibérica um reino com capital em Toledo.

O reino visigodo precisou encarar dois problemas políticos: um de caráter externo e outro interno. No plano exterior, os visigodos tiveram de enfrentar a expansão bizantina, que durante o reinado de Justiniano (primeira metade do século VI), ambicionava reconquistar os territórios do Império Romano do Ocidente, desmantelado em 476, com a deposição do imperador Rômulo Augusto por Odoacro, rei dos hérulos. O conde Belisário, principal general das campanhas bizantinas, havia conquistado o reino vândalo do norte da África e havia se assentado firmemente no levante da Península Ibérica, ameaçando a permanência do reino visigótico. Várias campanhas militares vitoriosas e a incapacidade de Constantinopla para manter esses territórios tão longínquos fizeram com que os visigodos pudessem superar essa ameaça. O reinado de Leovigildo (572-586) foi de especial importância para confirmar o domínio visigodo sobre toda Hispânia. Esse rei arrebatou aos bizantinos boa parte dos domínios que tinham na Baetica e logrou derrotar o último rei dos suevos (585).

O outro problema era interno. Os germânicos não se misturaram com a população local, os hispano-romanos. As duas comunidades falavam línguas diferentes, tinham normas e costumes distintos e entendiam o cristianismo de formas diversas. Sobre uma massa de hispano-romanos, que eram regidos ainda pelas normas do já fenecido império romano, uma minoria germânica, que não devia ultrapassar os 50 mil indivíduos, tinha o controle político e militar do reino. Os visigodos conservavam as instituições políticas germânicas, como a assembleia de notáveis, a monarquia eletiva (que com o tempo se transformou em hereditária), o juízo de Deus etc. Das estruturas políticas do império romano só sobreviveu a instituição episcopal. Os bispos foram na época das invasões bárbaras os máximos representantes políticos e religiosos da população nativa da Hispânia. Os reis visigodos reuniam-se frequentemente com eles, nos concílios, para tratarem assuntos de interesse geral.

O problema religioso

No seu longo périplo de quase dois séculos pelo Império Romano, que acabou conduzindo os visigodos até a Península Ibérica, este povo germânico teve a oportunidade de ser convertido ao catolicismo pelo teólogo Arrio. Esse pregador defendia, como era comum nessa época na metade oriental do Império, o *adopcionismo*,

Um passeio pela história | 65

A coroa votiva do rei visigodo Recesvinto é uma expressão
da destreza dos povos germânicos na lida com os metais.

O bispo Isidoro de Sevilha foi o maior pensador da época visigótica. Após as invasões germânicas, a Igreja Católica foi a única instituição que preservou, em parte, o legado da cultura clássica.

uma doutrina que a Igreja de Roma considerou herética. Em uma controvérsia que hoje nos pode parecer uma "disputa bizantina", no sentido mais literal da expressão, o *arrianismo* defendia a tese de que Jesus não era filho de Deus e, portanto, não fazia parte da divindade, mas era um simples mortal "adotado" por Deus (daí o nome de *adopcionismo*) para servir de porta-voz seu entre os humanos.

A religião foi um motivo a mais de separação entre a comunidade hispano-romana, que professava o catolicismo, e a visigótica, que professava o *arrianismo*. Leovigildo tentou a unificação religiosa forçando os católicos a se converterem ao *arrianismo*, mas depois de uma longa repressão, na qual pereceu o seu próprio filho Hermenegildo, defensor da fé católica, o sucessor de Leovigildo, rei Recadero, praticou uma política mais pragmática. No concílio de Toledo de 589, Recadero abjurou do *arrianismo* e abraçou a religião católica. Esse gesto foi repetido pela imensa maioria de visigodos e suevos.

Com todo o território da Hispânia unificado sob o reino visigodo, com um mesmo ordenamento jurídico que regulamentava os dois povos e com uma única fé religiosa, eis o mito fundacional do Estado espanhol que os historiadores românticos do século XIX tanto almejavam.

As vítimas inocentes do período visigótico não foram os hispano-romanos, nem os vândalos, nem os alanos, nem os suevos, nem sequer os bizantinos, mas os milhares de escolares que tiveram de decorar a extensa lista dos reis godos – com nomes tão exóticos como Chindasvinto, Wamba ou Sisebuto –, em homenagem aos "gloriosos primórdios da pátria".

AL-ANDALUS

Enquanto o Ocidente cristão vivia antes do ano 1000 uma "idade das trevas", com poucos registros escritos, uma economia assentada na agricultura de subsistência, um comércio praticamente desvanecido por culpa da falta de metais preciosos, um poder central demasiado débil que teve de desconcentrar as funções soberanas em uma malha feudal de vassalos e com uma religião oficial que profetizava a proximidade do fim do mundo, o povo muçulmano experimentou um dos seus momentos de maior esplendor. As moedas de ouro e prata árabes (o *dinar* e o *dirham*, respectivamente), junto com uma boa rede de comunicações marítimas e terrestres, permitiu que o comércio continuasse ativo na parte sul do Mediterrâneo. E com o comércio de mercadorias também se propagavam as ideias. Os árabes foram os principais responsáveis pela reintrodução do pensamento e da ciência do mundo clássico na Europa ocidental. Enquanto os reinos cristãos eram basicamente agrários e suas cidades pouco populosas, o mundo islâmico apresentava urbes que superavam o milhão de habitantes e que concentravam todo tipo de atividades industriais e de serviços. Militarmente, os exércitos árabes contavam com uma preparação muito melhor que a dos cristãos, e suas armas eram mais leves e resistentes.

A Península Ibérica – praticamente em sua totalidade – e a metade sul da Península Itálica foram as duas únicas regiões europeias com presença muçulmana na Idade Média. Essa influência do mundo árabe explica por que esses territórios tiveram uma evolução histórica diferenciada da do Ocidente cristão e por que o feudalismo que neles se implantou foi tardio e um tanto quanto *sui generis*.

Os muçulmanos cruzam o estreito

Os muçulmanos precisaram de menos de oitenta anos para construir um vasto império que abrangia do oceano Atlântico até o rio Indo. Após a morte do profeta

Maomé (632), bastaram três gerações para engolirem o império persa sassânida e a parte africana e asiática do império bizantino. Animados pela *jihad* (guerra santa), que assegurava aos guerreiros caídos em batalha a vida eterna num paraíso cheio de virgens, o Islã construiu um império que nos séculos posteriores serviria de nexo de união entre o mundo ocidental e o oriental.

Em 711, aproveitando as disputas internas em que estava imerso o reino visigótico, os muçulmanos do Magreb (recentemente convertidos à fé islâmica) invadiram a "terra dos vândalos" (esse o significado do termo árabe *Al-Andalus* e que depois derivou em Andaluzia). Uma vitória junto ao rio Guadalete permitiu a rápida conquista de todo o reino. À primeira invasão de 18 mil berberes capitaneados por Tariq, seguiu-se uma segunda, em 712, de 12 mil árabes dirigidos por Musa ibn Nusayr. Em 714, o reino dos godos havia sumido do mapa.

Os muçulmanos continuaram no embalo de sua guerra santa e atravessaram os Pireneus. Foram detidos pelos francos merovíngios na batalha de Poitiers (732), que obrigou o exército islâmico a retirar-se para a Península Ibérica. Cinco décadas mais tarde, o imperador Carlos Magno, ciente do perigo que supunha manter um vizinho tão expansionista em sua fronteira sul, invadiu a Hispânia com o objetivo de criar uma marca de proteção que chegasse até o rio Ebro. A tentativa de conquistar Saragoça foi, porém, um fracasso, e na sua volta para as terras francas o futuro imperador romano-germânico foi atacado pelos bascos na paragem de Roncesvalles. Lá perdeu a vida Orlando, um dos melhores cavaleiros carolíngios, numa cena que deu origem a um célebre poema épico. A Marca Hispânica que Carlos Magno acabou criando foi mais modesta, limitando-se a uns poucos quilômetros ao sul dos Pireneus. Essa marca foi a origem dos futuros reinos de Navarra e de Aragão e dos condados independentes da Catalunha.

Como já tinha acontecido com a conquista romana, o extremo norte da península manteve-se independente. É possível que nas montanhas cantábricas se refugiasse uma parte da nobreza goda, embora não tenhamos provas que o demonstrem categoricamente. Muitos anos mais tarde, os reis das Astúrias (e depois os reis de Leão e os de Castela) proclamar-se-ão legítimos sucessores dos reis visigóticos.

O emirado independente

Em 750, os membros da dinastia Omeia, que governava o império islâmico de sua capital Damasco, foram violentamente assassinados, e o trono califal foi usurpado por Abu Abbás, que fundou uma nova dinastia (a Abbasida) e mudou a capital para Bagdá. Somente um membro da família Omeia conseguiu escapar do massacre: Abd Al-Rahman. Este fugiu de seus perseguidores e empreendeu uma longa jornada pelo norte da África até instalar-se definitivamente na distante província de Al-Andalus. O último Omeia foi recebido com honras em Córdoba. Graças ao apoio que obteve na Península Ibérica, Abd Al-Rahman I declarou-se independente do califado de Bagdá e proclamou-se emir de Córdoba.

Com Abd-al-Rahman I começou uma época de esplendor da cultura andalusi. Foi construída a mesquita de Córdoba e Al-Andalus vivenciou uma época de esplendor artístico e cultural.

No entanto, o dia a dia do emirado não esteve isento de conflitos. A maioria da população hispano-romana e visigótica convertera-se ao Islã. O islamismo não impunha mudanças graves para aqueles que já professavam o cristianismo (mesmo que esta religião fosse sentida de maneira muito superficial e misturada com elementos pagãos). É fato que Maomé mostrou-se respeitoso com a tradição religiosa judaico-cristã. A mensagem de Jesus, considerado um importante profeta, foi tida em consideração por Maomé nos seus ensinamentos. Os judeus e os cristãos – ao contrário dos politeístas – não eram forçados a trocar de religião. Eram considerados *dimnies* (povos do Livro) e lhes era permitido professar suas crenças, conquanto contribuíssem ao erário com um imposto especial. Os cristãos que optaram por manter sua religião e continuar residindo em território muçulmano foram chamados moçárabes.

A conquista de 711 implicou a imigração de grupos berberes do norte da África. Também houve uma minoria árabe. O comércio de escravos do Oriente trouxe a Al-Andalus um significativo contingente de indivíduos de etnia eslava. Alguns deles, com o passar do tempo, obtiveram a alforria e exerceram cargos de responsabilidade na administração pública. Consequentemente, em Al-Andalus coexistiam seis grandes grupos religiosos ou étnicos: a elite árabe, os nativos hispânicos que se converteram ao Islã (*muladis*), os moçárabes, os judeus, os berberes e os eslavos. A convivência entre esses grupos não foi sempre pacífica.

O califado de Córdoba

A partir de 850 o emirado entrou numa fase de crises internas. Existiu um movimento de reação à arabização que o poder central de Córdoba se esforçava em implantar em todo o Al-Andalus e que motivou o mal-estar da maioria não árabe. Essa situação conflitante se prolongou por mais de setenta anos, ao mesmo tempo em que os reinos cristãos do norte da península começavam a representar um perigo real para a integridade territorial do emirado.

Esse panorama foi revertido parcialmente durante o reinado de Abd Al-Rahman III (912-961). Nos primeiros anos de seu mandato, o emir conteve as rebeliões internas com mão firme: por volta de 920, o emirado já estava pacificado. Confiante de seu poder e uma vez contidos os ímpetos dos reinos cristãos, Abd Al-Rahman III procedeu em 929 a proclamar-se califa, isto é, "príncipe dos crentes", o que significava que Córdoba, independente no plano político desde 756, tampouco reconhecia a supremacia religiosa de Bagdá. O título de califa incorporava tanto os máximos poderes políticos como os religiosos. A independência de Al-Andalus passou a ser total.

A vitalidade do califado transmitiu-se aos sucessores imediatos de Abd Al-Rahman III, que foram Al-Hakam II e Hisam II. Este último contou com a colaboração de um dos mais preclaros generais do Medievo: Abi Amir Muhammad, mais conhecido pelo apelativo de Al-Mansur, isto é, "o vitorioso". Al-Mansur (ou Almanzor, segundo as crônicas cristãs) conduziu nas últimas décadas do século X uma série de incursões punitivas contra os reinos cristãos. Foram tomadas e saqueadas por ele cidades como Barcelona (985), Pamplona (999) e Santiago de Compostela (997), que além de ser um centro urbano em ebulição, era todo um símbolo para a cristandade.

A morte de Al-Mansur (1002) marcou o início da decadência do Califado de Córdoba. De forma parecida ao que aconteceria mais adiante com os abbasidas, os califas de Córdoba tornaram-se figuras quase decorativas, enquanto o poder real do califado recaía em caudilhos militares que ocupavam cargos relevantes dentro da corte (sultão, visir etc.). Al-Mansur tentou perpetuar o poder de sua família, por meio de seu filho Abd Al-Malik, mas em 1009 o califado já estava imerso na *Grande Fitna*, uma guerra civil de 22 anos que desmembraria Al-Andalus em uma sucessão de pequenos estados.

As taifas

Em 1031 foi abolido o califado de Córdoba, e a metade muçulmana da Península Ibérica ficou dividida em pequenos reinos, chamados *taifas*. Os conflitos internos que o emirado e o califado tinham padecido nos séculos anteriores foram resolvidos de uma maneira *a priori* salomônica: cada família importante (árabe, berbere, *muladi* ou eslava) constituiria seu próprio Estado. Chegaram a formar mais de trinta taifas, algumas compostas unicamente por uma cidade e seu *hinterland*. Em pouco tempo, porém, as taifas mais poderosas acabaram com a independência das menores e as integraram em seus limites territoriais. As taifas mais importantes foram as de Toledo, Badajoz, Saragoça, Lleida, Granada, Sevilha, Tortosa, Tudela, Valência, Dênia, Múrcia, Almeria e Baleares.

Na construção da Mesquita de Córdoba, confluíram as tendências arquitetônicas do mundo oriental com uma parte do legado estético da época visigótica, como o arco de ferradura.

Embora – como veremos no ponto seguinte deste capítulo – as taifas mantivessem e inclusive incrementassem o esplendor cultural de Al-Andalus, no plano político foram uma presa fácil para os reinos cristãos, os quais a partir do século XI experimentaram um forte crescimento demográfico e a consolidação de suas estruturas de poder. Muitas taifas fronteiriças tiveram de comprar a "proteção" dos reinos cristãos. O pagamento periódico de *parias* lhes garantia que leoneses, castelhanos, navarros, aragoneses e catalães não ocupariam militarmente seus territórios; além disso, estes lhes forneceriam ajuda em caso de um possível ataque de outras taifas rivais. Os reis muçulmanos chegaram a comprar os serviços de cavaleiros cristãos caídos em desgraça (como foi o caso de El Cid) para organizar a proteção militar de seus reinos.

Contudo, o fim do califado e a sua atomização em taifas marcaram o começo do fim de Al-Andalus. Sem um poder forte e central que unificasse os esforços militares contra a expansão dos reinos cristãos, os reinos muçulmanos tinham a partida perdida. Todos os sinais de alarme se dispararam quando, em 1085, o rei de Leão e Castela, Alfonso VI, conquistou a poderosa taifa de Toledo. Os cristãos conseguiram com essa façanha deslocar a fronteira com o mundo islâmico até o rio Tejo e "recuperar" a antiga capital visigoda e a sé do arcebispo primado da Hispânia. O terror espalhou-se entre os reis andalusis, e alguns deles solicitaram o socorro dos almorávidas.

Os almorávidas eram uma seita muçulmana fundada em torno de 1045 no Saara ocidental. Culturalmente, podiam ser considerados muito mais atrasados que os andalusis, e sua forma de vida não tinha o refinamento que se atingiu em Al-Andalus. Mas, como recém-convertidos, os almorávidas praticavam uma fé muito mais estrita e beligerante. Na segunda metade do século XI, estenderam seu domínio sobre todo o Magreb ocidental e atravessaram o estreito de Gibraltar, a chamado de seus irmãos muçulmanos da Península Ibérica. Os almorávidas suprimiram as taifas e as integraram ao seu império com capital em Marrakech, sob o comando de seu líder, Yusuf ibn-Tasfin. Seus contingentes militares foram decisivos para conter o avanço dos leoneses de Alfonso VI (batalha de Sagrajas, 1086), mas não conseguiram reconquistar Toledo e a fronteira ficou estabilizada nos rios Tejo e Ebro.

Enquanto o império almorávida se reafirmava na Península Ibérica e se reorganizava fiscal e administrativamente, uma nova seita, a dos almóadas, começou a espalhar-se pelo leste do Marrocos a partir da década de 1130. Em 1146, a capital almorávida de Marrakech sucumbiu ao ataque dos almóadas. O império almorávida não demorou muitos anos para desabar por completo. Novas taifas se constituíram em Al-Andalus aproveitando que o poder central voltava a eclipsar-se. O almóada Abu Ya'qub Yusuf interveio nos assuntos andalusis em 1171, reunificando todas as taifas num novo império com capital em Sevilha. A anexação das *taifas* ao império almóada reorganizou as defesas muçulmanas ante uma nova expansão dos reinos cristãos. A derrota de Alfonso VIII em Alarcos (1195) só foi possível graças à contribuição militar dos almóadas.

Porém, desavenças internas impediram os almóadas de aproveitar o sucesso em Alarcos. Entrementes, os reinos cristãos iam constituindo uma aliança, agora sob o espírito da cruzada. Em 1212, as forças conjuntas dos reis de Castela-Leão, Navarra, Portugal e Aragão, além de alguns cavaleiros cruzados chegados de outros pontos da Europa, causaram a maior derrota aos muçulmanos nas Navas de Tolosa. Como consequência do desastre militar, o reino almóada de Sevilha sucumbiu e novas taifas foram constituídas. Essa debilidade dos estados islâmicos permitiu uma grande expansão dos reinos cristãos durante o século XIII. Castela chegou até o Guadalquivir e o reino de Granada foi o único território andaluz fora do controle castelhano. A Coroa de Aragão conquistou os reinos de Valência e de Maiorca.

Os almóadas foram substituídos no norte da África pelos *benimerines* ou *marinis*. Estes tentaram recuperar os domínios que haviam pertencido aos almóadas na Península Ibérica. A invasão dos marinis foi detida pelos reis Afonso IV de Portugal e Alfonso XI de Castela na batalha do Salado (1340). Foi o último grande confronto entre muçulmanos e cristãos até a campanha de conquista de Granada.

O reino nazarita de Granada

Depois de 1300, o único estado muçulmano na Península Ibérica passou a ser o sultanato (e depois reino) de Granada. Após a crise do império almóada, a dinastia dos Nasrid (ou nazaritas) fundou uma *taifa* independente com capital em Granada (1238).

O reino nazarita viveu numa constante instabilidade política, sendo assediado por seus poderosos vizinhos – os castelhanos ao norte e os marinis ao sul. No entanto, Granada soube tirar partido de sua posição intermediária entre o mundo cristão e o muçulmano, e entre os séculos XIII e XV fez florescer um rico comércio. Destacados artistas sentiram-se atraídos pelas ofertas da dinastia nazarita e deixaram como legado obras magnas da arte universal. O conjunto de palácios de Alhambra é um esplêndido exemplo do refinamento arquitetônico e escultórico atingido nesta fase final do Al-Andalus.

Granada conseguiu se manter independente em parte pelos problemas internos de seus vizinhos. Tanto Castela como o norte da África sofreram contínuas guerras civis ao longo dos séculos XIV e XV, o que relegou a segundo plano os projetos de expansão. A superação das crises nobiliárquicas internas em Castela, durante o reinado de Isabel, "a Católica", e o seu matrimônio com Fernando de Aragão permitiram ressuscitar os velhos projetos de unificação cristã da Península Ibérica. Granada tinha os dias contados. Depois de uma longa guerra de dez anos, o último rei nazarita, Boabdil,

O período nazarita supõe, no plano político, a decadência da presença muçulmana na Hispânia, mas a arte hispano-árabe alcançou sua máxima perfeição, como o ilustra a beleza do conjunto de palácios conhecido como a Alhambra (Granada).

capitulou perante os Reis Católicos (1492). Acabavam, assim, os quase oito séculos de existência de Al-Andalus.

A HISPÂNIA DAS TRÊS RELIGIÕES

Na Idade Média, ao menos até o século XIV, época em que recrudesceram as perseguições religiosas, a Península Ibérica foi um local de convivência entre muçulmanos, cristãos e judeus. Cada uma dessas comunidades preservou sua língua e suas normas. Mesmo nos estados islâmicos, os cristãos eram regidos por suas normas consuetudinárias ou pelo *Liber iudiciorum* de Leovigildo. Os bispos representavam a máxima autoridade civil e religiosa sobre as comunidades moçárabes, sempre respeitando as estruturas de poder muçulmanas, que detinham o monopólio do uso legítimo da força. O mesmo acontecia com as comunidades judaicas, que preservaram o hebraico nas sinagogas e tinham os rabinos como juízes para dirimir suas controvérsias segundo a lei mosaica.

A mistura de influências árabes, judaicas e cristãs ainda impregna a atmosfera do centro medieval de Toledo.

Mas essa riqueza cultural, que se fundamentava no respeito às diferenças, viu-se continuamente ameaçada pelo fanatismo religioso. Tanto os extremismos muçulmanos (caso dos almorávidas ou dos almóadas) quanto os extremismos cristãos (o espírito de cruzada começa a espalhar-se no fim do século XI, imitando em certo modo a *jihad* islâmica) prejudicaram seriamente essa convivência. Periodicamente, os estados muçulmanos ou cristãos ditavam normas que danificavam as liberdades de alguma das comunidades minoritárias e envenenavam a coexistência pacífica desses grupos.

A Toledo da tolerância

A cidade de Toledo no século XI foi um exemplo da coexistência pacífica entre as três religiões. Mesquitas, igrejas e sinagogas salpicavam na paisagem urbana da antiga capital dos visigodos. Embora Toledo fosse uma taifa muçulmana e, portanto, cristãos e judeus não usufruíssem dos mesmos direitos que os praticantes da fé islâmica, a relação entre as três comunidades era bastante harmoniosa.

Os senhores de Toledo deram asilo ao rei de Leão Alfonso VI, quando este teve de fugir de sua terra por litígios com seu irmão Sancho II de Castela. Alfonso VI impregnou-se da cultura árabe e aceitou de bom grado muitos de seus elementos. O rei leonês teve uma amante (e talvez até esposa) muçulmana, a princesa Zaida, que lhe deu duas filhas. Não era raro que príncipes e cavaleiros cristãos adotassem o modo de vestir dos mouros, nem que falassem fluentemente a língua árabe. A cultura de Al-Andalus atingiu um nível tal de refinamento que a fazia muito atrativa para os povos do norte da península. Tampouco podemos esquecer que nesses séculos, nos quais os monarcas ainda tinham uma margem de manobra escassa e encontravam-se limitados pelas formas feudais de distribuição do poder, os reis não tinham entre suas prioridades a unificação étnica, linguística e religiosa de seus territórios. Tais preocupações só começaram a emergir na Baixa Idade Média e, sobretudo, na Idade Moderna, que nesse sentido foi muito mais intolerante que os séculos medievais.

Alfonso VI, porém, não se mostrou muito agradecido aos seus anfitriões toledanos, já que em 1085, uma vez restabelecido nos tronos de Leão e Castela, o rei cristão empreendeu a conquista da cidade do Tejo. Contudo, Alfonso VI mostrou-se magnânimo com a população local e respeitou a pluralidade religiosa da cidade. As estruturas jurídicas de Toledo mantiveram-se praticamente intactas com a chegada de seu novo senhor.

A Hispânia foi nos séculos medievais uma encruzilhada de caminhos que ligavam Oriente com Ocidente. Em Toledo, fundou-se uma escola de tradutores que verteram os principais textos científicos e filosóficos do árabe para o latim ou para as línguas romances que estavam despontando. Autores como Al-Kindi (cujas inovações matemáticas já haviam sido traduzidas ao grego), Al-Farabi (comentarista de Platão e Aristóteles), Avicena (autor do *Cânone da medicina*, obra fundamental para o ensino dessa disciplina na época medieval), Algazel (filósofo aristotélico) ou o judeu Ibn Gabirol (mais conhecido como Avicebrón nas traduções castelhanas) foram divulgados no Ocidente cristão graças, em boa medida, às traduções que surgiram em Toledo entre os séculos XII e XIII. O renascimento da filosofia e do aristotelismo, que teve em Tomás de Aquino seu principal expoente, seguramente não teria acontecido sem a influência das obras árabes traduzidas ao latim.

Alfonso X, rei de Castela conhecido como "o sábio" por sua predileção pelos diversos ramos do saber, empenhou-se pessoalmente na projeção da escola de tradutores de Toledo. O monarca abriu o escopo da escola de tradutores para as obras de criação literária. Se até então haviam saído de Toledo somente traduções de livros científicos e filosóficos, o rei solicitou em 1251 a versão do *Livro de Calila e Dimna*, uma coletânea de fábulas indianas que viria a exercer forte influência na literatura europeia dos séculos vindouros.

Os filósofos de Córdoba

A antiga capital do califado era no século XII ainda um centro urbano de primeira ordem em Al-Andalus e no mundo mediterrâneo em geral. Nesse século, Córdoba presenciou uma das revoluções filosóficas mais espetaculares da história. Foram seus protagonistas, entre outros, dois médicos-filósofos nascidos nessa cidade andaluza: o árabe Ibn-Roschd (mais conhecido em Ocidente como Averroes) e o judeu Mose b. Maimon (Maimônides).

Averroes nasceu em uma família de juristas de prestígio. Isso lhe permitiu ter contato desde jovem com as obras clássicas do pensamento greco-romano. Autores como Galeno, Hipócrates ou Aristóteles figuraram entre suas leituras. Além de ser um médico altamente reconhecido, Averroes tratou de conciliar a teologia islâmica com o pensamento aristotélico. Suas reflexões sobre a verdade revelada e a verdade racional, que colocou num plano de igualdade, lhe supuseram várias condenações por parte das autoridades religiosas. Suas obras foram qualificadas de "erros", e Averroes teve de exilar-se. No entanto, sua filosofia foi comentada – e criticada – pelos filósofos escolásticos. A *Summa Teologica* de Tomás de Aquino bebe do neoaristotelismo de Averroes, mas também se fundamenta na crítica à teoria da dupla verdade.

Maimônides foi vítima da intolerância almóada. Sua família, natural de Córdoba, teve de abandonar a Península Ibérica e assentar-se primeiro no Marrocos e finalmente no Egito. No país do Nilo, Maimônedes contou com o apoio de Saladino e de seus sucessores, que o nomearam máxima autoridade religiosa da comunidade judaica do Egito. Maimônides destacou-se como jurista e como médico, escrevendo tratados para as duas matérias. Entretanto, ele passou à História como filósofo: no *Guia para perplexos*, tentou combinar a teologia judaica com o pensamento aristotélico, e suas conclusões foram próximas das alcançadas por Averroes para o caso islâmico. Novamente aparecem duas verdades aparentemente irreconciliáveis: a da fé e a da razão.

O Caminho de Santiago

Conta a tradição cristã que, em 25 de julho do ano de 814, um monge chamado Pelágio viu estranhas luzes no céu que o conduziram até uma cova onde se achava o sepulcro do apóstolo Santiago (ou Iago, Tiago, Diego, Diogo, Jaime, Jacme, Jaume, Jacques, Giacomo, James ou Jacob, pois com todos esse nomes e alguns outros ele é chamado). Segundo uma inverossímil lenda, depois de o apóstolo ter sido martirizado e executado em Jerusalém, seus discípulos teriam carregado o corpo em um navio, atravessado todo o mar Mediterrâneo e circum-navegado o litoral oeste da Península Ibérica até depositarem o cadáver do santo em um sepulcro na Galiza, concretamente dentro dos limites da sede episcopal de Iria Flávia (hoje Padrón). Embora essa história faça sorrir mais de um cético racionalista, as autoridades religiosas e civis do século IX precipitaram-se sobre tamanha descoberta. A cristandade hispânica, que nesses idos estava em um de seus momentos mais baixos, recebia esse incomparável presente de Deus. Logo foi construída uma igreja para dar custódia aos restos do apóstolo, que viraria o padroeiro da Espanha. No *Campus Stellae* (campo das estrelas, por causa das luzes vistas no céu pelo monge Pelágio), erigiu-se uma basílica, que século após século foi alargando-se com o burgo que a rodeava e ganhou o nome de Compostela.

Ao grito de *Santiago y cierra España*, os cavaleiros cristãos se lançavam à luta contra os mouros. E não era raro que os cronistas asturianos, leoneses ou castelhanos atribuíssem a vitória das tropas cristãs (como no caso da batalha de Clavijo) à ativa participação de santos como *San Millán* ou o próprio Santiago, que desciam do Céu em pessoa para socorrer as hostes cristãs.

O rei das Astúrias Alfonso II visitou pessoalmente o sepulcro do apóstolo, tão cedo chegou a seus ouvidos a notícia da descoberta. Foi o começo das peregrinações a Santiago de Compostela. Os primeiros peregrinos francos a visitar o sepulcro estão datados do século X, mas o grande fluxo de peregrinos europeus começou a acontecer a partir do século XI, após a dissolução do califado de Córdoba, o que tornou o norte da península mais seguro para os viajantes (recordemos que Almanzor saqueou Santiago no fim do século X).

Santiago de Compostela continua sendo um destacado núcleo
de atração de peregrinos. Na ilustração, a praça
do Obradoiro da cidade, na festividade de São Jaime.

Santiago converteu-se em um dos três focos mais importantes das peregrinações cristãs – Roma e Jerusalém são os outros dois. Os motivos da peregrinação eram diversos: demonstração de piedade, expiação dos pecados, cumprimento de uma penitência ou de uma promessa ou o autoconhecimento espiritual. O caminho francês foi o mais importante. Conectava com o outro lado dos Pireneus através dos portos de montanha de Roncesvalles e Canfranc e adentrava pelos reinos de Navarra, Castela e Leão até chegar a Galiza. O Caminho de Santiago virou um eixo de comunicações essencial para a introdução na Península Ibérica das novas correntes artísticas e literárias do Ocidente cristão. Muitos artistas europeus fizeram o caminho e deixaram um legado artístico que hoje é patrimônio da humanidade.

Raimundo Lúlio e a cruzada espiritual

O século XIII foi o momento do grande avanço territorial dos reinos cristãos. Ainda que aspectos demográficos e econômicos expliquem em grande medida o expansionismo dos reinos do norte, não podemos deixar de lado o espírito das cruzadas que tomara conta do Ocidente cristão desde a proclamação da primeira delas no concílio de Clermont (1095). Havia a convicção de que as discrepâncias religiosas deviam ser resolvidas pela força das armas e pelo extermínio do infiel, se fosse o caso. A intolerância religiosa foi crescendo no decorrer dos séculos seguintes.

Por volta do ano 1230, em uma Maiorca recém-conquistada pelos catalães aos mouros, nasceu Raimundo Lúlio (ou Ramon Llull). Polígrafo que tratou ciências e gêneros tão diferentes como a Teologia, a Medicina, a alquimia, a Lógica, a poesia trovadoresca ou o romance, Lúlio foi o pai da literatura catalã em prosa e um dos primeiros pensadores medievais que se desligou do monopólio do latim e usou uma língua romance para escritos de Ciência e Filosofia.

Após uma juventude conturbada e dissoluta, Raimundo Lúlio converteu-se em um fervoroso católico. Depois de visitar os principais centros acadêmicos europeus e de tentar expor, sem muito sucesso, seu pensamento, Lúlio preparou-se científica e espiritualmente para o que achava que era a missão que Deus lhe havia encomendado: converter os infiéis à religião "única e verdadeira" (obviamente, a católica que professava). Mas o que diferenciava Lúlio de outros cruzados era o método que pretendia usar para atingir tal fim. Em lugar da espada, que com tanta facilidade se desembainhava, o filósofo maiorquino pregava a conversão mediante o diálogo. Seu *Livro do gentio e dos três sábios* fixa claramente o caráter dialogante e relativista *avant la lettre* desse pensador. O livro narra a história de um gentio que não sabe para qual religião monoteísta quer se converter. Para ilustrá-lo, três sábios (um judeu, um

Estátua dedicada ao filósofo Raimundo Lúlio,
situada no centro histórico de Palma, sua cidade natal.

muçulmano e um cristão) ensinam quais as características fundamentais de cada fé e os dogmas sobre os quais se constroem suas teologias. Lúlio nos aparece nesse livro como um profundo conhecedor das três grandes religiões de seu tempo e, simultaneamente, como um pioneiro no diálogo inter-religioso (tão em voga atualmente), ao deixar a obra com um final aberto, sem ele nos esclarecer qual foi a decisão que finalmente adotou o gentio.

Para fomentar o contato com muçulmanos e judeus, Lúlio fundou uma escola de tradutores em Miramar. O estudo das teologias judaica, cristã e muçulmana levou-o a observar que as três religiões tinham muito em comum. Tomando como base essa bagagem teológica conjunta, Lúlio confiava em criar uma "máquina de pensar", uma construção lógica que de forma automática depuraria os erros dos judeus e dos muçulmanos e os acabaria convertendo, de forma pacífica e através da fortaleza das argumentações lógicas, ao cristianismo.

A "máquina de pensar", que aparece de forma clara na sua *Ars magna*, foi um sistema lógico que despertou o interesse de muitos filósofos posteriores, entre eles Leibnitz. No entanto, não temos nenhuma evidência que nos indique que Lúlio chegasse a converter alguém com seus raciocínios. A viagem que fez a Tunis não rendeu nenhum resultado e quase custou a vida do filósofo. O que ele conseguiu, sim, foi levantar os receios da hierarquia católica, que viu com inquietude o seu relativismo. Por vários séculos desatar-se-ão polêmicas lulísticas, entre os defensores de seu pensamento (principalmente os franciscanos, ordem da qual fez parte o próprio Lúlio) e os seus detratores (dominicanos e inquisidores). O fato é que após quase seis séculos de sua morte, a Igreja nem sequer beatificou Raimundo Lúlio.

A MAL CHAMADA RECONQUISTA

As mistificações da História

O conceito de Reconquista fez sucesso na historiografia e é utilizado de forma acrítica em muitos ensaios e livros didáticos ou divulgativos. Porém, a noção que abarca denota uma série de significados que tem pouco a ver com a realidade.

Ao falarmos de reconquista, damos a entender que se trata de um processo mediante o qual um povo ou uma elite dirigente recupera um território que fora tomado anteriormente. Com certeza, o termo seria válido se os visigodos, que foram derrotados em Guadalete, tivessem organizado uma campanha bélica contra os sarracenos para expulsá-los da Península Ibérica. Mas a história não foi essa. A civilização visigótica desvaneceu-se como um castelo de naipes ante a invasão dos exércitos norte-africanos. O reino cristão das Astúrias (e depois de Leão) foi uma realidade política totalmente diferente do reino visigodo de Toledo, e embora a lenda diga que a sua fundação deveu-se a cavaleiros godos que se refugiaram na Cordilheira Cantábrica, não temos provas que atestem essa ligação. E menos ainda no caso dos reinos de Navarra, Aragão e dos condados catalães, partícipes também da "reconquista", mas cuja criação e desenvolvimento até o século X foram devidos sobretudo aos interesses estratégicos de seus vizinhos francos.

Também associada ao termo "reconquista" figura a ideia de que a "invasão" árabe (note-se que se usa a palavra invasão e não outros termos como conquista ou anexação) foi cruel e injusta, e que os cristãos estavam legitimados a erradicar o poder muçulmano sobre a península. Os documentos, porém, demonstram que a fé islâmica foi aceita por extensas camadas sociais da sociedade hispano-visigótica e que os cristãos que preferiram manter sua fé foram tolerados pelas autoridades muçulmanas e gozaram de ampla margem de liberdade.

Todavia, provoca rubor a facilidade com que se usa o conceito de reconquista para aludir um processo que começou – teoricamente – em 722, com a batalha de Covadonga, quando um grupo de pastores e guerreiros asturianos capitaneados por um tal Pelaio derrotaram um pequeno exército mouro, e terminou em 1492, com a capitulação de Granada perante os Reis Católicos. Estamos falando, pois, de um processo histórico que demorou 770 anos! Como podemos ousar denominá-lo Reconquista?

Em raríssimas ocasiões, os reinos cristãos formaram um bloco comum para lutar contra os muçulmanos. As batalhas das Navas de Tolosa e do Salado foram um dos poucos momentos em que vários reis cristãos uniram suas forças para vencer os sarracenos. É uma realidade em que os reinos do norte dedicaram quase tanto tempo e esforços para lutar entre eles, por diversos conflitos dinásticos e territoriais, como para dedicar-se à mal chamada Reconquista. Ainda que possamos encontrar alguns precedentes de intolerância religiosa, o espírito de cruzada – isto é, de expulsão dos infiéis da Hispânia – só tomou força entre os muçulmanos a partir do fim do século XI (com a invasão dos almorávidas) e entre os cristãos a partir do século XII (como resultado da influência das cruzadas europeias contra a Terra Santa).

A Hispânia viveu uma permanente situação de guerra durante a Idade Média. Os reis, cristãos ou muçulmanos, tinham de sufocar as periódicas rebeliões de suas classes nobiliárquicas e das cidades. Às vezes eram os reis muçulmanos que solicitavam ajuda a seus vizinhos cristãos para se protegerem de outras taifas rivais. E os príncipes cristãos não hesitavam em contratar os serviços profissionais de muçulmanos ou judeus e, inclusive, em algum caso se desposaram com princesas sarracenas. Reis como Alfonso VI ou Alfonso X foram bons conhecedores da cultura árabe e apreciaram suas vantagens para o conforto do dia a dia. Ambos (especialmente o último) se deram conta da riqueza do legado intelectual islâmico e se esforçaram em difundi-lo pelo Ocidente cristão.

Embora os cronistas medievais, para enaltecerem as ações de seus senhores, falassem sobre os referentes remotos da Hispânia romana ou do reino visigodo, a realidade política da Península Ibérica andava por outras searas.

Fases da expansão dos reinos cristãos

Até o desmembramento do califado de Córdoba, os cinco reinos cristãos da Hispânia (Leão, Castela, Navarra, Aragão e os condados catalães) ocuparam o extremo setentrional da península, nas áreas montanhosas da Cordilheira Cantábrica e dos Pireneus. As contínuas *razzias* a que eram submetidos pelas tropas califais limitaram suas possibilidades de expansão e os obrigaram a reforçar suas defesas. O reino de Castela surgiu inicialmente como um condado situado no alto Ebro e concebido como freio às frequentes incursões que os andalusis praticavam no reino de Leão. No século X, o condado independizou-se e transformou-se em reino. Os reis de Leão e de Castela tentaram a unificação em várias ocasiões, o que ocorreria apenas em 1230, quando os dois territórios ficaram permanentemente unidos a uma mesma dinastia, sem serem mais divididos entre diversos herdeiros.

A queda do califado favoreceu o avanço de leoneses e castelhanos até o rio Tejo, com a conquista de Toledo (1085), enquanto os aragoneses deslocavam a fronteira de seu reino até o Ebro com a conquista de Saragoça (1118). Já os portugueses, independentes do reino de Leão desde 1139, também alargaram seus domínios até o rio Tejo, com a ocupação de Lisboa (1147).

A unificação das *taifas* ibéricas sob o império almóada deteve em parte o avanço dos cristãos nas últimas décadas do século XII, ao mesmo tempo em que os reinos de Navarra e Aragão-Catalunha (unificados desde 1137) mostravam mais interesses pelos assuntos transpirenaicos do que pela expansão ao sul do Ebro.

A batalha das Navas de Tolosa (1212), com a participação dos cinco reinos (agora Portugal, Leão, Castela, Navarra e a Coroa de Aragão), além de cruzados vindos da Europa, marcou um ponto de inflexão na expansão dos reinos cristãos. Nos anos seguintes, Portugal concluiu sua particular "reconquista" ao tomar o Alentejo e o Algarve. O jovem rei de Aragão Jaime I conquistou as taifas de Maiorca e de Valência. Castela e Leão, definitivamente unificados sob um mesmo rei, estenderam-se por toda Extremadura, Castela a Nova, Múrcia e ocuparam a metade ocidental da Andaluzia. Somente Granada restou como reino muçulmano independente.

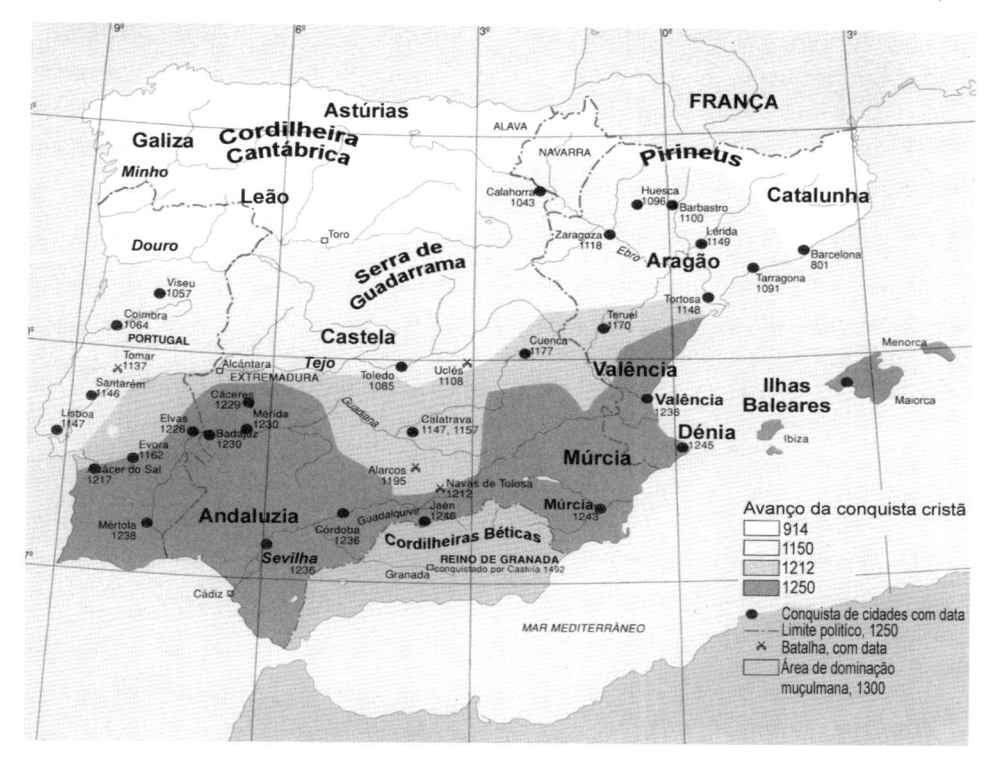

Até o século XI, os reinos cristãos ficavam confinados nas frias e distantes terras ao norte do rio Douro e nas proximidades dos Pireneus. Por volta de 1150, a fronteira fica estabelecida ao sul dos rios Tejo e Ebro, mas será a decisiva batalha das Navas de Tolosa (1212) que restringirá a presença muçulmana ao pequeno reino de Granada.

A conquista de novas terras muitas vezes veio acompanhada da expulsão de seus antigos moradores. Para garantir o controle sobre o território e aproveitar todas as potencialidades econômicas das terras conquistadas, os reis editavam cartas de povoamento ou de franquias, nas quais garantiam a liberdade e a livre disposição das terras ocupadas para aqueles que decidissem emigrar àqueles países inseguros da fronteira. Essas cartas concediam privilégios e regulavam o funcionamento das instituições municipais, que ficavam assim fora do espectro político da aristocracia. Os *fueros* – como foram chamados esses direitos e privilégios – asseguravam a autonomia dos municípios e formaram a base de um direito local autônomo.

No caso da expansão territorial dos séculos XIII e XIV, as ordens militares tiveram um papel dominante. Seguindo o exemplo das Ordens do Templo e do Hospital, ambas fundadas em Terra Santa durante as cruzadas, foram criadas em Castela-Leão as Ordens de Santiago, Alcântara e Calatrava, que, com a portuguesa Ordem de Cristo e a aragonesa Ordem de Montesa, foram os principais expoentes da fusão medieval dos ideais cristãos e cavalheirescos na Península Ibérica. As ordens militares foram cruciais no processo de conquista da metade sul da península. A elas foram entregues vastas extensões de terras, para sua proteção e seu cultivo. Muitos latifúndios das regiões meridionais de Portugal e da Espanha têm a sua origem nessa repartição de terras.

Os séculos XIV e XV foram uma época de enormes tensões políticas e sociais no seio dos reinos cristãos. Os reis tinham de lutar contra as pretensões de uma nobreza que temia que uma monarquia excessivamente forte lhes tolhesse seus privilégios. Paralelamente, a pandemia da peste negra (1347-49) causou grande mortandade nas cidades e despovoou campos inteiros. As crises de subsistências se sucederam a partir da segunda metade do século XIV, e o descontentamento social às vezes degenerava em agressões às minorias religiosas.

Somente no fim do século XV, quando Castela parecia ter superado a longa fase de guerras civis – o casamento de sua rainha Isabel I com o rei de Aragão Fernando II uniu os dois maiores reinos peninsulares –, foi acometida a campanha de conquista de Granada, último episódio da tão tergiversada Reconquista.

O império comercial catalão

A cruzada albigense e a derrota da Coroa de Aragão na batalha de Muret (1213), em que o rei Pedro II feneceu diante dos cruzados de Simon de Montfort, significou o fim da hegemonia catalano-aragonesa no Languedoc. A política exterior da monarquia, durante o reinado de seu sucessor Jaime I, reorientar-se-ia para o Mediterrâneo.

A Coroa estava integrada por dois reinos muito diferentes. Aragão, sem saída ao mar, era um reino basicamente agrário, dominado por potentes famílias nobiliárquicas pouco dispostas a tolerar que o rei fosse pouco mais que um *primus inter pares* ("o primeiro entre iguais"). Ora, a Catalunha era um conglomerado de pequenos condados que desde o fim do século X estavam sob a égide do conde de Barcelona – às vezes designado como "príncipe" da Catalunha. Jaime I era catalão de nascimento e de estirpe, e foi na nobreza e na burguesia mercantil catalã em que ele conseguiu seus maiores adeptos.

A campanha de conquista de Maiorca (1229) esteve motivada pelos interesses comerciais catalães. Mais de um século atrás, um antecessor de Jaime I, o conde de Barcelona Ramon Berenguer III, já tinha participado de uma expedição contra a ilha em uma aliança com os pisanos – habitantes da república de Pisa – (1114-15). Embora a cidade de Maiorca tivesse sido conquistada, os "cruzados" a abandonaram poucas semanas depois de tê-la saqueado. A campanha de Jaime I era dessa vez claramente orientada à conquista e à

Um passeio pela história | 87

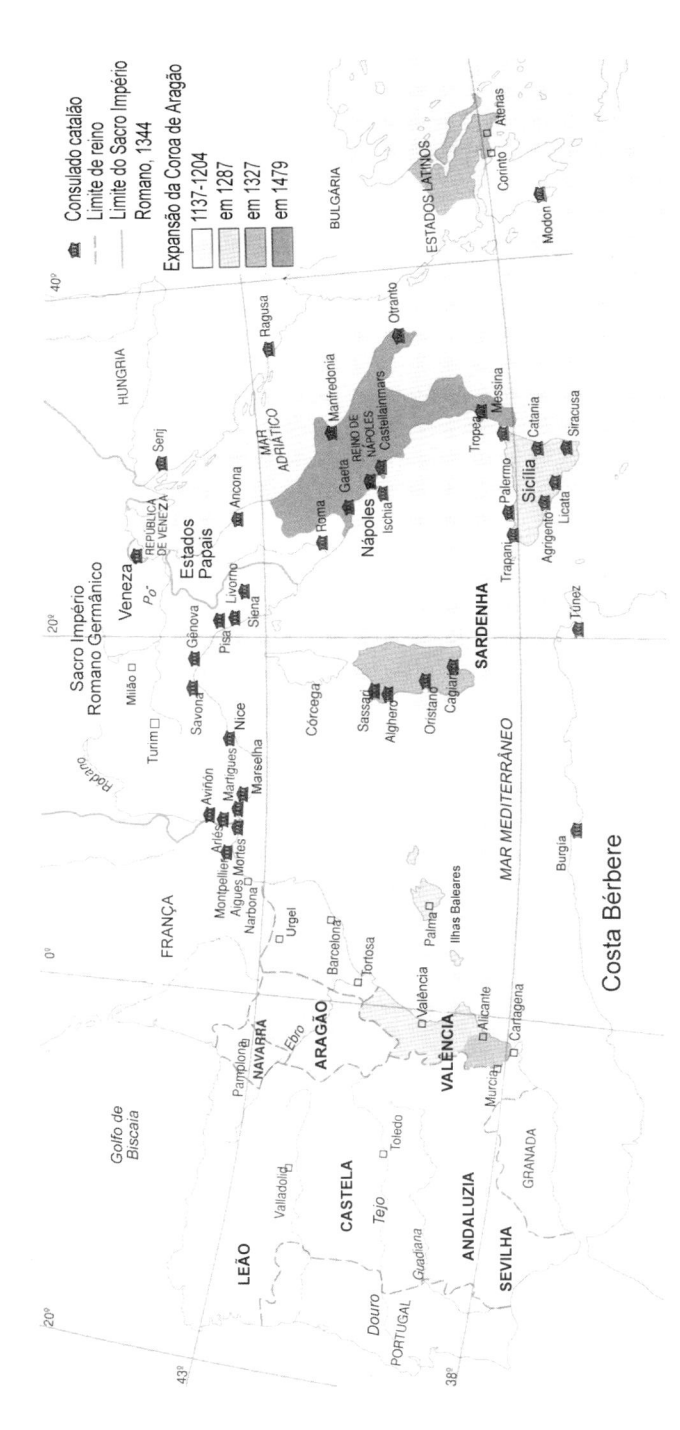

Consulado catalão
— Limite de reino
--- Limite do Sacro Império Romano, 1344

Expansão da Coroa de Aragão
☐ 1137-1204
☐ em 1287
☐ em 1327
☐ em 1479

Entre os séculos XIII e XV, a Coroa de Aragão experimentou uma expansão pelo Mediterrâneo, que a levou a rivalizar com as repúblicas italianas pelo controle das rotas marítimas. Mediante a ocupação física de territórios ou pela instalação de consulados, os mercadores catalães conseguiram abrir novos mercados para seus produtos.

ocupação efetiva da taifa insular. Maiorca foi repartida entre quatro magnatas, e outorgou-se uma carta de franquias para favorecer o povoamento da ilha.

No caso da conquista de Valência, uniram-se as motivações comerciais da aristocracia catalã com o expansionismo aragonês. Após sua conquista, o reino de Valência foi, a efeitos de repovoamento, claramente dividido em dois: a metade litorânea foi ocupada por famílias catalãs, principalmente, enquanto o interior ficou sob custódia dos senhores aragoneses e manteve por longo tempo uma importante comunidade *morisca* (muçulmanos que habitavam em terras cristãs).

As conquistas de Maiorca e Valência foram o primeiro passo da expansão mediterrânea continuada pelos sucessores de Jaime I. Assim, seu filho Pedro III viu-se envolvido na questão sucessória da Sicília. Após as "vésperas sicilianas" (1282), um levante popular contra o domínio dos Anjou, a ilha passou a fazer parte da Coroa de Aragão. Em 1323, a ilha de Sardenha aceitou a soberania do rei Jaime II de Aragão, e no mesmo século XIV, os *almogávares* (mercenários a serviço da coroa) conquistaram os ducados gregos de Atenas e Neopátria. Com essas possessões, mais os consulados que a Coroa estabeleceu em diversos entrepostos do Mediterrâneo, os industriais e comerciantes catalães dispuseram de um extenso mercado para as suas atividades, o que ocasionou não poucas disputas com as repúblicas italianas, que também brigavam pela hegemonia comercial no *Mare Nostrum*. Com um excesso de entusiasmo, o cronista Ramon Montaner escreveu que até os peixes do mar traziam estampado o emblema das quatro barras da Coroa de Aragão.

Essa motivação pelos temas de ultramar chegou em seu ponto culminante no século XV, durante o reinado de Alfonso V, "o Magnânimo". Mais interessado pelos assuntos italianos do que pelas eternas disputas nobiliárquicas e entre os braços das cidades de seus territórios hispânicos, Alfonso V optou por estabelecer sua corte em Nápoles, então uma florescente capital que atraía grandes pensadores humanistas. A administração dos reinos da Península Ibérica foi delegada para sua esposa, a rainha Maria, que fixou sua corte em Valência, uma cidade muito mais pujante que Barcelona nessa época.

O vigor castelhano

Castela emergia no começo do século XIV como o reino mais extenso e povoado de toda a Península Ibérica. As antigas diferenciações jurídicas entre os reinos de Leão e de Castela estavam bastante superadas. Castela soube expandir-se assimilando as diferenças dos territórios que a conformavam (como foi o caso da aceitação do regime foral das províncias bascas, integradas a Castela entre os séculos XII e XIV), mas dando uma aparência externa de unidade.

A pecuária da ovelha e a exportação de lã para os mercados da Europa do norte foram uma importante fonte de riqueza na Castela da Baixa Idade Média.

Economicamente, os campos de cereais da meseta, junto com a riqueza agrícola do vale do Guadalquivir, fizeram de Castela um importante produtor de alimentos. Ademais, o desenvolvimento do gado ovino (a ovelha merina) permitiu aos castelhanos fornecerem lã aos centros manufatureiros da Inglaterra e de Flandres. A lã castelhana partia para os portos do norte da Europa de Biscaia e Santander, principais saídas do reino para o mar Cantábrico. A produção de ovelhas esteve concentrada em uma poderosa oligarquia, conhecida como a Mesta, com rigorosos direitos de passagem por caminhos e campos de cultivo, o que provocou não poucos litígios entre os pecuaristas e os proprietários agrícolas, resolvidos na maioria das vezes em favor dos primeiros.

Politicamente, Castela foi um dos primeiros reinos hispânicos a caminhar para a instauração de uma monarquia autoritária. Alfonso x, com *Las siete Partidas*, e Alfonso xi, com o *Ordenamiento de Alcalá*, publicaram as primeiras codificações jurídicas desde a época dos visigodos. Em ambas destacava-se o desvelo por garantir a autoridade real e a lenta mas paulatina infiltração do direito romano, como alternativa régia à multiplicidade de direitos feudais. Assim mesmo, os reis de Castela conseguiram desligar os estamentos privilegiados (nobreza e clero) das Cortes, que cada vez mais se convertiam em um espaço de transações entre o monarca e as principais cidades (estas lhe concediam emolumentos em troca de decisões políticas que as beneficiavam). Dessa forma, e ao contrário do que acontecia na vizinha Coroa de Aragão, os reis tinham nos burgos um aliado economicamente poderoso para fazer frente às pretensões dos potentados. Mas a estratégia de robustecer a autoridade real nem sempre dava certo. Pedro I, chamado pelos seus inimigos "o cruel", enfrentou a nobreza castelhana em uma longa guerra civil em que acabou derrotado. Pedro I perdeu a vida e o trono pelas mãos de seu irmão bastardo Enrique de Trastámara, que seria proclamado rei (Enrique II) em 1368 e iniciaria uma nova dinastia. A chegada ao poder dos Trastámara significou em um primeiro momento uma perda de poder real, mas os sucessores de Enrique II voltaram a enfrentar a nobreza em uma série de guerras civis que só se concluíram na época dos Reis Católicos.

Os reis de Castela, seguindo a tradição dos reis leoneses, reivindicavam ser os legítimos descendentes dos reis visigodos e, consequentemente, ter direitos sucessórios que lhes permitissem exercer a sua supremacia sobre os restantes reinos peninsulares. Desde Alfonso VI, os reis de Castela haviam reclamado o título de imperador, para assim dizer que estavam por cima dos outros simples reis. Somente na Baixa Idade Média espalhou-se o ideal de reconquista e de unificação espiritual e civil num mesmo reino que aglutinasse todos os territórios que no passado fizeram parte da Hispânia romana. Castela reivindicou ser a legítima Espanha e pretendeu exercer uma tutela sobre os restantes reinos.

É evidente que nem os reis de Portugal, nem os de Navarra, nem os de Aragão aceitaram essa supremacia castelhana, mas não puderam evitar que a fortaleza do reino de Castela acabasse influenciando em seus respectivos reinos. Os Trastámara, recentemente estabelecidos no trono castelhano, iniciaram uma política de enlaces matrimoniais e de intervenções militares que visavam à anexação a Castela dos outros reinos peninsulares. O segundo rei Trastámara, Juan I, devido ao seu vínculo matrimonial com uma princesa portuguesa, exigirá em 1383, perante a situação de interregno em que se encontrava Portugal, ser elevado ao trono de Lisboa. A possibilidade de Portugal ser regido por um rei castelhano motivou um levante popular em favor de um candidato nativo, João de Avis. Na batalha de Aljubarrota, foram frustradas as expectativas castelhanas e a candidatura portuguesa afiançou-se, o que deu início a uma próspera dinastia que durou quase dois séculos.

Outra situação de interregno, dessa vez na Coroa de Aragão, foi aproveitada com melhor fortuna pelos Trastámara. O falecimento em 1410 de Martin I, "o Humano", sem descendência, pôs fim à dinastia dos condes de Barcelona e abriu um grave conflito sucessório. Em 1412, na cidade aragonesa de Caspe, reuniram-se seis representantes (dois por Aragão, dois pela Catalunha e dois por Valência) para decidir o nome do próximo rei. Em uma ação conjunta de compra de votos e de invasão militar, Fernando de Antequera, filho de Juan I de Castela, conseguiu ser proclamado rei de Aragão.

Os dois reinos peninsulares mais extensos passavam a ser governados por membros de uma mesma família. Castela estava mais próxima de fazer realidade seu sonho de uma Espanha unida sob o seu poder.

A MONARQUIA CATÓLICA

O reinado dos Reis Católicos marcou o final da Idade Média e o começo da Idade Moderna nos reinos peninsulares. Em poucos anos conseguiu-se a união dinástica de todos os reinos hispânicos, menos Portugal; conquistou-se o último reino muçulmano que restava na Península Ibérica; procedeu-se a homogeneizar religiosamente a população; afirmou-se o poder real em Castela; sentaram-se as bases da hegemonia espanhola na Europa do século XVI e descobriu-se uma rota que conduzia a um novo continente – tudo isso em um momento em que o Renascimento nas artes, nas ciências e no pensamento abria novas trilhas para a compreensão do mundo físico.

Esse período foi exaltado pela historiografia nacionalista espanhola como o ponto de arranque da nação. Pesquisas recentes, porém, revelam que a unidade das terras da Espanha foi em muitos aspectos só aparente. E se o reinado dos Reis Católicos foi um momento de expansão sem precedentes, também é verdade que marcou o início de séculos de intolerância e de perseguição.

A união dinástica

O casamento de Isabel e de Fernando em 1469, às escondidas e sem o beneplácito dos reis de Castela e de Aragão, assinalaria o começo da união dinástica entre os dois reinos peninsulares. Isabel I chegaria ao trono castelhano após a morte de seu irmão Enrique IV, "o Impotente", um rei extremamente débil que em nenhum momento conseguiu deter os desmandos da nobreza. Enrique IV deixou uma filha, Juana, chamada "a Beltraneja", pois na corte circulava o boato de que na realidade era filha do cortesão Beltrán de la Cueva, amante da rainha. Juana, "a Beltraneja", era casada com o rei de Portugal Afonso V, que invadiu Castela para defender as aspirações de sua esposa, mas foi derrotado na batalha de Toro. Isabel foi proclamada rainha de Castela em 1474. Cinco anos mais tarde, seu esposo herdaria a coroa de Aragão e passaria a reinar como Fernando II.

O processo de unificação territorial da Península Ibérica prosseguiu, em 1492, com a conquista do reino de Granada e, em 1512, com a invasão do reino de Navarra.

Isabel I introduziu na administração do reino uma série de reformas que fortaleceram a figura do monarca. O Conselho Real ganhou novos poderes e transformou-se em um órgão executivo da monarquia. Foi constituída a *Santa Hermandad*, uma espécie de corpo policial incumbido de manter a ordem pública e que virou um instrumento indispensável para conter as guerras privadas entre as facções nobiliárquicas. Nos municípios foi instituída a figura do *corregedor*, com poderes judiciais, que ajudou na consolidação de uma jurisdição real, por cima dos direitos forais locais e dos privilégios da nobreza feudal. Também foram introduzidas mudanças no exército para torná-lo mais efetivo, em uma época em que a artilharia ganhava presença nos cenários bélicos.

Fernando de Aragão tentou aplicar em seus reinos uma parte dessas mudanças praticadas no reino de Castela. No entanto, o poder da aristocracia era muito maior na Coroa de Aragão. Todos seus antecessores padeceram do caráter refratário das cortes às propostas do monarca e souberam quão difícil era angariar novos recursos financeiros ou introduzir modificações legislativas em territórios tão ciosos de seus privilégios.

A união dinástica dos Reis Católicos esteve mais próxima de um casamento em regime de separação de bens do que da constituição de um Estado unitário. Cada reino continuou regendo-se por suas leis e manteve seus sistemas de pesos e medidas. Permaneceram as alfândegas entre os diferentes reinos, ainda que seus titulares fossem as mesmas pessoas. As cortes de cada reino reuniam-se separadamente, em locais e datas distintas, e negociavam de modo direto com seu monarca respectivo. Contudo, é inegável que os Reis Católicos trataram de impor uma política idêntica – ou muito semelhante – em ambos os territórios, e não foi raro que tropas castelhanas auxiliassem na defesa dos interesses de Aragão, como foi o caso das guerras italianas que Fernando, o Católico, teve de enfrentar.

O caráter frágil dessa união ficou evidente em 1504, quando faleceu Isabel I. A coroa castelhana não foi para seu marido, Fernando, mas para a sua legítima herdeira, Juana, "a Louca", e para o marido desta, Luís I de Habsburgo. Fernando II voltou a reinar exclusivamente nos reinos da Coroa de Aragão que lhe pertenciam como patrimônio pessoal e só foi chamado a ocupar a regência de Castela quando Luís I faleceu repentinamente e Juana teve que ser confinada em um convento por insanidade mental. Entrementes, o rei de Aragão havia se casado pela segunda vez, agora com Germana de Foix. Se desse casamento houvesse nascido algum outro herdeiro, é muito provável que, quando da morte de Fernando II, a união dinástica entre Castela e Aragão tivesse se desvanecido.

A Inquisição

A Inquisição ou Tribunal do Santo Ofício foi uma instituição eclesiástica fundada com o objetivo de lutar contra as heresias que proliferaram na Europa ocidental entre os séculos XII e XIII. Albigenses (cátaros), valdenses, dulcinianos e inclusive alguns ramos da primitiva ordem dos franciscanos foram vigiados e punidos por esse tribunal nos primeiros séculos de sua existência.

No século XV, a Inquisição adquiriu novos contornos nos reinos peninsulares e transformou-se em um duplo instrumento para a defesa da fé e para a consolidação do poder real. Mediante uma bula papal, em 1478 dava-se licença aos Reis Católicos para a constituição desse tribunal, que iniciou suas atividades em 1480. Quatro anos mais tarde, a direção do Santo Ofício foi encomendada ao dominicano de linha dura Tomás de Torquemada, que aglutinou os cargos de Grande Inquisidor de Castela e de Aragão.

A Inquisição caracterizou-se desde o princípio pelo secretismo das atuações judiciais (o acusado não sabia quais eram os cargos que pesavam sobre ele nem quem o havia denunciado) e pelo uso indiscriminado da tortura para arrancar confissões dos réus. Quando os inquisidores consideravam que o acusado era culpado de heresia (professar o criptojudaísmo, manter práticas muçulmanas mesmo após ter se convertido ao catolicismo, pregar teses protestantes, negar algum dogma da Igreja ou praticar feitiçaria), este era "relaxado", ou seja, entregue ao braço secular, para proceder à sua execução. As execuções dos réus da Inquisição eram espetáculos de massas celebrados com toda a devida pompa. Os réus percorriam a pé e vestidos como o *sambenito* o caminho que separava as dependências do Santo Ofício da praça pública em que se efetuaria o auto de fé. Entre hinos e atos litúrgicos, proferia-se o anátema contra os hereges, liam-se publicamente as condenações e praticavam-se as execuções, que podiam chegar à morte, com o réu queimado ainda vivo na fogueira.

A condenação pela Inquisição implicava o embargo dos bens da família do culpado, sobre a qual se espalhava o rechaço social. Esses embargos auxiliavam poderosamente a sustentação econômica do tribunal. Se para alguns o Santo Ofício era a causa da infâmia que recaía sobre sua estirpe, para outros era um meio de ascensão social. Através da colaboração com a Inquisição era possível obter o grau de nobre, o que implicava a isenção de impostos.

Os reis espanhóis e portugueses fizeram um largo uso do Tribunal do Santo Ofício para fins que não eram estritamente piedosos. Na qualidade de uma instituição que abrangia todos os territórios e que era imune aos privilégios territoriais, a Inquisição foi uma poderosa arma usada pelos reis na luta contra seus opositores políticos. Para o povo comum, era sinônimo de medo e de arbitrariedade. O enorme poder dos inquisidores, unido à impossibilidade de defesa dos réus e às graves consequências que uma punição tinha sobre a sua família, reforçaram o controle social sobre qualquer desvio ideológico ou moral.

A máxima manifestação do poder da Inquisição eram os autos de fé, uma mistura de julgamento, cerimônia religiosa e espetáculo público. Na imagem, um auto de fé organizado na Praça Maior de Madri em 1683.

A expulsão dos judeus

A convivência relativamente pacífica entre as três religiões rompeu-se no século XIV. A crise demográfica e de produção da segunda metade desse século foi em certas ocasiões um caldo de cultura propício para respostas iradas contra as minorias religiosas. Em 1391, uma onda de *pogroms* assolou a Península Ibérica, e os bairros judeus de importantes cidades foram atacados e incendiados por massas enfurecidas. A perseguição dos judeus continuou durante o século XV, multiplicando-se os incidentes. Alguns pregadores eclesiásticos (caso do dominicano Vicent Ferrer) atiçaram mais lenha à fogueira em acesos sermões que recordavam aos fiéis que os judeus haviam sido os responsáveis pela morte de Cristo. Circularam rumores que atribuíam aos judeus todo tipo de sevícias: poluição das águas, propagação de epidemias, crucifixão de crianças, agiotagem e exploração dos mais débeis.

Os reis da Baixa Idade Média adotaram posturas contraditórias diante do conflito antissemita. Enquanto a comunidade judaica e seus sábios, médicos, financeiros e cartógrafos, peças cruciais para o bom funcionamento do reino, prestavam valiosíssimos serviços profissionais à corte, sempre houve a tentação de ditar políticas de homogeneização religiosa que pusessem fim aos tumultos públicos. Entre os séculos XIV e XV, foram ditadas novas medidas que visavam limitar a margem de liberdade dos judeus. Estes eram obrigados a morar em guetos separados do resto da cidade (as *juderías*, *aljamas* ou *calls*, que às vezes eram trancadas à noite) e deviam se vestir de tal forma que fosse fácil reconhecê-los. Algumas profissões ficaram vedadas aos judeus, e ainda foram impostas mais limitações sobre a sua prática religiosa.

A ideia de uma Espanha unida não só política mas também espiritualmente ganhou força durante a época dos Reis Católicos, chamados assim como reconhecimento do Sumo Pontífice pelos serviços prestados em defesa da fé cristã. A coexistência de uma minoria judia no meio de uma população majoritariamente católica foi vista como um problema político e social. E para resolvê-lo aplicou-se uma curiosa inversão de responsabilidades, mediante a qual as vítimas – os judeus que eram perseguidos – passaram a ser considerados o motivo principal do conflito.

Em 1483, foi decretada a expulsão dos judeus de algumas dioceses andaluzas (como em cidades importantes como Sevilha ou Córdoba). Três anos depois, essa mesma medida se repetiu em algumas dioceses aragonesas.

A conquista de Granada (janeiro de 1492) fez aumentar a efervescência antissemita, e mais vozes se alçaram para exigir a unificação religiosa da Espanha. Cientes desse clamor popular que se levantava contra os judeus e os muçulmanos, em 31 de março de 1492, os Reis Católicos adotaram uma medida radical, decretando a expulsão de todos os judeus de seus reinos. No prazo máximo de quatro meses, os judeus deviam decidir se queriam ficar na Espanha como convertidos em cristãos ou se preferiam ir embora. Caso optassem pelo exílio, os reis lhes proibiam de levar consigo moedas, metais preciosos, cavalos ou armas. Foi estudada a adoção de medidas parecidas contra os *moriscos*, mas o fato de essa comunidade ser muito maior, e levando-se em consideração que a sua expulsão deixaria regiões inteiras praticamente desertas, a aprovação de tais decretos foi adiada.

A expulsão dos judeus privou os territórios dos Reis Católicos de alguns de seus elementos mais capacitados e de um setor muito dinâmico da sociedade. Justo no momento em que Castela se abria para o oceano e nasciam novas possibilidades comerciais, Sefarad (nome que os judeus davam à Espanha) perdia a minoria mais capacitada para o comércio e as finanças. Os sefardis emigraram para o norte da África, o Oriente Próximo ou o norte da Europa formando em muitos casos comunidades judaicas com personalidade própria. O castelhano medieval (*ladino*), enriquecido com vocábulos hebraicos e com expressões de suas terras de adoção, permanece vivo entre os sefardis até os nossos dias. Mas a expulsão não resolveu o problema do antissemitismo. A maioria dos judeus que preferiu ficar na península e renunciar – ao menos externamente – à religião de seus antepassados foram etiquetados de "cristãos novos", súditos de segunda categoria sobre os quais sempre pesava a ameaça da acusação de criptojudaísmo. Da mesma forma que acontecera com os judeus, os "cristãos novos" foram discriminados socialmente e não puderam ter acesso a determinados cargos públicos. A Inquisição desempenhou um papel fundamental na preservação por mais de três séculos da distinção entre "cristãos velhos" e "cristãos novos", mantendo viva a chama do antissemitismo.

Colombo chega à América

Quando os Reis Católicos estavam concluindo a conquista de Granada, receberam a visita de um navegador e visionário que lhes prometeu que poderia chegar a Catai (China) através do oceano Atlântico. A proposta de Cristóvão Colombo (ou Crisforo Colombo ou Cristóbal Colón ou Cristòfol Colom, pois existem tantos nomes do descobridor como terras que se lhe atribuem natais) era em si revolucionária. Partia da base de que a Terra era uma esfera, em vez de um espaço plano, como defendia a tradição cartográfica ptolomaica. Embora o caráter esférico da Terra fosse conhecido pelos antigos gregos – Erastóstenes havia até estimado seu diâmetro, medindo o comprimento da sombra de duas estacas da mesma altura situadas em distintas latitudes – e difundida por alguns pensadores ocidentais no século xv, foi Colombo o primeiro a planificar uma viagem marítima que demonstrasse a verdade de tais suposições. Antes de contatar os Reis Católicos, Colombo havia visitado outras cortes europeias e proposto seu plano ao rei de Portugal. Na corte portuguesa, porém, foi tratado com desdém. Seu projeto parecia demasiado ousado para um reino que investira tantos esforços em descobrir uma rota alternativa até a Índia, uma vez que o Mediterrâneo oriental fora fechado pelos turcos otomanos ao comércio dos cristãos. Bartolomeu Dias regressara poucos anos antes com a confirmação de que existia uma passagem marítima que unia o Atlântico ao Índico através do Cabo de Boa Esperança. Portugal preferiu continuar a investir num projeto de cabotagem ao redor da África, o qual já tinha mais de meio século de existência e que, pelo jeito, iria dar bons resultados em breve.

As capitulações de Santa Fé que os Reis Católicos outorgaram a Colombo proporcionaram ao navegador os meios econômicos suficientes para pôr em prática a sua empreitada. Assim mesmo, estas incluíam detalhadas cláusulas contratuais sobre os títulos e privilégios que lhe seriam concedidos e a proporção das riquezas descobertas que corresponderia à monarquia castelhana. Com os fundos arrecadados, Colombo pôde formar uma pequena frota integrada por uma nau (a Santa Maria) e duas caravelas (a Pinta e a Niña), com as quais ele zarpou do porto de Palos (Huelva), em 3 de agosto de 1492. Após mais de três meses de navegação, com víveres que começavam a escassear e uma tripulação pronta para a rebelião, em 12 de outubro foi avistada terra pela primeira vez. Estudos posteriores demonstraram que Colombo chegou ao arquipélago das Bahamas. A navegação até as Índias foi possível graças, em grande medida, ao fato de que a frota seguiu a trajetória dos ventos alísios na ida e aproveitou o *jet stream* na volta. A carreira de Índias seguiu por muito tempo esse percurso dos ventos dominantes no hemisfério norte.

Ao retornar à Espanha, Colombo foi recebido pelos Reis Católicos em Barcelona. A notícia de que havia sido descoberta uma rota para chegar à Ásia navegando pelo ocidente propagou-se por toda a Europa. Com um golpe de sorte e um pequeno investimento, Castela situava-se à ponta das explorações marítimas. A viagem de Colombo foi, entretanto, um balde de água fria para a corte portuguesa. Depois de um trabalho de décadas, começado com afinco pelo infante Henrique, "o Navegador", e quando Vasco da Gama ainda não tinha chegado à Índia pela rota africana, parecia que Deus tinha se burlado dos portugueses ao favorecer de forma tão evidente os prepotentes castelhanos. O rei de Portugal protestou pelo que considerava uma intromissão ilegítima de Castela em uma porção do mundo que devia pertencer aos portugueses, que haviam dedicado muito mais esforços à tarefa. O atrito entre portugueses e castelhanos passou a ocupar o topo da agenda de ambas as chancelarias. O próprio papa, que era então Alexandre VI – o nobre valenciano Rodrigo de Borja,

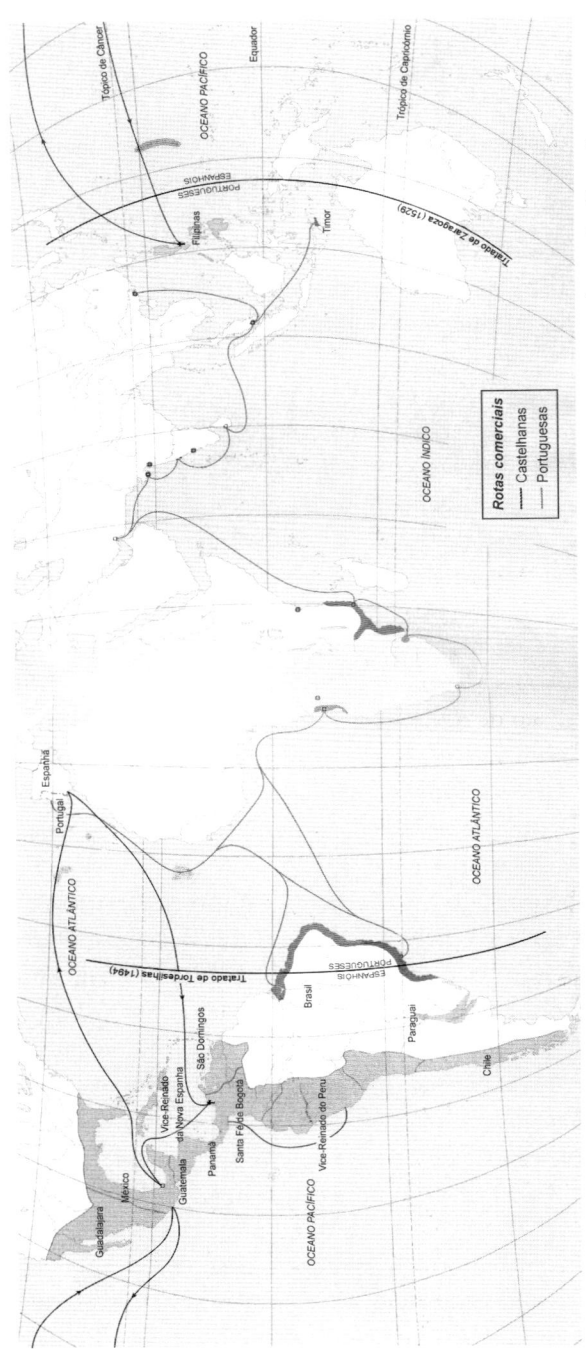

O Tratado de Tordesilhas (1494) marcou a divisão do mundo entre a Coroa de Portugal e a de Castela. Essa partilha foi ironizada pelo rei francês Francisco I, que declarou que não sabia que Adão, em seu testamento, tivesse dividido o mundo entre portugueses e espanhóis.

partidário dos interesses espanhóis –, decidiu interceder na questão e promulgou a bula *Inter coetera* (1493). O mundo ficaria dividido em dois hemisférios: a parte oriental para os portugueses e a ocidental para os castelhanos. O limite fixado na bula papal dava aos portugueses o monopólio sobre a rota africana, mas não lhes permitia ter acesso às novas terras descobertas pelo almirante Colombo.

Novas negociações precisaram ser realizadas para que Portugal também pudesse tirar partido da rota ocidental para as Índias. O acordo final ficou estabelecido no tratado de Tordesilhas (1494), segundo o qual as novas terras descobertas seriam divididas em duas metades. Uma linha imaginária situada a 370 léguas ao oeste de Cabo Verde, e que cortaria o continente americano da ilha de Carajós, no estuário do Amazonas, até a ilha de Santa Catarina (hoje Florianópolis), marcaria a divisa entre as Índias castelhanas (situadas ao oeste dessa linha) e as Índias portuguesas (situadas ao leste).

Mais de uma década depois da pioneira viagem de Colombo, os estudos cartográficos do italiano Américo Vespúcio mostraram que o perfil das novas terras exploradas não correspondia ao do Extremo Oriente e que nem as ilhas do Caribe correspondiam a Cipango (Japão), nem o continente era Catai. O mundo era muito maior do que se pensava: as Índias Ocidentais eram, na verdade, um continente diferente. A descoberta de Vespúcio fez com que esse continente fosse denominado América.

A primeira prova empírica da forma esférica da Terra veio com a expedição de Magalhães-Elcano. O português Fernão de Magalhães, que já tinha visitado a Índia acompanhando o vice-rei Almeida, defendeu na corte castelhana que as ilhas das especiarias (Molucas) encontravam-se além do antimeridiano de Tordesilhas e, portanto, eram de soberania castelhana e não portuguesa. Para demonstrá-lo, assinou capitulações com Carlos I, mediante as quais formou uma frota de cinco navios e aproximadamente 240 homens, que zarpou em 20 de setembro de 1519. O objetivo era circum-navegar a América do Sul até encontrar uma passagem marítima que comunicasse o oceano Atlântico com o Pacífico. Essa passagem foi o estreito que separava a Patagônia da Ilha do Fogo e que atualmente é conhecido como o estreito de Magalhães. Depois de uma longa navegação, os descobridores chegaram às ilhas Filipinas (onde Magalhães morreu) e às Molucas. O biscaíno Juan Sebastián Elcano comandou a expedição após a morte do português e continuou a travessia até chegar ao porto de Sanlúcar de Barrameda em 6 de setembro de 1522, três anos depois de sua partida.

As bases da hegemonia espanhola

Nem os Reis Católicos nem seus imediatos sucessores tiveram uma ideia cabal das riquezas e das potencialidades que oferecia o domínio da América. Este era um território excessivamente distante, geográfica e mentalmente, para as coordenadas em que se movimentavam as monarquias europeias. Num primeiro momento, as preocupações políticas e estratégicas continuaram a ser as mesmas que em toda a Baixa Idade Média, isto é, as relações da Espanha com a Europa ocidental e, em menor medida, com o norte da África.

A partir do século XII, as estruturas políticas feudais foram substituídas paulatinamente pelas nascentes monarquias nacionais. No começo da Idade Moderna, quatro reinos estavam mais ou menos consolidados: Inglaterra, França, Portugal e a Espanha dos Reis Católicos. A Península Itálica e as terras germânicas mantinham formas políticas muito mais dispersas, nas quais predominavam os pequenos senhorios (ducados, marquesados e condados) e as cidades-estado. Nelas ainda persistia a presença dos poderes universais medievais (o imperador e o papado), mas com uma margem de discricionalidade muito mais fraca da que usufruíram na Alta Idade Média.

A única potência continental que poderia fazer sombra a Castela-Aragão era a França. Desde o século XIII, os choques entre espanhóis e franceses foram constantes, e a Itália foi o campo preferencial para dirimir as controvérsias sobre a hegemonia na Europa ocidental. As campanhas de Gonzalo Fernández de Córdoba (o *Gran Capitán*) permitiram que Fernando II recobrasse o domínio sobre o sul da Itália, que desde a época de Alfonso V, "o Magnânimo", havia passado à órbita francesa. Franceses e espanhóis disputaram não somente o controle territorial da Itália, mas exerceram todas suas influências possíveis para sentar na cátedra de São Pedro figuras próximas aos seus interesses.

Com a finalidade de consolidar a hegemonia hispânica, os Reis Católicos praticaram uma hábil política matrimonial. Casaram seus filhos com diferentes príncipes dos reinos que rodeavam a França. Assim, sua filha Juana, "a Louca", juntou-se com Felipe de Habsburgo, príncipe borgonhão e filho do imperador Maximiliano de Áustria. Catalina casou-se com Henrique VIII da Inglaterra, originando um matrimônio cuja dissolução negada pelo papa provocou o cisma anglicano. Manuel I de Portugal também contraiu matrimônio com uma princesa espanhola (Maria de Aragão). Essa política de alianças seladas pelos vínculos matrimoniais criou um cordão de segurança ao redor da França, que se achou sem países aliados nas suas fronteiras.

O IMPÉRIO ONDE O SOL NUNCA SE PÕE

O império de Carlos V

Carlos de Gante era filho de Felipe I, "o Belo", e de Juana, "a Louca". Da linha familiar paterna, herdou os Países Baixos, o Franco Condado, a Áustria e a Hungria,

Retrato da família imperial Habsburgo. Aparecem nele (da esquerda para a direita e de cima para baixo): Maximiliano I (imperador do Sacro Império Romano-Germânico), Felipe I, "o Belo" (rei da Espanha), Maria (duquesa de Borgonha), Fernando I (imperador germânico após a renúncia de seu irmão Carlos), Carlos V (imperador germânico e rei da Espanha) e Luís (rei da Hungria).

além de uma forte candidatura para ostentar o título de imperador do Sacro Império Romano-Germânico, que desde o século XIV havia sido patrimônio exclusivo dos Habsburgo. Da linha materna, Carlos V herdou o título de Rei das Espanhas, os reinos de Nápoles e da Sicília, algumas praças fortes no norte da África e os vastos territórios ainda inexplorados da América.

O futuro imperador Carlos V chegou à Espanha pela primeira vez em 1517. Era um jovem príncipe flamengo, criado na cultura germânica, próximo das correntes humanistas do norte da Europa (teve como conselheiro e instrutor nada menos que Erasmo de Roterdã), mas totalmente alheio à realidade da Península Ibérica. Foi recebido com expectativa pelas cortes castelhanas que o proclamaram rei, como Carlos I. Porém, logo se evidenciou que o monarca tinha os olhos voltados para o norte da Europa e que estava mais preocupado em angariar recursos para comprar o apoio dos príncipes eleitores alemães à sua candidatura ao trono imperial do que pelo dia a dia de seus reinos hispânicos. As cortes castelhanas remeteram uma série de exigências ao soberano. Entre elas, que aprendesse a língua do país, que respeitasse as leis que regiam o reino e que proibisse os flamengos e outros estrangeiros de ocuparem cargos políticos que, segundo os foros de Castela, correspondiam aos espanhóis. O rei não fez muito caso às exigências das cortes e, em 1519, foi notificado de que havia sido eleito imperador germânico (Carlos V). A notícia fez com que o monarca abandonasse imediatamente a Espanha e marchasse para a Alemanha.

Durante sua ausência, explodiram duas rebeliões nos reinos hispânicos: as *comunidades* em Castela e as *germanies* em Valência e em Maiorca. Foram dois movimentos de tipos diferentes. Enquanto os *comuneros* pertenciam principalmente às oligarquias urbanas e sentiam que seus privilégios eram usurpados com a regência de Adriano de Utrecht – o que fez com que um setor da historiografia analisasse o movimento das *comunidades* como um embrião do futuro nacionalismo castelhano-espanhol –, os *agermanats* tinham origem mais popular (camponeses e artesãos), e sua causa estava mais relacionada à das rebeliões camponesas e citadinas dos séculos XIV e XV contra os abusos da nobreza e a pressão fiscal do que a um movimento contestatório protonacionalista. Ambas as rebeliões foram reprimidas pela força e seus principais dirigentes foram mortos.

Entrementes, o imperador Carlos V observava como os assuntos alemães se complicavam a olhos vistos. Na dieta (parlamento) de Worms, em 1521, debateu-se sobre a Reforma protestante que Lutero iniciara com a publicação das teses de Wittenberg, quatro anos antes. Embora a dieta acabasse proscrevendo as doutrinas de Lutero, ficou claro que havia um setor de príncipes alemães que alentavam a Reforma. Em pouco tempo, esses príncipes luteranos organizaram-se militarmente na Liga da

Esmalcalda, opondo-se à supremacia do imperador católico. Seria o início de um longo ciclo de guerras de religião que assolaria a Europa.

Em 1524, Carlos v voltou à Espanha com o título imperial, mas desiludido pelo panorama político germânico. A partir dessa data, a Península Ibérica tornou-se sua principal base de operações, ainda que o imperador tivesse de ausentar-se seguidamente das Espanhas para participar das contínuas guerras que teve de manter. Castela tornou-se a principal fonte de recursos econômicos e militares. Os terços espanhóis formaram, com os lansquenetes (mercenários alemães), o grosso das tropas imperiais. Para reafirmar essa vocação ibérica, Carlos v casou-se com a princesa portuguesa Isabel, filha de Manuel i. O imperador continuou, assim, a política de enlaces matrimoniais praticada pelos reis castelhanos, com o intuito de conseguir algum dia a total unificação dinástica da península.

Além das questões alemãs, que motivaram diversas intervenções militares do imperador – a mais conhecida foi a que se concluiu com a vitória do bando imperial na batalha de Mühlberg, que contudo serviu muito pouco a efeitos práticos –, a França e a Turquia foram os outros dois centros de suas preocupações. A hegemonia na Itália voltou a ser causa de discórdia entre franceses e espanhóis. Carlos v obteve uma fulgurante vitória em Pavia, na qual foi capturado o rei francês Francisco i, e que garantiu ao imperador o controle de Milão. Apoiado nas possessões italianas e com a ajuda prestada por valiosíssimos aliados como a república de Gênova, Carlos v conseguia movimentar suas tropas da Espanha até a Itália, atravessando o Mediterrâneo, e da Itália até os Países Baixos ou a Alemanha, seguindo o "caminho espanhol", uma rota terrestre que se adentrava pelo Franco Condado e pela Borgonha, territórios que faziam parte do patrimônio dos Habsburgo.

Os turcos significaram um duplo perigo, marítimo e terrestre para o império de Carlos v. Por via marítima, a frota turca e seus aliados do norte da África realizavam periódicas incursões na costa mediterrânea espanhola. O imperador tentou pôr freio a essa ameaça organizando expedições militares ao Magreb (como a conquista de Tunis, em 1535) e reforçando a segurança das localidades costeiras. No litoral mediterrâneo espanhol ainda podem-se contemplar as torres de vigia erguidas nos séculos xvi e xvii para avisar a população vizinha da ameaça dos piratas. Por via terrestre, os turcos conquistaram a Hungria e chegaram a assediar Viena. A vitória dos Habsburgo em Mohacs (1526) deteve por alguns anos o ímpeto conquistador turco.

Internamente, o império de Carlos v era um mosaico de reinos, principados e senhorios de variada importância. Cada um desses territórios regia-se pelas próprias leis e tinha suas próprias instituições de governo e de justiça. Para administrar essa diversidade de nacionalidades, o imperador continuou na linha iniciada pelos Reis

Católicos e potenciou os conselhos específicos. Cada reino (Castela, Aragão, Flandres, Itália, Índias etc.) e cada matéria (finanças, religião, ordens militares etc.) contava com seu próprio conselho de notáveis, que assessoravam o monarca sobre a melhor maneira de reger suas possessões.

O reinado de Carlos v foi o último episódio da "ideia imperial" – assim a definiu Menéndez Pidal –, entendida do modo medieval, ou seja, como a existência de dois poderes, espiritual e secular, que se estendiam sobre todo o orbe cristão. A Reforma protestante dividiu o mundo católico, da mesma maneira que as ascendentes monarquias nacionais, como a francesa ou a inglesa, resistiam a qualquer controle superior por parte do imperador. Na hora de sua abdicação (Carlos v abandonou o título imperial em 1556 para retirar-se ao mosteiro de Yuste e expiar seus pecados), os domínios imperiais foram divididos em duas partes: as possessões da Europa central foram entregues a seu irmão Fernando, que também sucedeu Carlos v na titularidade do Sacro Império Romano-Germânico, e as possessões ibéricas, americanas, italianas, borgonhesas e flamengas passaram a seu filho Felipe II. A dinastia Habsburgo dividiu-se em dois ramos, o espanhol e o austríaco. Ainda que os dois braços dinásticos tenham mantido uma estreita colaboração nas gerações seguintes, as prioridades de cada monarquia andaram por caminhos diferentes.

Os espanhóis e a Contrarreforma

A Igreja Católica demorou muito tempo para reagir aos desafios que impunha a Reforma. Em um primeiro momento, luteranos, anabatistas, anglicanos e calvinistas foram tratados como simples hereges, e foram aplicadas em sua perseguição as mesmas técnicas e procedimentos que a Igreja praticara nos séculos precedentes. Os protestantes denunciavam a corrupção em que vivia a Igreja Católica e sua necessidade de regeneração para atender aos ideais do cristianismo. Alguns setores preclaros do catolicismo perceberam logo que não bastava perseguir os protestantes, mas era necessário renovar as estruturas e o funcionamento da Igreja. O próprio imperador Carlos v requisitou ao papado a convocatória de um concílio que abordasse esses temas e servisse para atualizar o catolicismo ante as novas realidades do momento.

O concílio foi finalmente convocado pelo papa Paulo III em 1542 na cidade imperial de Trento. Desenrolou-se até 1564 com duas interrupções devidas a guerras entre a França e a Espanha. As resoluções tomadas em Trento reafirmaram os dogmas católicos em contraposição às teses protestantes e exigiram maiores esforços educativos na formação do clero. Nas deliberações desse concílio, os bispos espanhóis desempenharam papéis protagonistas.

Também ganhou presença a Companhia de Jesus, uma ordem recém-fundada pelo ex-militar basco Íñigo (ou Inácio) López de Loyola. Após ter sido ferido no assédio de Pamplona, Loyola passou por uma crise espiritual que o levou a abandonar as armas e a dedicar-se ao estudo da teologia e da filosofia. Como fruto de suas reflexões religiosas, Inácio de Loyola começou a escrever seus *Exercícios espirituais*. Suspeito de heresia, chegou a ser processado pela Inquisição, mas finalmente foi libertado sem nenhuma punição. A *Societas Iesu* que Loyola fundou unia os ideais apostólicos com o passado militar de seu fundador. Os jesuítas se autoqualificavam como "soldados de Cristo" e seu maior objetivo era lutar pela propagação da fé cristã e pela defesa da supremacia do papa de Roma. Para isso, precisavam de uma sólida formação teológica e humanística que lhes permitisse sair vencedores nas disputas dialéticas. A Companhia de Jesus caiu como uma luva em um papado que estava carente de clérigos que unissem a profundidade intelectual com o espírito missionário. Guiados pelo "General Negro" (figura que em alguns momentos teve mais poder que o próprio papa), os jesuítas foram entre os séculos XVI e XVIII a força de choque do catolicismo. Jesuítas como Francisco Xavier, Francisco de Borja, Alonso Rodríguez ou José de Anchieta tiveram papéis de primeira ordem na evangelização dos povos que contataram os europeus durante as navegações dos séculos XV e XVI e na defesa do dogma católico ante a expansão do protestantismo.

O concílio de Trento revitalizou o catolicismo e reafirmou-o em seus dogmas. Se na primeira metade do século XVI o mundo católico ficara na defensiva perante a rápida expansão dos protestantes, na segunda metade desse século o catolicismo recobrou novas forças. No plano intelectual, há que destacar a aparição de uma segunda escolástica. Se na primeira (séculos XIII e XIV) os dominicanos tiveram um papel predominante, nessa segunda (séculos XVI e XVII) essa hegemonia deverá ser compartilhada com os jesuítas. Tanto pela fortaleza do catolicismo na Espanha quanto pelas medidas tomadas por Felipe II para evitar a entrada de ideias "dispersivas", a segunda escolástica teve uma grande implantação nos territórios hispânicos. Autores como Francisco de Vitoria ou Francisco Suárez traçaram as linhas mestras das concepções do direito internacional baseado no direito natural.

Exploração e conquista da América

As primeiras décadas do século XVI, coincidindo *grosso modo* com o reinado de Carlos V, foram ricas em explorações de terras desconhecidas para os europeus. Vasco Núñez de Balboa foi o primeiro espanhol a atravessar o istmo do Panamá e chegar à ribeira do Mar do Sul (oceano Pacífico). Álvar Núñez Cabeza de Vaca naufragou nas costas da

Flórida em 1527 e fez um longo percurso a pé através do Texas, Chihuahua e Sonora, até chegar ao vice-reinado da Nova Espanha (México). Ao regressar à Espanha, Cabeza de Vaca obteve licença, em 1537, para explorar as terras guaranis do Paraguai.

Os dois grandes impérios americanos – o asteca no planalto mexicano e o inca no planalto andino – sucumbiram rapidamente às ações militares dos conquistadores espanhóis. Ainda que estes contassem com poucas tropas, seu aspecto exótico, unido ao uso da cavalaria e da artilharia, absolutamente inovadoras para os americanos, lhes deram uma certa aura de divindade. Entre os indígenas, rapidamente espalhou-se o boato de que eram seres mágicos que haviam atravessado o mar para cumprir antigas profecias. Ademais, os conflitos e guerras civis existentes em ambos os impérios facilitaram as campanhas de conquista.

Hernán Cortés, natural de Medellín (Extremadura), recebeu do governador de La Española (São Domingos), Diego Velázquez de Cuéllar, o encargo de explorar e conquistar a península de Yucatán. Cortés zarpou de Santiago de Cuba rumo ao continente com 700 homens. Após uma primeira parada na ilha de Cozumel, em que os espanhóis arremeteram contra as práticas religiosas dos índios, que incluíam os sacrifícios humanos, a expedição de Cortés chegou a Yucatán. Lá, contrariando as disposições do governador Velázquez, fundaram a cidade de Villarrica de Vera Cruz e entraram em contato com os toltecas e os tlaxcaltecas, povos indígenas vizinhos, submetidos ao império asteca. Os relatos das riquezas desse império motivaram Cortés e seus homens a rumarem para a capital dos astecas, Tenochtitlan (atual cidade do México), junto com as tropas auxiliares dos aliados toltecas e tlaxcaltecas.

Em Tenochtitlan, o imperador dos mexicas, Moctezuma, recebeu Cortés e seu séquito de forma pacífica e concedeu-lhes as máximas honras. Uma lenda mexicana induziu os astecas a receberem o conquistador como uma reencarnação do mitológico Quetzacóatl e tratarem-no como se fosse um semideus. O sucesso da expedição de Hernán Cortés por terras mexicanas suscitou inveja no governador Velázquez, que enviou a Yucatán uma força de 1.400 homens sob o comando de Pánfilo de Narváez, com a missão de trazer de volta Cortés para La Española. O extremenho teve que abandonar Tenochtitlan, deixando na capital uma guarnição de 120 homens capitaneados por Pedro de Alvarado, e com o restante de suas tropas acudiu a Yucatán para enfrentar a Narváez. O confronto entre os espanhóis, porém, não chegou a acontecer. Os relatos das riquezas do império asteca fizeram com que as tropas de Narváez se unissem em massa às de Cortés e os dois comandantes alcançaram rapidamente um acordo para lutar unidos e compartilhar os benefícios da campanha.

Logo após a volta de Cortés de Yucatán, em Tenochtitlan desatou-se uma rebelião popular contra a presença dos estrangeiros. Moctezuma foi morto pela multidão quando saiu do seu palácio para acalmar os ânimos e substituído à frente do império por Cuitláhuac, extremamente hostil aos espanhóis. Na denominada "Noite triste" (entre 30 de junho e 1º de julho de 1520), as tropas de Cortés tiveram de bater em retirada, diante do assédio dos astecas. Pereceram na ação aproximadamente 800 soldados espanhóis e 5 mil índios aliados. Recuperado do golpe, Cortés reagrupou suas forças e preparou-se para o cerco de Tenochtitlan. Na batalha de Otumba (7 de junho de 1521), Cuitláhuac foi derrotado; em agosto, os espanhóis entravam de novo na capital. No ano seguinte, o império asteca foi rebatizado como vice-reinado da Nova Espanha e Hernán Cortés recebeu o título de Capitão General e Governador. Posteriormente, devido a intrigas políticas, Cortés teve de abandonar o México e regressar à Espanha.

O também extremenho Francisco Pizarro, soldado de origem muito humilde, obteve da coroa espanhola em 1529 as capitulações que lhe concederam o direito de conquistar o território dos Andes, país que seria batizado de Nova Castela e que ele passaria a governar em qualidade de Capitão General e Governador, titulações que aliás o ascendiam à condição de fidalgo. A campanha militar começou em 1531 com o embarque das tropas no Panamá. Ao chegar ao Peru, Pizarro defrontou-se com uma guerra civil entre os irmãos Huascar e Atahualpa pela sucessão do império inca. Finalmente, este último venceu a contenda, mas foi feito prisioneiro por Pizarro em Cajamarca. O inca entregou-lhe uma enorme quantidade de metais preciosos (fala-se de uma câmara cheia de ouro e prata) em troca de sua libertação. Porém, Pizarro descumpriu sua promessa, ficou com o tesouro e mandou executar Atahualpa. Aliado dos quéchuas, que haviam padecido a submissão ao império inca, Pizarro prosseguiu sua rota até Cuzco, a capital do Peru, que se rendeu em 1533. Os conquistadores espanhóis decidiram mudar a capital do novo vice-reinado para a recém-fundada Ciudad de los Reyes, hoje Lima (1535).

Outras campanhas de conquista dignas de destaque foram a do rio da Prata (iniciada por Pedro de Mendoza em 1535), a de conquista do futuro vice-reinado de Nova Granada (atuais Colômbia, Venezuela e Equador, realizada em 1536 por Gonzalo Jiménez de Quesada) e a do Chile (iniciada por Pedro Valdivia em 1539 e culminada anos depois por García Hurtado de Mendoza).

O mito de El Dorado, uma terra onde, de acordo com a lenda, o ouro era tão abundante que era usado inclusive para a confecção de vestimentas, levou alguns exploradores a se aventurarem por territórios ignotos. Francisco de Orellana, que havia participado da conquista do Peru, organizou uma expedição em 1540 para achar esse paraíso de riquezas. Adentrou pelo rio Negro e pelo Amazonas, em uma viagem muito frutífera do ponto de vista exploratório, mas que não deu os resultados almejados. Igualmente fracassada foi a expedição de Francisco Vázquez de Coronado, que, correndo atrás das míticas cidades de Cíbola, percorreu as pradarias do centro dos atuais Estados Unidos e as montanhas rochosas. Na sua campanha, descobriu o cânion do Colorado.

O choque de culturas

O encontro entre europeus e americanos foi mais um *encontronazo* (choque) do que o início de uma amigável relação entre culturas diferentes. As campanhas de conquista foram fruto da iniciativa privada, mesmo que a coroa castelhana supervisionasse todo o processo mediante a lavra de capitulações, detalhados contratos em que se estipulavam todos os direitos e obrigações das partes. O monarca, aliás, uma vez concluída a conquista do território em questão, enviava um de seus funcionários, o *veedor*, para tomar conta do cumprimento do contrato, isto é, garantir que a coroa receberia a parte que lhe correspondia do butim e tomar as providências necessárias para que o poder real fosse preeminente nas terras conquistadas.

O chefe da expedição organizava sua própria *hueste*, exército semifeudal derivado das *mesnadas* medievais. Atraía voluntários ao projeto mediante a promessa de uma parte do butim e em alguns casos lhes proporcionava armas e outros equipamentos. Quando a campanha militar era concluída com êxito, os membros da *hueste* recebiam uma *encomienda*, ou seja, um lote de terras e um grupo de indígenas que trabalharia para ele. O *encomendero* recebia o tributo dos índios e se comprometia a manter a paz e a segurança em seus domínios, assim como instruir os índios no catolicismo. No caso do Peru, os espanhóis mantiveram a instituição inca da *mita*, mediante a qual coletivos de indígenas estavam obrigados a prestar serviços gratuitos nas minas de seus senhores espanhóis.

A conquista da América ofereceu uma oportunidade única de ascensão social (muitos conquistadores receberam títulos de nobreza) e de prosperidade econômica para indivíduos de classe baixa ou para fidalgos de estirpes em decadência. E a oportunidade foi aproveitada sem levar em consideração nenhum escrúpulo moral. Embora as Leis de Índias estabelecessem que os ameríndios usufruiriam dos mesmos direitos que os camponeses castelhanos, na prática a exploração da mão de obra indígena foi constante. O famoso adágio *"se acata, pero no se cumple"* vigorou entre os titulares de *encomiendas* com muito mais força que as disposições reais que pretendiam frear os abusos dos conquistadores.

Além dos mortos em batalha e dos finados pelas péssimas condições de trabalho nas plantações e nas minas, a população indígena da América minguou pelo simples contato com o homem branco. Os europeus trouxeram consigo vírus e bactérias desconhecidas na América, para as quais os sistemas imunológicos dos indígenas não estavam preparados. O vírus da gripe, para darmos um exemplo, causou mais mortes entre os nativos que as guerras de conquista. Da mesma forma, algumas doenças autóctones da América, como a sífilis, expandiram-se também para a Europa por causa do contato entre americanos e europeus.

A situação de escravidão prática em que se encontrava a maioria da população indígena sob o jugo espanhol e o risco de que os nativos fossem exterminados, ora pela força das armas ora pelas enfermidades, foi denunciado por alguns espanhóis. A exploração e a conquista do continente supôs uma catástrofe demográfica para seus habitantes. O frade dominicano Bartolomeu de las Casas conseguiu expor a gravidade da situação ao próprio imperador Carlos v. As teses de Las Casas, que anos depois seriam deixadas por escrito no ensaio *Brevísima relación de la destrucción de las Indias*, inspiraram a promulgação das *Leyes Nuevas* (1542), que limitavam consideravelmente a margem de atuação das *encomiendas*, sobretudo em relação ao caráter servil dos indígenas, ainda que sua aplicação prática tenha sido mais do que discutível. Mas essas teses também serviram de pretexto para fomentar a importação maciça de escravos negros da África, dado que a mão de obra indígena mostrava-se tão fraca para realizar os duros trabalhos do campo e das minas.

Assim, na segunda metade do século xvi foi perfilando-se na América espanhola uma sociedade pluriétnica, formada por uma reduzida elite crioula, de pele branca e descendente dos conquistadores, e uma maioria escrava ou semiescrava integrada pelos índios, os africanos e suas miscigenações (mestiços, mulatos e *zambos*). A minoria crioula detinha o poder econômico e partilhava o poder político com os funcionários imperiais que eram enviados da Península Ibérica. Essa elite hispânica (de nascimento ou de ascendência) controlava também o mundo da cultura. Com vontade evangelizadora, a Igreja Católica extirpou os elementos principais das culturas indígenas, especialmente nos aspectos religiosos e na escala de valores morais, mas não pôde evitar que o catolicismo adotasse formas sincréticas, que se situavam a meio caminho entre a ortodoxia do rito latino e as ancestrais concepções teológicas e litúrgicas dos índios.

É inegável, entretanto, que a conquista espanhola teve efeitos favoráveis na civilização do continente, entendida no seu sentido etimológico, isto é, como a expansão das cidades como centros articuladores das sociedades humanas. É verdade que o império espanhol esteve assentado sobre as duas principais culturas urbanas da América: a asteca e a inca. Muitas cidades índias prosseguiram sua história agora sob o poder hispânico. Às vezes, inclusive, mantiveram suas denominações na língua nativa, acrescentando-lhes – era inevitável para o espírito da época – o nome de algum santo cristão. Mas até em regiões em que não havia uma tradição urbana anterior (caso das Antilhas ou do Rio da Prata) os espanhóis erigiram novas cidades. Assim, não demorou para que fundassem também universidades no Novo Mundo. A de São Domingos é a mais antiga das Américas. E, poucos anos depois da conquista, foram criadas as do México e do Peru, que se tornaram importantes centros acadêmicos. Somando tudo isso, vemos que os espanhóis quiseram transplantar para as Américas a realidade ibérica, com suas grandezas e misérias. Nesse ponto, a colonização espanhola distanciou-se da que praticaram portugueses, franceses, holandeses e ingleses, mais preocupados na instalação de entrepostos comerciais do que no controle e transformação efetivas dos domínios de ultramar.

E na Espanha? Quais foram as consequências desse processo colonizador? Ao contrário do que em certas ocasiões se afirma, as riquezas americanas não beneficiaram os povos da Península Ibérica. Enriqueceram, isso sim, uma pequena elite, mas para a maioria da população significou uma piora das condições de vida. A irrupção maciça do ouro e da prata americanos provocou uma revolução dos preços e uma disparada da inflação. Ademais, esses imensos recursos raramente foram investidos em empresas agrícolas ou industriais que significassem maior renda para os espanhóis. Ao contrário: as riquezas da América foram destinadas preferencialmente ao financiamento das guerras na Europa, e com frequência acabaram nas caixas dos banqueiros alemães e italianos, principal fonte dos empréstimos que a monarquia hispânica recebia. A conquista da América afetou sobretudo a culinária (com a introdução de espécies vegetais e animais americanas, como a batata, o tomate ou o peru) e introduziu alguns novos hábitos, como o de fumar.

Felipe II: esplendor do império e início da decadência

Felipe II herdou de seu pai, Carlos V, quase todas as mesmas preocupações de política exterior que este teve e que podem ser resumidas em três grandes blocos: a rivalidade com a França pela hegemonia na Itália, o perigo turco no Mediterrâneo e a luta contra os protestantes. No caso da França, Felipe II conseguiu no começo de seu reinado uma brilhante vitória militar em Saint Quintin, que obrigou o rei francês a firmar um duradouro tratado de paz (Cateau-Cambresis), referendado com o casamento do rei espanhol com a princesa Isabel de Valois.

Os turcos continuaram a interferir, direta ou indiretamente, através de seus aliados berberes, nas comunicações marítimas do Mediterrâneo central e ocidental, regiões onde se projetava o poder de Felipe II. Unindo forças com os venezianos (cujo império marítimo se via seriamente ameaçado pelos otomanos) e com o apoio da Santa Sé, foi possível organizar uma grande esquadra, que venceu os turcos na batalha de Lepanto (1571).

Sem o império alemão – que Carlos V cedeu ao seu irmão Fernando II –, Felipe II livrou-se de uma das maiores dores de cabeça que seu pai teve: as disputas com os luteranos. Contudo, o soberano espanhol não pôde evitar que a chama protestante se acendesse nos Países Baixos, dessa vez pela mão dos calvinistas e dos anabatistas, principalmente. A execução dos condes flamengos de Horn e de Egmont (1568) foi o estopim da rebelião das províncias do norte dos Países Baixos, que conduziria a uma guerra de oitenta anos para conseguir a plena independência dos reis da casa de Habsburgo. Felipe II tentou, sem sucesso, usar tanto a política da mão de ferro do duque de Alba quanto a política do apaziguamento.

Relacionado ao problema protestante, Felipe II teve de encarar o poderio crescente da Inglaterra. O rei casou-se com a soberana inglesa Maria Stuart, que tentou devolver o reino inglês à esfera católica, após o cisma provocado pelo seu antecessor, Henrique VIII. Mas a impossibilidade de terem um filho – em parte por culpa da avançada idade da rainha Maria – fez com que, quando da sua morte, o trono de Londres fosse ocupado pela protestante Elizabeth I. A "rainha virgem" transformou a Inglaterra num dos mais ferozes concorrentes da Espanha no Atlântico. Corsários ingleses atacaram repetidamente os navios que traziam as riquezas da América, e importantes portos das colônias espanholas foram atacados e saqueados. Além disso, a Inglaterra apoiava econômica e militarmente as províncias protestantes dos Países Baixos, a fim de debilitar a presença espanhola no norte da Europa. Para pôr fim a esse desafio britânico, Felipe II construiu a "Armada Invencível", que devia servir de transporte para os terços de Flandres na sua invasão da Inglaterra. Porém, o mau tempo, a imperícia do comando supremo da armada e a destreza dos navios ingleses, mais próximos de seus portos de abastecimento e mais peritos no comportamento das correntes marítimas, frustraram a empresa e boa parte da frota espanhola foi afundada. Sem a hegemonia naval, os reis espanhóis dificilmente poderiam conservar seu império.

Internamente, o reinado de Felipe II foi uma época de consolidação do poder real, mas sem prejudicar as peculiaridades jurídicas e institucionais dos reinos que formavam parte de suas vastas possessões. As *Reales Audiencias* serviram para monopolizar cada vez mais a administração da justiça em funcionários reais. A organização do governo também avançou notoriamente, e foi se despindo, aos poucos, de alguns alicerces medievais que ainda conservava. A corte fixou-se permanentemente em Madri – os antecessores de Felipe II foram reis itinerantes –, que virou a capital dos domínios filipinos. A polisidonia[1] aperfeiçoou-se, com a constituição de novos conselhos temáticos ou territoriais e, com ela, cresceu uma nova casta dirigente, formada nas faculdades de direito e que era uma fiel servidora da monarquia. Diante da "nobreza de espada", descendente da aristocracia feudal, surgiu essa "nobreza togada", que paulatinamente ganhou predicamento e influência na corte. No topo desse corpo de oficiais administrativos estava o secretário do rei, encarregado de preparar a pauta de assuntos a tratar pelo monarca. O procedimento, assim, tornou-se cada vez mais burocrático. Se os antecessores de Felipe II haviam preferido as audiências orais, esse rei mostrou-se mais interessado pelos processos escritos. Fiscalmente, Castela

A "lenda negra" que por muito tempo recaiu sobre a figura de Felipe II e que o apresentava como um monarca frio, distante e fanático vem sendo contestada pelos pesquisadores atuais. Os estudos feitos sobre a correspondência pessoal do soberano mostram-nos um príncipe do Renascimento muito mais humano.

continuava a ser o principal fornecedor de recursos para a coroa, agora mais ainda graças ao aluvião de minerais preciosos que se extraíam da América, enquanto os outros reinos peninsulares esforçavam-se em contribuir o mínimo possível, o que não raro exasperava o rei. No entanto, e apesar de todas as riquezas de ultramar, as despesas militares superaram de longe as receitas da monarquia, e Felipe II teve que declarar a bancarrota três vezes durante o seu reinado.

Felipe II tinha um caráter tímido, o que lhe fazia parecer taciturno. Por muitos anos sua figura protagonizou a "lenda negra": e diversos autores apresentaram-no como um tirano sem escrúpulos, capaz de executar seu próprio filho, ou como um exaltado católico que não hesitava em mandar massacrar os flamengos para maior glória da fé, enquanto ele ficava recluso no seu palácio-convento de El Escorial, vestido sempre de preto e levando uma vida quase monástica. Inclusive um setor da historiografia nacionalista espanhola jogou a culpa da decadência do império espanhol, começada nos últimos anos do reinado de Felipe II, nesse caráter circunspeto e pouco varonil do monarca. Nos últimos tempos, entretanto, novas pesquisas nos revelam um soberano muito mais humano e multifacetado.

A união com Portugal

Em 1580, feneceu na batalha de Alcácer Quibir o rei de Portugal Sebastião I. O trono passou ao seu tio, o cardeal Henrique, um octogenário sem descendência que após sua morte deixou vago o trono português. Felipe II usou seus direitos dinásticos (era neto de Manuel I), comprou com dinheiro o favor de destacados membros da nobreza lusa e também enviou a Portugal as tropas do duque de Alba. Com essa mistura de herança, compra e conquista, o Habsburgo obteve das cortes de Tomar o título de rei de Portugal. O sonho dos reis castelhanos medievais de ver toda a Península Ibérica sob o domínio de um mesmo rei finalmente era uma realidade.

A integração de Portugal às possessões de Felipe II não significou em absoluto uma absorção do reino luso por parte de Castela. Nas cortes de Tomar, o rei teve de jurar respeitar as constituições e privilégios do reino e precisou assegurar que os cargos públicos somente seriam ocupados por portugueses. A situação de Portugal passou a ser comparável à da Coroa de Aragão. Ambas mantiveram uma larga autonomia administrativa e fiscal, mas ficaram ligadas à política exterior conjunta de Felipe II.

O rei chegou a estabelecer por dois anos sua corte em Lisboa e sempre mostrou interesse pelos assuntos portugueses (sua mãe e sua primeira esposa foram princesas de Portugal), mas em 1583 voltou definitivamente para Madri. Lisboa, entretanto, ocupou um lugar destacado na política atlântica do rei e do seu porto zarpou a Armada Invencível.

ARTISTAS DE OURO, GOVERNANTES DE CHUMBO

Os reis que não querem governar

Os reis que governaram a Espanha no século XVII (Felipe III, Felipe IV e Carlos II) não estiveram à altura, como estadistas, de seus predecessores, pelo qual costumam ser chamados de "os Áustrias Menores". Seus reinados coincidem com a perda paulatina da hegemonia hispânica na Europa. A França, que na segunda metade do século anterior havia passado por confrontos civis por causa das diferenças religiosas entre católicos e huguenotes (calvinistas), com a instauração da dinastia Bourbon voltava a ser uma grande potência continental e um sério rival para as aspirações espanholas. A possessão do ultramar, que por várias décadas fora monopolizada por portugueses e espanhóis, tinha agora que ser disputada com os ingleses e os holandeses, cujas poderosas frotas concorriam com as ibéricas, ao mesmo tempo em que se introduziam novos sistemas de administração comercial (as antecessoras das sociedades anônimas), muito mais ágeis para a captação de investimentos e distribuição de lucros do que as *carreras de Indias*, organizadas diretamente pela Coroa.

Diante desse cenário de declínio, os reinos ibéricos só tiveram à sua frente monarcas de perfil baixo, que mostravam mais interesse pelas atividades lúdicas (caça, música, teatro, banquetes, prazeres amorosos...) do que pela gestão dos negócios de Estado. Se no reinado de Felipe II o secretário real era uma figura preeminente na corte, na época dos Áustrias Menores este se converteu em um valido, cargo sobre o qual o monarca delegava quase todas suas prerrogativas, o que o tornava, na prática, o máximo responsável pelo governo dos reinos.

Dos diversos validos que constam na história espanhola do século XVII, os mais relevantes foram o duque de Lerma e o conde-duque de Olivares. Francisco Gómez de Sandoval y Rojas, duque de Lerma desde 1599, foi o homem forte da monarquia hispânica entre 1599 e 1618. Foram decisões suas – com o beneplácito passivo de Felipe III – a trégua com os holandeses e a expulsão dos *moriscos*, por medo de que estes pudessem aliar-se aos turcos ou aos berberes. A administração desse valido foi uma das mais corruptas de que se tem notícia na Espanha. A ação de governo do duque de Lerma esteve mais orientada ao enriquecimento próprio e de sua camarilha de parentes e amigos do que ao bem comum dos reinos peninsulares. Conseguiu salvar-se da devassa quando perdeu o favor do rei graças à concessão de um *capello* cardinalício que lhe deu imunidade jurisdicional.

Gaspar Guzmán y Pimentel, conde-duque de Olivares, foi o principal valido de Felipe IV, exercendo essa função entre 1623 e 1643. Durante seu governo, tentou reformar a instituição real e modificar a situação da fazenda dos reinos. Os projetos de Olivares malograram e provocaram rebeliões em diversos territórios da monarquia. A partir de 1640, sua figura ficou desacreditada e ele teve de abandonar a vida pública e voltar a seus negócios privados em 1643, quando perdeu o favor do rei.

A estrutura da administração pública continuou nessa etapa praticamente idêntica à herdada de Felipe II, com o mesmo sistema *polisidonial* e as periódicas convocatórias de Cortes, especialmente quando os cofres reais estavam vazios. Para melhorar a dinâmica do governo e agilizar as tomadas de decisões, dada a lentidão e a burocracia dos conselhos, formaram-se juntas para tratar de temas específicos. Seus integrantes eram, no geral, pessoas de confiança do valido. Também proliferaram nesses anos os arbitristas, supostos especialistas em gestão pública, que davam palpites sobre como os assuntos de Estado deviam ser conduzidos. Suas propostas eram na maioria das vezes muito esdrúxulas.

A decadência da instituição monárquica fez-se ainda mais evidente durante o longo reinado de Carlos II, um rei que nasceu com suas capacidades psíquicas diminuídas, o que o tornou um elemento quase decorativo, enquanto as rédeas do poder ficavam com sua mãe e em outras figuras destacadas da corte. O reinado de Carlos II tem sido etiquetado como um retorno do foralismo – que defendia a hegemonia dos direitos forais diante das pretensões centralizadoras dos monarcas –, numa expressão que no fundo é um eufemismo. Sem um rei com caráter, as oligarquias locais espanholas defenderam com afinco os privilégios herdados dos tempos medievais.

A problemática das finanças públicas

Embora a Guerra dos Trinta Anos explodisse no miolo da Europa Central, distante dos territórios dos Habsburgo espanhóis, tanto as ligações dinásticas com a casa real austríaca como a necessidade de frear a expansão do protestantismo, o qual reabria constantemente a ferida dos Países Baixos, ou por razões puramente de prestígio, como preservar a fé católica, Felipe IV acabou envolvendo-se no conflito. A Espanha entrava nessa guerra longa e incerta despreparada, com a monarquia débil e com suas finanças públicas caóticas, contexto que dificilmente possibilitaria êxito à empreitada – ainda mais quando a católica França decidiu participar do conflito ao lado dos protestantes (1635). Nesse caso, as históricas rivalidades entre os vizinhos dos dois lados dos Pireneus pesaram mais que as considerações religiosas.

Retrato equestre do conde-duque de Olivares, valido de Felipe IV, pintado por Diego Velázquez. Olivares tentou uma desesperada reforma do Estado e acabou provocando a rebelião de portugueses e catalães.

O conde-duque de Olivares percebeu com lucidez essa situação negativa e tentou remediá-la. Em 1627, a coroa espanhola declarou uma nova bancarrota. Nem as receitas dos reinos nem os carregamentos da América (cada vez com mais frequência presos ou afundados pelos ingleses, holandeses ou franceses) bastavam para cobrir as crescentes despesas militares. No *Gran Memorial*, Olivares traçou as diretrizes do que seria seu plano de governo. Cumpria reorganizar os recursos e regular o gasto de forma mais racional e eficiente. Os privilégios fiscais não podiam ser mantidos, mesmo que os reinos os defendessem com unhas e dentes, em virtude de ancestrais cartas de franquias, e que na prática forçavam ao cada vez mais exausto reino de Castela a arcar com as despesas do Estado. Olivares propunha passar do sistema ainda medieval de arrecadação de impostos e de contribuição de tropas para os exércitos para uma "União de Armas", que repartisse as cargas fiscais de forma equitativa entre todos os reinos, de acordo com a sua riqueza e poder de contribuição.

As rebeliões de 1640

As medidas de Olivares foram recebidas com hostilidade em muitos territórios da monarquia hispânica. Biscaia e Nápoles rebelaram-se contra as disposições do valido que implicavam um incremento da carga tributária. Os acontecimentos mais graves, porém, aconteceram na Catalunha e em Portugal.

No caso catalão houve uma mistura de descontentamento aristocrático pela "União de Armas", entendida como uma contravenção ilícita das leis e dos privilégios do principado, e de descontentamento popular pelos desmandos dos soldados castelhanos aquartelados na Catalunha para lutar na fronteira francesa. A tensão derivou em um motim sangrento em junho de 1640, na festividade do Corpus Christi (o "*Corpus* de sangue"), que culminou com o assassinato do vice-rei em Barcelona por um grupo de segadores. O controle da situação passou à *Generalitat*, uma deputação permanente que dependia das cortes catalãs, cujo presidente, Pau Claris, proclamou a secessão da Catalunha e outorgou o título de príncipe ao rei Luís XIII da França. O governo militar e centralista imposto pelos franceses incomodou os catalães, que viram diminuídos ainda mais seus direitos. Foi o começo de uma guerra de mais de dez anos, que se prolongou além do fim da Guerra dos Trinta Anos (1648) e que acabou com a reintegração da Catalunha às possessões de Felipe IV e com a perda, em favor da França, dos condados catalães transpirenaicos (1659).

Embora houvesse um profundo sentimento anticastelhano em Portugal – sentimento esse que se espalhava entre as camadas populares na forma de um sebastianismo milenarista –, por cinco décadas o reino português integrou-se ao restante dos domínios

A rendição de Breda, mais conhecido popularmente como o quadro "das lanças", foi uma contribuição de Velázquez à propaganda política do império espanhol. Ao contrário de seus concorrentes britânicos e holandeses, mais atraídos por fins estritamente econômicos, o imperialismo espanhol dos séculos XVI e XVII fez ostentação de valores católicos e cavalereiscos, graças aos quais inclusive os derrotados eram tratados com dignidade.

dos Habsburgo sem perder suas marcas de identidade (língua, leis etc.) e sem que isso provocasse grandes protestos sociais. No entanto, os fracassos militares espanhóis e a decadência de seu império tiveram nefastas consequências em Portugal, cujas possessões ultramarinas começaram a ser agredidas pelas potências inimigas da Espanha. A ocupação holandesa de Pernambuco privou o reino das preciosas rendas que se extraíam dos engenhos de cana-de-açúcar, e a presença lusa no Índico ficou cada vez mais instável, com rotas marítimas dificilmente defensáveis. Começou a alastrar-se a nostalgia dos anos da independência, e as exigências da "União de Armas" de Olivares foram a gota d'água. Em dezembro de 1640, os nobres portugueses proclamaram o duque de Bragança rei de Portugal, com o nome de João IV. Este preparou-se para defender seu reino da ofensiva castelhana ao mesmo tempo que afirmava os vínculos políticos e pessoais com a Inglaterra, aliado histórico de Portugal, e cuja esquadra poderia garantir melhor que a espanhola a paz e a segurança das comunicações marítimas com ultramar. Felipe IV não aceitou a secessão de Portugal: foram lançadas várias expedições militares para recuperar o reino rebelde, todas sem êxito. Somente em 1668, seu sucessor, Carlos II, reconhecerá formalmente a independência portuguesa.

A idade de ouro da cultura espanhola

Malgrado a decadência política e militar do país, o século XVII foi um dos mais ricos nas artes e na literatura espanholas, um verdadeiro "século de ouro", que brindou criadores de alcance universal, como Cervantes, Góngora, Quevedo, Calderón, Lope de Vega, Tirso de Molina, Murillo, Zurbarán, Velázquez, entre tantos outros nomes.

A Igreja e a corte foram os principais mecenas desse florescimento artístico e literário. Apesar das limitações impostas pela moral católica, ferreamente controlada pela Inquisição, e do respeito que o artista devia em todo momento às instituições que nem sempre eram merecedoras dele, poucas vezes a arte e o pensamento espanhol atingiram patamares tão elevados como nessa centúria.

Talvez o fechamento das fronteiras às novas ideias, que impediu a Península Ibérica de acompanhar os avanços científicos e técnicos do prolífico seiscentos, conduziu as mentes mais brilhantes para outras formas de expressão da sabedoria e do conhecimento, mais assimiláveis às estreitezas ideológicas da Contrarreforma. Contudo, os artistas do século XVII souberam deixar-nos um vívido retrato da sociedade de seu tempo, sem nos ocultar as duras condições de vida de uma massa humana que vivia por completo alheia aos sonhos imperiais de seus dirigentes. O seiscentos espanhol foi, no plano social, uma época de contração demográfica (muitas localidades sofreram epidemias de peste ou de outras doenças) e de crise econômica generalizada.

UMA DINASTIA À MODA DE VERSALHES

A guerra de sucessão

Carlos II, "o Enfeitiçado", faleceu em 1700 sem deixar descendência. Em seu testamento nomeou herdeiro de seus reinos o francês Felipe de Anjou, neto de Luís XIV,

Felipe V trouxe à Espanha o cerimonial absolutista que seu avô
Luís XIV havia implantado com sucesso na França meio século antes.

que foi reconhecido como o rei Felipe v nas cortes de 1701. Essa coroação foi contestada pelo império austríaco, alegando que a mãe de Felipe v havia renunciado a seus direitos dinásticos sobre o trono espanhol e reclamando que o legítimo rei da Espanha devia ser o arquiduque Carlos.

Inglaterra, Holanda, Dinamarca, Portugal, Saboia e boa parte dos príncipes alemães uniram-se à reclamação austríaca, mais por motivos estratégicos do que dinásticos. A França de Luís xiv tinha se expandido enormemente no último terço do século xvii e clamava pela sua hegemonia no continente. Ademais, a revogação do Edito de Nantes (1685) suprimiu a liberdade de cultos na França, o que irritou profundamente os países protestantes. O fato de um Bourbon ocupar o trono de Madri só dava asas às pretensões de supremacia francesa.

Apoiado pelas frotas inglesa e holandesa, Carlos da Áustria obteve a adesão dos reinos da Coroa de Aragão, que o proclamaram rei – o arquiduque inclusive chegou a entrar em Madri. Entretanto, Felipe v, com a ajuda francesa, foi capaz de reorganizar suas tropas e infringir severas derrotas ao partido austracista (dinastia de Habsburgo), como na batalha de Almansa (1707), que deixou o campo aberto para o Bourbon recuperar os reinos de Valência e Aragão. Contudo, o fato que determinou o destino da guerra de sucessão espanhola foi a proclamação do arquiduque Carlos, imperador da Áustria (1711). Ingleses e holandeses temeram que, com Carlos vi nos tronos de Viena e Madri, voltasse o cenário da hegemonia dos Habsburgo que a Europa conheceu no século xvi, durante o reinado de Carlos v. Os antigos aliados do arquiduque foram abandonando as armas e assinando a paz com Felipe v. Na Península Ibérica, somente Barcelona manteve-se fiel a Carlos vi – até que finalmente teve de capitular diante do longo assédio do Bourbon (11 de setembro de 1714). Nesse mesmo ano foram assinados os Tratados de Utrecht e Radstadt, com os quais se concluiu a guerra. Felipe v era finalmente reconhecido rei da Espanha (em 1725 renunciou também aos direitos sucessórios sobre o trono francês), mas perdia Flandres (que foi para o império austríaco), as possessões italianas e os enclaves de Menorca e Gibraltar, que foram ocupados pela Inglaterra durante as operações bélicas.

Absolutismo e centralismo

Felipe v foi um príncipe nascido e criado na corte de Versalhes e doutrinado no absolutismo de seu avô Luís xiv. Inicialmente, o jovem rei praticou uma política contemporaneizadora com os diversos reinos que integravam suas possessões, mas cedo manifestou sua vontade unificadora e centralizadora.

O apoio que os reinos da Coroa de Aragão deram ao pretendente austríaco serviu de pretexto para Felipe v suprimir boa parte dos direitos forais desses territórios.

O mais prejudicado foi o reino de Valência, que em 1707 viu derrogado todo seu direito autóctone, tanto o público como o privado. O Decreto de Nova Planta de Valência assimilou por completo esse reino ao ordenamento jurídico de Castela. Os posteriores decretos (Aragão em 1711, Catalunha em 1715 e Maiorca em 1716) foram mais benignos, permitindo a persistência do direito civil próprio de cada reino. Magistraturas municipais como os *batlles* ou os *veguers* desapareceram, e em seu lugar foram impostas as figuras castelhanas dos *corregidores*. Porém, em Aragão, Catalunha e Maiorca os contratos entre sujeitos privados, as sucessões *mortis causa* ou o regime econômico matrimonial continuaram a ser reguladas pelas normas consuetudinárias de cada território, sendo o direito castelhano meramente supletório.

Os Decretos de Nova Planta foram uma das medidas unificadoras que Felipe v adotou. Seguindo o modelo francês, os contornos dos antigos reinos medievais foram substituídos por províncias; à frente de cada uma delas instaurou-se um intendente. As cortes foram perdendo o papel que tiveram na Baixa Idade Média, e sua convocatória por parte do monarca passou a ser cada vez mais esporádica. Em seu lugar, a nova dinastia erigiu uma potente administração central. O esquema polisidonal perdeu força e os conselhos ora foram suprimidos ora perderam a importância que tiveram nas centúrias precedentes. O executivo ficou restrito ao monarca e aos seus secretários de Estado, predecessores dos atuais ministros. Para potencializar esse corpo administrativo centralizado, foram necessárias reformas profundas da fazenda pública, com a supressão de muitos privilégios e com a homogeneização das contribuições para todas as províncias. Em certo sentido, Felipe v conseguiu levar a bom termo a reforma que oitenta anos antes havia tentado sem frutos o conde-duque de Olivares.

Somente as províncias bascas e o reino de Navarra ficaram como territórios isentos, com suas instituições de governo autônomas e até com alfândegas no Ebro, que separavam os espaços econômicos bascos e navarros do resto dos domínios peninsulares do rei Bourbon.

Mais problemas teve Felipe v para controlar a Igreja, outro dos poderes que tradicionalmente havia fugido do controle da monarquia. Embora o rei lançasse algumas iniciativas para restringir as mordomias do clero e poder intervir de forma mais decidida nos assuntos eclesiásticos, a concordata assinada com a Santa Sé (1737) deixou as coisas praticamente intactas. O clero continuou a usufruir dos privilégios de que dispunha desde a época medieval, tolerando poucas interferências do poder real nas suas atividades.

A perda dos territórios europeus acentuou ainda mais o caráter atlântico da Espanha (termo que podemos usar com propriedade a partir do reinado de Felipe v). O primeiro Bourbon praticou uma política protecionista e bastante influenciada pelo mercantilismo.

Pela primeira vez, a coroa espanhola se dava conta das imensas riquezas que possuía do outro lado do oceano e de como estavam mal exploradas. Diversas medidas foram ditadas para favorecer o comércio e estimular a produção nas terras de ultramar. Também se deram os primeiros passos para a constituição de uma indústria nacional, com o fomento de fábricas de produtos de luxo para o consumo da corte (porcelana, tecidos etc.).

Para proteger os mercados de ultramar, reforçou-se a armada e reorganizou-se a milícia, com o intuito de dotar o exército de maior profissionalismo. Além de estruturar e localizar as unidades militares de forma mais racional e eficiente, foram fixadas as normas para o recrutamento obrigatório de homens para o serviço de armas.

Tudo, em resumo, foi um esforço sem precedentes de modernização do país e de adaptação aos novos tempos. Apesar de seu turbulento começo, o século XVIII foi um dos mais prósperos da história espanhola, com um crescimento econômico sustentado e dentro de um marco político razoavelmente estável.

Despotismo esclarecido

Os sucessores de Felipe V, seus filhos Fernando VI e, de maneira mais notável, Carlos III, prosseguiram a política de reformas iniciadas com a instauração da dinastia Bourbon na Espanha. A economia figurou entre as prioridades do governo, ditando normas que impulsionassem a agricultura, melhorassem a malha viária no interior da Península Ibérica e eliminassem restrições ao comércio nacional com a América. Desde sua descoberta e conquista, as colônias americanas haviam sido um patrimônio exclusivo da Coroa de Castela, ficando os habitantes dos outros reinos peninsulares impedidos de comercializar diretamente com o Novo Mundo. Todo o fluxo comercial concentrava-se e canalizava-se através do porto de Sevilha e mais tarde de Cádiz. Carlos III mudou essa situação decretando a liberdade de comércio dos portos espanhóis (1778), o que permitiu que os produtores catalães, valencianos e baleares pudessem exportar diretamente para a América seus produtos agrícolas e industriais. Também da época de Carlos III datam a emissão do primeiro papel-moeda e a fundação do primeiro banco central espanhol, o *Banco de San Carlos* (1782).

Auxiliado pelos seus secretários – Ensenada, Esquilache, Aranda, Campomanes ou Floridablanca –, Fernando VI e Carlos III introduziram mudanças na fazenda pública. Em vistas do bom resultado que a medida tivera na França, Carlos III estabeleceu a loteria no país como fonte adicional de receitas para a Coroa. Ordenou também que se fizesse um levantamento estatístico para a elaboração de um cadastro que servisse de base para uma divisão mais equitativa da carga tributária entre as regiões e cidades do país.

Esse conjunto de medidas econômicas e fiscais visava ao melhor aproveitamento dos recursos nacionais e o aumento do padrão de vida dos súditos do reino. A essas iniciativas régias temos de acrescentar o papel do setor privado, o qual, mediante a constituição das sociedades econômicas de amigos do país, participou ativamente da análise das potencialidades econômicas das distintas regiões e da proposta de alternativas que melhorassem os sistemas produtivos. Os reis sabiam da importância da ciência e da tecnologia para o progresso econômico de seus domínios e patrocinaram a formação de diversas academias, observatórios astronômicos, jardins botânicos, expedições geográficas e outros estudos relacionados às ciências naturais ou humanas. Esse duplo caráter de "reis filósofos" e de estadistas – que visavam ao bem-estar de seus súditos, mas mantinham estruturas políticas absolutistas e sem nenhum tipo de representação popular nos centros decisórios do poder ("tudo para o povo, mas sem o povo") – tem suscitado a definição desse tipo de governo como "despotismo ilustrado ou esclarecido". Os Bourbon do setecentos praticaram uma forma de governo autocrática, mas carregada de boas intenções, o que não impediu que o povo se rebelasse periodicamente contra os desígnios do governo, como aconteceu, por exemplo, em Madri com o motim de Esquilache.

A Igreja Católica voltava a limitar o poder real. Carlos III tomou algumas medidas para restringir os privilégios do clero, mas não pôde aumentar as regalias do patronato régio até um extremo que pudesse garantir o poder absoluto do monarca também na área espiritual. Contudo, a expulsão dos jesuítas em 1767 (seguindo uma tendência que havia sido iniciada em Portugal e imitada na França) demarcou a postura firme do monarca e, em contrapartida, facilitou uma reforma universitária, ao serem expulsas algumas das figuras mais proeminentes do mundo acadêmico hispânico. Novos planos de estudo com mais conteúdos científicos e métodos pedagógicos mais afins aos ares iluministas que corriam pela Europa substituíram os antigos currículos universitários, muito ancorados na escolástica e no ensino da teologia e da gramática. Ademais, a concessão de bolsas de estudos favoreceu o ingresso de alunos capazes mas sem recursos econômicos ao ensino superior. Muitos desses bolsistas, com o passar do tempo, tornaram-se fiéis servidores públicos da Coroa.

Na política exterior, a Espanha manteve durante essa época uma aliança com a França, lavrada nos sucessivos "pactos de família" assinados pelos Bourbon que reinavam, por sua vez, em ambas as vertentes dos Pireneus. Essa vinculação à política externa gaulesa trouxe alguns inconvenientes para a Espanha, que se viu obrigada a participar da Guerra dos Seis Anos e acabou perdendo a colônia da Flórida, que passou a mãos britânicas. Também foram frequentes os conflitos com Portugal. Embora os Bourbon prosseguissem com a política matrimonial praticada pelas dinastias que os antecederam, a "aliança perpétua" de Portugal com a Inglaterra, principal antagonista da Coroa francesa na luta pela hegemonia europeia – além dos conflitos de fronteiras que continuamente eram suscitados entre suas respectivas colônias americanas –, foi fonte de repetidos desencontros entre os dois Estados. Por volta de 1750, ficava evidente que os limites determinados pelo Tratado de Tordesilhas no fim do século xv haviam sido desobedecidos. A ideia de um meridiano delimitador da divisa entre a América hispânica e a lusa era uma quimera, que marchava na contramão da realidade geográfica das bacias dos grandes rios. O Tratado de San Ildefonso (1777) colocava um ponto final nesse assunto, dando cobertura jurídica às ocupações de terras que tinham se produzido de fato nos séculos anteriores.

NAPOLEÃO, A *PEPA* E O LIBERALISMO

O falso aliado

Em 1789, um ano depois que Carlos iv sucedera seu pai Carlos iii no trono de Madri, foram convocadas as primeiras cortes desse reinado. No entanto, as notícias que chegaram de Paris obrigaram o rei espanhol a dissolver o parlamento em caráter de urgência. Enquanto isso, o secretário de Estado, Floridablanca, empreendia ações punitivas para evitar que os ideais revolucionários se infiltrassem na Espanha. Uma severíssima censura foi imposta, assim como todo tipo de controle ideológico, com o intuito de criar um "cordão sanitário" ao sul dos Pireneus. Apesar da evolução dos acontecimentos, Carlos iv fez o possível para manter o "pacto de família" que o ligava ao reino da França. Somente em 1792, após a chegada ao poder dos jacobinos, a proclamação da Convenção Republicana e a execução de Luís xvi, a Espanha viu a aliança entre os dois países desfeita, começando, assim a guerra.

Praticamente ao mesmo tempo, Carlos iv regressou ao regime dos validos que vigorou na Espanha do século xvii e delegou quase todas as competências executivas ao jovem Manuel Godoy, que se tornaria o homem forte do Estado até a sua queda em 1812. Godoy administrou de forma pouco brilhante a guerra da convenção. O exército de cidadãos franceses demonstrou sua superioridade sobre a milícia absolutista espanhola, e os republicanos ocuparam o norte da Catalunha e boa parte do País Basco, ao mesmo tempo em que praticaram uma guerra propagandística com a finalidade de atrair para si os ânimos dos catalães e dos bascos. Contudo, Godoy conseguiu uma paz digna mediante o Tratado de Basileia (1795), que pôs fim ao conflito. Um ano depois, e devido em certa medida à queda dos jacobinos e à volta da República francesa a posturas mais moderadas, foi possível uma nova aliança entre a Espanha de Carlos iv e a França termidoriana.

A *Família de Carlos* IV é, ao mesmo tempo uma homenagem de Goya a Velázquez e um retrato psicológico da família real espanhola, em que não falta uma severa crítica a alguns de seus membros.

A Espanha acabou sendo uma aliada de grande importância para a França devido à sua armada, a segunda maior do mundo depois da britânica. E eram justamente os ingleses os principais inimigos que Napoleão Bonaparte, primeiro cônsul e depois imperador, tinha de enfrentar. Napoleão negociou com Godoy a participação de tropas espanholas em algumas campanhas militares e forçou uma primeira invasão espanhola de Portugal em 1801. A ação, conhecida como Guerra das Laranjas, mereceria o epíteto de "guerra de opereta" se não fosse pelo respeito que merecem as (poucas) vítimas dessa contenda. Mais significativas foram as operações navais conjuntas das frotas espanhola e francesa contra a armada inglesa. O mais destacado desses confrontos foi a Batalha de Trafalgar (1805), que culminou com uma estrepitosa derrota da frota franco-espanhola, desvanecendo os sonhos de Napoleão de invadir algum dia a Grã-Bretanha.

A derrota em Trafalgar fez mudar a estratégia do imperador diante da Inglaterra. No lugar de um ataque direto – agora impossível –, a França sufocaria a economia britânica por meio da decretação de um embargo continental. Qualquer país europeu que abrisse suas fronteiras ao comércio britânico estaria sujeito a uma invasão. Portugal, aliado de longa data dos britânicos, foi um dos Estados que ousou desrespeitar os mandados de Napoleão. Em 1807, o imperador pactuou com Godoy as condições da invasão franco-espanhola do país luso. Portugal seria dividido em três partes: o norte se integraria à Coroa espanhola, o centro seria controlado pela França e o sul viraria um principado independente que engrossaria os domínios particulares de Godoy. A invasão foi realizada no inverno de 1807, conforme o planejado. Diante do ataque, a família real portuguesa evacuou Lisboa e, protegida pela armada britânica, deslocou a capital do império luso para o Rio de Janeiro.

As tropas de Napoleão atravessaram a Espanha – a princípio – somente para ocupar Portugal, mas na prática ficou evidente que a operação militar era uma verdadeira anexação francesa da Espanha. Simultaneamente a esses fatos bélicos, a política espanhola entrou em crise. No motim de Aranjuez (março de 1808), Fernando VII usurpou o reino de seu pai, Carlos IV, e afastou imediatamente Godoy. Napoleão interveio no conflito para retirar o poder de ambos, sequestrar a família real espanhola – que ficou confinada em Baiona –, proclamar rei da Espanha o irmão mais velho do imperador, José I, e impor a constituição (a primeira da história espanhola) que deveria reger o país a partir desse momento.

A usurpação de Napoleão foi recebida na Espanha com um grande protesto popular em Madri (2 de maio de 1808), que marcou o início de uma guerra de independência contra os franceses.

As cortes de Cádiz

Os acontecimentos de 1808 deixaram o país em uma situação de vazio de poder. A família real espanhola havia sido forçada a abdicar do trono e estava sob a custódia de Napoleão. O poder monárquico instaurado pelo imperador era contestado pela maioria da população. Somente um pequeno grupo de ilustrados (os *afrancesados*) achou interessante colaborar com José I para modernizar a Espanha. Mas o controle do soberano "intruso" sobre o reino era mais nominal do que efetivo. Em muitas províncias, organizaram-se juntas para empreender uma resistência à ocupação. Ainda que o exército regular tenha obtidos vitórias importantes, como a batalha de Bailén ou a defesa de Saragoça, as tropas espanholas não puderam competir com a potência bélica do exército napoleônico. O grosso das operações de ataque aos franceses foi realizado principalmente pelo exército britânico. Comandadas pelo duque de Wellington e tendo como bases principais o território português, as tropas britânicas foram expulsando a

Grande Armée da Península Ibérica. No lugar da milícia regular, demonstraram ser muito mais eficazes as guerrilhas, bandos de poucos lutadores, organizados em torno de um líder carismático e bom conhecedor do terreno. As reiteradas ações punitivas efetuadas pelas guerrilhas e o uso do terror como arma para enfraquecer a moral do inimigo tiveram um papel destacado em uma guerra que se prolongou por seis anos.

Em 1809, e sob condições extremamente adversas, a Junta Central decidiu convocar as cortes na ausência do rei Fernando VII. A localidade designada para a reunião dos parlamentares foi Cádiz, a única cidade espanhola que ficou fora da ocupação francesa. A eleição dos representantes para as cortes ficou a cargo das juntas, tanto as ibéricas como as americanas. Não obstante, devido à lentidão das comunicações e às dificuldades de atravessar um país em guerra, poucos foram os deputados titulares que puderam participar efetivamente das deliberações parlamentares.

As cortes de Cádiz foram presididas pela consciência nacional, uma consciência que nunca fora despertada com tanta intensidade. Embora algumas de suas disposições possam chocar-se com a nossa mentalidade atual (a exemplo da proclamação da religião católica como a única que foi e será sempre a própria dos espanhóis), em Cádiz procedeu-se um verdadeiro desmantelamento do Estado absolutista, com sua substituição por um Estado de direito baseado nos princípios liberais e democráticos. Foi suprimido o regime senhorial, decretou-se a liberdade de imprensa e aboliu-se a Inquisição. No texto constitucional que foi aprovado pelas cortes de Cádiz, o rei passava a dispor somente do poder executivo, enquanto os poderes legislativo e judiciário agiriam com autonomia face a vontade do monarca. Estabeleceu-se também uma relação de direitos fundamentais, que asseguravam a inviolabilidade dos cidadãos diante das arbitrariedades da administração.

A Constituição de Cádiz foi promulgada em 19 de março de 1812, festividade de São José, pelo qual foi popularmente chamada de Pepa (lembremos que na Espanha Pepe é o apelido de José). Mesmo que esta apresentasse alguns graves defeitos técnicos importantes, constituiu-se em um marco da luta pelas liberdades e influenciou outras cartas magnas europeias e latino-americanas. O grito de ¡*Viva la Pepa!* (hoje usado como sinônimo de libertinagem e descontrole) foi, no começo, um brado em prol da liberdade.

Liberais e servis

Mas as alegrias do liberalismo gaditano tiveram uma vida curta. Em seu regresso à Espanha, após seis anos de exílio forçado, Fernando VII negou-se a jurar a Constituição. Tal fato foi um balde de água fria para os que achavam que a volta do rei legítimo implicaria uma aceitação da soberania nacional. Mas essa foi uma decisão que agradou enormemente àqueles que pensavam que as cortes de Cádiz haviam extrapolado suas funções e ido longe demais.

O reinado de Fernando VII esteve marcado por contínuos pronunciamentos militares que reclamavam a volta do liberalismo. Na ilustração, a cena do fuzilamento do general Torrijos e seus colaboradores em Málaga (1831).

A rivalidade entre os liberais e os absolutistas (chamados pejorativamente *servis*) alastrar-se-ia durante boa parte do século XIX. Num primeiro momento, os derrotados foram os partidários da Constituição, muitos dos quais tiveram de se exilar. Mas em janeiro de 1820, o bem-sucedido golpe de estado de Rafael de Riego virou o jogo em favor dos liberais. Fernando VII teve de engolir a *Pepa* (*Trágala*, ou seja, "engole-a", foi uma das canções que maior sucesso fizeram entre as filas liberais), e por três anos vigorou o regime constitucional aprovado em Cádiz em 1812.

O que ocorreu na Espanha preocupou os membros da Santa Aliança (França, Prússia, Áustria e Rússia), que enxergaram com temor a possibilidade do exemplo espanhol se espalhar pelo resto da Europa, em uma época na qual parecia superada

Caricatura francesa da época que reflete o pulso mantido entre os absolutistas (à esquerda) e os liberais franceses e ingleses (à direita) para derrubar ou conservar no poder a rainha Isabel II, de poucos anos de idade. Enquanto isso, um comerciante de armas assiste impassível à disputa, esperando fazer um bom negócio graças a ela.

a maré revolucionária (devido ao confinamento de Napoleão em Santa Helena). No congresso de Verona (1822), as autocracias europeias decidiram que era necessário intervir militarmente na Península Ibérica para acabar com as veleidades liberais. Um ano mais tarde, um exército francês, sob o comando do duque de Angulema, denominado "Os cem mil filhos de São Luís", invadiu a Espanha e depôs o regime constitucional. Fernando VII foi reintegrado em sua condição de rei absoluto.

Por dez anos – no que a historiografia liberal qualificou de *ominosa década* –, Fernando VII governou sem nenhuma limitação a seu livre-arbítrio e abafou com violência os pronunciamentos militares que ocorriam de quando em quando, exigindo a devolução das liberdades e o reconhecimento da soberania nacional. Esse período também foi complicado por razões econômicas. A perda das colônias americanas significou uma queda muito significativa nas receitas públicas. A historiografia mais recente tem reavaliado a década final do reinado de Fernando VII e tem destacado alguns aspectos modernizadores desse período, como a promulgação do código de comércio ou a regulamentação do mercado de valores, medidas que favoreciam a aproximação da economia espanhola às tendências contemporâneas do capitalismo industrial.

As guerras carlistas

A morte de Fernando VII (1833) desatou um conflito sucessório entre sua filha Isabel e o tio desta, Carlos María Isidro. No entanto, Felipe V, quando chegou ao trono em 1700, fixou a vigência da Lei Sálica na Espanha, uma norma de origem francesa que impedia as mulheres de ostentar o título de rei. A Lei Sálica foi derrogada por Carlos IV nas cortes de 1789, mas, como estas tiveram de ser dissolvidas às pressas, a Pragmática Sanção que formalizava essa derrogação não foi publicada.

Por detrás desse conflito eminentemente familiar e de interpretação das normas, formaram-se dois grupos: o dos partidários da manutenção do absolutismo a qualquer custo (que deram seu apoio ao infante Carlos e que por isso foram chamados carlistas) e os defensores da monarquia constitucional (que se aglutinaram em torno do partido da princesa Isabel).

Após duas décadas de desgostos e tentativas frustradas, o liberalismo espanhol havia se dividido em várias facções. Os partidários de manter vivo o espírito de 1812 – ou inclusive de ir além do aprovado nas cortes de Cádiz – integraram o grupo dos *exaltados*, e tiveram em Baldomero Espartero um de seus principais porta-vozes. Entretanto, existia outra facção do liberalismo que considerava que o melhor era combinar os ideais propugnados em Cádiz com o respeito à tradição histórica que a monarquia representava. Em lugar de defender com veemência a soberania nacional, os *moderados* consideravam mais viável uma soberania compartilhada entre o rei e a nação, conceito este que deveria exprimir não só a vontade atual do povo como também a vontade das gerações anteriores e futuras. O *moderantismo* foi a expressão espanhola do liberalismo doutrinário francês, um tipo de liberalismo que defendia alguns avanços conseguidos com a revolução, mas que era muito temeroso em relação à possibilidade de as massas controlarem o poder. Assim como o liberalismo doutrinário, o *moderantismo* defendeu toda uma série de limitações que depurassem a vontade popular, como o sufrágio censitário, o direito de veto do monarca sobre resoluções do parlamento ou o bicameralismo, para que uma câmara alta (aristocrática) esfriasse os ânimos ardentes de uma câmara baixa dominada pelas vis paixões.

O carlismo opôs-se a qualquer tipo de liberalismo, mesmo que fosse em sua versão mais moderada. A ideologia que o carlismo acabou por compor assentava-se na monarquia absoluta, no integrismo católico e na proteção dos direitos forais ante a uniformidade jurídica que a codificação liberal preconizava. Por isso o carlismo ganhou muitos adeptos nas áreas rurais e nas regiões que tinham um direito foral a defender (País Basco e Navarra) ou que ainda reivindicavam a restauração de seus privilégios perdidos (caso da Catalunha, Aragão ou Valência).

A luta entre carlistas e isabelinos marcou a evolução política do século XIX e provocou três sangrentas guerras civis entre 1833 e 1876. O carlismo, no entanto, continuou como movimento político, e continua presente – ainda que muito residualmente e com uma ideologia que dista bastante de suas origens decimonônicas – até os nossos dias. A participação dos carlistas foi patente na guerra civil de 1936-39.

AMÉRICA PARA OS AMERICANOS

Por muito tempo, a historiografia espanhola tentou explicar a independência das colônias americanas como um processo de emancipação. A emancipação é, segundo o direito romano, uma instituição que permite os filhos menores de idade se desvincularem do controle paterno. Como parece óbvio, empregando o termo emancipação, um setor do nacionalismo espanhol esforçou-se por minimizar os aspectos mais opressivos da dominação espanhola na América, interpretando a independência das repúblicas hispano-americanas como o resultado de um processo de crescimento das filhas, que, alcançando um certo grau de maturidade (porventura demasiado cedo), optaram por se afastar do seio da Mãe Pátria e percorrer seu próprio caminho sozinhas.

Salvo em alguns círculos de extrema-direita, a noção de emancipação e o próprio significado do conceito de Mãe Pátria gozam de um profundo descrédito. Devido a seu caráter poliédrico, a independência das colônias hispano-americanas foi, acima de tudo, um processo de independência, para o qual foram utilizados meios diferentes em cada colônia, chegando-se inclusive à proclamação da "guerra à morte" contra o espanhol.

Também deve ser revista a noção de "libertação", mesmo que a utilizemos nos próximos parágrafos com efeitos expositivos. Para muitos habitantes das colônias espanholas, não estava claro que a independência fosse resultar mais vantajosa do que a pertença ao império. A maioria dos "libertadores" fazia parte da oligarquia terratenente, e muitas vezes seus ideais eram reacionários, ainda que fossem cobertos de uma roupagem revolucionária. Não era de estranhar que amplos coletivos sociais se sentissem mais protegidos pela estrutura administrativa do império colonial espanhol do que pelas pretensões de independência de uma elite crioula cujos métodos de exploração eram de sobra conhecidos.

Espanha, país pioneiro na descolonização

As reformas bourbônicas em matéria de política de ultramar, ao perseguir uma maior eficácia na ação da administração e a otimização dos recursos coloniais, dentro da tônica dominante do mercantilismo, agravaram a sensação de exploração da metrópole sobre suas possessões americanas. O antagonismo entre as oligarquias crioulas, que controlavam a economia das colônias, e os funcionários peninsulares que a Coroa enviava à América – e que não raro recebiam apelativos depreciativos como *chapetones* ou *gachupines* – para ocupar os cargos políticos e administrativos multiplicaram-se nas décadas finais do século XVIII, tempo em que os ideais das revoluções norte-americana e francesa preconizavam a libertação dos oprimidos e o esmagamento do jugo colonial.

A independência das colônias hispano-americanas foi precedida de dois movimentos que lhe serviram de modelo e de contramodelo. O modelo foi, sem dúvida, a declaração de independência das 13 colônias britânicas da América do Norte. Os ideais republicanos, federais, liberais e utilitaristas influenciaram, em maior ou em menor medida, a ideologia dos libertadores hispano-americanos. Os Estados Unidos da América exprimiam os anseios de autonomia política para poder dedicar os recursos econômicos americanos integralmente ao desenvolvimento e à felicidade dos habitantes do continente, sem estes serem compelidos a prestar nenhum tributo à autoridade metropolitana, distante e frequentemente alheia às preocupações dos seus súditos do Novo Mundo. Mas, ao mesmo tempo, o modelo norte-americano não extrapolava o ímpeto revolucionário, sem atingir as estruturas econômicas da sociedade. O escravismo dos Estados do sul foi mantido por longo tempo após a independência.

O caso do Haiti tirava o sono das oligarquias hispano-americanas. Dessa vez foram os escravos que se rebelaram contra a dominação francesa, provocando uma espiral de violência contra os proprietários agrícolas da ilha caribenha, que em muitos casos viram suas fazendas incendiadas e suas vidas em perigo. O Haiti foi tomado como o antimodelo de independência pelas elites hispano-americanas, que ficaram em alerta sobre o rumo pernicioso para os seus interesses que um processo revolucionário sem controle poderia desencadear.

O vazio de poder ocasionado pelo sequestro e abdicação da família real espanhola também se fez sentir nas colônias americanas. Embora a Junta Central e as cortes de Cádiz tentassem manter a situação sob sua autoridade, em vários territórios acendeu-se a chama independentista. Entre 1811 e 1825, a Espanha perdeu seus domínios na América, em um complexo processo bélico e revolucionário.

Os libertadores

Dois nomes destacam-se na história da independência da América hispânica: o venezuelano Simón Bolívar e o argentino José de San Martín. Ambos foram os principais artífices da propagação do independentismo pela América do Sul.

Bolívar era membro de uma rica família crioula da Venezuela, com um extenso patrimônio fundiário, o que permitiu que o jovem Simón pudesse financiar estudos superiores e viajar à Europa. Membro da maçonaria, entrou em contato com as ideias independentistas de Francisco Miranda, que conspirara contra a monarquia espanhola.

Em 1810, produziu-se a rebelião venezuelana, e Bolívar passou a colaborar com os independentistas. Um ano mais tarde, era proclamada a independência, e em 1813, era decretada a guerra contra os espanhóis. Em suas proclamações, o libertador venezuelano deixou claro seus ideais de uma América hispânica unida depois de sua separação da Espanha.

Em 1814, as tropas realistas conseguiram abafar a rebelião da Venezuela. O movimento independentista havia provocado um levante dos escravos das plantações de cacau. Muitos fazendeiros que no começo haviam apoiado a independência do país assustaram-se e voltaram a ser fiéis ao partido espanhol. Os realistas, aliás, obtiveram o apoio dos *llaneros*, pecuaristas com importantes contingentes militares que desequilibraram a balança em favor das tropas imperiais. Bolívar, diante dessa situação adversa, teve de exilar-se, primeiro em Nova Granada e depois na Jamaica.

Dois anos depois, o libertador preparou uma nova campanha de conquista da Venezuela. Estabeleceu sua base na ilha Margarita e negociou uma aliança com os *llaneros*. Em 1819, em plena guerra com os realistas, Bolívar proclamou a união do vice-reinado de Nova Granada e da Venezuela e pretendeu estender esse modelo de unificação política ao restante dos Andes. As notícias da rebelião em Cádiz das tropas espanholas que deviam embarcar para a América e da ascensão dos liberais ao poder (1820) desmoralizaram os exércitos realistas e deram novas asas aos independentistas, os quais estenderam facilmente seu domínio sobre áreas que até então tinham se mantido fiéis a Fernando VII.

O outro personagem dessa história, José de San Martín, foi um oficial do exército real espanhol que participou de algumas operações militares na Península Ibérica contra as tropas napoleônicas. De volta ao Rio da Prata, San Martín virou um dos principais líderes do movimento pan-americano de libertação. Em 1816, pressionou os congressistas reunidos em Tucumán para que estes proclamassem as Províncias Unidas da América do Sul, seguindo de certa forma o modelo estadunidense que triunfara no norte do continente.

Em 1817, San Martín atravessou os Andes partindo da província argentina de Cuyo, da qual era governador. Após derrotar as tropas realistas, o general argentino conquistou Santiago e logrou expulsar os espanhóis do Chile. Com o apoio da frota inglesa, o exército de San Martín zarpou para o Peru. Em 1821, as forças independentistas libertaram Lima.

Um ano depois, os dois libertadores, Bolívar e San Martín, reuniram-se em Guayaquil (Equador) para definir os rumos da política sul-americana. As discrepâncias ideológicas e de caráter entre os dois caudilhos foram tão grandes que San Martín decidiu abandonar a política e se exilou na Europa.

O caso dos vice-reinados

O abandono de San Martín realizou-se antes que a causa independentista tivesse conseguido uma vitória absoluta. O general argentino havia conquistado a faixa litorânea do Peru, mas as regiões da serra (o Alto Peru) continuavam fiéis ao último vice-rei espanhol. O poderio dos realistas ficou patente com a reconquista de Lima, que obrigou Bolívar e seu general Sucre a reforçarem o *front* peruano. Somente em 1824, com a vitória dos independentistas na Batalha de Ayacucho, punha-se um ponto final no domínio espanhol da América do Sul. Em 1825, era proclamada a república da Bolívia nas regiões andinas que conformaram o último núcleo do poder hispânico.

Bolívar faleceu em 1830, sem ter tornado realidade seu sonho de união pan-americana. Equador, Colômbia (que então incluía Panamá) e Venezuela decidiram seguir caminhos próprios e separados.

Peru e México eram os dois principais vice-reinados na América. Nesses dois países, a influência espanhola foi muito mais profunda, e seguramente por essa causa foram os dois últimos territórios a proclamar independência na maré revolucionária de 1808-25. A "libertação" do Peru foi uma ação conjunta, primeiro de San Martín, que conquistou Lima vindo do Chile, e depois de Bolívar e Sucre, que encurralaram as tropas realistas no altiplano andino até a sua definitiva capitulação.

O caso do vice-reinado da Nova Espanha (México) é um exemplo de revolução feita de cima para baixo. Embora o país tivesse vivenciado alguns surtos revolucionários populares de grande magnitude, como a revolta de Hidalgo (1810) ou a de Morelos (1812), ambas guiadas por princípios milenaristas e igualitários, as oligarquias locais mantiveram-se fiéis à monarquia espanhola e ficaram temerosas de que os movimentos populares trouxessem só violência e anarquia.

Foi a postura da metrópole de tomar posições liberais exaltadas que motivou a independência mexicana. Agustín Iturbide, um dos máximos responsáveis pelo esmagamento das revoltas de Hidalgo e de Morelos, opôs-se à aplicação da Constituição de Cádiz no vice-reinado, como lhe exigiam as cortes espanholas surgidas da revolução liberal de 1820. Os mexicanos propuseram um plano pacífico e mutuamente pactuado para alcançar a independência, respeitando a forma monárquica e proclamando imperador do México um príncipe da livre escolha de Fernando VII. As cortes espanholas rejeitaram de cara o projeto e impediram o prosseguimento das negociações. Perante a falta de resposta de Madri, Iturbide se autoproclamou imperador do México, como Agustín I (1822). A instauração do império mexicano veio acompanhada da adesão das capitanias da América Central. Todavia, o reinado de Agustín I foi breve, já que o imperador foi deposto em 1823, no mesmo ano em que também se desfez a unidade mesoamericana.

As últimas colônias

Do vasto império espanhol, só restaram em 1825 as ilhas caribenhas de Cuba e Porto Rico, o arquipélago asiático das Filipinas e alguns pequenos enclaves insulares no Pacífico. Estas últimas colônias perder-se-ão em 1898, após uma guerra com os Estados Unidos.

Um caso singular foi o de São Domingos. A ilha fora dividida em duas metades no século XVIII – a parte ocidental pertencente à França e a oriental à Espanha. Em 1822, a metade espanhola proclamou-se independente, mas foi logo ocupada militarmente pelo Haiti, seu vizinho do oeste. No ano de 1844, começou uma longa guerra que levaria à independência da República Dominicana. Entretanto, em 1861 os dominicanos solicitaram que fossem anexados novamente à Espanha, situação em que se mantiveram até 1865, ano em que recobraram a independência.

A Espanha perdeu não só o controle político sobre suas antigas colônias, mas também sua presença econômica. Libertadas do férreo monopólio que a metrópole mantinha, as repúblicas hispano-americanas abriram seus mercados para a Grã-

Bretanha, líder econômico mundial no século XIX, e para o poderoso vizinho do norte, os Estados Unidos. A ingerência dessas duas potências será cada vez mais intensa, chegando a transformar muitas dessas repúblicas em satélites políticos e econômicos do mundo anglo-saxão. A França de Napoleão III tentará, sem muito sucesso, fomentar a cooperação entre os povos latinos como meio para limitar a intromissão de britânicos e norte-americanos nos assuntos da América hispânica.

UM PAÍS SUBDESENVOLVIDO

A independência da América escancarava o que a Espanha era na realidade: um país pobre e atrasado do sul da Europa. O sonho imperial desvaneceu-se, e o que restou foi uma economia pouco evoluída, uma sociedade profundamente desigual e um sistema político em permanente crise.

O problema agrário

As conquistas e os povoamentos medievais marcaram a fisionomia da paisagem agrária espanhola. Enquanto no norte predominavam os minifúndios, cuja exígua extensão obrigava as famílias a procurarem outras fontes de sustentação (como a pesca, a protoindústria ou a emigração), o sul apresentava largos latifúndios, nos quais se praticava uma agricultura de sequeiro ou uma pecuária extensiva.

Já os ilustrados e as sociedades econômicas de amigos do país haviam advertido sobre a necessidade de melhorar o rendimento do campo espanhol, pois este ficava muito aquém do que poderia produzir. Jovellanos foi especialmente perspicaz na sua análise, mas seu projeto de reforma agrária ficou engavetado. Somente Godoy praticou algumas tímidas desamortizações com a finalidade de equilibrar o erário público.

Na década de 1830, os liberais da regência de María Cristina (mãe de Isabel II) acharam peremptório tomar medidas que mudassem o *status* jurídico do campo. O exemplo dos jacobinos na França atraiu o interesse dos liberais progressistas. Os revolucionários franceses haviam praticado uma reforma agrária que transformara as estruturas de propriedade feudais, concentradas em poucas mãos e submetidas a toda uma série de limitações que impediam ou dificultavam a compra e venda de terras em loteamentos agrários médios, que asseguravam a sobrevivência das famílias camponesas e favoreciam um intercâmbio comercial dos excedentes agrícolas. A reforma francesa catapultou a agricultura do país gaulês para a economia capitalista e, simultaneamente, formou uma classe média rural que, no futuro, viria a ser uma aliada-chave do liberalismo burguês.

Juan Álvarez de Mendizábal foi o responsável por aplicar o primeiro grande projeto desamortizador na Espanha. Os alvos foram as propriedades da Igreja, que devido a privilégios medievais estavam amortizadas, isto é, não podiam ser vendidas nem permutadas, pois ficavam fora do mercado imobiliário. Mendizábal decretou a extinção dos conventos que não tivessem um número mínimo de religiosos e proibiu que uma mesma ordem tivesse mais de um estabelecimento em cada localidade. Os imóveis resultantes da desamortização foram vendidos em leilão público, e os preços pagos por eles ajudaram a enxugar a dívida do Estado.

Porém, ainda que estivesse carregada de boas intenções, a desamortização de Mendizábal teve vários efeitos perversos. Para começar, agravou a aversão do clero pelo estado liberal, que pouco depois de seu início já privava a Igreja de boa parte de seu patrimônio. Os recursos arrecadados mediante o leilão dos bens foi menor do que o esperado. Diferentes fraudes na organização dos leilões fizeram com que apenas alguns

Algumas formas tradicionais de cultivo da terra perpetuaram-se na Espanha até recentemente.

poucos se beneficiassem com a aquisição de imóveis a preços muito inferiores aos do mercado. Ao se concentrar a venda desses imóveis em poucas mãos, não se atingiu o objetivo de criar uma classe média rural. Os camponeses sem terra não tiveram condições de comprar propriedades agrícolas, e as disparidades na concentração da terra aumentaram ainda mais. O estado tampouco obteve todos os recursos de que precisava, e o endividamento público continuou alto, pois não se tomaram providências para frear o perene déficit público. E, o que seguramente trouxe as consequências mais perniciosas para a economia nacional, a desamortização trouxe consigo uma operação de especulação imobiliária que desviou investimentos dos setores industriais e comerciais para o mais lucrativo setor agrário, tirando os recursos para a modernização das fábricas justamente no momento em que a Europa contemplava uma revolução industrial.

Os trabalhadores agrícolas foram desfavorecidos com a desamortização. A supressão do regime senhorial, que apesar de seus abusos e injustiças lhes dava certa segurança, transformou os antigos servos em proletariado rústico. O patrão estava agora livre para contratá-los ou não, em função de suas necessidades de mão de obra. Como resultado, uma massa de trabalhadores rurais viu piorar consideravelmente suas condições de vida. Em muitos casos, a única opção que restava era emigrar, ora para os centros industriais da Península Ibérica, ora para ultramar.

A obra desamortizadora continuou durante o ministério de Pascual Madoz, que em 1855 estendeu tais decretos às terras comunais. Milhares de hectares de terras que haviam pertencido aos municípios e que proporcionavam lenha, mel ou caça à população carente foram privatizados. Também instituições de caridade (hospitais, orfanatos etc.) foram desamortizadas, e seus imóveis adjudicados em leilões públicos, deixando ainda mais desamparadas as classes sociais carentes.

A industrialização

Não podemos dizer que a Espanha entrasse com o pé direito na era da industrialização. Com estruturas agrárias antiquadas, uma revolução burguesa incompleta e em muitos aspectos frustrada, sem um mercado interior vertebrado, com um desenvolvimento industrial precoce truncado abruptamente pelas guerras napoleônicas, com investidores mais atentos à evolução do mercado imobiliário do que ao investimento em tecnologias fabris, com os territórios coloniais recentemente independentizados, com uma situação interna instável, com contínuas mudanças de governo, com a permanente sangria das guerras civis, com contas públicas deficitárias, um ordenamento jurídico arcaico e ineficiente e um ensino superior pouco voltado para as áreas técnicas, os ares da Revolução Industrial penetrariam a duras penas no país.

Contudo, e apesar de todas essas deficiências, a Espanha foi se industrializando aos poucos. É certo que a perda das colônias atrapalhou o desenvolvimento industrial espanhol. Sem matérias-primas baratas e sem mercados coloniais fechados à concorrência externa, o tecido industrial espanhol sofreu uma grave crise na década de 1820, como se reflete nas séries estatísticas de exportações. Mas não está tão claro que a história da revolução industrial espanhola fosse muito diferente se o país tivesse conservado seu império de ultramar. A falta de mercados e de recursos naturais não foi o único déficit da economia espanhola que impediu uma decolagem mais vigorosa de seu setor manufatureiro.

Sem poder exportar tecidos, calçados, licores ou sabonetes para a América, os industriais espanhóis exigiram a aplicação de medidas protecionistas que fechassem o mercado espanhol às importações dos países mais avançados industrialmente, e cujos produtos costumavam ser mais baratos e de melhor qualidade. Essa política de substituição de exportações e formação de um mercado cativo interior foi preconizada pela burguesia da Catalunha, a região mais industrializada na primeira metade do século XIX, e deu origem a diversos conflitos com o governo central (nomeadamente com o general Espartero, partidário fervoroso do livre-câmbio).

O setor algodoeiro foi o primeiro a introduzir em seus processos produtivos os teares a vapor, mesmo que com algumas décadas de atraso em comparação aos países pioneiros na industrialização. A província de Barcelona foi líder do setor têxtil espanhol, concentrando boa parte da produção nacional. A prosperidade econômica das cidades catalãs e a necessidade de mão de obra barata fizeram da Catalunha um dos centros preferenciais da emigração interna espanhola. Barcelona cresceu rapidamente e foi necessário um plano de ordenação urbana que estendesse os limites da cidade além do perímetro das muralhas medievais.

O outro grande polo de desenvolvimento fabril foi o País Basco. A existência de importantes jazidas de carvão e de ferro na vertente cantábrica da Península Ibérica, unida à acumulação de capital fomentada pela exportação de minérios para o norte da Europa e à formação de um sólido sistema bancário (o Banco de Bilbao e o Banco de Vizcaya são dois exemplos), fizeram com que o País Basco experimentasse um forte crescimento industrial no último terço do século XIX. Os setores siderúrgico e metalúrgico foram os motores da industrialização basca.

No fim do século XIX, chegaram à Espanha as inovações da chamada Segunda Revolução Industrial. O petróleo e a eletricidade substituíram em muitos setores produtivos o carvão e o vapor. A indústria química também experimentou uma mudança acelerada nos seus processos e deram lugar a novos materiais mais econômicos e resistentes.

A rede de transportes

Por volta de 1800, era mais fácil e barato para um fabricante catalão exportar suas manufaturas para Cuba do que para Cuenca, no interior da península. Enquanto o transporte marítimo estava relativamente bem organizado e as rotas para a América eram frequentes, o transporte terrestre apresentava uma situação lamentável. A orografia da Península Ibérica não ajudava à estruturação de um mercado interior. O território, por ser recortado por cordilheiras de tão difícil travessia, exigia investimentos muito superiores ao que eram necessários para a construção de infraestruturas viárias em boa parte da Europa ocidental. Estima-se que a construção de um quilômetro de via férrea na Espanha custava entre quatro e sete vezes mais do que na Inglaterra. Os obstáculos geográficos só podiam ser superados com a construção de custosos túneis e pontes. Além disso, as características climáticas da bacia mediterrânea, com suas chuvas torrenciais no fim do verão, obrigavam contínuos trabalhos de manutenção das estradas para limpá-las dos desprendimentos de rochas e escorregamento de terras.

O centralismo dos governos liberais foi outro fator negativo para o desenvolvimento da malha viária espanhola. A imitação do modelo francês dos departamentos justificou a reforma administrativa de Javier de Burgos, que em 1833 dividiu o Estado espanhol em cinquenta províncias. A racionalidade jacobina impunha-se à tradição dos reinos medievais, embora essa realidade histórica fosse levada em consideração na hora de se proceder à divisão provincial. Madri emergia mais do que nunca como o centro de toda a estrutura político-administrativa. A planificação das vias de comunicação seria feita partindo da necessidade de ligar o centro político com a periferia, estando à frente de outras considerações de tipo econômico. A construção das vias de transporte virou as costas para a realidade da produção e do comércio industrial, concentrada principalmente nas regiões do litoral. Como consequência, a Espanha formou um sistema de comunicações radial, que não contribuiu muito para o desenvolvimento econômico do país, mas atendeu à prioridade do controle político e militar sobre todo o território.

O medo de que as vias férreas pudessem facilitar invasões estrangeiras – a recordação das invasões francesas estava ainda muito presente na classe política – fez com que a largura das vias espanholas fosse diferente das europeias. Os passageiros que vinham da Europa tinham de trocar de trem ao chegar nos Pireneus, criando-se assim mais um obstáculo artificial a uma fácil comunicação com o restante do continente.

No entanto, esses medos do invasor não impediram que as empresas estrangeiras construíssem e explorassem economicamente as redes ferroviárias. O negócio, porém, não foi tão lucrativo como se esperava, e o Estado teve de assegurar com seus recursos um dividendo mínimo para os acionistas, o que contribuiu ainda mais para piorar o já grave estado das finanças públicas.

O DESCONTENTAMENTO SOCIAL

O anarquismo

Os movimentos anárquicos e libertários foram aqueles que atraíram o maior número de trabalhadores até a década de 1930. A guerra civil e o frustrado processo coletivizador marcaram a decadência do anarquismo na Espanha.

A chegada a Barcelona, em 1868 – em plena efervescência revolucionária – do italiano Giuseppe Fanelli, seguidor de Bakunin, serviu de catalizador do movimento anarquista na Espanha. Graças à habilidade de comunicação de Fanelli – mesmo que não falasse espanhol –, em pouco tempo foi fundada a delegação ibérica da Associação

Um setor do anarquismo achou na "ação direta" (ou seja, o assassinato de homens de cargos públicos ou os atentados contra burgueses) a via mais rápida para conseguir a revolução social.

Internacional do Trabalho (AIT), e convocou-se um congresso que atraiu representantes operários de toda a Espanha e no qual foi discutido o plano de ação operária.

O anarquismo apresentou na Espanha várias faces diferentes. O anarcossindicalismo foi a corrente que atraiu mais a atenção dos operários industriais. Barcelona, por ser a província com maior densidade fabril, foi o principal foco dessa tendência libertária, seguida de Valência e de Saragoça. Os anarcossindicalistas preconizavam a tomada do poder das fábricas por parte dos proletários mediante a greve revolucionária, além de uma estrutura sindical baseada na livre federação dos trabalhadores de cada unidade produtiva. Com a coletivização das fábricas, os anarcosindicalistas pretendiam despojar a classe burguesa de seu poder e, portanto, derrubar as estruturas de um Estado opressor, que somente velava pelos interesses de uma minoria poderosa. Os anarquistas acreditavam no caráter intrinsecamente bom do homem e confiavam que uma educação livre da disciplina burguesa pudesse conduzir a uma verdadeira emancipação dos seres humanos. A principal organização anarcossindicalista foi a Confederação Nacional do Trabalho (CNT).

No campo andaluz, o anarquismo adquiriu tons milenaristas. Se Bakunin foi o principal referente ideológico do anarquismo em Barcelona, na Andaluzia este foi Kropotkin. Suas teses anarcocomunistas penetraram fortemente entre as massas de camponeses sem terras, diaristas que tinham piorado suas condições de vida com a desamortização e com a chegada do capitalismo agrícola. O sonho de um mundo mais justo, sem fome e sem desigualdades de classe, atraiu milhares de camponeses do sul da península.

A influência de autores italianos como Malatesta e dos niilistas russos fomentou o surgimento do terrorismo anarquista. Os partidários da "ação direta" achavam que um único homem podia mudar o curso da história. O assassinato de reis, ministros, governadores, generais, bispos ou empresários era, para esse setor violento do anarquismo, a via mais rápida para deixar o Estado sem cabeça e forçar o fim da opressão.

Destacados políticos espanhóis perderam a vida nas mãos de terroristas ácratas. Também o rei Alfonso XIII foi objeto de alguns atentados, dos quais saiu ileso. As ações violentas atingiram o paroxismo entre 1917 e 1923, momento em que Barcelona (e outras cidades) vivenciaram uma espiral de agressões entre sindicalistas, patrões e forças de segurança. A denominada "pistolagem" acabou com a vida de várias centenas de pessoas, em uma guerra não declarada entre os sindicalistas libertários e os sicários dos empresários, que atuavam com a conivência da polícia.

O socialismo

Ao contrário do que tinha ocorrido nos países do norte da Europa, a recepção do marxismo na Espanha foi lenta e tardia. Seja pela dificuldade de compreensão das teses materialistas-dialéticas de *O capital* pelas massas operárias iletradas ou pela antecipação dos anarquistas na estruturação de um movimento operário reivindicatório, a presença dos socialistas na vida política e social espanhola foi escassa até a deflagração da Primeira Guerra Mundial. O Partido Socialista Operário Espanhol (PSOE), fundado por Pablo Iglesias em 1874, demorou mais de vinte anos para eleger seu primeiro deputado. E o sindicato socialista União Geral de Trabalhadores (UGT) restringiu por muito tempo sua presença às indústrias sidero-metalúrgicas bascas, às minas asturianas, aos ferroviários e a alguns segmentos de servidores públicos.

Em contraposição à ação direta e individual dos anarquistas, os socialistas acreditavam que somente as contradições do sistema capitalista e a dialética burguesia-proletariado acabariam por derrubar as estruturas do Estado e levariam a uma sociedade sem classes. Os socialistas também discordavam dos anarquistas no que diz respeito à organização do movimento operário. Para os marxistas, as posturas federais e autônomas dos ácratas só conduziam a um desmembramento e enfraquecimento dos operários, os quais, sem uma unidade de comando, seriam incapazes de se opor firmemente à arrogância da burguesia.

Esse caráter mais intelectual e "científico" do socialismo fez com que o movimento atraísse destacados escritores e professores universitários. Dado que, segundo os dogmas marxistas, somente um regime capitalista plenamente desenvolvido criaria as bases necessárias para uma revolução que estabelecesse uma sociedade sem classes (com a etapa prévia e amarga da ditadura do proletariado), os socialistas mostraram amiúde uma atitude favorável a pactuar com o poder e a participar de iniciativas modernizadoras. Assim aconteceu durante os primeiros anos da ditadura de Miguel Primo de Rivera, que recebeu a colaboração de destacados líderes do PSOE.

Estas diferenças ideológicas e de práxis mantiveram distanciados os socialistas dos anarquistas. Uma das escassas ações conjuntas das duas grandes famílias do movimento operário espanhol ocorreu em agosto de 1917. Uma revolta popular motivada pela carência de produtos de primeira necessidade foi aproveitada por socialistas e anarquistas para lançar uma greve revolucionária contra o governo. A contundente atuação das forças da ordem derivou em um banho de sangue.

O sindicalismo católico

A postura inicial da Igreja Católica perante o movimento operário foi a de anatemizá-lo, como antes esta havia feito com o racionalismo, o Iluminismo ou o liberalismo. O marxismo e o anarquismo eram "erros" que atentavam contra o dogma católico, e a leitura dos livros que continham tais ideias foi vetada aos fiéis.

O papa Leão XIII, porém, mostrou-se mais interessado pelas questões sociais e tratou de superar a luta de classes de uma maneira cristã, como expôs na encíclica *Rerum novarum* (1892). Essa sensibilidade do pontífice para com as reivindicações operárias não significou de maneira alguma uma justificativa à ação sindical de classe, mas um chamado a empresários, operários e governos a resolverem seus conflitos de uma forma fraternal.

Um sindicalismo católico começou a emergir no fim do século retrasado, com o apoio das dioceses. As associações de esquerda acusaram repetidamente – e com razão – os sindicatos católicos de peleguismo e de boicotar a atuação do movimento operário. Contudo, a doutrina social da Igreja influenciou as classes dirigentes espanholas e minou os fundamentos do liberalismo clássico, para o qual o Estado devia se manter longe dos assuntos trabalhistas. Uma muito tímida legislação protetora dos trabalhadores começou a tomar forma a partir de 1900.

FAZER AS AMÉRICAS

Causas da emigração

Se a emigração para ultramar foi um fenômeno com múltiplas causas, as razões econômicas predominaram. No entanto, também houve um fluxo migratório notável devido a exílios políticos. A conturbada história do século XIX espanhol provocou contínuas saídas de exilados, que temiam represálias pela sua militância passada. A imposição do serviço militar obrigatório também motivou algumas migrações. Para as economias familiares, resultava uma penosa carga ter de perder por vários anos o trabalho agrário dos homens jovens. Às vezes, sobretudo se a família morava perto da costa, acabava sendo mais rentável que o jovem desertasse do exército e emigrasse à América, onde poderia continuar trabalhando e enviando remessas de dinheiro a seus pais e irmãos.

As causas mais profundas da grande emigração que se produziu nos séculos XIX e XX não são específicas da Espanha, mas têm a ver com o desenvolvimento demográfico e econômico da Europa na Idade Contemporânea. A teoria da transição demográfica tem sido utilizada com frequência para explicar esse fenômeno. Segundo essa teoria, a taxa de mortalidade europeia começou a cair no final do século XVIII graças à descoberta de vacinas e à introdução de novos métodos de higiene e esterilização que frearam as infecções e as epidemias. A taxa de natalidade, porém, manteve-se ainda muito alta por várias gerações, até que no começo do século XX foi diminuindo paulatinamente. Essa transição de um modelo demográfico antigo (com altas taxas de natalidade e de mortalidade) para um modelo demográfico moderno (com baixas taxas de natalidade e de mortalidade) conduziu à extensa fase intermediária com uma taxa de mortalidade em queda e uma taxa de natalidade comparativamente muito alta. Esta disfunção redundou em um crescimento exponencial da população, muito superior ao crescimento econômico registrado no mesmo período. A emigração foi, pois, uma válvula de escape pacífica para um excesso demográfico. Esse movimento migratório deu certo graças ao fato de que ainda existiam no planeta grandes extensões de terra quase desabitadas e, claro, às políticas pró-imigração da maior parte de países americanos e da Austrália, principais receptores do excedente demográfico europeu.

No caso concreto espanhol, o atraso econômico – com o insucesso da reforma agrária das desamortizações – e o lento crescimento industrial fomentaram a saída de população do campo, ao mesmo tempo em que as cidades não estavam em condições de suportar o êxodo rural que se avizinhava. Atravessar o mar foi, para muitas famílias, a única forma de se evitar a fome.

Mas também havia a tentação de "fazer a América". Com um pouco de sorte, acreditava-se, o emigrante poderia enriquecer e voltar carregado de dinheiro à sua cidade de origem. Os "indianos" construíam belas casas e viravam personalidades respeitadas, mesmo que seu berço fosse humilde.

Origem e destino dos emigrantes

A proximidade geográfica, a acessibilidade das conexões marítimas ou o fato de já existir na terra de destino uma comunidade de patrícios foram fatores que influenciaram na escolha dos países de emigração. Não sabemos com certeza quantos espanhóis emigraram, mas podemos arriscar que cerca de seis milhões saíram da Espanha entre 1880 e 1930, o momento da grande migração. Os registros estatísticos são incompletos, e muitos emigrantes saíram clandestinamente do país e zarparam rumo à América de portos franceses ou de Gibraltar. Nem todos os que emigraram ficaram em suas terras de adoção. Um contingente muito importante (mas também, infelizmente, em número indeterminado) voltou para a Espanha após um certo tempo no exterior. Houve também o caso das "emigrações andorinhas", trabalhadores geralmente agrícolas que aproveitavam os meses de inverno do hemisfério norte (de dezembro a março) para emigrar ao hemisfério sul e trabalhar na safra, e que depois, ao chegar o mês de abril ou de maio, voltavam à Espanha e trabalhavam na colheita do verão europeu.

Fora das Américas, a Argélia foi um dos principais centros de atração de emigrantes espanhóis, sobretudo das regiões da orla mediterrânea (Andaluzia, Valência e as ilhas Baleares). A partir de 1920, a França também tornou-se um importante país receptor de mão de obra espanhola.

Fazer as malas e mudar-se para outro país, na procura de melhores oportunidades, foi a realidade de milhares de espanhóis entre os séculos XIX e XX.

Os países do Rio da Prata (Argentina e Uruguai) foram os que atraíram o maior número de emigrantes espanhóis, sobretudo galegos, catalães e baleares. Cuba foi o segundo destino predileto, mesmo após a independência da ilha (1898), e atraiu muitos canários, catalães e baleares. O Brasil vem em terceiro lugar e foi um dos países preferidos pelos emigrantes andaluzes e galegos. O México foi um polo preferencial da emigração basca, da mesma maneira que a Venezuela foi receptora da emigração canária.

A emigração espanhola para o Brasil

O Brasil apresentava certas condições especiais para a emigração. Por um lado, suas dimensões continentais levaram seus governantes a promover o povoamento do interior do país. Por outro, a proibição do tráfico negreiro em 1850 fez com que o Brasil tivesse de rever todo seu sistema produtivo, baseado até então principalmente na mão de obra escrava importada da África. Ainda que o tráfico ilegal permanecesse em parte, a pressão contrária dos britânicos contribuiu para que o comércio transatlântico de escravos estivesse praticamente extinto por volta de 1870. Mesmo antes da abolição da escravatura – apenas em 1888, uma das mais tardias do mundo – os grandes proprietários estavam cientes, então, da necessidade de conseguir mão de obra alternativa para manter a exploração das terras e dos engenhos açucareiros. Tentaram-se várias alternativas: o fomento da imigração de famílias alemãs, que se assentaram basicamente no sul do país, a atração de imigrantes chineses (os *coolies*) e a contratação de capitães de navio e engajadores, que percorriam cidades e povoados de Portugal e da Galiza e embarcavam homens nos seus navios. O custo da passagem era pago pelo fazendeiro que recebia o imigrante e o contratava para trabalhar na sua plantação.

As políticas de incentivo dos governantes brasileiros (especialmente do governo de São Paulo), que em muitos casos incluíam o custo da passagem, foram um incentivo e tanto para a emigração de famílias andaluzas para as plantações de cana-de-açúcar ou de café no interior brasileiro. Dessa maneira, conseguiram atrair grandes contingentes de camponeses sem terra andaluzes, que se concentravam no porto de Gibraltar, de onde partiam em navios ingleses ou franceses para Santos. Daí viajavam de trem até a cidade de São Paulo e eram acolhidos na Hospedaria dos Imigrantes, no bairro do Brás, uma infraestrutura pensada para abrigá-los durante o intervalo entre sua chegada ao país e a sua contratação por algum fazendeiro, o qual se encarregava de transportá-los até as plantações de café ou de cana-de-açúcar. Normalmente, as famílias de imigrantes recebiam um salário em troca de seu trabalho nas plantações e também um local onde morar e um pedaço de terra para cultivar hortaliças para autoconsumo. No entanto, os abusos cometidos pelos fazendeiros eram frequentes. Entre as cláusulas exploratórias contidas nos contratos, figurava a obrigação de os imigrantes se abastecerem de víveres e vestuário nas lojas que o patrão tinha na fazenda, e cujos preços eram consideravelmente mais altos que os do mercado livre.

Por esse motivo, muitas famílias decidiam livrar-se dos vínculos com o fazendeiro assim que possível e se mudavam para a capital, onde tentavam melhor fortuna no comércio, na indústria ou na construção. Alguns preferiram voltar para o país de origem ou emigrar para outro país americano, geralmente Argentina ou Uruguai.

Também os galegos emigraram em massa para o Brasil, mas nesse caso preferiram ficar nas cidades litorâneas e dedicar-se a atividades comerciais ou industriais (comércio de secos e molhados, padarias e comércio de ferro-velho, entre outras atividades). Cidades como o Rio de Janeiro, Santos ou Salvador receberam importantes contingentes de imigrantes espanhóis. Ainda hoje, uma das principais instituições sanitárias da capital da Bahia (o Hospital Espanhol) tem a sua origem numa sociedade de socorro mútuo de imigrantes desse país.

Entre 1877 e 1914, os espanhóis foram o terceiro contingente de imigrantes mais numeroso no Brasil. As estatísticas brasileiras registraram entre essas datas um total de 417 mil entradas de pessoas com nacionalidade espanhola. O fluxo migratório interrompeu-se parcialmente na década de 1930, devido à adversa conjuntura econômica internacional, que fez despencar os preços dos produtos agrícolas, base da economia brasileira da época.

Nos anos 1940 e 1950, porém, retomou-se a imigração espanhola, dessa vez com um caráter muito mais urbano. Os imigrantes espanhóis desses anos procediam principalmente da classe média empobrecida pela guerra civil e o longo pós-guerra. Também mudou sua procedência geográfica, sendo abundantes os imigrantes catalães, bascos, valencianos ou madrilenos. Ao contrário dos imigrantes chegados no final do século XIX (geralmente iletrados), esses novos imigrantes possuíam uma formação profissional ou acadêmica muito mais rica. O Brasil foi para muitos deles uma terra de adoção que oferecia oportunidades para desenvolver suas habilidades e conhecimentos. Têm sido frequentes os casos de imigrantes espanhóis bem-sucedidos nos seus projetos empresariais. Embora os descendentes dos imigrantes tenham se espalhado por toda a geografia brasileira, os centros urbanos de São Paulo, Rio de Janeiro, Salvador, Santos e o interior paulista congregam a maior parte dessa população hispano-brasileira. Estima-se que cerca de 15 milhões de brasileiros descendem de espanhóis.

O LABIRINTO POLÍTICO

Da derrubada de Isabel II à monarquia malograda

Depois das agitadas regências de María Cristina e do general Espartero, marcadas pela primeira guerra carlista e pelos confrontos entre as facções liberais, a partir de sua maioridade, o reinado de Isabel II esteve dominado pelos moderados, cujas figuras mais destacadas foram Bravo Murillo e o general Narváez. O liberalismo doutrinário ganhou a partida do liberalismo progressista durante quase todo o reinado e deixou sua marca na Constituição de 1845, uma das mais conservadoras e autoritárias da história das cartas magnas espanholas. A liberdade de imprensa era mínima, e a de cultos foi praticamente suprimida. As cortes representavam apenas poucos indivíduos das classes ricas e aristocráticas, e o executivo tinha uma margem de manobra tão larga que podia governar sem precisar do suporte do legislativo.

Um golpe de estado trouxe os "exaltados" ao poder em 1854. Comandados por Espartero e O'Donnell, os liberais progressistas puderam governar por um breve biênio, em que se relançaram algumas propostas políticas do *doceañismo* (de novo Cádiz como referente). Todavia, em 1856 a revolução "exaltada" já havia fracassado e voltou-se ao regime de 1845, com alguns retoques progressistas.

O conservadorismo de Isabel II foi atacado pelos setores esquerdistas do exército. Militares de prestígio como o almirante Topete e os generais Serrano e Prim levantaram-se contra a rainha em setembro de 1868. A "Revolução Gloriosa" obrigou a família real espanhola a marchar para o exílio, enquanto os revolucionários convocavam cortes constituintes. Em 1869, proclamava-se a Constituição mais avançada e democrática que até então havia tido a Espanha. Garantia-se o sufrágio universal masculino, a separação da Igreja e do Estado, a supressão dos últimos resíduos legais do feudalismo e fomentava-se a aprovação de toda uma série de leis (hipotecária, de jurisdições, do registro civil...) que culminariam na transformação da Espanha em um Estado liberal de direito.

Mas a forma do Estado permaneceu sendo a monarquia. Não uma monarquia bourbônica como a que tinha dominado o país desde 1700, mas uma monarquia parlamentar moderna, que conjugasse o respeito à tradição com o espírito liberal e democrático. Prim iniciou uma turnê pelas cortes europeias à procura de um rei. Em um primeiro momento pensou-se no rei consorte de Portugal, Fernando, ou no seu filho Luís. Essas candidaturas eram atrativas para os setores iberistas, que sonhavam com uma unificação dos dois Estados peninsulares, mas levantavam oposições no nacionalismo luso. Napoleão III apresentou seu candidato e ficou irritado quando a Prússia fez seu próprio, um príncipe alemão e católico da dinastia Hohenzollern-Sigmaringen. A resposta raivosa do imperador francês, carregada de conotações racistas, foi habilmente utilizada por Otto von Bismarck, que fez dela um *casus belli*. A Guerra Franco-prussiana (1870-71), motivada em primeira instância pelo processo de seleção de um rei para a Espanha, culminou com o desmoronamento do II Império e a obtenção da unificação alemã.

O candidato finalmente eleito foi Amadeu de Saboia, um príncipe italiano filho de Vittorio Emmanuelle II, o rei do Piemonte que unificara a Itália e que se opusera ao papado. Amadeu I reunia, então, alguns requisitos de idoneidade: era latino e culturalmente próximo à idiossincrasia espanhola e procedia de uma linhagem liberal. Só apresentava dois inconvenientes: o primeiro era não entender nada do complexo panorama político espanhol, e o segundo era ficar sem o seu padrinho político, Juan Prim, que fora assassinado poucos dias antes de Amadeu I chegar à Espanha e assumir o trono. Com esses condicionantes, a monarquia constitucional tinha poucas possibilidades de sobreviver.

A breve república

E assim foi. No começo de 1873, pouco depois de cumprir dois anos de reinado, apreensivo pelos contínuos conflitos políticos que se deflagraram e pelo começo da terceira guerra carlista, Amadeu I fez as malas e voltou para a Itália. Qualificou os espanhóis como "ingovernáveis".

O abandono do monarca redundou na proclamação da república, uma república mais fruto das circunstâncias do que de um sentimento republicano propagado entre o povo.

A Primeira República espanhola durou apenas 11 meses, mas teve quatro presidentes (Figueras, Pi i Margall, Salmerón e Castelar), e se inseria em um contexto político e social extremamente conturbado. As propostas federalistas de Pi i Margall derivaram em uma guerra de todos contra todos. Sobretudo no sul e no levante peninsular constituíram-se cantões autônomos que se declararam em guerra entre si. Entrementes, as zonas rurais do norte e algumas cidades importantes do País Basco e Navarra estavam controladas pelos carlistas. Os anarquistas também tiraram partido da situação e tentaram uma revolução libertária em Alcoi, que foi sangrentamente reprimida.[2]

Após o "verão quente", o presidente Emilio Castelar tomou as rédeas do governo com a vontade de impor a ordem e a autoridade a uma república desorientada. O esforço foi, contudo, inútil, e em 2 de janeiro de 1874 o general Pavía entrou a cavalo no Congresso dos Deputados e dissolveu as cortes. A república continuaria existindo nominalmente, mas a partir desse momento converteu-se em uma ditadura militar sob a presidência de Francisco Serrano.

A restauração bourbônica

Depois de seis anos de revoluções, golpes de estado, monarquias estrangeiras e repúblicas caóticas, a ideia de uma restauração bourbônica começou a ganhar adeptos. Não se trataria, porém, de devolver ao trono a desprestigiada Isabel II, mas sim de apresentar a candidatura de seu filho Alfonso XII, um jovem príncipe com um perfil mais moderno e aberto. Antonio Cánovas del Castillo foi incumbido da tarefa de propagar a imagem do príncipe e de torná-la simpática aos espanhóis. Cánovas

Retrato de Antonio Cánovas del Castillo, máximo promotor da restauração bourbônica e artífice de um sistema constitucional pseudodemocrático.

havia previsto um processo demorado e confiava que a hora da restauração chegaria amadurecida, mas a inquietação dos militares precipitou as coisas. No fim de 1874, o general Martínez Campos realizava um dos corriqueiros pronunciamentos aos quais a história da Espanha nos tem habituado e proclamou rei Alfonso XII. A restauração bourbônica só contou com a oposição dos carlistas, que continuaram sua guerra particular no norte, enquanto o filho de Isabel II tomava posse da coroa em Madri.

O jovem rei teve duas prioridades: acabar com a guerra civil e estabelecer um sistema constitucional que desse estabilidade a um país tão difícil de governar. Ambos os objetivos foram atingidos em 1876, com a vitória sobre os partidários de Carlos VII e com a promulgação de uma nova constituição, inspirada na de 1845, mas que permitia interpretações mais flexíveis que a sua antecessora.

A constituição de 1876 tem sido a de mais longa vida da história espanhola, abrangendo um espaço de tempo que se conclui em 1923. Seu mentor foi Antonio Cánovas del Castillo, um político com formação de historiador, bom conhecedor do parlamentarismo da Idade Média e admirador do regime político britânico. Para interromper a longa cadeia de pronunciamentos militares, Cánovas desenhou um sistema político com dois partidos dinásticos, o liberal e o conservador, que acatavam plenamente as normas do jogo decididas em 1876 e que *se turnavam* (alternavam) no poder. O rei detinha o Poder Executivo e compartilhava o Legislativo com as cortes. Ademais, o monarca exercia o papel de árbitro supremo da alternância, decidindo quando havia chegado o momento de mudar o partido governante. Então eram convocadas novas eleições gerais, cujo escrutínio de votos estava fixado de antemão, com a finalidade de formar as câmaras legislativas do mesmo signo político do partido *turnante*. O ministro passava instruções aos governadores civis sobre o resultado que as eleições deveriam ter, e estas consignas eram comunicadas aos caciques locais, que se encarregavam de pôr em prática os desígnios do governo.

O sistema de corrupção eleitoral funcionava especialmente bem nas áreas rurais, onde os partidos liberal e conservador tinham suas camarilhas fiéis que cumpriam as instruções dadas por Madri. Nas grandes cidades, esse controle *caciquil* foi muito mais difícil de ser estabelecido. Na medida em que a Espanha se industrializava e se urbanizava, as forças opostas à rotatividade foram ganhando força.

O nacionalismo catalão e basco

O nascente movimento operário e os nacionalismos catalão e basco foram os principais críticos das contradições que existiam no modelo político canovista. Ficaram fora da divisão do poder fixada em 1876 e representavam corpos políticos estranhos ao sistema constitucional.

O catalanismo superou o estágio inicial do regionalismo e da reivindicação literária da *Renaixença* para se articular em um movimento político nacionalista (e inclusive secessionista) na década de 1880. Dentro do catalanismo político confluíram ao menos três correntes distintas: a republicana federal, a integrista católica e a conservadora burguesa. Valentí Almirall foi o principal expoente do catalanismo republicano federal. Fora seguidor de Pi i Margall e, como este, defendeu a criação de uma Federação Ibérica, da qual também faria parte Portugal. Em seu livro *Lo catalanisme*, Almirall expôs as bases de seu republicanismo nacionalista.

O bispo Torras i Bages foi uma figura relevante do catalanismo católico. Essa corrente nacionalista tinha alguns nexos com o carlismo, como o apego às tradições, o cultivo da língua do país e a defesa do direito foral, mas se distanciava deste pela sua rejeição do absolutismo e pelo seu caráter marcadamente autonomista. O mosteiro de Montserrat tornou-se um foco decisivo para a articulação de um nacionalismo cultural

Enric Prat de la Riba, primeiro presidente da Mancomunidade da Catalunha, foi um dos políticos catalanistas mais destacados do início do século xx.

de raiz católica. Na década de 1930, o catalanismo católico formaria o partido União Democrática de Catalunha (UDC), cujos dirigentes defenderão a democracia cristã, baseada no pluralismo, na defesa da moral católica e com inquietudes sociais.

Há tempos a burguesia catalã reclamava das políticas centralistas de Madri, que marginalizavam em muitos aspectos a região mais dinâmica econômica e culturalmente do Estado. Espartero, na sua cruzada pelo livre-câmbio, havia até bombardeado Barcelona. Já no final do século XIX, o *Memorial de Greuges* e as *Bases de Manresa* cimentaram as reivindicações catalãs, que iam de medidas tarifárias que protegessem a indústria local até a restauração das instituições de autogoverno da Catalunha, suprimidas por Felipe V. A fundação da *Lliga Regionalista* deu um perfil político mais consistente ao nacionalismo conservador. No começo do século XX, o catalanismo venceu o centralismo canovista e obteve resultados avassaladores nas eleições locais e nas gerais. Em 1906, formou-se a *Solidaritat catalana*, uma entidade coordenadora dos partidos catalanistas, para dotá-los de unidade de ação em face do centralismo castelhano. Os sindicatos de Barcelona replicaram um ano depois à plataforma nacionalista burguesa com a formação da *Solidaridad obrera*, que amalgamava diferentes correntes do movimento operário. A Solidariedade Operária nascia como constatação de que para os anarquistas a luta de classes tinha prioridade sobre a luta pela identidade nacional catalã (que não era partilhada por muitos operários imigrantes de outras regiões peninsulares).

A fundação do Instituto de Estudos Catalães (1907), a publicação das normas ortográficas unificadas (1913) e a constituição da Mancomunidade da Catalunha (1914) – projeto autonomista situado no limite do tolerável pelo regime da Restauração – foram alguns êxitos de um nacionalismo que unia a defesa de seus traços culturais à reivindicação política. A via catalã do autogoverno foi, salvo algumas exceções, "pactista". Raramente o nacionalismo catalão adotou posturas maximalistas, mas preferiu a negociação e o pacto com o poder central.

O nacionalismo basco, ao contrário do catalão, é fruto do espírito de um homem: Sabino Arana. Formado em uma família carlista, Arana interessou-se já adulto pelas origens do povo basco. Fruto de suas pesquisas e de uma imaginação portentosa, Sabino Arana unificou os dialetos do euskera e forjou os mitos fundamentais do nacionalismo basco. A bandeira de Euskadi, por exemplo, foi desenhada pelo próprio Arana, que tomou como ponto de partida a *Union Jack* britânica, acrescentando-lhe as cores branca, verde e vermelha, as quais, segundo ele, exprimiam melhor que quaisquer outras o espírito coletivo *euskaldun*.

O nacionalismo basco foi nas suas origens radicalmente católico e oposto a qualquer miscigenação dos bascos com outros espanhóis, com base em uma suposta pureza da raça basca. Arana acusou os espanhóis (chamados pejorativamente *maketos*) de quase todos os males, vícios e corrupções que afligiam Euskadi. O País Basco fora em tempos remotos, segundo essa visão, uma espécie de Arcádia em versão de aldeia, povoada por pessoas trabalhadoras, cordiais e temerosas de Deus. A união política com a Espanha e a irrupção de imigrantes que se deslocavam para o País Basco na procura dos empregos das fábricas só contaminaram um povo que até então vivia em harmonia e que desconhecia as perversões e a blasfêmia.

O desenvolvimento político do nacionalismo basco foi muito mais lento que o do catalão, mesmo que suas origens cronológicas sejam muito próximas. Arana só conseguiu a trancos e barrancos que seu Partido Nacionalista Basco (PNV) se enraizasse minimamente em sua Biscaia natal. A penetração do PNV nas províncias de Guipúzcoa, Álava, Navarra e no País Basco francês foi muito posterior e com menor intensidade. Seu lema "Deus e leis velhas" atraiu as classes médias urbanas, os pequenos e médios proprietários agrícolas, mas a burguesia industrial sempre olhou com desprezo o que lhe parecia um projeto ruralista extemporâneo. A utopia da aldeia de Arana vinha na contramão do capitalismo industrial que fazia do País Basco uma das zonas mais prósperas do Estado. Tampouco as massas operárias apoiavam o nacionalismo basco, mesmo que o PNV estimulasse a filiação desses setores com a fundação do Sindicato de Trabalhadores Bascos (ELA/STV). O sindicalismo socialista da UGT, entretanto, fez muito mais sucesso entre os trabalhadores, muitos dos quais, pela sua procedência geográfica, não comungavam com os ideais de pureza étnica dos nacionalistas.

Do "desastre" de 1898 à Semana Trágica

As contradições do regime de *turnos* fizeram-se cada vez mais evidentes na passagem de um século para o outro. Enquanto crescia o descontentamento social, a Espanha perdia suas últimas colônias. A guerra de 1898 contra os Estados Unidos dissipou qualquer dúvida que pudesse haver sobre o atraso do exército espanhol, que foi derrotado de forma clamorosa por uma potência recente e que tinha sido tratada com desdém pela imprensa. De repente, os intelectuais deram-se conta de que o país estava "doente", enquanto a classe política caía em uma irresponsável troca de acusações e entre os militares crescia o ressentimento por uma derrota que atribuíam à falta de preparo do governo.

A perda de Cuba, Porto Rico e Filipinas causou uma crise econômica temporária, cujos efeitos não tardaram em passar. Mas a ferida no orgulho patriótico foi muito mais profunda. As críticas contra o regime da Restauração acirraram-se em um momento em que seus principais defensores haviam desaparecido de cena. Alfonso XII falecera em 1885 e seu filho Alfonso XIII, ainda em gestação quando o rei morreu, não havia alcançado a maioridade. Cánovas, o idealizador do sistema político, fora assassinado a tiros por

O conflito social foi crescente nos primeiros anos do século XX. Ramon Casas pintou em *Barcelona 1902* (1903) uma ação violenta da Guarda Civil para dispersar uma manifestação de sindicalistas.

um anarquista em 1897, e seu "opositor" Sagasta faleceu em 1903. O desaparecimento dos dois principais líderes, conservador e liberal respectivamente, deixaram os partidos dinásticos imersos em uma profunda crise. Nas primeiras eleições do século XX, os republicanos avançaram perigosamente, assim como outros grupos políticos situados à margem do sistema (nacionalistas, socialistas etc.).

Fazia-se necessário retomar a ação do Estado e devolver a estima aos espanhóis. No plano externo isso significou um regresso a um imperialismo "de alpargata", mais retórico do que efetivo. O alvo foi o norte do Marrocos, onde a Espanha tinha interesses econômicos e era supostamente o "espaço vital" (mesmo que esse termo ainda não tivesse sido cunhado) da expansão espanhola. Paralelamente às conversações diplomáticas com as outras potências europeias que também estavam interessadas no norte da África, efetuaram-se as operações militares. A guerra para controlar a região montanhosa de El Rif, no norte da cordilheira do Atlas, foi muito mais dura do que se tinha previsto. As guerrilhas marroquinas, boas conhecedoras do terreno e com a ajuda da população nativa, puseram em xeque um exército espanhol despreparado e mal abastecido.

Os reveses militares exigiram o recrutamento de mais tropas para a África. A guerra, além de ser impopular, deixava muitas famílias pobres à beira da miséria, ao fazer com que partissem os indivíduos com cujos ordenados estas se sustentavam. Em julho de 1909, durante a cerimônia de partida dos recrutas do porto de Barcelona, a população se rebelou contra o exército. O protesto se espalhou como um rastilho de pólvora por toda a cidade. Igrejas foram saqueadas e incendiadas e os grupos anarquistas construíram barricadas nas ruas. O governo do conservador Antonio Maura optou pela mão dura para deter o movimento subversivo, dado que havia o medo fundado de que a revolta fosse imitada em outras localidades. A repressão foi duríssima, com centenas de mortos e detentos. A ordem foi restabelecida pela força das armas em aproximadamente uma semana, mas a repressão política continuou nos meses seguintes com grande virulência. Casos como o do pedagogo Ferrer i Guàrdia, acusado e condenado à morte sem provas e em um julgamento sem garantias de ter sido o cérebro da Semana Trágica, revoltaram a opinião pública internacional. Maura não minorou nem um pouco a repressão, mas a Semana Trágica acabou apresentando sua conta. No fim do ano o rei Alfonso XIII retirou-lhe a sua confiança. A queda de Maura desagregou o partido conservador em múltiplas correntes.

O contexto da Primeira Guerra Mundial

O governo espanhol manteve-se à margem da Grande Guerra, que assolou a Europa entre 1914 e 1918. Embora internamente os partidos políticos se dividissem entre filogermânicos e filoaliados, a Espanha não perdeu a sua condição de país neutro.

Essa neutralidade trouxe benefícios para a indústria espanhola, que proporcionou a ambos os contendentes material bélico, têxtil, calçado, alimentos e minérios. Também os contrabandistas lucraram vendendo provisões e informação aos combatentes. Um dos mais destacados, Juan March, ao acabar a guerra possuía uma das maiores fortunas do mundo.

A situação para as massas populares não era, todavia, tão favorável. A exportação em grande quantidade deixou o país carente de bens de primeira necessidade. A diminuição da oferta de bens de consumo provocou uma escalada da inflação, enquanto os salários foram aumentados timidamente. Esse cenário de penúria levou a alguns motins de subsistências, nos quais uma população faminta e ressentida pela acumulação de riqueza nas mãos de uns poucos praticou atos de rapina. O mal-estar social serviu de detonador de um protesto conjunto de socialistas e anarquistas. Em agosto de 1917 convocou-se uma greve revolucionária, que foi brutalmente reprimida pela polícia.

A vitória dos bolcheviques na Rússia e a formação da União Soviética foram estímulos para o movimento operário. As ideias de libertação do proletariado não eram tão só elucubrações de filósofos visionários, mas era possível construir uma nova sociedade sem classes e baseada nos princípios de justiça e solidariedade. Os anarquistas, porém, aos poucos se desvincularam do projeto soviético e atacaram-no como mais uma manifestação da opressão do homem sobre o homem. Os socialistas ficaram divididos e uma de suas facções cindiu-se do PSOE e fundou o Partido Comunista da Espanha (PCE), fiel seguidor das diretrizes da III Internacional, inaugurada em Moscou em 1919.

Os anos posteriores à Primeira Guerra Mundial foram muito intensos em termos de luta operária. As greves se sucederam e em alguns casos – como a greve na empresa elétrica *La Canadiense* – conseguiram paralisar boa parte do tecido produtivo. Empresários e sindicalistas dirimiram suas diferenças a base de tiros e os anarquistas mais radicais formaram o grupo de ação direta *Los solidarios*, que semeou o terror. As forças de segurança não hesitaram em usar a tortura e a execução sumária de lideranças sindicais e desviavam o olhar quando os capangas da burguesia agiam contra os trabalhadores. No início dos anos 1920 Barcelona era como uma panela de pressão a ponto de explodir.

Enquanto esses fatos ocorriam na península, a guerra do Marrocos só causava desgostos. Na Batalha de Annual (1921) pereceram mais de dez mil soldados espanhóis. O desastre diante do exército irregular de Abd-el-Krim foi tão grande que houve planos de evacuar todo o norte da África, inclusive as cidades de Ceuta e Melilla.

O regime da Restauração estava afundando em todos os lados. Alfonso XIII formou um governo de salvação nacional, no qual participaram conservadores, liberais e até os catalanistas de Francesc Cambó, mas as diferenças políticas eram quase irreconciliáveis e o governo fracassou na sua tentativa de recompor a situação de emergência em que se encontrava o país.

A ditadura de Primo de Rivera

Em setembro de 1923, o capitão-general da Catalunha, Miguel Primo de Rivera, pronunciou-se contra o governo de Madri. Imediatamente, o rei Alfonso XIII outorgou-lhe o poder e as garantias da constituição de 1876 foram deixadas em suspenso.

A iniciativa de Primo de Rivera seguia de certo modo os passos da *marcia su Roma* que Mussolini efetuara na Itália no ano anterior. Dada a instabilidade política que padecia a Espanha, a ditadura militar parecia a melhor maneira de salvaguardar a monarquia. O general também foi bem recebido por alguns círculos intelectuais regeneracionistas, que viram nele o tão almejado "cirurgião de ferro" que poderia restabelecer a normalidade na nação.

Nos primeiros anos de seu governo, o ditador atacou com força alguns dos problemas mais graves do país. Resolveu a guerra do Marrocos, que já durava mais de vinte anos e que era uma fonte de descontentamento popular, mediante uma operação anfíbia em grande escala. O desembarque em Alhucemas (1924) foi a ação militar que determinou o fim da guerra. Em poucos anos, El Rif ficou pacificado e o protetorado espanhol não foi mais questionado.

Em relação à problemática social, Primo de Rivera aplicou a política "da vara e da cenoura". Praticou uma duríssima repressão aos grupos anarquistas, comandada pelo ministro do Interior o general Martínez Anido, que havia sido nos anos anteriores o governador civil de Barcelona e que era um bom conhecedor das táticas da "guerra suja" contra os movimentos sociais. No entanto, ante os socialistas, o ditador pôs em prática uma estratégia de aproximação através de um ambicioso projeto de reformas legislativas que trouxesse proteção social aos trabalhadores. A iniciativa do governo de regulamentar as relações trabalhistas com um viés paternalista supunha a superação definitiva do dogma liberal do *laisser-faire* em matéria social. Líderes socialistas tão destacados como Francisco Largo Caballero acreditaram nos planos de Primo de Rivera e prestaram sua colaboração à ditadura, ocupando até altas magistraturas.

Na política interna, a ditadura foi impiedosa com os nacionalismos. Suprimiu-se a Mancomunidade da Catalunha e proibiu-se o uso público de outra língua que não fosse a castelhana. Primo de Rivera tentou, sem sucesso, promulgar uma nova constituição de caráter corporativista e filofascista, um pouco à maneira do Estado Novo mussoliniano. Fundou-se um partido único, que atraiu alguns jovens políticos da direita católica e, passado o primeiro momento de ditadura militar, constituiu-se um diretório civil, que empreendeu algumas reformas econômicas significativas (como a criação do monopólio de hidrocarbonetos). A ditadura reafirmou a vocação atlântica espanhola e foram estabelecidas relações diplomáticas com várias repúblicas hispano-americanas. A exposição universal de Barcelona e a exposição hispano-americana de Sevilha (ambas em 1929) esforçaram-se em mostrar ao mundo uma imagem de uma Espanha moderna.

Porém, a ditadura já estava em declínio. A partir de 1926, multiplicaram-se os movimentos de oposição ao regime. As universidades voltaram a ferver na defesa das liberdades e da democracia, e de pouco serviu condenar ao exílio as vozes mais críticas contra a ditadura (caso de Unamuno). A situação econômica piorou no fim da década, o que trouxe mais efervescência social. O governo mostrava-se incapaz de afrontar com êxito os novos desafios, e Primo de Rivera foi perdendo lentamente o prestígio e o apoio do monarca. No começo de 1930, o general apresentou a sua demissão a Alfonso XIII e exilou-se na França, onde faleceu pouco depois.

O rei pensou em continuar com a ditadura militar, mas suavizando-a (a *dictablanda*). Encarregou a formação do governo primeiro ao general Berenguer e depois ao almirante Aznar. O fracasso de ambos levou Alfonso XIII a cogitar um regresso à ordem política de 1876. Em 12 de abril de 1931 foram convocadas eleições locais, o primeiro plebiscito democrático desde o golpe de 1923. O resultado das urnas foi demolidor: em quase todas as capitais de província triunfaram os republicanos. Somente nas áreas rurais, feudo dos caciques monárquicos, a apuração dos votos deu a vitória aos partidos dinásticos. Em 14 de abril, proclamou-se a república em várias localidades. Nesse mesmo dia, a família real espanhola renunciou ao trono e partiu para o exílio em Roma.

AS DUAS ESPANHAS

A Segunda República iniciou seus passos em meio a uma profunda divisão da sociedade espanhola. Em versos premonitórios, datados no começo do século, Antonio Machado vaticinava a um recém-nascido que uma das duas Espanhas iria lhe congelar o coração. Outros intelectuais de primeira linha, como Ortega y Gasset, vislumbravam que o país avançava perigosamente para um precipício. Como na famosa pintura de Goya, as duas Espanhas antagônicas estavam a ponto de debaterem-se até a morte.

A disparidade regional do desenvolvimento econômico e social durante o século XIX e as primeiras décadas do XX produziu uma Espanha de duas velocidades, com um norte urbano e industrializado e um sul agrário.[3] A Idade Contemporânea foi um permanente conflito entre as estruturas tradicionais e uma modernização parcial e incompleta. Esse choque entre o passado e o futuro exprimiu-se em distintos âmbitos: religioso, político e nacional.

A dicotomia clericalismo/anticlericalismo foi um dos motores do debate político. Em poucos países europeus (ou em nenhum seguramente) se queimaram tantas igrejas e conventos como na Espanha dos últimos duzentos anos. Bastava qualquer tipo de protesto popular para que a raiva contida das massas explodisse em saques e depredação de locais religiosos. Mas, ao mesmo tempo, em poucos países da Europa a presença da Igreja Católica em todas as esferas da vida foi tão notável como nesse país. *Con la iglesia hemos topado*, escreveu Cervantes no *Quixote*, e com a Igreja *toparam* todos os reformadores liberais e progressistas na hora de delimitar as esferas de atuação do poder civil e do religioso.

Politicamente, as duas Espanhas debateram-se entre os extremos do autoritarismo e da anarquia. Salta à vista o fato de que na Espanha contemporânea os período de ditadura ou de autoritarismo escondido sob a máscara do liberalismo conservador (*moderantismo* ou *restauração*) fossem predominantes, enquanto as fases democráticas foram somente alguns momentos breves da história. Assim, falamos de décadas absolutistas ou moderadas ante os biênios ou triênios liberais ou – no máximo – um sexênio "democrático" ou "revolucionário".

Os liberais também foram incapazes de construir um Estado-nação compacto. O sentimento de pertença à Espanha coexistia com sentimentos muito profundos e arraigados de comunidade nacional catalã ou basca. Talvez o erro tenha sido tornar excludentes esses sentimentos nacionais, como se sentir-se catalão exigisse não se sentir espanhol ou, no mesmo raciocínio, como se o sentimento de espanholidade fosse incompatível com um sentimento superior de europeidade. Mas foi justamente isso o que aconteceu: para os setores progressistas, a Europa era o mito do progresso, da democracia e do bem-estar, enquanto para os conservadores a Europa era a fonte de todos os males que contaminavam o espírito nacional.

No entanto, as duas Espanhas eram mais de duas. Na verdade, havia quase tantas Espanhas como espanhóis. O individualismo e o ódio mútuo eram, infelizmente, os traços mais marcantes de uma "essência nacional" que tantos teimaram em descobrir, mas sem resultados palpáveis, exceto a constatação de um individualismo quase patológico.

AS REFORMAS FRUSTRADAS DA SEGUNDA REPÚBLICA

Um ambicioso plano regenerador

A constituição de 1931 definia a Espanha como "uma República de trabalhadores de todas as classes". Essa definição, que exprimia os ideais republicanos e socialistas que serviram de alicerces do novo regime, foi recebida com sarcasmo pela direita. A Segunda República havia sido declarada – como no caso de sua antecessora de 1873 – mais por uma situação de vazio de poder (devido à abdicação do rei) do que por um verdadeiro fervor popular em prol da República. A diferença era que dessa

Alegoria da República, como portadora da liberdade, da igualdade e da fraternidade.

vez os republicanos chegavam ao poder com o apoio das urnas, mesmo que fosse em eleições locais. Todavia, a república era instaurada em um momento em que os regimes democráticos ocidentais estavam em plena crise. O modelo dos republicanos espanhóis (o da Constituição alemã de Weimar) estava afundando e não tardaria muito tempo em ser substituído pelo III Reich de Adolf Hitler. Além do contexto internacional desfavorável, a república espanhola nascia com o pé esquerdo. Poucas semanas após o governo provisório ter tomado posse, uma onda de assaltos a igrejas e conventos, com o beneplácito ou com a impotência das autoridades, revoltou os católicos e os indispôs diante do novo regime político.

Nunca na história da Espanha as cortes estiveram tão cheias de professores, acadêmicos, filósofos, cientistas e homens da cultura em geral. Os intelectuais somaram-se em massa ao projeto da Segunda República e fizeram-no com ânimo regenerador. Após terem refletido sobre as causas da decadência espanhola e terem assinalado os males que afligiam a pátria, chegou a hora de fazer parte da política ativa e de oferecer soluções à nação. Embora a presidência da República recaísse em um primeiro momento em Niceto Alcalá Zamora, um político católico que provinha do liberalismo da Restauração, a ação de governo ficou nas mãos do republicano esquerdista Manuel Azaña, notável pensador, que compôs um conselho de ministros que parecia uma "república das letras".

O governo de Azaña praticou reformas radicais em diversas frentes. Ciente de que o campo era um foco permanente de injustiça e conflitividade social, o governo republicano iniciou uma reforma agrária. Os latifúndios subutilizados foram expropriados, loteados e entregues a camponeses semterra. No âmbito das relações trabalhistas, foram introduzidas mudanças na legislação que deram maior proteção aos trabalhadores nos seus conflitos com os empresários. Os socialistas inspiraram e colaboraram ativamente na formação dos conselhos paritários, organismos encarregados de julgar esse tipo de pleito.

No setor da educação, a República avançou no ensino laico, diminuindo a presença das ordens religiosas (os jesuítas foram mais uma vez expulsos da Espanha) e aumentando o investimento do Estado nas infraestruturas escolares. Também houve progresso na luta contra a discriminação dos sexos, estabelecendo-se as salas de aula mistas.

Em relação à organização territorial do Estado, a Constituição de 1931 definia a Espanha como um "Estado integral" e abriu as portas à promulgação de estatutos de autonomia. A primeira região a obter o *status* autonômico foi a Catalunha. Em 14 de abril, o líder catalanista de esquerda Francesc Macià proclamou em Barcelona "a república catalã no seio das repúblicas ibéricas" (a última grande proclamação de iberismo do século XX). E os parlamentares catalães prepararam um projeto de autonomia mesmo antes da publicação da Constituição. Assim, em 1932 era reconhecida, com a oposição dos partidos de direita espanholistas, a autonomia da

Os governos republicanos tiveram entre suas prioridades a melhoria do sistema educativo e a renovação dos métodos pedagógicos.

Catalunha. Os bascos também iniciaram seu processo autonômico, mas dessa vez as atitudes integristas católicas do PNV fizeram com que a esquerda temesse que a autonomia basca se tornasse um "Gibraltar vaticanista". O estatuto de autonomia basco só sairia do papel em setembro de 1936, dois meses depois do começo da guerra civil. Anteriormente, em junho do mesmo ano, foi feito um plebiscito sobre o estatuto de autonomia galego. Porém, o levante militar de 18 de julho rapidamente controlou a Galiza e esmagou o projeto autonomista.

O exército foi uma preocupação constante da República. O estamento militar precisava de reformas urgentes. Havia um excesso de generais, faltava melhorar a preparação técnica dos oficiais e as unidades praticamente não tinham equipamento moderno. Aliás, os generais eram na sua maioria monárquicos e conservadores e viam com desconfiança os aspectos socializantes e anticlericais da República. Azaña ofereceu aos comandantes que não se sentiam à vontade com o novo regime a possibilidade de aposentar-se mantendo a patente e os salários. No caso dos generais jovens, dos quais se desconfiava de sua submissão política (como Franco ou Mola), a solução foi enviá-los a destinos longínquos, como África ou os arquipélagos, para afastá-los das conspirações de Madri. Essas medidas seriam contraprodutivas a médio prazo. Os generais aposentados ficaram com mais tempo disponível para conspirar contra o governo, e os destinados à periferia tiveram sob seu comando as unidades do exército mais combativas e melhor adestradas.

O golpe de estado frustrado de Sanjurjo em Sevilha (agosto de 1932) deixava claro que o problema militar estava longe de ser resolvido.

O biênio radical-conservador

As medidas do governo republicano-socialista levantaram a oposição de setores crescentes da cidadania. Os agraristas desqualificaram a reforma do campo como um atentado contra o sacrossanto direito à propriedade e as medidas laicistas do governo desagradaram a maioria católica da população. Tampouco a descentralização política foi feita sob critérios homogêneos. Os republicanos e esquerdistas catalães foram premiados com o estatuto de autonomia, enquanto os outros projetos ficaram enquistados no parlamento. E os anarquistas, que haviam declarado uma trégua nas suas ações reivindicatórias, à espera do que acabaria resultando desse projeto republicano, em 1932 voltaram à carga, empreendendo uma sucessão de greves, sabotagens e protestos. As forças da ordem em alguns momentos perderam o controle da situação e provocaram sangrentos episódios como o de Casas Viejas, em que trabalhadores rurais e crianças indefesas morreram no incêndio de sua casa, provocado pela Guarda Civil.

Todos esses incidentes ocorriam sob um cenário econômico sombrio. A economia espanhola era no começo da década de 1930 bastante fechada ao exterior. Tal fato reduziu o efeito imediato da crise de 1929, que se fez sentir com menor virulência que em outros países europeus mais dependentes do comércio internacional e dos investimentos estrangeiros. Mas, a partir de 1932, as consequências da depressão econômica mundial dos anos 1930 já eram evidentes no tecido produtivo espanhol. Ademais, a crise de 1929 marcou um ponto de inflexão nas políticas pró-imigratórias de muitos países americanos, os quais começaram a impor limitações à entrada de trabalhadores europeus. Essa paralisação do movimento migratório privou a Espanha de uma das válvulas que lhe permitiam minorar a pressão social.

A Segunda República frustrou as expectativas dos que acreditavam que
o novo regime era uma verdadeira revolução social. A luta sindical
e a violência política voltaram à tona nos anos que precederam a guerra civil.

Nas eleições de 1933, as primeiras em que o sufrágio universal se estendeu também às mulheres, o governo esquerdista levou um duro golpe. A Confederação Espanhola de Direitas Autônomas (CEDA) e o Partido Republicano Popular (PRP), representantes respectivamente da direita e do centro-direita, ganharam as eleições. O presidente Alcalá Zamora encarregou o líder do PRP Alejandro Lerroux – um republicano histórico que começara sua carreira política com um discurso demagógico e populista, mas que com o passar do tempo tinha evoluído para posições mais conservadoras – da formação do governo. José María Gil Robles, o "chefe" da CEDA, aparecia como o homem forte do gabinete presidido por Lerroux. A principal ação do governo radical-cedista foi deter as reformas que seus antecessores haviam impulsionado. A reforma agrária entrou em uma situação de impasse, o processo de descentralização política foi adiado *sine die* e os laços com a Igreja Católica foram estreitados.

A esquerda tem denominado os anos 1934 e 1935 como o "Biênio Negro", por causa da política contrarreformista do governo. Foram anos problemáticos, deixando de lado questões partidárias, no que diz respeito à radicalização das posturas políticas. A tentação autoritária esteve cada vez mais presente entre os partidos de direita. Dessa época data a fundação de Falange Espanhola (FE), cujo principal dirigente, José Antonio Primo de Rivera, era filho do ditador que governou a Espanha até 1930. A FE era a versão espanhola do fascismo italiano, com um discurso muito próximo deste. Existia outro grupo precursor do fascismo espanhol: as Juntas de Ofensiva Nacional Sindicalista (JONS), fundadas por Ramiro Ledesma Ramos. FE e JONS fundiram-se em 1934. Até a guerra civil, esse partido foi minoritário, atraindo a atenção dos jovens da classe média, preferencialmente os universitários. Entretanto, além dos partidos de discurso e ideologia marcadamente fascistas, a imitação dos modelos mussoliniano e hitleriano atingiu quase a totalidade da direita espanhola, como os grupos monárquicos de Renovação Espanhola ou a própria CEDA, cuja juventude ostentava símbolos e atitudes pseudofascistas.

Essa radicalização também se deu entre os partidos de esquerda. Os anarquistas da CNT (Confederação Nacional do Trabalho) e da FAI (sociedade secreta fundada em 1927) reclamavam uma revolução que libertasse os proletários da opressão burguesa escondida sob uma máscara de republicanismo trabalhista. Também os ainda muito minoritários comunistas propunham uma saída revolucionária. Diante dessa situação, os socialistas dividiram-se entre os partidários de pactuar com a democracia burguesa e ir avançando aos poucos na melhora das condições de vida dos trabalhadores (setor de Indalecio Prieto) e aqueles que achavam prioritária uma ação mais decidida e revolucionária que afastasse a direita do poder (setor de Francisco Largo Caballero, o mesmo que anos antes não vira inconvenientes em colaborar com a ditadura).

Outubro de 1934

A insatisfação com a política conservadora do governo de Madri e a vontade de conseguir pela força o que havia sido perdido nas urnas levou alguns grupos de esquerda a planificar uma revolução. O movimento revolucionário explodiu em 5 de outubro de 1934 em diversas localidades espanholas, mas os acontecimentos mais relevantes ocorreram nas Astúrias e na Catalunha.

Astúrias era uma região de grande riqueza mineral e com um setor siderúrgico importante. O sindicato socialista da UGT, majoritário na região, organizou uma greve revolucionária para canalizar a frustração da classe operária asturiana. Várias cidades e vilas ficaram sob o comando do comitê revolucionário e opuseram-se às

Devido aos fatos revolucionários de outubro de 1934, os membros do governo catalão foram presos e conduzidos a Madri para serem julgados e a autonomia da Catalunha foi suspensa.

ordens do governo central. Como era corriqueiro, várias igrejas foram incendiadas e uma trintena de padres assassinados. O governo de Madri, devido à hostilidade dos sublevados, optou por organizar uma rigorosa operação de conquista militar. No seu cargo de chefe de Estado-maior, o general Francisco Franco organizou o desembarque das tropas coloniais nas Astúrias. Esse exército, acostumado aos rigores da guerra na África e integrado por muitos soldados marroquinos que não sentiam nenhum tipo de afinidade com os operários espanhóis, provocou uma autêntica carnificina na região. O levante socialista foi esmagado da forma mais brutal possível, entoando uma espécie de prelúdio do que seria a guerra civil posterior.

Em Barcelona misturou-se o esquerdismo com o nacionalismo. O governo catalão há tempos estava ressentido com a política do governo de Madri, já que desde a chegada ao poder dos conservadores o processo de descentralização havia sido freado. Uma lei sobre arrendamentos rústicos provocou uma controvérsia entre as duas administrações, levando um tema aparentemente secundário a níveis insuportáveis de tensão durante o verão de 1934. O grau de virulência da revolução de outubro na Catalunha foi muito inferior ao das Astúrias. Isso se deveu basicamente à não participação dos anarquistas (majoritários na região) no plano idealizado pelos socialistas e às hesitações do governo catalão, que finalmente decidiu não armar os insurretos. Isso permitiu ao general Batet recobrar o controle da Catalunha em poucos dias.

A Frente Popular

O governo conservador acabou caindo não tanto pela ação dos revolucionários, mas pelas divergências entre radicais e cedistas. Numerosos escândalos de corrupção salpicaram a imagem do governo. O mais famoso deles foi o das roletas modificadas de Strauss e Pearl (cujos sobrenomes formariam a palavra *estraperlo*, como sinônimo de mercado negro), que acabou derrubando Lerroux.

Em 1935, diante da extensão dos regimes nazistas, fascistas ou de extrema direita pela Europa, Stalin passou instruções aos partidos comunistas ocidentais para formarem frentes unidas com outros partidos de esquerda. Achava-se necessário constituir frentes populares que freassem o avanço do fascismo pelo continente. No final do ano, boa parte da esquerda espanhola, castigada pela derrota eleitoral de 1933 e pelo fracasso revolucionário de 1934, decidiu organizar uma coligação contra os partidos de direita. Participaram do pacto os republicanos esquerdistas, os socialistas, os comunistas, os trotskistas, alguns partidos nacionalistas ou regionalistas de esquerda e um setor dos anarquistas.

As eleições de fevereiro de 1936 marcaram o triunfo da Frente Popular. As esquerdas voltaram ao governo, em uma vitória que seria referendada pouco depois com a ascensão de Azaña à presidência da República. Às pressas, o governo quis retomar a política de reformas que foi iniciada em 1931 e que ficou em suspenso durante o biênio conservador.

A vitória eleitoral das esquerdas não acalmou os ânimos, ao contrário. Os anarquistas que não tinham aprovado o largo acordo entre as forças progressistas prosseguiram suas ações contra o Estado opressor burguês. E a direita encontrou novos argumentos para incrementar a pressão política. Os falangistas praticaram a violência de rua contra militantes de esquerda. A polícia teve de encerrar as atividades do partido e seus principais dirigentes foram presos à espera de julgamento. Os monárquicos de José Calvo Sotelo redobraram suas acusações, e com inflamados discursos parlamentares atiraram mais lenha a uma fogueira que só crescia.

Em julho, tinha-se a impressão de que o governo da Frente Popular havia perdido o controle da situação. A tensão política veio acompanhada de agressões violentas a políticos e sindicalistas. Tudo fazia temer que uma rebelião militar "ordeira", que afastasse as esquerdas do poder e estabelecesse uma república autoritária – ou uma restauração da monarquia –, pudesse acontecer em breve. A morte ocasionada de Calvo Sotelo, ocasionada como revanche pelo assassinato de um oficial republicano, acelerou os preparativos para uma conspiração militar que há tempos vinha sendo semeada.

Entre os dias 18 e 19 de julho, diversos destacamentos militares "se alçaram" contra o governo da República. Foi o começo de uma guerra civil que duraria quase três anos.

O TRAUMA DA GUERRA CIVIL

Causas da guerra civil

Quase invariavelmente, todos os historiadores que tentaram explicar por que os espanhóis se dilaceraram em uma guerra fratricida levantaram grandes polêmicas na Espanha. Ainda hoje, quando já se transcorreram setenta anos do "alçamento" militar, o tema não é nada pacífico. Alguns dos protagonistas da Segunda República e dos anos da guerra deixaram ensaios ou relatos em que dão sua visão parcial do fenômeno. Para a extrema direita, a guerra foi o retorno de uma "Espanha eterna", baseada em valores perpétuos de autoridade, sacrifício e moral católica, ante a decadência produzida pelos ideais maçônicos e marxistas. Para a extrema esquerda, pelo contrário, a guerra civil foi uma reação das "oligarquias terra-tenentes castelhano-andaluzas" ante as reformas de governos legítimos e democráticos que visavam à justiça social.

Devemos a Pierre Vilar a primeira síntese "neutra" (embora as teses de Vilar normalmente se inclinem para o lado da esquerda) das causas dessa guerra. Vilar distinguia o que eram causas estruturais da sociedade espanhola, como o atraso econômico, o complexo encaixe de sentimentos nacionais diferentes ou a questão religiosa; das causas conjunturais, como a depressão econômica dos anos 1930 ou algumas políticas concretas aplicadas pelos governos republicanos.

A guerra civil de 1936-39 deve ser interpretada como o episódio mais cruel e sangrento do processo de modernização espanhol. O conflito desatou toda uma série de ódios acumulados ao longo de mais de cem anos. A desculpa da guerra ideológica serviu em muitos casos para ajustar contas entre vizinhos. Mas não podemos poupar a classe política espanhola dos anos 1930 de um juízo crítico. A guerra foi uma solução bárbara para os conflitos que vivia o país e ocorreu devido, em grande parte, à falta de espírito democrático e de consenso dos seus máximos representantes. Tanto a direita como a esquerda compartilhavam o princípio de que os fins justificam os meios. Enquanto os primeiros alentavam o golpe de estado militar, os segundos sonhavam (e punham em prática) revoluções operárias. O liberalismo estava, na década de 1930, em seus piores momentos. Eram poucos os que ainda acreditavam no estado de direito e no parlamentarismo de corte mais ou menos democrático. Mesmo o capitalismo industrial contava a cada dia com um número maior de detratores. Em muitos países da Europa ocidental – e a Espanha não foi uma exceção – só eram vislumbradas duas saídas para a crise política e econômica: o totalitarismo nazifascista ou o totalitarismo soviético stalinista. Os primeiros derrotados da Guerra Civil Espanhola foram os seguidores de centro-direita ou de centro-esquerda, aqueles que, malgrado as diferenças ideológicas, continuavam a crer na existência de direitos humanos inalienáveis e na necessidade de um cruzamento construtivo e respeitoso de ideias para atingir objetivos comuns.

O golpe de estado

A conspiração militar atraiu um grupo de militares (Sanjurjo, Mola, Franco, Goded, Queipo de Llano etc.) que planificou o assalto ao poder. Contaram com o apoio dos falangistas e dos carlistas. Estes últimos possuíam milhares de voluntários paramilitares (os *requetés*), concentrados sobretudo nas províncias de Navarra e de Álava e dispostos a entrar em ação contra a república.

O golpe de estado deu certo na Galiza, em Castela-a-Velha, em Leão, na província basca de Álava, em Navarra, na metade oeste de Aragão, em Sevilha, em Granada, nas ilhas Baleares, nas ilhas Canárias e no norte da África. O domínio do protetorado de Marrocos dava aos rebeldes uma certa supremacia nas forças terrestres, pois no norte da África estavam localizadas as melhores unidades da infantaria (os legionários e os regulares). No entanto, o golpe fracassou em cidades tão importantes como Madri, Barcelona ou Valência. Permaneceu leal ao governo quase metade sul da península, o Levante, a Catalunha, o Aragão oriental e a vertente cantábrica (Astúrias, Cantábria, Biscaia e Guipúzcoa). *A priori*, o governo republicano estava em situação de vantagem, já que controlava os grandes centros urbanos e as regiões industriais e mineiras mais importantes, contava com a fidelidade de quase metade do exército e dispunha do controle da maior parte dos efetivos aéreos e navais.

A superioridade aeronaval da república foi o primeiro inconveniente tático que os generais rebeldes tiveram de superar. Para isso, negociaram a ajuda de Mussolini e de Hitler, que olharam com interesse a possibilidade de contar com um satélite na Península Ibérica. Com os aviões italianos, os rebeldes puderam transportar o exército africano até a Andaluzia. No começo de agosto, era evidente que os golpistas tinham fracassado na sua

A Guerra Civil Espanhola foi também uma guerra ideológica, em que a propaganda política teve um papel de destaque. Na imagem, um cartaz anarquista que convida os operários e os camponeses a unirem-se em prol da vitória.

tentativa de substituir pela força o governo republicano à maneira dos pronunciamentos do século XIX, mas ainda podiam ganhar a guerra que estava apenas começando.

Acontecimentos políticos e militares

Os dois bandos precisavam organizar-se política e militarmente para acometer uma guerra que seria longa. O grupo rebelde, que inicialmente tinha se constituído na forma de um diretório militar com a liderança (discutida) do general Sanjurjo, em outubro de 1936 consolidou-se em torno de um comandante único: o general Francisco Franco, que foi elevado à chefia do Estado como caudilho e recebeu o título de *generalísimo*, o que lhe dava o comando supremo das forças armadas. Essa rápida organização do bando rebelde e a sua unificação hierárquica sob o caudilho foram algumas das razões principais da vitória militar dos franquistas.

O regime de Franco que estava se forjando durante a guerra assumiu logo o modelo nazifascista. A própria denominação de *caudillo* era a transposição ao castelhano dos equivalentes *duce* ou *führer*. O franquismo nasceu como uma ditadura militar com anseios de totalitarismo. A unidade de comando levou à unificação de todas as forças políticas que colaboraram no "alçamento" (falangistas, carlistas, monárquicos e um setor da CEDA) em um Movimento Nacional: a Falange Espanhola Tradicionalista e das JONS (FET-JONS), que misturou ideologia e simbologias das distintas correntes políticas inscritas no franquismo. Essa unificação efetuou-se em abril de 1937 e não esteve isenta de confrontos. Os principais líderes falangistas (Hedilla) e carlistas (Fal Conde) opuseram-se a essa medida do caudilho e foram condenados a penas de prisão ou de exílio. Franco instrumentalizou FET-JONS ao seu livre alvedrio. Devia servir para formar quadros dirigentes e fazer de *claque* nos atos públicos – como antigamente, nos teatros, para animar as pessoas a aplaudir no fim das encenações –, mas em hipótese nenhuma o Movimento Nacional poderia ir de encontro às decisões do chefe do Estado.

Os governos de Franco tiveram sua primeira sede em Salamanca, mas a capital do bando rebelde foi transferida para cidade de Burgos, até a queda de Madri em março de 1939. A administração franquista ditou algumas normas que marcaram seu caráter corporativista e filofascista. Uma delas, o *Fuero del trabajo* (1938), estava claramente inspirada na *Carta del lavoro* italiana, mas com alguns toques de catolicismo social. Eliminava qualquer referência aos sindicatos de classe e substituía-os por sindicatos verticais, com representação mista dos patrões, dos trabalhadores e do Estado.

O bando republicano teve grandes dificuldades para organizar-se de forma unitária. Nos primeiros momentos do golpe de estado, os partidos políticos e os sindicatos repartiram armas entre a população e organizaram milícias que só atendiam às ordens do próprio partido ou sindicato. Do lado do exército republicano governamental, coexistiam as milícias anarquistas, trotskistas, socialistas etc., que não respeitavam a disciplina que a duras penas o Estado-maior lutava para impor.

Politicamente, o bando republicano dividiu-se em dois blocos antagônicos: os que achavam que a guerra brindava com uma oportunidade histórica a possibilidade de uma revolução social e os que afirmavam que a prioridade devia ser ganhar a guerra, pois sem a vitória qualquer tentativa revolucionária desmoronaria. Entre os primeiros estavam os anarquistas e os trotskistas do POUM, que aproveitaram o estampido do conflito para coletivizar fábricas e terras. Entre os segundos estavam os comunistas, cujo poder aumentou durante a guerra, e os socialistas, cada vez mais escorados para a extrema esquerda. Seu líder, Largo Caballero, ocupou a presidência do governo a partir de setembro de 1936 e esforçou-se em reorganizar o bando republicano, em um

O regime de Franco adotou, desde o início, um discurso
e uma estética de sabor claramente fascista, alentada pela aliança
com a Itália de Mussolini e a Alemanha de Hitler.

Entre Franco e Salazar houve, desde o começo da guerra civil, um clima de amizade e aliança, não isento das habituais desconfianças mútuas que têm presidido por séculos as relações entre espanhóis e portugueses.

momento em que as tropas de Franco haviam tomado a Andaluzia oriental e avançavam através de Extremadura e Toledo até Madri. Na capital, a população preparou-se para resistir sob o lema *No pasarán*.

Stalin foi o único estadista que acudiu em socorro da República espanhola. A presença de armamento e instrutores soviéticos foi crescente a partir do mês de setembro (coincidindo com a posse do governo de Largo Caballero) e permitiu que os comunistas ganhassem força nas instituições civis e militares da República. O sucesso na defesa de Madri fez com que, a partir de fevereiro de 1937, Franco apontasse para outros objetivos: Málaga (que foi conquistada sob um terrível massacre) e as regiões cantábricas, que concentravam grande parte da riqueza mineira e industrial do bando republicano. Durante a campanha de conquista do País Basco, a cidade de Gernika foi bombardeada (abril de 1937) pelos aviões alemães. A localidade, na qual só habitavam civis, era alvo

Desde finais de 1936, após o fracasso do ataque a Madri, a guerra transformou-se em um longo e desgastante conflito, com lentos avanços de tropas. Algumas cidades foram intensamente bombardeadas no curso da guerra (como Gernika, na imagem) e a população civil virou alvo militar.

não apenas de interesse estratégico, pois era um nó rodoviário, mas sobretudo simbólico, já que nela eram jurados os foros bascos. Gernika foi atacada com bombas incendiárias em um dia de feira, o que multiplicou os efeitos devastadores da matança.

Enquanto a República conservava a capital mas recuava nos outros *fronts*, as divisões internas fizeram-se mais intensas. A tensão entre comunistas e anarquistas explodiu em Barcelona no mês de maio. A CNT e o POUM ocuparam o prédio da Telefónica, controlando assim as comunicações. O PSUC (partido comunista catalão) e a *Generalitat* reagiram e atacaram militarmente as posições anarquistas. Depois de vários dias de confrontos – conhecidos como os "fatos de maio" –, os comunistas tomaram o controle da situação. Importantes líderes anarquistas e trotskistas (como o dirigente do POUM, Andreu Nin) foram presos e deportados para Madri, onde sofreram torturas até a morte em *checas*[4] do partido comunista. Os acontecimentos de Barcelona provocaram a queda de Largo Caballero e a sua substituição por Juan Negrín. Com essa mudança de governo, assinalou-se a virada definitiva da república para posições soviéticas. O exército foi reorganizado conforme as instruções da URSS, e as milícias dos partidos e dos sindicatos foram dissolvidas, às vezes em meio a graves confrontos.

No verão de 1937, o País Basco, a Cantábria e as Astúrias estavam sob a posse dos rebeldes. Franco pôde retirar tropas do norte para tentar um novo avanço sobre Madri. Mais uma vez a capital resistiu ao ataque dos franquistas. No fim do ano, o bando republicano viu-se com forças para contra-atacar. O alvo foi a cidade de Teruel, que foi conquistada no mês de dezembro. Os rebeldes não aceitaram essa derrota e revidaram. Por dois meses e sob temperaturas gélidas (de até -20º C), Teruel foi o cenário das principais lutas entre os dois bandos. A definitiva expulsão dos republicanos dessa cidade aragonesa foi aproveitada pelos franquistas para avançar até o Mediterrâneo, atravessando a província de Castelló. Com tal manobra, os rebeldes dividiram o território republicano em duas partes: Castela-a-Nova, Valência, Múrcia e Andaluzia oriental, por um lado, e Catalunha, pelo outro.

A Batalha do Ebro (setembro-novembro de 1938), em que lutaram mais de duzentos mil soldados, foi a última tentativa da República para vencer a guerra. Com a sua derrota, a Catalunha já estava perdida. As tropas de Franco entraram em Barcelona em janeiro de 1939. As chances de a república ganhar a guerra eram praticamente nulas, mas Negrín preferiu lutar até o fim, à espera do início de uma guerra europeia que parecia iminente. As divisões internas no bando republicano, entretanto, frustraram esse plano. Em março, o coronel Casado rebelou-se contra o governo filocomunista de Negrín e abriu o caminho para a entrada das tropas de Franco em Madri. Em 1º de abril de 1939 era transmitido o comunicado que declarava o fim da guerra.

Repercussão internacional

A guerra de 1936-39 foi muito além de um confronto civil entre espanhóis. A causa dos dois grupos despertou a atenção, a simpatia e a colaboração de pessoas e entidades internacionais. O progresso na mídia audiovisual (rádio, cinema e fotografia) fez com que esse conflito fosse muito difundido pela imprensa e que a opinião pública internacional tivesse uma visão bastante completa do horror que foi a Guerra Civil Espanhola.

Enquanto o grupo franquista conquistou facilmente o apoio de Mussolini e de Hitler, que contribuíram com tropas e armas (em alguns casos ainda experimentais) à causa rebelde, o grupo republicano só recebeu boas palavras de seus aliados naturais, a França e a Grã-Bretanha. As chancelarias de Paris e de Londres preferiram não intervir na guerra, tratada como um assunto interno espanhol. Em lugar de prestar socorro à República, organizaram um Comitê de Não Intervenção, que foi uma farsa. Itália e Alemanha fizeram pouco caso das recomendações desse comitê e deslocaram para a Espanha vários milhares de soldados.

O governo republicano só pôde equilibrar a balança mediante um acordo militar com a União Soviética, o único aliado (junto com o México de Lázaro Cárdenas) que ofereceu armamento e suprimentos à República. Mas o acordo com Stalin não foi de graça. O Kremlin exigiu que as reservas de ouro do Banco da Espanha fossem evacuadas de Madri e trasladadas ao porto russo de Odessa para sua "custódia". Esse ouro jamais voltou aos cofres espanhóis (o que seria usado demagogicamente por Franco em muitas ocasiões), já que serviu de pagamento aos serviços prestados pela URSS.

Além da intervenção dos Estados, a causa republicana levantou a simpatia de muitos militantes de esquerda que se alistaram voluntariamente para lutar contra o fascismo. Esses voluntários integraram as Brigadas Internacionais, as quais, coordenadas em Albacete, foram decisivas em muitas batalhas.

Entre os brigadistas, estavam alguns intelectuais de primeira linha, que deixaram preciosos testemunhos de sua passagem pela guerra civil. Foi o caso, por exemplo, de Ernest Hemingway, que relatou suas vivências no romance *Por quem os sinos dobram*, ou de George Orwell, autor de *Homenagem à Catalunha*.

Saldo da guerra civil

A cifra de um milhão de mortos fez sucesso nos meios literários e jornalísticos. Porém, não possuímos dados que sustentem esse número. A informação de que hoje dispomos sugere uma cifra de cerca de 200 mil mortos, à qual deveríamos acrescentar outros 300 mil exilados. Fora os abatidos nos campos de guerra, há uma cifra também indeterminada daqueles que sofreram represálias políticas. Desde os primeiros dias

Além das vítimas dos campos de batalha, a guerra provocou a perseguição cruel dos rivais políticos. A repressão foi praticada por franquistas e republicanos desde os primeiros dias do confronto civil e foi continuada pela ditadura de Franco.

do conflito armado, ambos os bandos praticaram uma consciente erradicação de opositores, feita de forma totalmente irregular e sem nenhum tipo de controle jurisdicional. Não era raro encontrar nos acostamentos das estradas corpos sem vida de pessoas cujo único erro era não coincidir ideologicamente com o bando que controlava o território naquele momento. A repressão foi indiscriminada nas primeiras semanas da guerra, com fuzilamentos sumários em cemitérios ou descampados e toda vez que era conquistada uma localidade. Cenas de crueldade, como as registradas na praça de touros de Badajoz ou em Paracuetos del Jarama, demonstravam que nenhum dos dois grupos era inocente no quesito da repressão.

Nos últimos anos, vem sendo feito na Espanha um trabalho de micro-história, que, apoiado na metodologia da história oral e da história local, faz um levantamento exaustivo, localidade por localidade, do ocorrido durante a guerra e as vicissitudes de suas vítimas. A descoberta ainda hoje de valas comuns, mais de sessenta anos depois do fim do conflito, indica-nos que falta muito para conhecermos exatamente o saldo de vítimas da guerra civil.

A diáspora republicana

O drama humano do bando republicano não acabou em 1º de abril de 1939. Muitos dos que fugiram para a França por medo das represálias franquistas encontraram-se no país vizinho com um panorama desolador. O governo francês, perante a avalanche de centenas de milhares refugiados espanhóis, não pôde (ou não soube) tomar as medidas

Franco reuniu-se com Hitler em Hendaia (outubro de 1940) para estudar uma possível intervenção da Espanha na Segunda Guerra Mundial. No entanto, o país ficou à margem do conflito, mas como "potência não beligerante", condição que manteria até 1942, quando o regime de Franco optaria pela neutralidade.

adequadas para conter essa catástrofe humanitária. Os refugiados foram presos em campos de concentração improvisados em praias do litoral do Languedoc. Rodeados de arames farpados, vigiados por soldados senegaleses e sem comida nem água potável, uma massa humana de veteranos da guerra e suas famílias tinham de sobreviver de qualquer maneira sob o céu raso, fazendo suas necessidades no mar.

Com a invasão alemã da França (junho de 1940), alguns desses republicanos foram deslocados para campos de concentração nazistas. Em Dachau e Mauthausem, entre outros, pereceram centenas de ex-combatentes republicanos. Outros conseguiram escapar da perseguição do III Reich e puderam alistar-se na resistência.

Mais sorte tiveram os que conseguiram refugiar-se na América Latina. Países como México receberam os exilados espanhóis de braços abertos e permitiram a constituição de um governo republicano no exílio, ao qual era atribuída a legitimidade da representação internacional da Espanha.

O país perdeu a nata de sua *intelligentsia*. Tiveram de exilar-se escritores como Rafael Alberti, Max Aub, Francisco Ayala, Josep Carner, Luis Cernuda, León Felipe, Juan Ramón Jiménez, Pedro Salinas, Ramón J. Sender e María Zambrano, pensadores como José Ortega y Gasset, Américo Castro, Nicolás Sánchez Albornoz e Salvador de Madariaga, compositores como Manuel de Falla e médicos como Gregorio Marañón e Josep Trueta. A Espanha perdeu seus melhores cérebros. Alguns deles conseguiram voltar anos mais tarde, mas o clima cultural sob a ditadura era desesperançador. A guerra truncou as brilhantes gerações de intelectuais do começo do século. A concessão em 1956 do prêmio Nobel de literatura a Juan Ramón Jiménez (que passou despercebida na Espanha de Franco) foi uma homenagem ao exílio espanhol.

"UMA, GRANDE E LIVRE"... OU QUASE

O discurso imperialista

A Espanha saiu da guerra civil arruinada econômica e moralmente. A fome e as epidemias foram o pão de cada dia de um país devastado por uma conflagração fratricida. Enquanto isso, o governo do general Franco parecia viver de quimeras. O discurso imperialista que impregnara as filas da Falange nos anos republicanos foi tomado de empréstimo pelo regime franquista. Como tantos outros militares formados no pós-1898, Francisco Franco acreditava que a Espanha tinha sofrido por demasiado tempo uma crise de identidade. A guerra civil servira para extirpar a "anti-Espanha", que, como um câncer, supostamente corroía o corpo social do país. Agora era necessário encaminhar a "Espanha autêntica" aos elevados patamares que haviam sido atingidos no século XVI. Os Reis Católicos foram venerados como santidades de um panteão laico, e a época dos Áustrias maiores foi o referencial político e estético do novo regime. Stanley Payne tem descrito Franco como o governante espanhol que teve mais poder desde Felipe II, com a diferença de que o caudilho dispôs de um Estado moderno com uma sofisticada maquinaria propagandística.

Quando começou a Segunda Guerra Mundial, a Espanha de Franco recebeu pressões para entrar no conflito como aliada do III Reich. Franco titubeou, e na reunião que teve com Hitler em Hendaia (outubro de 1940) ofereceu a intervenção espanhola na guerra em troca de uma série de compensações territoriais (Portugal, Gibraltar, a Catalunha francesa, todo o Marrocos e a região argelina de Oran). Hitler percebeu que as contrapartidas exigidas pelo caudilho não condiziam com a capacidade bélica real da Espanha, deprimida economicamente e com uma malha de transportes muito precária. A solução encontrada foi manter a Espanha em *status* de "não beligerante". Mesmo assim, ela forneceu ao eixo Roma-Berlim minérios e outros suprimentos. A intervenção militar espanhola limitou-se ao agrupamento de voluntários, a Divisão Azul, que lutou na União Soviética.

A partir de 1943, devido aos fracassos de alemães e italianos, Franco mudou a posição de seu governo e a Espanha assumiu uma neutralidade. Entrementes, os espanhóis eram constantemente bombardeados, nas escolas, nos teatros, nos cinemas, nos centros recreativos para crianças e adolescentes, no rádio e nos jornais, com um discurso imperialista, que evocava as façanhas dos conquistadores e apregoava um novo amanhecer para a Espanha. Os filmes da produtora Cifesa (com a qual o próprio Franco colaborou como roteirista do filme *Raza*) exibiam a grandeza do passado e os valores imortais da pátria a um povo faminto e assediado por pragas causadas pela subnutrição.

A vitória dos aliados na Segunda Guerra Mundial prenunciou que fossem decretadas sanções contra o regime de Franco, o último expoente do fascismo na Europa. A Espanha ficou isolada internacionalmente, piorando ainda mais a grave situação interna do país. Somente a Santa Sé e a Argentina de Juan Domingo Perón mantiveram relações diplomáticas com o caudilho. Neste último caso, graças ao crédito concedido por Perón, o governo espanhol pôde importar grandes quantidades de carne, que amenizaram a fome de que os espanhóis padeciam. Perón foi o único estadista latino-americano que participou do ideal da *Hispanidad*. No entanto, a inadimplência espanhola esfriou as relações diplomáticas hispano-argentinas a partir de 1948.

O general Franco foi objeto de um intenso culto à personalidade. Na imagem, o caudilho é apresentado como um cruzado que salvou a pátria dos infiéis.

A repressão

O franquismo nasceu e morreu matando. A repressão de "vermelhos e separatistas" continuou, inclusive com mais virulência, após o fim da guerra. Foram instaurados tribunais especiais para o julgamento de "maçons e comunistas", e a administração pública foi depurada de indivíduos suspeitos de republicanismo. Uma das piores expurgações foi praticada na escola pública, com a eliminação (às vezes até física) de professores de orientação progressista ou que utilizassem métodos pedagógicos modernos. Os avanços educativos da República foram substituídos nas salas de aula pelo crucifixo e os retratos de Franco e de José Antonio Primo de Rivera ("o Ausente"). O ensino crítico e voltado à formação de gerações abertas ao diálogo foi substituído pelos 26 pontos da Falange, a formação pré-militar e a reza do rosário.

Salvo contadas exceções, a hierarquia católica espanhola, com seu cardeal primado Pla i Deniel (na foto), aderiu à rebelião dos generais contra a Segunda República.

Os cárceres ficaram por muitos anos lotados de presos políticos. Em muitos casos, tratavam-se apenas de soldados que lutaram no bando republicano por culpa das circunstâncias. Tribunais militares examinavam os casos e assinavam as sentenças de morte quando achavam oportuno – normalmente sem provas. A repressão franquista teve um alto componente inquisitorial. Os réus raramente sabiam quais as acusações que pesavam sobre eles ou de quem provinham as denúncias. Às vezes, as incriminações eram totalmente absurdas, como "ter se levantado contra o governo legítimo", quando na realidade os rebeldes eram os acusadores. A tortura e os maus-tratos foram dispensados de forma habitual, sem nenhum tipo de controle. Inumeráveis casos de mortes ocorreram nas prisões devido às condições de insalubridade.

Além da repressão física, que alcançou proporções de genocídio, houve a repressão das ideias. Uma férrea censura impôs-se sobre todas as publicações e mídias audiovisuais. O Ministério de Imprensa e Propaganda transmitia diariamente as *consignas*, notícias e artigos de opinião, que deviam ser incluídos forçosamente nas edições escritas, assim como instruções sobre o modo em que deviam ser tratados informativamente determinados assuntos da atualidade.

O nacional-catolicismo

A partir de 1945-46, o franquismo esforçou-se para mostrar uma face distinta do fascismo. A repressão diminuiu, embora execuções de presos políticos (que durariam até o começo da década de 1960) continuassem a ser praticadas, e a ditadura tratou de trocar a etiqueta de "totalitarismo" pela de "autoritarismo".

Do nacional-sindicalismo falangista inicial, passou-se ao "nacional-catolicismo". Franco quis mostrar-se ao mundo como o sentinela do Ocidente, o qual, como um "martelo de hereges", evitaria a propagação do marxismo na Península Ibérica. Retirou boa parte da simbologia fascista que tanto havia sido explorada nos primeiros anos da ditadura e substituiu-a por um conservadorismo de tipo paternalista, sob a estrita disciplina militar e com a bênção do altar.

O regime, que nos anos 1940 atravessara diversas fases de crise, de invasões dos *maquis* até tentativas de restauração monárquica, aproximava-se dos anos 1950 em plena consolidação. A assinatura da Concordata com a Santa Sé e os Pactos de Amizade e Colaboração com os Estados Unidos avalizaram a ditadura de Franco no plano internacional. Antes condenada, a Espanha passava agora a ser membro efetivo das Nações Unidas e acessava as recomendações e linhas de crédito das instituições de Bretton Woods. Ainda que o país tenha ficado fora do Plano Marshall, decisivo para

O Partido Comunista da Espanha encabeçou a oposição à ditadura franquista, na clandestinidade e mediante o apoio do bloco soviético. Na imagem, o congresso do partido de 1959, celebrado em Praga.

uma rápida retomada das economias da Europa Ocidental no pós-guerra mundial, a Espanha de Franco recebeu importante ajuda dos Estados Unidos. Como contrapartida pela cessão de bases militares em território espanhol, os norte-americanos contribuíram com a modernização do exército e com a construção de obras de infraestrutura. Franco tornou-se, assim, um importante aliado para o flanco mediterrâneo, e sua anterior aliança com Hitler e Mussolini foi facilmente esquecida. A ajuda norte-americana foi um dos pilares que sustentaram a ditadura espanhola e permitiram sua longa duração.

O antimaçônico Franco não teve escrúpulos em abraçar Eisenhower, quando este presidente dos Estados Unidos visitou Madri. O caudilho não negava que a democracia liberal pudesse funcionar em outros países, mas afirmava que esta não dava certo na Espanha. Para os espanhóis era necessário – segundo o ditador – um traje sob medida, castiço, católico e autoritário, que se adaptasse às peculiares medidas do corpo social hispânico.

A Igreja Católica ofuscou a vida pública espanhola. A Espanha converteu-se em um reduto do integrismo católico, em uma manifestação conjunta de política e religião inédita na Europa ocidental do século xx. Seguramente deveríamos deslocar-nos ao Irã de Khomeini para acharmos uma demonstração parecida de fundamentalismo religioso. Os bispos dispunham de poder de censura sobre a mídia escrita e audiovisual e a moral católica estava presente na ideologia dominante do Estado. Esse protagonismo de uma Igreja que santificava a guerra civil como se fosse uma cruzada contra os infiéis e que preconizava que Franco era caudilho da Espanha "pela graça de Deus" não esteve isento de tensões com as outras "famílias" do regime. Estão documentados alguns protestos de falangistas diante de uma predominância católica que eles consideravam excessiva. Mas a queda de braço entre falangistas e católicos foi vencida por estes últimos. O próprio Franco era um fervoroso cristão, que ouvia a missa com devoção e que tinha no seu dormitório "o braço incorrupto de Santa Teresa", uma relíquia à qual eram atribuídos poderes milagrosos.

A triste realidade cotidiana

Até os anos 1960, a vida na Espanha foi triste e cinzenta. O racionamento dos produtos de primeira necessidade só acabou em 1952. O governo praticou uma economia de guerra, mediante a qual as colheitas eram apreendidas e vendidas nos mercados formais a preços taxados pelas autoridades. Para poderem comprar os alimentos e outros bens de consumo, como o tabaco, as famílias recebiam mensalmente cartilhas de racionamento, cujos cupons podiam ser trocados por leite, farinha ou azeite. Essa política de controle de preços engrandeceu o mercado negro (*estraperlo*), ao qual as famílias tinham de recorrer para completar a dieta de seus integrantes. Os anos 1940 foram uma época de muita corrupção, em que grandes contrabandistas e *estraperlistas* conseguiam que as autoridades fizessem vistas grossas ao seu enriquecimento às custas da fome dos espanhóis. No *estraperlo* estiveram envolvidas todas as camadas sociais, dos agricultores que escondiam parte de suas safras aos governadores civis que toleravam os abusos, passando por vendedores ambulantes, policiais, padeiros e altos funcionários da administração. Todos tinham no *estraperlo* a principal (ou única) via de sustentação de suas famílias, em um momento em que na Espanha havia pessoas que morriam de fome.

Javier Tusell comparou a política econômica que Franco praticou nas duas primeiras décadas de sua ditadura à maneira como um sargento distribui a verba de seu quartel. Realmente, nem o caudilho tinha ideias econômicas muito avançadas nem a situação de isolamento internacional permitia grandes experimentos. Em parte por vontade

A pobreza extrema agravou-se nos anos posteriores à guerra civil.
Os anos 1940 foram uma época de privações e miséria.

política e em parte porque não havia alternativa, a Espanha viveu esses anos imersa na autarquia. A entrada e saída de divisas foi estritamente controlada, e a maioria da produção nacional era dedicada ao autoconsumo. A importação de combustíveis caiu vertiginosamente e foi necessário encontrar outras soluções para reduzir o consumo de gasolina. Muitos carros passaram a utilizar o *gasógeno*, um gás resultante da combustão de cascas de amêndoas. Em outros muitos âmbitos do dia a dia, a população teve que apurar o engenho e arrumar diferentes formas de atender às suas necessidades domésticas.

O clima de estagnação econômica (até a segunda metade dos anos 1950, o PIB *per capita* espanhol não voltou à situação de 1936) e a asfixiante ditadura política fizeram com que, para muitos jovens espanhóis, a única esperança fosse emigrar. Venezuela, Colômbia, México e Canadá, na América, e França, Suíça, Holanda e Alemanha, na Europa, foram os destinos preferidos dos emigrantes espanhóis. Calcula-se que no começo de 1970 havia aproximadamente dois milhões de espanhóis residindo no exterior.

As mutações da ditadura

Franco soube permanecer no poder quase quarenta anos, registrando uma das chefias do Estado mais longas da história da Espanha. A causa dessa longevidade política encontra-se no caráter camaleônico de seu regime. O franquismo começou como a versão espanhola dos fascismos europeus. E assim foi considerado em 1945 pela Assembleia Geral das Nações Unidas, que lançou uma condenação sem paliativos contra a ditadura. Mas em 1945 o regime de Franco começou a mudar e foi se despindo de uma parte da simbologia e da ideologia totalitária. No começo dos anos 1950, a Espanha de Franco era uma ditadura militar, conservadora e católica, que ainda mantinha algo dos sonhos imperiais de dez anos antes, mas que se esforçava por arrancar os elementos nazifascistas que a marcaram a princípio.

No fim da década de 1950, o franquismo experimentaria uma terceira mutação e derivaria em uma ditadura desenvolvimentista, que aos poucos buscava convergir com a rica Europa Ocidental e que inclusive tentava dotar-se de instituições pseudodemocráticas. Era o franquismo do "desenvolvimentismo". Somente nos últimos anos, quando Franco já era um ancião e diante das dúvidas que assaltaram a classe dirigente sobre a sua sucessão, o franquismo voltou a ser uma ditadura virulenta e agressiva e os instrumentos repressivos do estado policial foram reforçados.

O DESENVOLVIMENTO, AS SUECAS E O SEISCENTOS

Os planos de desenvolvimento

Um conflito universitário em 1956 serviu de pretexto para que o caudilho reformulasse o governo e decretasse a saída dos ministros falangistas. Franco efetuou, então, uma reforma drástica de seu gabinete e permitiu a entrada de alguns economistas e juristas da Opus Dei. Eram, no geral, pessoas novas, simpáticas ao regime, mas com ideias mais aberturistas e, sobretudo, com projetos renovadores para a política econômica. Nomes como Ullastres, López Rodó ou López Bravo capitanearam a saída da Espanha da autarquia em que vivia desde os anos da guerra e a sua inserção em uma economia cada vez mais internacionalizada.

O Seat 600 foi o sonho de consumo dos espanhóis na década de 1960.

O primeiro passo foi a aprovação do Plano de Estabilidade Econômica (1959), seguindo algumas das receitas sugeridas pelo Banco Mundial. Esse plano assentou as bases do "milagre econômico" dos anos 1960, por meio da supressão de certos controles externos, a eliminação de alguns entraves à iniciativa empresarial e a manutenção da inflação em níveis aceitáveis.

O segundo passo foi a promulgação dos Planos de Desenvolvimento. O primeiro foi posto em prática a partir de 1963 e tinha validade de quatro anos. Esses planos fixavam metas para o desenvolvimento econômico, dando prioridade às atividades industriais. Com boas intenções, seus defensores desejavam conjugar os mecanismos da economia capitalista e de livre mercado com a supervisão do governo, reduzindo, assim, as desigualdades territoriais e descentralizando a indústria de suas sedes históricas (Catalunha e o País Basco). Desenharam-se polígonos industriais em quase todas as capitais de província e fomentou-se o envolvimento dos sindicatos verticais com os projetos industrializadores. Contudo, foram poucos os resultados. Somente Madri e sua periferia, graças à concentração de bancos e de empresas do setor público, desenvolveram um tecido industrial notável; em muitos outros casos, os polígonos industriais serviram como entrepostos logísticos.

Empresas como a montadora de carros Seat (que produzia na Espanha modelos sob patente da italiana Fiat) exemplificam os resultados benéficos da intervenção do Estado na economia. Porém, a decolagem econômica espanhola deveu-se em grande medida à iniciativa privada, ajudada agora por um marco legislativo muito mais liberalizador.

O turismo de massas

Ao contrário do que pensavam as mentes econômicas do franquismo, a prosperidade espanhola dos anos 1960 não teve seu motor principal na indústria, mas no setor dos serviços. O progresso do transporte aéreo, com os aviões a jato e os voos *charter*, que facilitavam as comunicações rápidas e baratas com as principais capitais europeias, marcou o início do turismo de massas.

Esse fenômeno não pode ser entendido sem levarmos em consideração a recuperação econômica europeia do pós-guerra mundial. A melhora das condições de vida dos cidadãos europeus, inclusive daqueles que pertenciam à classe operária, estendeu o privilégio das férias no exterior a todas as camadas sociais. A Espanha foi um destino preferencial dos turistas europeus por vários motivos: a benignidade do clima, com um verão seco e quente; o desnível no poder aquisitivo dos nativos, que fazia da Espanha um país interessante pelo baixo custo da hospedagem e da oferta complementar; e, finalmente, o uso de alguns traços culturais que faziam da Espanha uma marca de reconhecido prestígio no mercado hoteleiro internacional, que atraía o turista pela sua mistura de festa, mistério e exotismo.

A exploração do setor turístico foi, antes de tudo, fruto da iniciativa privada, que desde o primeiro momento entendeu que esse negócio podia tornar-se uma "galinha dos ovos de ouro". Empreendedores de distintos pontos da bacia mediterrânea, normalmente com mais ímpeto do que capital para o investimento, foram construindo aos poucos uma infraestrutura hoteleira que hoje permite à Espanha receber mais de 50 milhões de visitantes ao ano. As regiões pioneiras desse processo, que começou por volta de 1950, foram as ilhas Baleares e as porções litorâneas da Catalunha e do País Valenciano. O sucesso das empresas turísticas canalizou um deslocamento populacional das regiões do centro e sul da Península Ibérica para os núcleos de maior efervescência hoteleira. Dessa forma, os empresários do ramo contaram com uma mão de obra barata para atender às necessidades de pessoal de um setor que crescia vertiginosamente.

Uma das principais causas da decolagem econômica da Espanha nos últimos 50 anos é a expansão do setor turístico. Na imagem, banhistas em uma praia da ilha canária de Lanzarote.

O Estado não demorou para captar a relevância que o setor turístico poderia adquirir no médio prazo. Em 1962, foi criado o Ministério de Comunicações e Turismo, em substituição ao anterior Ministério de Imprensa e Propaganda, de conotações goebbelianas. À sua frente, foi nomeado o professor de direito Manuel Fraga Iribarne, um dos políticos mais carismáticos da nova leva. Fraga fez um destacado trabalho de projeção internacional da Espanha como destino das férias. O slogan *Spain is different* foi um acerto em termos de *marketing* turístico, ao conseguir atrair a curiosidade do visitante sem esconder uma realidade muito diferente (política, econômica e socialmente) da do resto da Europa Ocidental. Espanha era diferente em termos políticos (uma ditadura em uma Europa Ocidental dominada pelas democracias parlamentares) e econômicos (o PIB *per capita* espanhol era bem inferior ao dos seus vizinhos do norte).

O turista de número um milhão foi festejado com todo tipo de obséquios e mordomias. Outras campanhas dessa mesma natureza foram lançadas para potencializar uma imagem positiva do país, mesmo que a imprensa internacional denunciasse os crimes da ditadura. Fraga também tentou expandir os benefícios do turismo a outras regiões mais carentes. A remodelação de sítios históricos (castelos, conventos etc.) e a sua reconversão em *paradores* foi uma das primeiras iniciativas de atração de um "turismo de qualidade", que não estivesse interessado apenas em tomar o sol e beber *sangría* barata, mas que também demonstrasse curiosidade pelo patrimônio histórico-artístico espanhol.

Contudo, as consequências do turismo foram além do puramente econômico. O contato com pessoas do norte da Europa foi mudando algumas concepções que os espanhóis tinham em relação à religião, à democracia e à liberdade. A Europa não era mais um mito distante, mas uma realidade que fazia uma visita todos os verões, deixava lá seu dinheiro e às vezes até se deitava com eles na cama. O mito das suecas desinibidas, tão explorado pelas chanchadas da época, teve mais efeito sobre a moral católica que os escritos de todos os intelectuais anticlericais.

A transformação da sociedade

Em 1964, o regime franquista comemorou os "25 anos de paz", ainda que teria sido mais apropriado falar de "25 anos de vitória". Nesses cinco lustros, a sociedade espanhola tinha mudado muito. E com ela a ditadura, porém mais devagar e em menor intensidade. Se em 1939 a ditadura buscava justificativas no plano ideológico, em 1964 o principal argumento usado pelo regime para justificar sua permanência no poder era o bem-estar de um povo que desfrutava da plena ocupação e que percebia que sua renda e sua capacidade de consumo aumentavam ano após ano. A essa altura, a oposição abandonara a crença de que Franco pudesse ser derrubado e esperava que chegasse a hora da morte do ditador para que as liberdades democráticas pudessem ser recuperadas. O governo republicano no exílio teve um papel puramente de testemunho, e sua relevância internacional era quase nula.

A maioria da população também vivia alheia às questões políticas. A ditadura e o crescimento econômico mantiveram muitos espanhóis distanciados das lutas políticas (a partir de 1960 foram muito escassas as novas filiações ao Movimento Nacional) e se preocuparam preferencialmente com o pluriemprego que permitia pagar as parcelas da hipoteca do apartamento e do automóvel. O Seat 600 foi o sonho de consumo de muitos espanhóis, que tinham nesse carro um meio de locomoção rápido e econômico. O 600 dava autonomia às famílias de classe média, tanto para acudir ao centro de trabalho como para sair aos domingos e preparar uma *paella* no campo.

A irrupção da sociedade de consumo mudou os hábitos
das famílias espanholas na década de 1960.

Nos anos 1960, os espanhóis entraram de cabeça na sociedade de consumo. As casas se encheram de utensílios domésticos e o televisor ocupou um lugar quase sagrado nas salas de estar. A publicidade incrementou a sua presença e orientou os gostos dos consumidores para determinados produtos. A sociedade de consumo brindava com possibilidades quase infinitas as gerações que cresceram entre as penúrias do mísero pós-guerra. Mas acompanhar o crescimento do consumo requeria aumentar as receitas familiares. Paulatinamente, as mulheres foram se incorporando ao mercado de trabalho, mesmo depois de casadas. Esse fato, mais a extensão dos métodos contraceptivos e de planificação familiar, emancipou as mulheres do jugo marital, em um processo longo que ainda não está resolvido por completo.

Enquanto os pais contavam até a última peseta para pagar as contas, os filhos, nascidos anos depois da guerra e crescidos em um ambiente com mais possibilidades, sentiam-se insatisfeitos com a situação do país. O clima contracultural dos anos 1960 fomentou a rebeldia juvenil de uma geração que não tinha conhecido os rigores da guerra civil. Contagiados pelo espírito revolucionário do maio francês, os jovens espanhóis dessa década enfrentaram um regime que limitava sua capacidade de crescimento pessoal. A universidade voltou a ser um caldeirão de ideias, opiniões e o embrião de uma cultura do protesto, com seus símbolos, cantores e bandeiras. No seio das famílias produziu-se um conflito de geração entre os pais, que se mostravam satisfeitos e conformes com uma realidade que parecia impensável vinte anos atrás, e os filhos, que exigiam mais cotas de liberdade. Movimentos alternativos, como a cultura *hippie*, ou os clandestinos partidos políticos de esquerda deram voz aos anseios de uma geração inconformada com as convenções sociais que não deixavam espaço para a imaginação e para a utopia.

O regime realmente não respondeu aos sonhos de liberdade dos jovens espanhóis. Realizaram-se algumas reformas cosméticas, como a supressão da censura prévia (1966) ou a promulgação da Lei Orgânica do Estado (1967), uma criptoconstituição que evitava usar este termo característico da tradição liberal, na qual se proclamava a "democracia orgânica", isto é, uma ditadura um pouco mais regulamentada. Embora houvesse um grau maior de liberdade no tocante à transmissão de ideias, os movimentos estudantis foram rigorosamente perseguidos e os professores que difundiam pensamentos "subversivos" eram monitorados e punidos. Nos anos finais do franquismo, as prisões voltaram a encher-se de presos políticos.

Uma mudança brusca nos últimos anos da ditadura deu-se no seio da Igreja Católica. O tradicional aliado do caudilho, desde os primeiros meses da guerra civil, experimentou um processo de renovação interna durante os pontificados de João XXIII e Paulo VI. A Igreja que nasceu do Concílio Vaticano II tentava enterrar os aspectos mais rançosos herdados de Trento e pretendia abrir-se às novas realidades do mundo contemporâneo. As missas em latim foram substituídas pelas liturgias em vernáculo (inclusive nas línguas regionais que não estavam reconhecidas pela ditadura) e as questões políticas e sociais passaram a ocupar um lugar preferencial na agenda dos bispos. A hierarquia católica foi se distanciando aos poucos do regime de Franco e alguns discursos de Paulo VI contra as práticas do regime franquista chegaram a provocar conflitos diplomáticos totalmente impensáveis duas décadas antes. Simultaneamente, jovens padres, imbuídos com os ideais da teologia da libertação, dedicaram-se a atividades manuais para favorecer uma missão pastoral entre os proletários. A figura do "padre operário" que alternava as responsabilidades do sacerdócio com o trabalho no setor da construção, da indústria ou do turismo, começou a ser habitual nos bairros periféricos das grandes cidades. Sob a cobertura da Igreja, desenvolveu-se o sindicalismo católico e filocomunista das Comissões Operárias (CC.OO.), que se aproveitou das estruturas dos sindicatos verticais da ditadura para ir formando um sindicalismo de classe.

"ATADO E BEM ATADO", *PERO NO MUCHO*

A sucessão de Franco

Em julho de 1969, enquanto o mundo estava olhando para a Lua à espera dos resultados da expedição do Apolo XI, o general Franco apresentou perante as cortes o seu sucessor: Juan Carlos de Bourbon, neto do rei Alfonso XIII – deposto em 1931. Juan Carlos recebeu o título de Príncipe da Espanha (um título inédito na história nobiliárquica), com a expectativa de um dia tornar-se o rei Juan Carlos I.

Pouco se sabia sobre o jovem príncipe. Nascido na embaixada da Espanha em Roma, passou os primeiros anos na Itália. Após o fracasso dos monárquicos de restaurar a dinastia Bourbon depois da Segundo Guerra Mundial, um acordo secreto entre o caudilho e Juan de Bourbon, pai de Juan Carlos, estabeleceu que este seria criado na Espanha sob o atento olhar do ditador. Nessa altura não se descartava que Juan Carlos pudesse se tornar o sucessor de Franco, mas tampouco havia algo seguro.

O poder absoluto que Franco detinha dava-lhe uma larga margem de autoridade para decidir sua sucessão. Poderia ter optado por colocar na chefia do Estado alguém de sua família ou ceder a coroa ao ramo carlista dos Bourbon ou designar um conselho militar que se encarregasse de prosseguir o regime franquista. Finalmente, as inclinações monárquicas do ditador o levaram a apostar na carta de Juan Carlos.

Juan Carlos I é proclamado rei da Espanha perante as cortes
(22 de novembro de 1975).

Ainda que o príncipe assistisse a alguns atos solenes do lado de Franco, salvo alguma breve exceção, o futuro rei ficou distante dos órgãos de decisão política e participou pouco ou nada de suas resoluções.

A morte de Franco foi precedida por uma lenta agonia. Desde os últimos anos da década de 1960, o caudilho era uma caricatura de si próprio. Com mostras palpáveis de senilidade, cada recaída na saúde do ditador alimentava novos boatos em Madri sobre o que aconteceria no país quando chegasse a hora do "fato biológico", eufemismo com que se mencionava a iminente morte do chefe do Estado.

Em 20 de novembro de 1975 anunciou-se o falecimento do general Franco. Juan Carlos presidiu os funerais no *Valle de los Caídos*, mausoléu erigido para maior glória dos vencedores da guerra civil e no qual também está enterrado José Antonio Primo de Rivera. A maioria dos governos boicotou o funeral do ditador. O general Pinochet foi o único chefe de Estado estrangeiro que assistiu às exéquias. Poucos dias depois, as cortes proclamaram, "na memória de Franco", Juan Carlos I rei da Espanha. Logo começaram a circular as piadas sobre o novo monarca. No país rondou o temor de que a sucessão na chefia do Estado fosse malograda e tudo acabasse em um banho de sangue. Atribui-se ao líder comunista Santiago Carrillo o apelativo de Juan Carlos I, "o Breve".

A reforma política

O jovem rei, no primeiro semestre do seu mandato, teve de governar juntamente com Arias Navarro, o último primeiro-ministro designado por Franco. Ao contrário do que mandava o protocolo, Arias não apresentou a demissão ao rei. Seguramente, possuía a intenção de atestar que a instauração da monarquia não supusesse nenhuma mudança drástica no funcionamento do regime ditatorial. Só em julho de 1976, após

Adolfo Suárez, nomeado primeiro-ministro em julho de 1976, soube superar as abundantes armadilhas políticas da transição democrática.

uma entrevista do monarca para o semanário *Newsweek*, na qual Juan Carlos I declarava que tinha um primeiro-ministro que "era um desastre", Arias dignou-se a renunciar ao cargo. Foi então que o jovem rei pôde remodelar o executivo ao seu gosto.

A pessoa selecionada para presidir o governo foi Adolfo Suárez, um político da mesma geração que o rei, que havia ocupado cargos significativos durante a ditadura (ministro secretário-geral do Movimento, diretor-geral de Rádio Televisão Espanhola etc.), mas que tinha ideias "aberturistas". A aparência fotogênica de Suárez e sua forma radiofônica de falar foram objeto de múltiplas burlas e imitações de caráter satírico. Sua nomeação foi ridicularizada pela direita e pela esquerda (ainda na clandestinidade). No entanto, a história demonstrou que a decisão do rei foi a mais certa. Suárez era formado no franquismo, mas ao mesmo tempo tinha muito claro que o franquismo sem Franco não tinha mais razão de ser. Logo após tomar posse do cargo, o novo primeiro-ministro começou a reforma política do Estado.

Ao contrário do que aconteceu em Portugal, onde se seguiu uma via de ruptura com o passado salazarista, a Espanha de Juan Carlos I procedeu a uma reforma das estruturas políticas do franquismo. A Lei da Reforma Política (que acabaria com o monopólio do Movimento Nacional, instauraria o pluralismo político, garantiria os direitos fundamentais e transformaria o país em uma monarquia parlamentar baseada no sufrágio universal) tramitou como se fosse uma lei fundamental. Todos os trâmites legais foram rigorosamente respeitados e foram as próprias cortes franquistas que, em um ato de *harakiri* político sem precedentes, acabaram votando-a. Todo esse processo foi um exercício de maestria de Suárez, que demonstrou possuir dotes indiscutíveis de negociador.

Uma vez aprovada pelas cortes, a Lei da Reforma Política foi a plebiscito. O resultado do referendo de dezembro de 1976 foi um massivo sim à reforma. Os esquerdistas foram convencidos de que a lei, mesmo que insuficiente para as suas aspirações, era um vigoroso passo à frente. Conseguiu-se convencer os direitistas de que Franco também teria votado a favor.

Vencido o primeiro obstáculo, convocaram-se eleições gerais para 15 de junho de 1977. Seriam as primeiras eleições pluripartidistas desde fevereiro de 1936. O governo de Suárez teve de fazer malabarismos para legalizar todas as forças políticas. O caso mais controvertido era o do Partido Comunista da Espanha (PCE), cuja possível legalização recebia a frontal oposição da cúpula do exército. Finalmente, com muito tato, o PCE foi legalizado na Semana Santa de 1977.

As eleições de junho revelaram que o eleitorado espanhol apostava nas posturas moderadas. A força política mais votada era a União de Centro Democrático (UCD), uma agrupação política feita às pressas para consolidar a candidatura de Suárez à presidência do governo. A UCD conseguiu a maior bancada parlamentar, mas ficou longe de uma maioria absoluta que lhe permitisse governar sozinha. A segunda força mais votada foi o Partido Socialista Espanhol (PSOE), um partido com cem anos de história, mas que havia experimentado uma profunda renovação geracional com a chegada à secretaria geral do carismático Felipe González. Muito atrás dessas duas forças majoritárias ficaram a Aliança Popular (AP), liderada por Manuel Fraga e que representava a continuação do franquismo, e o PCE, com seu secretário geral à frente, o histórico Santiago Carrillo. O arco parlamentar completava-se com a presença das minorias basca e catalã, representando os interesses de suas respectivas regiões.

A Constituição de 1978

A tarefa mais importante que teve de empreender o parlamento surgido das eleições de junho de 1977 foi a redação de uma nova Constituição que afiançasse a democracia no país.

Foto dos representantes políticos que assinaram os Pactos de La Moncloa, esforço de consenso para a superação da crise econômica e em prol da consolidação da democracia.

O processo constituinte foi demorado (quase um ano e meio de deliberações), no meio de um contexto político e econômico muito incerto. As negociações ficaram emperradas em muitos artigos e foi necessário se chegar a muitas soluções de compromisso. O resultado foi uma Constituição que misturou preceitos conservadores com outros socialistas e democrata-cristãos e que deu espaço a algumas pretensões dos nacionalistas. Esse caráter consensual faz da Constituição de 1978 uma das mais longevas da história do constitucionalismo espanhol, uma história cheia de textos efêmeros.

Na parte dogmática da Constituição de 1978, tratam-se aspectos relativos à forma política do Estado (a monarquia parlamentar), seus símbolos, as línguas oficiais e o reconhecimento do direito à autonomia dentro dos limites da "indissolúvel unidade da nação". Em seguida, inclui-se uma extensa lista de direitos civis, políticos, econômicos e sociais, com diferentes graus de proteção jurisdicional. Garante-se a igualdade de todos os cidadãos perante a lei e incumbem-se os poderes públicos de conseguirem a igualdade material dos espanhóis.

A Coroa também recebe um título específico dentro da Carta Magna. Note-se que não foi feita nenhuma consulta prévia à população a respeito de sua preferência sobre a monarquia ou a república. A forma monárquica foi adotada unilateralmente por Franco e foi imposta aos espanhóis pela via do "ordeno e mando". Os monárquicos, todavia, afirmam que pelo fato de o povo espanhol ter aprovado a Constituição no *referendum* de 6 de dezembro de 1978, a instituição monárquica recebeu o devido *placet* popular.

Um dos aspectos mais complexos dessa Constituição foi o regulamento que fez da ordenação territorial do Estado, mas essa questão será tratada em outro item deste livro.

A amnésia coletiva

O processo espanhol de transição democrática, que de tanto em tanto é dado como modelo em nível internacional, visto com a perspectiva de trinta anos, apresenta algumas graves deficiências. Ao contrário do que aconteceu recentemente na África do Sul, quando acabou o regime de segregação racial, não houve na Espanha a mais mínima intenção de constituir tribunais para o perdão e a reconciliação. Ninguém precisou dar explicações dos seus atos. A família de Franco continuou a residir no país, como se nada tivesse acontecido, e destacados responsáveis políticos da ditadura reciclaram-se facilmente como políticos democráticos, chegando a assumir cargos de responsabilidade na nova fase constitucional. No nível institucional, fechou-se um escuro véu sobre tudo o que ocorreu nos anos da guerra civil e da ditadura. A palavra de ordem era não colocar o dedo na ferida, ainda que a grande prejudicada fosse a justiça. Somente no nível privado, alguns pesquisadores históricos e alguns meios de comunicação fuçaram no passado e revelaram dados arrepiantes. Na segunda metade dos anos 1970 e começo dos 1980, publicou-se uma prolífica bibliografia que, apesar das limitações de acesso às fontes naquele momento, escancarava os horrores da guerra e da repressão do pós-guerra, destapando todas as misérias que o regime de Franco se esforçou em ocultar.

No entanto, essas revelações tiveram um impacto relativamente pequeno no âmbito político. Existia um temor extensamente partilhado de que a Espanha, após a morte de Franco, voltasse a uma situação parecida à de 1936, e que os ódios que por décadas haviam permanecido latentes sob a ditadura desatassem um novo confronto civil. A vontade de chegar a acordos e de consensualizar soluções que conduzissem a um regime democrático era comum à maioria das forças políticas, tanto de direita como de esquerda. Sem esse ânimo de consenso, a reforma política não teria sido possível. Até mesmo o Partido Comunista, consciente do delicado contexto político em que o país se encontrava, evitou posturas maximalistas. Durante o processo constituinte, os comunistas chegaram a tomar atitudes muito mais *pactistas* com a direita do que os socialistas, situados, aparentemente, mais próximos do centro político. Somente os coletivos de extrema direita (*Fuerza Nueva*, grupos da *Falange Auténtica* etc.) e alguns partidos de extrema esquerda (de orientação maoísta ou trotskista) relutaram ao acordo e propagaram um discurso exaltado. O povo, porém, deu as costas a esses grupos extremistas nas diversas ocasiões em que foi consultado.

Não podemos esquecer tampouco que todo o processo de democratização da Espanha foi conduzido sob o atento olhar dos militares, cuja cúpula estava constituída pelos oficiais que ganharam a guerra em 1939 e que não desejavam que a nascente democracia lhes tolhesse os privilégios de que haviam desfrutado por quase quarenta anos. Embora os militares espanhóis não desempenhassem um papel ativo na vida política (ao contrário do que acontecera em Portugal), o "ruído de sabres", isto é, o temor de que eles em qualquer momento se levantassem contra o regime democrático e impusessem uma nova ditadura foi uma constante até bem entrada a década de 1980. Muitas decisões políticas tinham de ser consultadas previamente com a cúpula militar, o que em muitas ocasiões significou um freio para a aplicação de reformas mais drásticas.

O episódio mais espetacular dessa intromissão militar na transição democrática foi a tentativa de golpe de estado do dia 23 de fevereiro de 1981. O 23-F (como é popularmente conhecido) foi o momento em que o risco de involução autoritária se fez mais evidente. Durante o debate parlamentar prévio à votação de Lepoldo Calvo Sotelo como presidente do governo, um pelotão de guardas civis, comandado pelo tenente-coronel Antonio Tejero, irrompeu no Congresso dos Deputados. A ação, transmitida ao vivo pelas câmeras de televisão, foi um sequestro simultâneo dos membros do Executivo e do Legislativo. Paralelamente, na cidade de Valência, o general Milans del

O golpe frustrado de 23 de fevereiro de 1981, que incluiu um assalto ao Congresso dos Deputados e o sequestro dos membros do Executivo e do Legislativo, representou o momento mais crítico do processo de transição democrática.

Bosch apoiava o golpe de estado, tirando os tanques dos quartéis e decretando o estado de exceção na sua capitania general. A intenção do golpe era convencer o rei Juan Carlos I a suprimir as liberdades e nomear um governo integrado por comandos militares e presidido pelo general Armada – a quem creditava-se a tarefa, devido à sua capacidade de persuasão, de convencer o rei da bondade dessa medida. Seria uma volta à ditadura militar. No entanto, o rei negou-se a negociar com os golpistas, convocou um gabinete de emergência e manifestou pela televisão seu compromisso com a democracia. Quase a totalidade dos generais pôs-se do lado do monarca. Na madrugada dos dias 23 a 24 de fevereiro, ficou claro que o golpe fracassara. Ao alvorecer, os guardas civis se renderam e o governo e os parlamentares foram libertados.

O 23 de Fevereiro robusteceu a democracia espanhola, mas não acabou com o "ruído de sabres". Outras tentativas, malogradas pelos serviços de inteligência, organizaram-se nos anos seguintes. Entre alguns setores políticos, o *tejerazo* teve o efeito perverso de fazer pensar que talvez a democracia tivesse ido longe demais. Em alguns temas, como o processo autonômico, houve uma certa involução, devida em parte à irritação que essa questão provocava entre os militares.

A ILUSÃO DO ESTADO DO BEM-ESTAR

A década socialista

A partir de 1979, a UCD entrou em crise. Suárez soube levar o país da ditadura para a democracia, mas depois não foi um governante à altura das circunstâncias. Para piorar as coisas, seu partido político, dividido em várias facções ideológicas (conservadores, liberais, regionalistas, democrata-cristãos, franquistas que viraram "democratas de toda a vida" etc.), não conseguia traçar um plano político unitário. Em janeiro de 1981, Adolfo Suárez apresentou sua demissão. Sucedeu-lhe Leopoldo Calvo Sotelo, em um governo que durou um ano e meio, enquanto a UCD afundava-se.

Os socialistas aproveitaram qualquer passo em falso dos centristas para propagar sua mensagem de renovação. A UCD, devido ao seu talante democrático, ainda era a face do franquismo mais aberturista. O PSOE, pelo contrário, simbolizava a esquerda democrática que havia lutado contra a ditadura. Uma campanha eleitoral muito bem orquestrada, com um slogan preciso (*Por el cambio*) e uma dupla carismática (o atraente Felipe González junto às alfinetadas dialéticas de Alfonso Guerra) conseguiram atrair as massas ao redor do projeto socialista. Para isso foi necessário, entre outras coisas, que o PSOE moderasse suficientemente seu discurso para torná-lo mais digerível para as classes médias. A renúncia ao marxismo (1979) era um dos passos nessa trilha para a moderação. O resultado foi uma vitória categórica do PSOE nas eleições de outubro de 1982, o que lhe garantiu governar sozinho por uma década. Felipe González revalidou a maioria absoluta nas eleições de 1986 e ficou muito próximo dela em 1989. Somente em 1993 teve que pactuar com as forças políticas nacionalistas um acordo de estabilidade governamental.

Nos aproximadamente dez anos em que Felipe González presidiu o governo, a Espanha experimentou uma de suas transformações mais profundas. Os socialistas chegaram ao poder com o projeto claro de recuperação nacional. Seu modelo era a social-democracia alemã e escandinava, e para colocá-lo em prática contaram com a assessoria de políticos europeus tão destacados como Willy Brandt e Olaf Palme.

A vitória do PSOE nas eleições legislativas de outubro de 1982 marcou a chegada ao poder da esquerda pela primeira vez desde 1936.

Como disse Alfonso Guerra, em uma de suas célebres frases impertinentes, "depois de nós, a Espanha não vai ser reconhecida nem pela mãe que a pariu".

Em menos de sete anos, o país passou de uma ditadura militar nacional-católica a uma democracia parlamentar, governada por dirigentes de esquerda que haviam, até pouco tempo antes, sido perseguidos e reprimidos pelas mesmas forças de ordem que agora eles dirigiam.

Na década socialista, a Espanha entrou na Comunidade Econômica Europeia (CEE), consolidou-se a democracia, afastou-se o perigo de um golpe de estado, completou-se o processo autonômico (apesar do viés centralista de um setor majoritário do PSOE), reformou-se a educação, melhorou-se o sistema sanitário – e o seu atendimento passou a ser universal – e praticou-se uma decidida política de redistribuição de renda, através de pensões, bolsas de estudo e ajudas às camadas sociais mais desfavorecidas.

O desemprego foi uma das mazelas da sociedade
espanhola durante as décadas de 1970 e 1980.

Mas não houve só sucessos durante os anos de governo do PSOE: a escuridão também esteve presente. O governo escorregou na política antiterrorista, financiando com fundos reservados do orçamento público o terrorismo de estado. Tampouco os governos de Felipe González souberam acabar com a corrupção, uma gangrena que corroeu o setor público no seu mais alto nível. E a obsessão estatizadora dos socialistas gerou graves ineficiências na economia espanhola (a mais devastadora de todas foi a perene taxa de desemprego, que abrangia mais de 20% da população ativa). Tudo isso acabou por desgastar a opção socialista e favorecer a chegada a La Moncloa (residência do primeiro-ministro) do conservador José María Aznar, em 1996.

Reconversão industrial

A transição democrática coincidiu com uma adversa conjuntura econômica. As duas crises do petróleo (1973 e 1979) provocaram a retração das economias ocidentais. A economia espanhola, muito dependente do exterior tanto pelo turismo como pelas exportações, pelas remessas dos emigrantes ou pelos investimentos estrangeiros, padeceu enormemente da recessão. Os últimos governos de Franco, mais preocupados com o que iria acontecer no país após a morte do ditador, preferiram não tomar nenhuma medida contundente e as importações de petróleo continuaram, mesmo que seu preço atingisse recordes jamais vistos.

No outono de 1977, após as primeiras eleições gerais democráticas, todas as forças políticas com representação parlamentar reuniram-se no palácio de La Moncloa para deliberar sobre o rumo que a política econômica do governo devia tomar. O resultado dessas negociações foram os chamados Pactos de La Moncloa, que estabeleciam as diretrizes da ação econômica e social do governo de Suárez. Algumas de suas cláusulas também inspiraram artigos da Constituição.

Por culpa desses condicionantes, a Espanha reagiu tardiamente ao desafio da crise petrolífera. Quando, em 1982, Felipe González assumiu o poder, os governos da UCD deixaram-lhe um triste legado de 2,5 milhões de desempregados (a Espanha tinha naquele momento 36 milhões de habitantes). Com isso, o país havia começado as negociações para a sua integração na CEE.

Enquanto o setor turístico recuperou-se na metade da década, graças à superação da crise nos países motores do crescimento europeu (Alemanha e Grã-Bretanha), que voltaram a enviar milhões de turistas para as praias espanholas, a situação da indústria nacional era muito mais incerta. Desde a década de 1960, a Espanha havia desenvolvido um peculiar tipo de capitalismo, que poderíamos denominar de "ibérico-mediterrâneo", já que tinha alguns pontos em comum com o caso italiano e até mesmo com o francês.

Em uma curiosa simbiose entre a iniciativa privada e o intervencionismo público, a indústria espanhola havia crescido a partir dos investimentos do setor privado, mas sob a supervisão do Estado, que marcava as linhas gerais da política de desenvolvimento. Os proprietários das indústrias estavam dispostos a administrar suas fábricas, conquanto estas garantissem um retorno suficiente para seus investimentos. Caso contrário, era o Estado que se encarregava do empreendimento, comprando as participações aos seus proprietários. A outra alternativa possível era o fechamento das fábricas, com as graves consequências sociais e políticas que isso traria.

O Instituto Nacional da Indústria (INI) foi engordando ano após anos com empresas falidas, que, no entanto, não eram politicamente convenientes de serem liquidadas. As perdas acumuladas por essas indústrias constituíram um rombo cada vez maior no orçamento do Estado e uma fonte permanente de instabilidade das finanças públicas e, por consequência, de toda a política macroeconômica.

A crise econômica e a entrada da Espanha na CEE motivaram o fechamento de muitas siderúrgicas no País Basco.

Os governos socialistas, contrariando a tradição sindicalista em que se fundamentava o PSOE, tiveram que agarrar o boi pelos chifres e decretar uma reconversão industrial. Muitas indústrias foram fechadas, com o conseguinte aumento da taxa de desemprego. Os setores mais afetados foram, em um primeiro momento, o minerador, o siderúrgico e os estaleiros. Depois, com a entrada da Espanha na CEE, algumas indústrias têxteis e de calçado não suportaram a concorrência exterior e tiveram de fechar as portas. Movimentadas cidades do País Basco, das Astúrias, de Valência, entre outras regiões, viram a principal fonte de ingressos de suas populações encerrar as operações e deixar os operários e suas famílias cheios de incertezas ante o futuro. Os núcleos prósperos de outrora tornaram-se centros de criminalidade. O consumo de drogas (especialmente de heroína) propagou-se entre uma juventude desesperançada, tornando ainda mais difíceis as condições de vida das regiões economicamente deprimidas.

Em teoria, as atividades industriais deficitárias precisariam ser substituídas por outras atividades mais rentáveis. A reconversão devia ser só um breve intervalo de transição de um modelo econômico a outro. Mas essa era a teoria. As políticas de incentivo às atividades alternativas nem sempre deram certo. Um caso em que estas funcionaram foi na cidade de Bilbao: graças em parte ao empenho do governo basco, Bilbao, que havia sido historicamente um dos principais centros siderúrgicos da península, transformou-se em uma localidade destinada principalmente aos serviços. Obras como a construção do Museu Guggenheim atraíram contingentes de turistas e fizeram decolar novamente a economia local, puxada dessa vez pelo setor dos serviços.

O investimento estrangeiro

A partir de 1986, o país superou a pior fase da crise. As dúvidas que pairavam no ar sobre a política que os socialistas poderiam colocar em prática também se dissiparam. No começo da década de 1980, havia um temor bastante estendido entre os setores empresariais de que quando o PSOE alcançasse o poder, o governo iria empreender uma política de nacionalizações. E algumas declarações feitas pelos dirigentes socialistas nos anos anteriores contribuíram para que tais rumores parecessem verdade.

Apesar de algumas decisões iniciais que faziam temer pelo desrespeito à propriedade privada (foi o caso, por exemplo, da expropriação da *holding* RUMASA, devido – segundo o governo – à acumulação de dívidas com o INSS), o certo foi que o governo socialista favoreceu grandemente a formação na Espanha de um clima propício aos negócios.

Com uma política econômica dirigida pelo ministro Carlos Solchaga, a partir de 1985-86 os socialistas tiveram como foco a consolidação da economia espanhola e o seu crescimento. Reduziram-se barreiras e controles à movimentação internacional de capitais, e aplicou-se uma política de fortalecimento da peseta. A Espanha transformou-se em um dos países prediletos dos investidores internacionais.

O desembarque dos petrodólares kuwaitianos através do grupo KIO foi um dos pontos altos dessa etapa. Os recursos do exterior foram aplicados em diversos negócios, muitas vezes meramente especulativos. Nesses anos, a Espanha era um paraíso para aqueles que queriam enriquecer de forma rápida. Divulgou-se a imagem do *yuppie* bem-sucedido como exemplo para os jovens. O banqueiro Mario Conde, que anos depois acabou na cadeia por ter levado à bancarrota o BANESTO, um dos oito grandes bancos espanhóis, era tido como o protótipo do executivo que aplicava as técnicas de *management* recém-importadas dos Estados Unidos.

Para triunfar nesse ambiente, bastava ter bons contatos nas esferas políticas e um certo grau de perícia. A imprensa cunhou o termo *cultura del pelotazo* para designar o conjunto de operações especulativas que se deram no fim dos 1980 e o início dos 1990. O governo socialista alentou esse movimento, e vários de seus dirigentes beneficiaram-se pessoalmente desse clima de exuberância econômica. Essa implicação das instituições públicas em negócios escusos salpicou o noticiário de escândalos econômicos. A oposição conservadora aproveitou a situação para desgastar o PSOE e o seu líder, Felipe González, que ainda gozava de um alto índice de popularidade. Os anos do *pelotazo* acabaram mandando sua conta quando os socialistas perderam a maioria parlamentar em 1996.

As celebrações de 1992

A bonança econômica experimentada na segunda metade dos anos 1980 colocou a Espanha entre as dez maiores economias do mundo. O governo socialista arriscou inclusive sugerir uma troca dos membros do poderoso grupo do G-7, com a substituição do Canadá pela ascendente Espanha. A proposta, porém, não chegou a bom termo.

Para comemorar o "milagre espanhol" e melhorar a imagem do país no exterior, em 1992, coincidindo com o quinto centenário do descobrimento da América, o governo organizou uma série de megaeventos que atraiu a atenção internacional. O primeiro foi a celebração dos Jogos Olímpicos em Barcelona. O evento foi além do puramente esportivo, para marcar uma projeção da cidade para o exterior, deixando de ser vista como um importante centro portuário e industrial, para ser tratada como uma localidade de grande interesse turístico. Foram restaurados os monumentos góticos e modernistas, ampliada a infraestrutura da cidade e reformados bairros inteiros, sobretudo aqueles que ficavam perto do mar.

Vista das instalações da Expo-92 de Sevilha. Os objetivos dessa exposição universal era mostrar ao mundo uma nova Espanha, moderna e democrática, e promover o desenvolvimento no sul do país, uma das regiões tradicionalmente mais deprimidas.

Paralelamente, em Sevilha organizou-se a Exposição Universal, que trouxe consigo a reabilitação de algumas partes da cidade, a construção de edifícios públicos (como o teatro de La Maestranza) e o fortalecimento das infraestruturas. A inauguração da primeira linha do trem de alta velocidade, unindo Madri a Sevilha, foi uma tentativa de fortalecer o eixo sul da Espanha.

Finalmente, Madri foi proclamada capital europeia da cultura, o que serviu para a programação de todo tipo de espetáculos, exposições e eventos culturais.

A preparação dos eventos de 1992 permitiu manter por alguns anos o ritmo de crescimento econômico, em um momento em que a maioria das economias ocidentais estava em recessão. Porém, no segundo semestre desse ano, a economia espanhola já estava estagnada, e em 1993 registrou-se uma queda pela primeira vez em mais de dez anos.

A organização dos eventos de 1992 foi uma grande operação de *marketing*, que transmitiu ao mundo uma imagem moderna da Espanha. O *design* arrojado e a inovação em todos os campos mostravam um país que distava muito dos estereótipos das touradas e das ciganas dançando flamenco. A Espanha expunha a sua vocação de ser um país do Primeiro Mundo e olhava o futuro com otimismo. Sua integração nas comunidades europeias e o vertiginoso crescimento da economia nos anos anteriores não eram fruto do acaso, mas de reformas estruturais que fizeram da Espanha um país mais justo, mais civilizado e mais estável.

CABEÇA DA ÁFRICA OU RABO DA EUROPA?

A integração da Espanha nas comunidades europeias

Ainda sob o regime ditatorial, a Espanha bateu na porta da Europa para negociar sua adesão à Comunidade Econômica Europeia. A resposta foi negativa. A Europa, que tijolo após tijolo se construía no pós-guerra mundial, era algo mais que um espaço de livre-comércio; ambicionava também tornar-se um local de livre circulação de ideias e de pessoas, mas sobretudo pretendia ser um bloco que respeitasse a democracia e os direitos humanos, dois fatores ausentes no regime de Franco.

Com a democratização do país, a Espanha reiniciou as ações diplomáticas para ingressar nesse clube exclusivo de países ricos, mas que, às vezes, em um ataque de filantropia, aceitavam incluir algum sócio pobre, como a Irlanda ou a Grécia. Espanha e Portugal negociaram conjuntamente sua integração na CEE. Portugal recebeu o apoio britânico, padrinho político do país luso no concerto das nações desde o século XV. Todavia, o Reino Unido colocou todos os entraves que pôde para o ingresso espanhol na comunidade. A França também não se mostrou partidária de aceitar o vizinho do sul, tanto por fatores emocionais como pelos prejuízos que poderia trazer à economia gaulesa a livre circulação dos produtos agroindustriais espanhóis. Ao estar situada mais ao sul e receber mais horas de sol que as terras francesas, as frutas e hortaliças da Espanha amadureciam antes e viravam um sério concorrente aos produtos das hortas da França. Como aconteceu em 1936, Grã-Bretanha e França não favoreceram o amadurecimento da democracia na Espanha, em um momento em que esta ainda não estava consolidada, e preferiram velar pelos seus interesses nacionais. No outro extremo situava-se o governo alemão, máximo defensor da candidatura espanhola. A Alemanha, com fortes interesses na Espanha, confiava em que a entrada desse país na CEE facilitasse a exportação e a política de investimentos das indústrias germânicas.

A negociação foi longa e penosa. A Espanha teve de limitar a produção de alguns produtos que a CEE produzia em excesso. A criação de gado bovino e a produção de laticínios foram um dos setores mais afetados pela entrada da Espanha nas comunidades europeias. Dado que a Europa (por pressões da França, principalmente) praticava uma política agrária comum, cuja finalidade era garantir preços suficientemente altos que assegurassem um padrão de vida digno para as famílias camponesas, a Espanha teve de negociar item por item as quotas de produção de todos seus produtos agropecuários. Também o setor mineiro e a frota pesqueira viram-se afetados pela entrada da Espanha na CEE. Embora a incorporação do país às comunidades europeias fosse em seu conjunto positiva para a economia espanhola, a supressão das barreiras tarifárias derrubou muitas indústrias que não estavam preparadas para a livre concorrência.

Uma das regiões mais danificadas pelo ingresso espanhol na CEE foi Astúrias. Esse território, situado à beira do mar Cantábrico e aos pés dos Picos de Europa (curioso paradoxo!), tinha a sua economia perfeitamente diversificada entre a pesca, a extração de carvão e minério de ferro e a produção de leite e seus derivados. Pois bem, os três setores foram drasticamente recortados pelo tratado de adesão. Astúrias teve de reduzir sua produção de leite, seus pescadores foram expulsos de alguns bancos de pesca que haviam explorado desde tempos remotos e muitas minas acabaram fechadas por não poderem concorrer com os preços mais competitivos do carvão e do ferro norte-europeus.

Mais papistas que o papa

Apesar desses contratempos, a Espanha recebeu a notícia da incorporação do país à CEE com efusivas mostras de júbilo. Era como se a nação tivesse superado o complexo de inferioridade herdado dos avôs. A Europa não acabava mais nos Pireneus. A Península Ibérica também fazia parte desse território mítico, sonhado e idealizado chamado Europa. Os espanhóis não seriam mais tratados como aquele povo rebelde e meio bárbaro que habita ao norte da África, mas sim como cidadãos europeus de pleno direito. Poderiam visitar Paris, Londres, Milão ou Colônia com a cabeça bem erguida, sem se sentirem com complexo de serem espanhóis. Até que enfim!

Um europeísmo cego tomou conta da Espanha. Na televisão, os programas não falavam de outra coisa. Tinham de se vestir à europeia, comportar-se como europeus, imitar o modelo dos vizinhos do norte e aproximar-se ao seu estilo de vista. Ser europeu era *fashion*. E se os espanhóis queriam ser verdadeiramente europeus, era necessário começar a estudar inglês. Caso contrário, como poderiam entender-se com seus sócios do clube comunitário? Os políticos tomavam o nome da Europa em vão para acometer qualquer reforma impopular, mas que deveria ser aceita sem protestar porque Bruxelas assim o queria... Em nome da Europa, liberalizou-se a economia até extremos que não figuravam em nenhum tratado de adesão. A Europa transformou-se no argumento de autoridade que dispensava qualquer debate.

Contudo, os espanhóis tinham boas razões para se sentirem contentes de fazer parte da Europa. Graças aos fundos estruturais e de coesão, uma chuva de dinheiro caiu sobre o país. A Comunidade Europeia mostrava sua face mais filantrópica. Era necessário ir além do mercado comum e construir um espaço harmônico. Para isso, era preciso eliminar as grandes diferenças econômicas e sociais que separavam umas nações das outras. Os pacotes econômicos idealizados pelo presidente da Comissão Europeia (espécie de primeiro-ministro da CEE), Jacques Delors, implicavam a transferência de recursos procedentes do norte da Europa para financiar projetos de infraestrutura nos países pobres do sul. Entre 1986 e 2005, a Espanha recebeu algo mais de 100 bilhões de euros de Bruxelas, dinheiro que serviu para melhorar a rede rodoviária, construir e ampliar portos e aeroportos, financiar cursos para reintegrar os desempregados no mercado de trabalho, entre outros projetos. Não podemos entender o enriquecimento e o desenvolvimento experimentado pela Espanha nas duas últimas décadas sem levarmos em consideração o papel protagonista que os recursos da União Europeia tiveram em todo esse processo.

Não é de se estranhar, assim, que os espanhóis votassem a favor da Constituição europeia (ao menos, aqueles que foram aos colégios eleitorais), enquanto países fundadores da CEE e com maior tradição europeísta, como a França ou a Holanda, rechaçassem de cara a Carta Magna.

Disciplina fiscal e orçamentária

Em 1992, na cidade holandesa de Maastricht, os 12 países membros da CEE aprovaram um novo tratado de grandes consequências. O tratado de Maastricht era um avanço e tanto na construção de uma Europa unida, mas foi redigido por especialistas tão peritos em economia, finanças e direito que não dava para entender nada do seu conteúdo. Já era difícil soletrar o nome da cidade em que foi aprovado...

Mediante esse tratado, a Comunidade Econômica Europeia passava a chamar-se União Europeia (UE). Num esforço para avançar na formação dos Estados Unidos da Europa, proclamava-se uma série de direitos comuns a todos os cidadãos europeus. Até os passaportes mudaram sua capa para incluir a denominação "Comunidade Europeia" ao lado do nome do país de procedência. Em um tratado posterior, assinado em Schengen, decidiu-se pela supressão das fronteiras internas entre os países da UE. Os britânicos, como sempre, não vibraram com essa ideia e ficaram fora do acordo.

Contudo, a parte mais transcendental do tratado de Maastricht era a que se relacionava ao projeto de união monetária. Qualquer um que tenha viajado pela Europa antes de 2002 deve saber como era chato ter de trocar de moeda a cada 300 km, toda vez que se saía de um país para entrar em outro. Em 1992, os 12 decidiram que em dez anos seus países deveriam ter a mesma moeda. Dessa forma se facilitariam as trocas comerciais, ao mesmo tempo em que a Europa teria uma imagem única nos mercados financeiros internacionais. Todos eram conscientes de que uma moeda unificada só daria certo se as bases econômicas dos países sócios também fossem homogêneas. Para isso era necessário um processo de convergência de no mínimo cinco anos, durante o qual as 12 economias fariam as devidas modificações para andarem todas sobre os mesmos trilhos. O tratado de Maastricht estabelecia severos critérios econômicos para se conseguir a moeda única: o déficit público não podia superar 3% do PIB, ao passo que o endividamento público não podia exceder 60%; a taxa de inflação devia estar controlada sem poder superar em mais de 1,5% a média dos três países com menor inflação; as taxas de juros não podiam ser superiores em 2% à média dos três países com as taxas menores e a moeda nacional devia permanecer por dois anos em uma banda de flutuação de, no máximo, 3%. Nesse momento, os critérios de convergência foram criticados pelo seu excessivo economicismo e por não incluírem nenhum critério social. Um país em recessão e com uma elevada taxa de desemprego podia ser admitido na moeda única, enquanto outro com bons indicadores econômicos e sociais (mas que não respeitasse a ortodoxia monetária) não seria aceito.

O projeto de união monetária desencadeou imediatamente uma tempestade nos mercados financeiros. Os especuladores aproveitaram o momento para arremeter contra as divisas europeias. A lira, o escudo e a peseta foram as mais prejudicadas. O *Banco de España* teve de decretar a saída da peseta do sistema monetário europeu, e a divisa espanhola perdeu 15% de seu valor em 1993. Até mesmo a potente libra britânica e o franco francês sofreram os efeitos do ataque especulativo. A primeira abandonou o sistema (para glória dos eurocéticos *tories*), enquanto os franceses aguentaram firme e não abandonaram o sistema monetário europeu.

Os critérios de Maastricht começaram a reger a política econômica espanhola já no último governo de Felipe González (1993-96). O ministro da fazenda, Pedro Solbes, fez um esforço de contenção do gasto público e começou uma política de privatização de monopólios. Essa tendência foi continuada e incentivada pelos governos de José María Aznar (1996-2004), cujo ministro da fazenda, Rodrigo Rato, aplicou com mão firme a disciplina fiscal das contas públicas. Nos oito anos de maioria do Partido Popular (PP), procedeu-se a uma maior liberalização da economia e à eliminação de barreiras legais que dificultavam a competitividade das empresas espanholas. Ainda que alguns direitos trabalhistas tenham sido recortados, o crescimento continuado da economia e a queda da taxa de desemprego limaram os conflitos sociais que tais reformas podiam trazer consigo.

Já temos o euro! E agora?

O governo espanhol considerou uma questão de honra que o país fosse um dos primeiros a pôr em circulação o euro. Apertou o cinto no orçamento público e – como outros tantos países – praticou uma cosmética contábil que procurava mostrar como a Espanha cumpria escrupulosamente todos os requisitos do tratado de Maastricht. Dessa vez o orgulho patriótico foi mais forte que a tendência ao gasto desmesurado dos seus governantes.

No dia primeiro de janeiro de 2002, começaram a circular as notas e moedas da nova divisa europeia. Logo fizeram-se evidentes as dificuldades de adaptação ao euro. A nova moeda equivalia a 166,386 pesetas, o que complicava a conversão de uma divisa para a outra. Ninguém está acostumado a fazer divisões por cifras de três dígitos e com três casas decimais e poucas pessoas saem à rua com uma calculadora na mão. A saída mais fácil era converter 1.000 pesetas em 6 euros. Daí que 100 pesetas fossem 0,60 euros, 200 pesetas 1,20 euros e 500 pesetas 3 euros. Aparentemente, a operação não era tão complicada, mas na prática não foi assim.

Da noite para o dia ficou claro que os espanhóis não sabiam efetuar as operações aritméticas básicas. O analfabetismo matemático era geral. Inconscientemente, as pessoas convertiam 100 pesetas em um 1 euro e a nota de 1.000 pesetas era trocada pela de 10 euros. Com extrema sagacidade, o comércio varejista percebeu a situação e aproveitou-se imediatamente dela. Se para saber quanto custava um carro, um imóvel ou um eletrodoméstico os espanhóis usavam a calculadora, para a compra de miudezas confiavam na sua intuição. Consequentemente, um café que custava 100 pesetas passou a ser vendido a 1 euro e as fotocópias que custavam 10 pesetas passaram a valer 0,10 euros. Em lugar de dividir por 166,386, coisa digna de engenheiros, as pessoas dividiram por cem, já que bastava mover a vírgula dois espaços para a esquerda. O resultado: em muitos bens de consumo a inflação foi de 66,386% em questão de poucos dias.

As empresas também demoraram a se adaptar. Os executivos, habituados por muitos anos a ler os balancetes em pesetas, agora tinham de apresentar os números em euros. Sem um ponto de referência, as cifras eram simples dados sem informação. O que significava um lucro de 23.875,24 euros? Era muito ou pouco?

Mas o pior ainda estava por chegar. A Espanha era um país cuja economia se assentava no turismo e em um setor industrial de tecnologia média. Quando existia a peseta, uma moeda fraca e pouco confiável, bastava que o ministro da Economia desvalorizasse alguns pontos percentuais a divisa espanhola para que os preços dos produtos e serviços espanhóis ficassem mais competitivos. Assim foram salvas algumas temporadas turísticas e conseguiu-se melhorar o saldo comercial. Mas agora, com o euro, uma moeda assentada no fortíssimo marco alemão, e cujas decisões políticas eram tomadas na sede do Banco Central Europeu (casualmente em Frankfurt, do lado do Bundesbank), a economia espanhola ficou órfã de um recurso que a salvara em muitas situações difíceis.

Mesmo com tudo isso, a Espanha continuou a crescer com taxas anuais superiores a 3%, enquanto as principais economias da zona euro (a alemã e a francesa) estavam com um pé na estagnação e o outro na recessão. Curiosamente, as limitações ao gasto público que se estabeleceram no tratado de Maastricht e que visavam ao controle das economias "suspeitas" do sul da Europa têm sido seguidas ao pé da letra pelos ministros de finanças espanhóis, enquanto os artífices das medidas (caso da Alemanha) têm sido ameaçados de sanções por Bruxelas por superarem o teto de 3% fixado como limite para o déficit público.

A magia das estatísticas

Quando a Espanha entrou na CEE, seus indicadores econômicos correspondiam a apenas 70% da média europeia. Desde então, alcançar a média da comunidade virou uma obsessão de todos os governos, fossem de direita ou de esquerda. Repetia-se exaustivamente que não bastava que a Espanha crescesse; era necessário crescer mais que a Europa para algum dia chegar a ocupar a *pole position*. O país só liderava – em estreita concorrência com os portugueses e os gregos – as estatísticas negativas: pobreza, analfabetismo, fracasso escolar, tabagismo, hábitos de vida pouco ou nada salutares etc.

Aos poucos, com a ajuda dos fundos de Bruxelas e com a própria evolução interna do país, os indicadores econômicos e sociais espanhóis foram melhorando, mas a meta europeia ainda estava longe de ser alcançada. A situação piorou em 1995, com a incorporação de três novos membros ricos (Suécia, Finlândia e Áustria), que fizeram aumentar a média comunitária e deixaram o objetivo ainda mais distante para os espanhóis.

Porém, como nem tudo na vida é sofrimento, a seguinte ampliação da comunidade (2004) trouxe dez novos membros do centro e do leste do continente, com rendas inferiores à média europeia (mais baixas até que a espanhola). Assim, por obra e graça da média aritmética, a Espanha realizou seu sonho mais querido: finalmente, a sua renda *per capita* coincide quase exatamente com a europeia.

Os fundos de Bruxelas em perigo

Os espanhóis já eram europeus até no bolso. Mas eis um dado que pode acabar com a festa: os novos membros da UE, ao terem os piores indicadores econômicos e sociais, vão atrair nos próximos anos o grosso das ajudas comunitárias. A economia espanhola, alavancada durante duas décadas pelos fundos estruturais e de coesão, pode perder uma receita de mais de 8 bilhões de euros anuais. Tchecos, poloneses, húngaros, eslovacos, eslovenos, estônios, letônios, lituanos, malteses e chipriotas esperam com ansiedade que a chuva de milhões de Bruxelas regue as suas terras. Os perdedores serão os estados mediterrâneos.

Se a essa perda dos fundos europeus acrescentarmos um provável aumento da taxa de juros do Banco Central Europeu, mais o risco de uma recessão, também teremos um sério problema para a imensa maioria de famílias espanholas que moram em imóveis adquiridos mediante empréstimos hipotecários. Veremos se o país responde a esses desafios com o mesmo espírito europeísta de 1986.

Notas

[1] Sistema de governo organizado a partir de vários conselhos temáticos.

[2] O caos da Primeira República foi de tal magnitude que o *Diccionario de la Real Academia Española* recolhe a acepção irônica de "república" como "lugar onde reina a desordem".

[3] Os conceitos de norte e sul não podem tomar-se no estrito sentido geográfico. A parte norte da Espanha incluía regiões, como a Galiza ou Navarra, claramente conservadoras e agrárias, enquanto o sul apresentava alguns centros, como Sevilha, dinâmicos e empreendores.

[4] Prisões irregulares do Partido Comunista, nas quais eram confinados opositores políticos.

TRÊS MITOS ESPANHÓIS E UM MITO FRANCÊS

EL CID

Rodrigo Díaz – apelidado El Cid – foi um cavaleiro castelhano nascido na localidade de Vivar (nas proximidades de Burgos) em 1043. Era filho de um nobre de Castela e prosperou na corte do rei Sancho II. Educado tanto no domínio das armas como no conhecimento das letras, Rodrigo Díaz foi um guerreiro com sólida formação jurídica. Graças a essas habilidades e conhecimentos, chegou a ser o braço direito do rei de Castela e foi adquirindo aos poucos os graus de cavaleiro, alferes e *príncipe de la hueste*, o que o tornava o lugar-tenente do monarca. Com o rei, El Cid guerreou em Saragoça, Coimbra e Zamora. Algumas de suas façanhas militares lhe renderam fama em toda a península, como o duelo pessoal que teve com o alferes de Navarra, o qual terminou matando. Essa vitória lhe valeu o título de "Campeador" (forma castelhanizada de *campidoctor*, o doutor nas artes bélicas).

A fortuna, porém, começou a virar-lhe as costas a partir da morte de Sancho II no assédio de Zamora. A coroa de Castela recaiu sobre o rei de Leão Alfonso VI, irmão de Sancho II, o que fez com que os dois reinos cristãos mais poderosos da Península Ibérica se unissem em um mesmo monarca. A união de Castela e Leão não foi do agrado dos nobres castelhanos, ciosos da independência de seu reino, que tinha normas e costumes claramente diferenciados dos leoneses. Circulou um boato de que Alfonso VI havia participado de uma conspiração para assassinar o rei de Castela. A nobreza castelhana terminou por acatar a coroação do leonês, mas exigiu-lhe que prestasse um juramento público em Santa Gadea de Burgos, confirmando que ele não tinha nada a ver com a morte de seu antecessor. Como alferes do reino, El Cid foi a pessoa designada para fazer prestar esse juramento a Alfonso VI.

Seja pelo constrangimento que o monarca passou ao ter de se rebaixar às exigências de seus vassalos, seja pela inveja que lhe causava a popularidade de El Cid, Alfonso VI decidiu exilar o cavaleiro de Castela. Um setor da nobreza castelhana, descontente com a atitude do novo rei, acompanhou o Campeador no exílio.

Rodrigo iniciou uma nova vida em terras de sarracenos como mercenário. Prestou seus serviços aos reis de Saragoça e de Valência, os quais socorreu em diversos conflitos que estes tiveram com outros reinos cristãos ou muçulmanos. Quando os almorávidas, comandados por Yusuf, invadiram a Península Ibérica, El Cid conquistou a cidade de Valência (1094) e a defendeu dos diversos ataques que aqueles planejaram. Num desses sítios de Valência, Rodrigo Díaz faleceu (1099). Sua esposa, dona Ximena, tentou, sem sorte, conservar o senhorio de El Cid, mas a cidade foi finalmente conquistada pelos muçulmanos.

Com a morte de Rodrigo Díaz de Vivar, conclui-se a vida de El Cid histórico, mas inicia-se a vida de El Cid mítico. As façanhas do cavaleiro castelhano circularam de boca em boca e produziram uma epopeia heroica. Os jograis propagaram pelas vilas, castelos, mosteiros e povoados a lenda de El Cid Campeador e louvaram a grandeza de seu espírito, a galhardia com que enfrentava as desventuras da vida, a sua capacidade liderança e a sua sabedoria. O mito transformou-se em algo muito mais vasto do que o personagem real. No século XIV, algum obscuro clérigo reuniu todos os versos que os jograis cantavam em seus espetáculos e confeccionou o *Cantar de mío Cid*, um dos ápices da lírica tradicional da Alta Idade Média, junto com seus pares, o francês *Canção de Roland* e o alemão *Cantar dos Nibelungos*. Como seus antecessores mais remotos (o *Beowulf* ou os poemas homéricos), o *Cantar de mío Cid* foi o resultado de anos de criatividade espontânea de poetas populares, iletrados na sua grande maioria, que reformulavam as histórias e lendas que haviam escutado tempos atrás e acrescentavam a elas novos episódios. A oralidade do cantar exigia um grande esforço de memória do rapsodo. A rima e a música que acompanhava a cantiga ajudavam a não se perder o fio narrativo.

Como a maioria dos poemas épicos medievais, o *Cantar de mío Cid* permaneceu esquecido até o século XIX, quando, com o romantismo e o nacionalismo, voltou a atrair o interesse dos estudiosos. Ramón Menéndez Pidal analisou profundamente o texto medieval e pesquisou com rigor científico a história do personagem verídico. O resgate da figura de El Cid aconteceu em uma época na qual o orgulho nacional espanhol vivia seus piores momentos. Após a guerra de Cuba, houve todo um movimento literário que voltou seu olhar para Castela, como reino fundador da Espanha. O mito de El Cid, o cavaleiro que preferia perder a vida à honra e que jamais se rendeu às fatalidades que teve de sofrer, serviu como uma luva às necessidades de exaltação nacional e de superação do complexo de inferioridade.

El Cid também foi usado como personificação do povo espanhol, um povo cheio de grandes virtudes (honra, coragem, cavalheirismo, determinação, destreza etc.), mas que sempre foi governado por figuras medíocres. A má relação existente entre El Cid e o seu senhor, o rei Alfonso VI, exemplificaria o difícil relacionamento entre os espanhóis e os seus governantes. Enquanto o povo almejava alguém grandioso que o guiasse, seus reis, príncipes, presidentes e ministros ocupavam-se somente de invejas e de detalhes sem importância. A frase atribuída a Napoleão – "que grande povo o espanhol, lástima de seus governantes" – foi apropriada pelos regeneradores de direita e de esquerda e foi uma constante do pensamento crítico espanhol na primeira metade do século XX.

DOM QUIXOTE

Se existe uma figura que tem se destacado como paradigma do espanhol, ela é, sem dúvida, o engenhoso fidalgo Dom Quixote de la Mancha. Esse personagem, fruto da inventividade de Miguel de Cervantes, veio à luz em 1605, com a publicação da primeira parte do livro homônimo.

A história de Dom Quixote é o resultado da contraposição do idealismo e a fantasia das novelas de cavalaria, um gênero de grande aceitação entre os séculos XV e XVI, à triste realidade da vida cotidiana nas pequenas cidades e vilas de la Mancha, a região de procedência do próprio Cervantes (natural de Alcalá de Henares). A intenção inicial do autor era fazer uma *boutade*, escrever um livro de humor que destrinchasse todos os tópicos da literatura de cavalarias. Para isso selecionou um mísero fidalgo chamado Alonso Quijano, cujas rendas lhe davam o justo para sobreviver, morador de uma recôndita cidadezinha "de cujo nome o autor não quer recordar-se" e cuja máxima aspiração na vida era ler infatigavelmente os romances que narravam as peripécias de Lancelot, Tristão, Perceval, Artur, Amadis, Orlando e tantos outros heróis de uma Idade Média imaginária. Só que o resultado dessas leituras praticadas com tanta fruição foi a perda do juízo de Alonso Quijano (um nome nada chique, diga-se de passagem), que um belo dia decidiu que havia chegado a hora de passar das leituras à ação. Devia abandonar a vida rotineira que levava e converter-se em um "cavaleiro andante", para desfazer injustiças e proteger os oprimidos.

Como bom cavaleiro de novela, Alonso Quijano precisava de um nome de guerra apropriado a tais lides. Chamou-se Quijote de la Mancha. Quijote como derivação superlativa de seu sobrenome e de la Mancha por ser essa a sua terra de procedência (como Lancelot era do Lago ou Amadis era de Gaula). Escolheu como corcel seu cavalo rocim, um pobre jumento que era somente pele e ossos, já que seu dono não tinha recursos para alimentá-lo devidamente. Batizou-o Rocinante e comparou-o ao Bucéfalo de Alexandre. Como apetrechos de guerra, Dom Quixote vestiu a armadura que um antepassado seu usara em alguma guerra medieval e, dessa maneira, lançou-se à aventura pelas estradas de La Mancha.

É possível que Cervantes ficasse de boca aberta se soubesse da repercussão que seu "cavaleiro da triste figura" teve na história das letras e das artes. Dom Quixote vem sendo objeto de inúmeras interpretações e tem servido a profundas reflexões sobre a condição humana. Poucos personagens da literatura universal suscitam debates de tanta transcendência. Curiosamente, o objetivo de seu autor era muito mais modesto: apenas zombar da literatura de cavaleiros andantes (hoje a chamaríamos de *best-sellers*), que tanto agradava às massas.

Aos poucos, Dom Quixote descobriu que todo bom cavaleiro precisava de um fiel escudeiro que lhe desse assistência. Nomeou escudeiro seu vizinho Sancho Pança, um vilão sem instrução, mas carregado de senso comum, e encarregou-lhe de o acompanhar em tão grande missão. Finalmente, era necessário ao seu lado uma dama que fosse objeto das atenções e desvelos do cavaleiro. A escolhida foi uma moça rude e caipira chamada Aldanza Lorenzo, a quem Dom Quixote rebatizou com o pomposo nome de Dulcinea del Toboso (outra pequena localidade manchega).

Nessas condições, Dom Quixote e Sancho Pança atravessaram vilas e caminhos. Dom Quixote saía à busca de aventuras que demonstrassem seu valor de cavaleiro e divulgassem a fama do seu nome pelos quatro cantos do mundo. As pretensões de Sancho Pança eram muito mais modestas e pragmáticas: esperava uma boa remuneração pelos serviços prestados ao "cavaleiro da triste figura" e, porventura, algumas migalhas da fama do seu senhor. Haviam contado a Sancho que os escudeiros dos cavaleiros mais célebres às vezes alcançavam títulos nobiliárquicos e até o governo de ilhas, algo que parecia um sonho inalcançável para um pobre lavrador.

O romance de Cervantes está cheio de momentos jocosos, em que a visão idealizada de Dom Quixote contrasta com a dura realidade mundana. Seguramente foi a passagem dos moinhos de vento, contra os quais Dom Quixote cavalga empunhando a lança, por julgá-los gigantes, um dos momentos mais destacados da obra e um dos episódios que deu mais o que falar para comentaristas e filósofos. Mas o ponto forte do romance talvez sejam os momentos de calmaria que entremeiam as cenas de tensão dramática e cômica. Neles Dom Quixote conversa com Sancho Panza sobre os temas mais diversos, deixando claro a diferente mentalidade de ambos. Alguns críticos tentaram ver nesses dois personagens a personificação das duas Espanhas: uma que sonha quimeras e a outra que se preocupa com o dia a dia. Outros viram em Quixote e Sancho, respectivamente, as personificações do espírito idealista do Renascimento frente à práxis do barroco. Se Dom Quixote nos transporta às imagens místicas e estilizadas de El Greco, Sancho Pança nos conduz à corpórea materialidade das pinturas de Velázquez.

As desventuras do *ingenioso hidalgo Don Quixote de la Mancha* converteram-se logo em um sucesso editorial. O público adorou a ficção de Cervantes e as edições se esgotaram rapidamente. A fama do livro foi tão grande que, poucos anos depois do lançamento da primeira parte, circulou uma segunda parte apócrifa, assinada por um autor chamado Alonso Fernández de Avellaneda, do qual temos poucas informações. A distribuição do Quixote de Avellaneda fez com que Cervantes redigisse uma segunda parte da sua obra. Em um dos capítulos do texto, Dom Quixote e Sancho comentam as aventuras que lhe são atribuídas no livro falsário e desmentem sua participação nelas – em um inovador jogo literário que mistura a realidade com a ficção.

O Quixote não teve, porém, o mesmo êxito entre a crítica. Lope de Vega chegou a qualificá-lo como um livro para tolos. Foi somente com a recepção da obra nos países europeus, através de várias traduções para o francês, para o inglês, para o alemão e para o italiano, e após os elogios de crítica estrangeira, que o Quixote começou a ter boa imagem nas Espanhas.

Por meio de uma obra que tinha uma intenção claramente satírica (dar uma lição aos entusiastas das novelas de cavalaria), Cervantes acabou elaborando um dos heróis mais trágicos da história da literatura. Com a intenção de salvar o mundo, Dom Quixote faz tudo errado e demonstra que as melhores intenções, quando não são acompanhadas de planos realistas, podem conduzir aos piores resultados.

Se Cervantes fracassou em suas obras anteriores, ao tentar adaptar de forma quase automática os modelos literários italianos, como prova a insuportável *La Galatea*, o autor teve pleno sucesso ao aplicar um espanholíssimo humor negro ao gênero da novela de cavalaria. O resultado foi um personagem que ficou às avessas do modelo do cavaleiro andante erigido por Chrétien de Troyes e imitado por outros muitos autores. Dom Quixote gostaria de ser um novo El Cid, mas acaba se tornando um sujeito patético, insultado, ridicularizado e agredido fisicamente pelos seus patrícios. O mundo que enxerga não tem nada a ver com a realidade. Repetidas vezes Sancho tenta dissuadi-lo de suas fantasias e esforça-se em mostrar-lhe a realidade, mas a loucura de Dom Quixote não lhe permite distinguir o que é real do que é fruto de sua imaginação, semeada por anos com as imagens literárias dos heróis medievais.

Somente no último capítulo do livro, Alonso Quijano, pouco antes de falecer, recobra o seu juízo. De repente percebe o absurdo de seus propósitos cavalheirescos, pede a extrema-unção e dita seu testamento. É nesse instante que Sancho Pança dá-se conta da grandeza da figura de Dom Quixote, com quem teve de padecer tantas adversidades. Por um momento mudam-se os papéis e, enquanto Quixote volta à realidade, Sancho compele-o a não renunciar aos seus ideais. O escudeiro compreende que o projeto de seu senhor era uma loucura, mas ao mesmo tempo entende que a vida sem loucura não merece ser vivida. Então Sancho diz, chorando: "Não se morra vossa mercê, senhor meu, mas tome meu conselho e viva muitos anos, porque a maior loucura que pode fazer um homem nesta vida é deixar-se morrer, sem mais nem mais, sem que ninguém o mate, nem outras mãos o acabem que as da melancolia."

Como todos os grandes mitos, o personagem de Dom Quixote acabou por abandonar o estrito marco literário em que foi concebido e passou a ser parte do patrimônio coletivo universal. Quixote foi fonte de inspiração de grandes artistas e objeto de reflexão de importantes pensadores. O termo "quixotesco" integrou-se no vocabulário como sinônimo de um idealismo tão exacerbado que leva à perda de qualquer contato com a realidade.

DON JUAN

Ao contrário de El Cid, cuja existência está demonstrada historicamente, e de Dom Quixote, fruto da imaginação de Cervantes, não sabemos com certeza se alguma vez existiu em Sevilha um sedutor como Don Juan. Seria esse personagem resultado da criatividade de Tirso de Molina ou uma lenda transmitida oralmente antes de seu primeiro registro escrito?

Seja como for, a tragicomédia de Tirso de Molina *Don Juan y convidado de piedra* assentou as bases de um mito que influenciou muitos autores posteriores e que passou a fazer parte do imaginário coletivo ocidental. Na trama originária, Don Juan é um jovem e sedutor fidalgo sevilhano que não acredita em Deus ou no amor. Com seu atrativo irresistível, ele seduz qualquer mulher que cruzar o seu caminho, sem considerar sua beleza, seu estrato social ou sua riqueza. Don Juan promete casamento às donzelas, usa-as e depois se desfaz delas. Acumula uma conquista após outra, com o único fim de satisfazer seus apetites sexuais e sentir engrandecido seu ego de macho.

Em uma de suas aventuras de alcova, acaba assassinando o comendador Gonzalo de Ulloa, que o havia desafiado em duelo para recuperar a honra da filha seduzida. Don Juan consegue sair incólume do episódio e continua sua vida libertina. Uma noite ele se depara com uma estátua que o rei mandou erigir em memória do comendador. Carente de qualquer escrúpulo moral, Don Juan zomba do comendador e convida a estátua para jantar com ele. Para sua surpresa, o fantasma do comendador aparece na moradia de Don Juan para responder ao seu convite. Após um diálogo entre o sedutor e o convidado de pedra, este último arrasta Don Juan para o inferno, em cujas chamas eternas arderá sua alma pecadora.

Desde sua aparição no panorama literário, no primeiro terço do século XVII, o mito de Don Juan despertou a imaginação de grandes escritores. Molière foi um dos primeiros a adaptar o mito para o teatro francês, mas também lorde Byron ou Zorrilla (autor da versão mais conhecida pelos espanhóis, a do *Don Juan Tenorio*) inspiraram-se na figura de Don Juan para as suas criações literárias. Musicalmente, serviu de tema para balés, óperas e poemas sinfônicos. Seguramente a mais célebre de todas essas composições é a ópera *Don Giovanni*, com libreto de Lorenzo da Ponte e música de Wolfgang Amadeus Mozart.

Don Juan é ao mesmo tempo um mito atraente e repugnante. Exprime o desejo universal de romper as barreiras, burlar as normas e dar liberdade aos instintos mais primários, esquecendo as convenções sociais. Quase todo homem (e mulher) em algum momento de sua vida sentiu-se atraído pelo modelo do pertinaz sedutor, que enfeitiça e engana o sexo oposto com seus encantos. A liberdade de Don Juan é atraente, pois não existe norma alguma que o detenha. Ele vive sem remorsos a sua promiscuidade, desfrutando de sua fogosidade juvenil.

É óbvio que na Espanha imperial e católica dos Habsburgo uma peça teatral que retratasse uma figura com tais características só poderia acabar com a punição exemplar do protagonista. A condenação de Don Juan ao inferno era a lição moral que Tirso de Molina (um frade da ordem das mercês) deveria dar ao espectador, tanto como profissão de fé de uma pessoa que havia recebido as ordens menores, quanto pelas severas limitações que a Inquisição impunha à produção literária.

Mas o inferno real de Don Juan é mais psicológico do que escatológico. Não é o castigo eterno nas profundezas do Averno que acaba com a trajetória vital do aventureiro. As chamas que corroem a alma do galã são as da sua própria psique. Don Juan é o caso quase patológico do indivíduo incapaz de se aceitar como ele é e compreender as limitações da condição humana. Sua sede de volúpia, o ardor quase esportivo que ele concentra nas conquistas amorosas e o prazer que lhe dá a traição revelam uma personalidade muito frágil. Don Juan tem que enganar as mulheres e tirar partido delas porque no fundo não é capaz de lidar consigo mesmo. E quanto mais mulheres ele conquista, mais vazio sente no interior de seu próprio ser. É uma figura narcisista incapaz de amar outra pessoa que não seja ele próprio. Don Juan não tem sentimentos, somente instintos. E as mulheres são meros objetos para satisfazer os seus apetites. No entanto, o que dá mais prazer ao sedutor não é a prática do ato sexual em si, mas a vaidade de ter conquistado mais uma mulher. A lista que relaciona o criado de Don Juan – e que se incluirá nas versões mais modernas do mito – é a mais pura demonstração do desprezo que o fidalgo sente pelo sexo feminino. Não lhe interessam nem um pouco os sentimentos que ele possa despertar entre suas conquistas. A atração que o fidalgo sente por alguma mulher se dissipa rapidamente quando ele a possui. A mulher conquistada não lhe atrai mais, pois ele seduz, mas resiste a ser seduzido. Com a posse da pessoa desejada, conclui-se a sedução. Don Juan obteve a vitória que queria. Não existem outros passos além desse. Acabou. Tampouco lhe perturba pensar que com o seu ato colocou em risco o futuro da moça. Com a virgindade perdida devido à paixão por um aventureiro, só restavam duas possibilidades para ela: entrar em um convento ou aumentar o valor do seu dote para arranjar um marido com menos escrúpulos de honra. A alternativa de amar a mulher seduzida está fora de cogitação. O amor seria um limite à liberdade e o obrigaria a moldar seus hábitos às necessidades da pessoa amada. E não é isso o que ele quer. Pelo contrário, Don Juan deve procurar novos alvos para continuar alimentando sua vaidade. A monogamia seria o maior pesadelo para alguém que não quer nenhum vínculo social ou emocional. Para que sonhar em estabelecer um projeto comum com outra pessoa se o indivíduo em questão não tem nenhum plano de futuro para si próprio?

A figura de Don Juan é trágica não tanto por condenação ao inferno, mas pelo perpétuo tormento da sua alma. Seu espírito livre não consegue se encaixar nos estreitos moldes morais da sociedade da época, mas esse contínuo anseio de liberdade o leva até o limite da autodestruição. As convenções sociais e a moralidade são apenas barreiras que devem ser derrubadas. A destruição desses limites, no entanto, não conduz à edificação de nada positivo. O que Don Juan encontra após cada uma das suas transgressões é o seu vazio interior.

CARMEN

Muito menos original que os anteriores é o mito de Carmen. Dessa vez não estamos falando de um mito genuinamente espanhol, mas de uma personagem literária surgida de uma pena francesa.

Prosper Merimée foi o autor de um romance de qualidades literárias discutíveis, mas que sem dúvida contribuiu grandemente para a formação da imagem estereotipada da mulher espanhola. Maravilhado pela beleza e sensualidade das mulheres andaluzas, Merimée descreve em Carmen o protótipo da mistura de raças: a sensualidade cigana e o mistério árabe, tão em voga em uma Europa do século XIX ansiosa pelas novidades estéticas que trouxessem toques de exotismo.

Carmen é o *alter ego* feminino de Don Juan. Como o fidalgo do século XVII, ela mora em Sevilha, cidade na qual ganha a vida trabalhando na manufatura de cigarros enquanto arrasa os corações dos homens que suspiram ao vê-la andar pelas ruas. Carmen usa e abusa dos homens da mesma forma que Don Juan fazia com as mulheres. Aproveita seus encantos para atraí-los, conquistá-los, despojá-los de sua dignidade e depois jogá-los fora como se fossem objetos fúteis.

Don José, um pobre soldado de províncias, tem o infortúnio de cruzar o caminho de Carmen. Como tantos outros, enamora-se da cigarreira, num surto de paixão que beira a demência, e acha que ele será o único a quem Carmen amará de verdade, abandonando os outros homens para dedicar-se inteiramente a ele. Acreditando ser correspondido por ela, Don José deixa tudo: a mãe viúva que precisa dele para se sustentar nos últimos anos de vida, Micaela, a doce virgem que o ama em segredo, e o serviço das armas, desertando do exército. Sem família e perseguido pela Justiça, Don José acaba dando-se conta da ilusão em que vivia. Carmen o troca por Escamillo, um bravo toureiro que pode dar-lhe o dinheiro e a fama de que Don José carece. Desesperado pela dor e consumido pelo ciúme, Don José tenta pela última vez que Carmen volte a amá-lo. Enquanto Escamillo está triunfando na praça de touros, Don José e Carmen têm um tenso diálogo. Ela o rejeita e desdenha de suas qualidades de amante. Agredido em seu orgulho de macho ibérico, Don José opta pela solução extrema de "ou minha ou de ninguém" e, com uma navalha, assassina Carmen. O povo reunido na praça, ao terminar a tourada, sai para as ruas para comemorar o sucesso de Escamillo e para encontrar Don José com Carmen ensanguentada em seus braços.

Boa parte da popularidade do mito de Carmen deve-se ao sucesso da adaptação operística do mesmo título, com música de Georges Bizet. Com alguns elementos do folclore espanhol, Bizet compôs uma partitura vibrante, cheia de passagens melódicas de fácil retenção pelo ouvinte. Poucas músicas como a havanera retratam com tanta força expressiva esse caráter sedutor e malandro de Carmen, que desperta a libido dos transeuntes e ao mesmo tempo os adverte dos riscos de seu amor. Contudo, a música de Carmen é por completo francesa e seu "espanholismo" soa postiço aos ouvidos hispânicos.

Goya, por volta de 1800, exprimiu o ideal de beleza feminina, de uma forma escandalosa para a época. Alguns dos traços de sua *Maja desnuda*, como os cabelos morenos e crespos, os olhos escuros de olhar penetrante ou o torso rico em curvas, estão presentes no mito de Carmen e contribuíram para formar o estereótipo da mulher espanhola.

O atraso da Espanha produzia uma sensação de exotismo entre os visitantes europeus. As visões folclóricas e estereotipadas das espanholas (sobretudo as meridionais) contribuíram poderosamente para forjar o mito de Carmen.

O mito de Carmen guarda mais relação com a ideia da *femme fatale*, tão cultivada pela literatura francesa do século XIX (nomeadamente pelos simbolistas), do que com a tradição cultural espanhola. Carmen é uma espécie de vampira que chupa – figuradamente – o sangue dos homens para alimentar-se, uma égua indomável, uma mulher perversa que ignora os sentimentos de seus amantes. Como no caso de Don Juan, essa atitude altiva leva-a a um desfecho cruel. Um dos seus amantes não consegue suportar a dor de sua perda e esfaqueia-a. Com sua morte, Carmen também arrasta Don José à sua condenação.

Apesar de suas limitações, Carmen desempenhou um papel fundamental na configuração do mito da mulher espanhola na cultura ocidental.

CONTRIBUIÇÕES ÀS ARTES

Escrever uma história da arte na Espanha que seja minimamente fiel à riqueza do patrimônio histórico-artístico espanhol está além dos limites desta obra, cujas ambições são mais modestas. Por isso, e apesar de estar consciente da injustiça de não incluir nas próximas páginas alguns artistas de primeira linha, tomei a liberdade de selecionar um punhado de nomes e, também, de expressões artísticas que considero as mais representativas das artes espanholas.

ARTES PLÁSTICAS

El Greco

Embora possa parecer contraditório, vamos começar a relação de artistas com um pintor que não nasceu na Espanha, mas cujas obras de maturidade foram criadas nesse país e cuja estética foi relacionada, séculos mais tarde, com a austeridade e o ascetismo que se atribui aos castelhanos. Doménikos Theotokópoulos, mais conhecido pela adaptação castelhana do apelido que ganhou na Itália, El Greco, foi um pintor nascido em Creta, formado em Veneza e que realizou grande parte de sua obra em Toledo, durante o reinado de Felipe II. Em sua estadia italiana, El Greco contagiou-se do *maneirismo* de pintores como Tiziano, Tintoretto ou Veronês e também se interessou pela obra de Michelangelo.

Em 1577, El Greco se instalou na Península Ibérica. Após uma breve passagem pela corte de Madri, onde pintou alguns quadros que não foram do agrado do monarca espanhol, o pintor cretense fixou sua residência em Toledo. Na antiga capital imperial, recebeu alguns dos encargos mais importantes de sua carreira, como o *O espólio* ou *O enterro do conde de Orgaz*. Apoiado pelos nobres e pelas autoridades eclesiásticas, El Greco conseguiu fundar em Toledo um próspero ateliê.

O enterro do conde de Orgaz. Mesmo sendo um pintor célebre e bem considerado em vida, a obra de El Greco ficou quase esquecida até o fim do século XIX. Foram os literatos da chamada geração de 1898 que recuperaram o artista e reinterpretaram sua peculiar recepção da corrente maneirista italiana como uma expressão do caráter místico e idealista castelhano.

Fruto da influência recebida pela tradição iconográfica bizantina e pelo ensino adquirido na Itália, El Greco desenvolveu um estilo muito pessoal. Com uma paleta cromática muito rica, herdada dos mestres vênetos, e com formas extremamente estilizadas (até o ponto de alguns críticos terem defendido no passado a tese de que El Greco padecia de algum tipo de deficiência visual), o cretense introduziu as inovações do *maneirismo* na pintura espanhola. O sucesso que teve em vida permitiu-lhe viver ricamente e custear algumas excentricidades. Após sua morte, seu estilo saiu de moda e El Greco passou a ser um pintor quase esquecido, até que os literatos da geração de 1898 o recuperaram e consideraram sua obra uma manifestação da essência castelhana, viril e mística ao mesmo tempo.

Velázquez, Murillo e Zurbarán

A pintura espanhola do século XVII alcançou um de seus maiores ápices graças aos artistas da escola sevilhana, alguns dos quais – como foi o caso de Velázquez – acabaram prestando seus serviços à corte de Madri.

Diego Velázquez foi o pintor espanhol mais célebre do século XVII e um dos grandes gênios da história da arte. Formado na sua Sevilha natal, esteve sempre em contato com as grandes tendências da pintura de seu tempo. Conheceu pessoalmente o flamengo Rubens e viajou várias vezes até a Itália, país em que descobriu artistas como Tintoretto, Tiziano ou seu contemporâneo Caravaggio. Chegou a receber encargos da Santa Sé, como o retrato do papa Inocêncio X, uma obra-prima de profundidade psicológica.

Na obra de Velázquez podemos diferenciar três grandes temáticas: a religiosa, a mitológica e a pintura da corte. Dentro da temática religiosa, cumpre mencionar o *Cristo crucificado*, obra em que são palpáveis as influências do *tenebrismo* italiano. A pintura mitológica destaca-se pelo tratamento dos mitos da Antiguidade greco-romana de uma forma cotidiana e plenamente inserida na realidade seiscentista. Assim, em *O triunfo de Baco*, Velázquez retrata o deus do vinho e seus seguidores como um grupo de bêbados, ordinários e sem a mais mínima elegância. Rostos desdentados e corpos roliços seminus povoam a celebração dos rituais báquicos como se se tratasse de uma festa campestre. Nessa mesma linha temos *A fábula de Aracné*, uma tela na qual o que mais se destaca são as figuras das fiandeiras (daí que o quadro seja mais conhecido por esse nome), enquanto a fábula mitológica aparece em segundo plano, na forma de um tapeçaria, quase escondida em meio aos artefatos da oficina de costura.

Como pintor da corte de Felipe IV, Velázquez elaborou algumas de suas obras mais importantes. *A família de Felipe IV* (mais conhecida como *As meninas*) é quase um instantâneo de um momento do dia a dia na corte madrilena dos Habsburgo. Mediante um complexo sistema de espelhos e cruzamentos de imagens, a tela descreve o momento em que Diego Velázquez (que ostenta orgulhoso o hábito da ordem de Santiago, o que lhe garantiu o *status* nobiliárquico) pinta um retrato do rei e da rainha. Enquanto isso, uma infanta, as suas serventes portuguesas (as meninas) e outros personagens da corte (uma anã, uma freira, um cortesão e até um cão) observam como os monarcas estão posando para o retrato. O mais curioso dessa obra é que os protagonistas (o rei e a rainha) estão fora do quadro e ocupam o lugar do espectador. Conseguimos vê-los devido a um espelho que aparece pendurado na parede posterior da câmara e que reflete a imagem deles. Outras obras memoráveis da fase cortesã de Velázquez são o retrato equestre do conde-duque de Olivares, colocado em um difícil escorço, dando as costas para o espectador, e diversos retratos dos infantes e de outras personalidades da corte.

Entre o gênero cortesão e o histórico, devemos situar uma das pinturas mais ambiciosas de Velázquez: *A rendição de Breda* (conhecida popularmente como *As lanças*). Essa obra narra o momento da entrega das chaves da cidade flamenga de Breda às tropas espanholas, um episódio da Guerra dos Trinta Anos. *A rendição de Breda* é uma representação do aforismo latino *Vae victis!* (Ai dos vencidos!) e servia para decorar as dependências reais do palácio do Buen Retiro. Derrotado pelas armas, o governador holandês de Breda, Justino de Nassau, faz um gesto de ajoelhar-se para render-se ao general Ambrosio de Spínola, mas este não aceita a humilhação do derrotado e o obriga a levantar-se e entregar dignamente as chaves da cidade.

Se a obra de Velázquez esteve estreitamente vinculada à corte de Felipe IV, Bartolomé Esteban Murillo foi um artista a serviço basicamente da Igreja. Conventos, sedes episcopais e hospitais foram os principais mecenas desse pintor, nascido também em Sevilha. Murillo destacou-se como pintor da Virgem Maria, para o qual usava o modelo de belas moças de sua cidade natal. São imagens de Maria que estão muito próximas do espectador, pintadas de forma clara e com luz uniforme, mas carregadas de sutis pinceladas de cor que conformam uma delicada perspectiva aérea. Somente nos anos finais de sua vida, Murillo utilizou as técnicas do tenebrismo, como pode se observar em obras como o *Sonho de Patrício* ou *A visita ao Pontífice*, ambas encarregadas pela igreja de Santa Maria la Blanca de Sevilha.

Natural de Extremadura, Francisco de Zurbarán fez a maior parte de sua carreira artística em Sevilha, com algumas estadias em Madri. Assim como Murillo, os principais clientes de Zurbarán foram as instituições piedosas. Por esse motivo, às vezes ele é conhecido como o pintor de dominicanos de jerônimos. Zurbarán chegou a constituir em Sevilha um dos ateliês mais produtivos da capital andaluza, que atendia encomendas locais e de clientes da América. O envio de telas ao outro lado do Atlântico era um negócio muito lucrativo, mas repleto de riscos. Muitas obras de Zurbarán se

As meninas. Velázquez soube fazer um retrato muito original da família de Felipe IV. Em lugar dos típicos retratos coletivos, rígidos e majestáticos, Velázquez captou um momento de vida cotidiana na corte, dando a sensação de que o próprio observador do quadro está sendo retratado pelo artista.

Os bêbados. Seguindo uma tendência iniciada pelo tenebrismo italiano, Velázquez deslocou os mitos greco-latinos para a realidade das classes subalternas contemporâneas. Assim, *O triunfo de Baco* transforma-se em um retrato de camponeses bêbados (daqui o título de *Os bêbados*), em que, com um prodigioso controle da luz, Velázquez nos mostra os traços dos tipos comuns de sua época.

perderam em naufrágios, quando estavam a caminho de seus destinatários, localizados principalmente na capital vice-reinal de Lima. A arte de Zurbarán destaca-se pelo uso da luz. A cor branca é riquíssima em matizes, como o demonstram os hábitos dos frades, em que se exibe toda uma gradação do cinza mais escuro até o branco mais brilhante.

Goya

O aragonês Francisco José de Goya y Lucientes plasmou na sua obra o fim do Antigo Regime, a guerra contra Napoleão, as ilusões despertadas pelo primeiro liberalismo ibérico e a amargura do exílio quando Fernando VII proclamou novamente o absolutismo. Goya começou como pintor da corte de Carlos IV, levado pelo seu mestre e sogro Francisco Bayeu, e na sua fase de juventude observam-se as influências do rococó e do neoclássico, que triunfavam na Europa do último terço do setecentos e que Goya conheceu, em parte, numa breve visita que fez à Itália. Suas primeiras pinturas em Madri são reconfortantes imagens de uma adocicada vida cotidiana. Em seus cartões para tapeçarias, desfilam *majas* bem vestidas para ouvir missa ou para participar das festividades locais, jovens e crianças que brincam e se divertem, danças populares, cenas de carnaval, a vindima, merendas à beira do rio, festas de casamentos, entre outras manifestações de uma vida aprazível e risonha. Entre encomendas da família real (como o impressionante

A cabra-cega. Em seus cartões para tapeçarias, Goya fez um afresco de manifestações da cultura popular espanhola nas últimas décadas do século XVIII. A temática agradável (música, dança, jogos, namoro, festas...) é a tônica dominante dessas pinturas que denotam a influência da arte rococó.

A família de Carlos IV, um retrato coletivo nada condescendente e no qual Goya se mostra extremamente carinhoso com os indivíduos que lhe inspiram simpatia e cruel e sem piedade com os que sente aversão), dos *grandes* (como a família do duque de Osuna, a condessa de Chinchón ou os comprometedores retratos que se atribuem à duquesa de Alba e conhecidos como *Maja vestida* e *Maja desnuda*) e da Igreja (vejam-se os afrescos de *San Antonio de la Florida*, cujo protagonista não é tanto o santo quanto o povo de Madri que presencia o milagre), Goya foi cimentando a sua fama no final do século XVIII, com sua pincelada solta e seu característico *sfumato*.

Embora fosse um pintor vinculado ao poder, Goya mostrou, já nessa fase de artista cortesão, um espírito crítico com a realidade de seu tempo. A amizade com

Nos afrescos da capela de San Antonio de la Florida,
Goya aproveitou a temática religiosa para retratar o povo de Madri.

destacados ilustrados e liberais, como Jovellanos, de quem faria um excelente retrato, foi criando uma consciência política no pintor. A série de gravuras *Caprichos* (1799) é um claro manifesto em prol dos ideais ilustrados. Goya lança-se contra a superstição e faz críticas severas à sociedade contemporânea. Uma de suas gravuras mais famosas, intitulada *O sono da razão produz montros*, tem sido interpretada de diversas maneiras e não faltam cabeças que acham que se trata de uma premonição do conflituoso século xix espanhol. A crueza de alguns dessas águas-fortes causou-lhe problemas com a Inquisição, que o processou por blasfêmia.

A invasão francesa (1808) foi um ponto de inflexão na trajetória do artista. Como tantos outros liberais espanhóis, as guerras napoleônicas significaram uma contradição interior entre os ideais políticos que a Revolução Francesa espalhava e o sentimento patriótico. Essa inquietação está representada em *O Colosso*, uma das pinturas mais sombrias de Goya e que a crítica definiu como uma alegoria do poderio de Napoleão. O povo é o protagonista de duas pinturas de marcado caráter patriótico: O *Dois de maio* e o *Os fuzilamentos do três de maio*, que refletem, respectivamente, o levante popular contra as tropas francesas e os posteriores fuzilamentos como represália. Nessas telas, Goya avançou no seu estilo, desconsiderando as formas clássicas e adentrando em novas linguagens expressivas, que prefiguravam o que seriam algumas das tendências estéticas mais importantes dos séculos xix e xx. O uso do contraste cromático e de formas exasperadas ajuda a gerar uma atmosfera angustiante, em que a dor e o sacrifício são os temas dominantes. Essa expressão da crueldade humana sem limites, que Goya presenciou nos anos da guerra, adquire formas ainda mais brutais na série de gravuras *Os desastres da guerra*. Nela Goya não poupa a observação de corpos contraídos de dor, membros amputados, decapitações e todo tipo de abusos cometidos pelos dois bandos durante a guerra. Essa coleção de *desastres* não é um exercício de patriotismo, mas uma reflexão séria e profunda sobre a condição humana. Somente perante uma profunda decepção pelo ser humano – até extremos que beiram a loucura – poderia ter se desenhado tal série de águas-fortes.

Padecendo de uma grave surdez e desapontado pelo retorno de Fernando vii ao absolutismo, após a recusa do rei de jurar a Constituição de Cádiz, Goya inicia uma fase de exílio interior. Recluso na sua *Quinta del sordo*, nas proximidades de Madri, o pintor realiza sua série de obras mais inquietante: as *Pinturas negras*. Pintadas nas paredes de sua quinta, mostram o lado tenebroso do ser humano. Sempre com cores escuras e apagadas, essa coleção de murais inclui desde um duelo de morte com estacas até um cachorro que morre sufocado na areia, passando por cenas de bruxaria ou pelo deus Saturno devorando seus filhos.

Saturno devorando seus filhos é uma das pinturas negras com as quais Goya decorou sua Quinta del Sordo. O horror das guerras napoleônicas e a decepção pelo regresso do absolutismo levaram o artista a posturas de profundo pessimismo sobre a condição humana.

Em 1824, Goya exilou-se definitivamente da Espanha e passou a residir em Bordéus. Nos últimos anos de vida e longe das lutas fratricidas de seu país de origem, Goya dedica-se a pintar temas mais levianos e agradáveis. É o caso da *A leiteira de Bordéus*, obra com a qual Goya se antecipa quase meio século ao impressionismo.

Sorolla

O valenciano Joaquín Sorolla é considerado com frequência o principal receptor do impressionismo na Espanha. De origem humilde, Sorolla começou sua carreira pictórica no âmbito do realismo social. Um bom exemplo dessa tendência é seu quadro *Ainda dizem que o pescado é caro*, no qual representa um pescador ferido que está sendo socorrido pelos seus companheiros. Na sua estadia em Madri, na última década do século xix, Sorolla realizou também vários retratos de burgueses.

Porém, não foi sua pintura social ou seus retratos da classe abastada que fizeram de Sorolla um dos grandes pintores espanhóis. O valenciano revelou-se um pintor excepcional da luz e da cor do Mediterrâneo. Da sua paleta saiu o azul que melhor reflete a luminosidade do céu levantino. Seus meninos deitados na praia captam todos os efeitos de brilho e cromatismo da fusão do sol com a água do mar sobre a pele das crianças. E as mulheres vestidas de branco passeando pela praia, enquanto a brisa mexe suas roupas, conseguem efeitos luminosos assombrosos.

A fama de Sorolla ultrapassou fronteiras, e o pintor, ainda em vida, conseguiu expor em Paris e em Nova York.

Picasso

O malaguenho Pablo Ruiz Picasso é seguramente a máxima personificação da pintura do século xx. É dele a afirmação: "Eu não busco, eu encontro". Sem dúvida, a trajetória artística de Picasso foi um permanente encontro de novas formas de expressão plástica.

A mudança de sua família para Barcelona, no fim do século xix, permitiu ao jovem Picasso ter contato pessoal com os artistas modernistas catalães e, através deles, com as mais recentes tendências artísticas que circulavam pela Europa do momento. O anseio por conhecer melhor o que estava sendo gestado no mundo da arte o levou até Paris em 1900. Por vários anos, Picasso alternou a residência entre Paris e Barcelona, até que finalmente se instalou na capital francesa. Os anos de formação do jovem artista foram muito duros. Sem dinheiro para custear seus estudos, Picasso teve que praticar todo tipo de ofícios para ganhar a vida. A amargura desses anos tomou forma na "fase azul", assim chamada porque foi essa a cor predominante em seus quadros. Picasso pinta geralmente cenas tristes, de fome, miséria e exploração. A esse momento de desânimo seguiu-se a "fase rosa". A temática começou a ser muito mais agradável: músicos, trapezistas, palhaços. A fixação pelos personagens do circo será uma constante na obra de Picasso.

No ano de 1907, Picasso realizou uma das obras fundamentais da história da pintura: *As senhoritas de Avignon*. A tela, que significou a transição da "fase rosa" para o cubismo, foi uma revolução nas artes plásticas. Nela Picasso retratou cinco prostitutas de um bordel da rua *Avinyó* de Barcelona, decompondo as figuras em formas geométricas e mostrando diversas poses de cada figura. Picasso descompunha assim o tempo e o espaço na pintura e abria as portas para todo um universo de novas possibilidades. Ademais, as pesquisas sobre a arte da África levaram o pintor a usar o modelo das máscaras africanas para desenhar os rostos de algumas prostitutas.

O caminho iniciado com *As senhoritas de Avignon* continuou sendo traçado nos anos seguintes em Paris pelo próprio Picasso e por Braque, dando origem ao chamado cubismo analítico. A partir do figurativismo, os pintores cubistas desmembravam a realidade em formas geométricas básicas (daí o apelativo, um tanto sarcástico, de cubismo). Por volta de 1910, essa vanguarda já estava consolidada e imitada por vários artistas. Picasso decidiu prosseguir por outras trilhas. Começou a usar o *collage* para as suas composições pictóricas. O novo estilo foi denominado pela crítica como cubismo sintético. A obra *Os três músicos* é uma das mais representativas dessa virada estilística de Picasso.

Mas o artista malaguenho jamais quis ficar numa determinada corrente estética. À fase cubista seguiu uma etapa neoclássica. A partir da década de 1930, Picasso alternou momentos figurativos com fases abstratas. O pintor indagou-se novamente sobre as fontes da figuração e suas origens mediterrâneas, em séries de gravuras que tinham a mitologia clássica e a tauromaquia como fontes originárias de inspiração. Pesquisou também na história da pintura espanhola e manifestou-se um entusiasta de Velázquez e de Goya. Do primeiro aproveitou o quadro *As meninas* como tema para uma sucessão de 58 variações. Dessa forma, Picasso aproximou o trabalho do pintor ao da composição musical. A influência de Goya fica evidente na criação das 24 estampas para o livro *La tauromaquia o Arte de torear*, de José Delgado.

O surrealismo francês influenciou a sua obra, mas Picasso nunca chegou a militar ativamente nesse movimento. O artista não aceitou os dogmas do manifesto surrealista, embora o mundo onírico e dos desejos sexuais animasse uma rica produção de desenhos, pinturas e esculturas.

A Guerra Civil Espanhola teve repercussões em sua sensibilidade artística. Militante pró-republicano, Picasso concordou em participar do pavilhão da república espanhola na exposição universal de Paris de 1937. Abalado pelo bombardeio alemão sobre a cidade basca de Gernika, em poucos meses preparou uma tela monumental, que impressionou os visitantes pela sua força expressiva. *Guernica* tornou-se logo um manifesto contra a barbárie da guerra, de forma parecida como o havia feito Goya 120 anos antes. No quadro de Picasso, tudo é medo e horror: da renúncia à policromia (toda a tela está pintada em uma escala de cinza) às línguas em forma de lança, passando pelo soldado decapitado e pela mãe que chora o filho morto no seu colo, tudo conduz a uma sensação de desânimo e de angústia. De maneira contundente, o artista andaluz reivindica a paz e a justiça e critica duramente o militarismo e o franquismo.

Picasso não voltou à Espanha de Franco (morreu na França em 1973), e o *Guernica* integrou o acervo Museu de Arte Moderna de Nova York. Contudo, o artista, em seu testamento, fez questão de que esta obra voltasse à Espanha, uma vez que a democracia fosse restabelecida no país. Desde 1981, o *Guernica* está exposto em Madri.

Miró

Uma das linguagens mais pessoais da pintura abstrata, junto com a de Kandinski e a de Klee, é a criada pelo catalão Joan Miró. Após ter completado sua formação em belas artes em Barcelona, Miró foi para Paris, então o centro da criação artística mundial. Lá entrou em contato primeiro com os dadaístas e depois com os surrealistas. Entretanto, na década de 1930 o artista atravessou uma crise criativa que o levou a formar seu próprio estilo. Nos anos 1920 e 1930, Miró alternou a residência em Paris com estadias na pequena vila de Montroig. O contraste entre o ambiente boêmio e criativo da metrópole e a realidade simples e rural da Catalunha do interior ajudou a formar o caráter particular de Miró. Sendo um dos grandes gênios da pintura, jamais adotou uma postura de artista esnobe. Ao contrário: caracterizou-se sempre por um estilo de vida modesto e pelo trato pessoal afável, que evitava as excentricidades que caracterizam a biografia de muitos artistas. Também no plano político foi bastante neutro, mas em todo momento defendeu as posturas democráticas e progressistas, contribuindo com a sua arte, durante a guerra civil, à causa da república.

Com a invasão alemã da França (1940), Miró decidiu voltar à Espanha e passou a residir na ilha de Maiorca, de onde era originária a sua esposa. Em um entorno mundial hostil, o pintor refugiou-se na sua arte e começou a pintar as constelações, autênticos sonhos sobre telas, que transmitem ao observador uma sensação agradavelmente onírica. Passo a passo, Miró formou uma linguagem formada por um número reduzido de caracteres: a estrela, a mulher e o pássaro. A partir desses três elementos, consegue um infinito de combinações. A obra de Miró transmite placidez e otimismo e, nesse ponto, é um artista que se distancia da tônica dominante nas artes hispânicas, mais focadas nas temáticas agressivas e comoventes.

Imagem do ateliê de Joan Miró, na sua casa de Palma de Maiorca.

A amizade com o ceramista Josep Llorens Artigas fará com que Miró comece a explorar as possibilidades expressivas da escultura, em barro e em bronze. Da parceria entre os dois artistas, surgiria uma série de murais que decorariam as sedes das Nações Unidas e da Unesco.

Dalí

Também catalão, como Miró, Salvador Dalí foi um artista polifacetado e polêmico. Nascido em Figueres e filho de um notário com inquietudes culturais, Dalí destacou-se desde a infância pelo seu talento artístico. Em 1922 mudou-se para Madri, já que foi admitido como aluno da Academia de Arte de São Fernando – estudos que, porém, não concluiria, pois em 1926 negou-se a ser examinado em uma matéria porque achava que nenhum dos professores da academia sabia mais que ele.

Durante os anos em que viveu na capital, Dalí morou na Residência de Estudantes, o que lhe permitiu conhecer alguns dos artistas espanhóis mais relevantes da sua geração. Fez amizade com o poeta Federico García Lorca, com quem conversava frequentemente sobre questões artísticas. O pintor também relacionou-se com Luis Buñuel, iniciando uma amizade que foi se esfriando a partir da guerra civil. No fim da década de 1920, Dalí e Buñuel realizaram em Paris alguns filmes experimentais (*Um cão andaluz* e *A idade de ouro*) que traduziram para as telas os princípios básicos do surrealismo.

Na capital francesa, o artista entrou nos círculos surrealistas após ter sido aceito pelo pope André Breton. Dentro da linha surrealista, Dalí pintou algumas de suas obras mais conhecidas, como *O grande masturbador* ou *A persistência da memória*. No entanto, poucos anos depois, desligar-se-ia do grupo para iniciar seu próprio caminho, divulgando o método "paranoico-crítico". Dalí definia-o como um "método espontâneo de conhecimento irracional baseado na associação interpretativa crítica de fenômenos delirantes". No fim dos anos 1930, mudou-se para os Estados Unidos, onde ficou entusiasmado pelo espírito mercantil dos americanos. Fez várias exposições e trabalhou em projetos muito variados. Foi inclusive sondado por Walt Disney para colaborar na filmagem de desenhos animados. A experiência norte-americana não foi totalmente bem-sucedida, e no final da década de 1940, Dalí voltou à Espanha de Franco, país em que morou até a sua morte, ainda que tenha tido períodos de residência no exterior. O artista considerou o regime que misturava o militarismo, o imperialismo, o catolicismo e o folclorismo mais *cañí*[1] um quase produto de seu método "paranoico-crítico". Ao mesmo tempo, o regime gabava-se de albergar um artista tão reconhecido internacionalmente e que, aliás, era um anticomunista notório.[2]

Dalí estava convencido de que para fazer arte (e para vendê-la) não bastava apenas a criatividade e a originalidade. Era necessário ainda que o artista encarnasse o papel de artista. Para isso, disfarçava-se de gênio. Deixou crescer um bigode comprido e fino, à maneira dos mosqueteiros de Dumas, falava impostando a voz e carregando pedantemente a pronunciação das palavras, para dar maior importância ao seu discurso, e gostava de todo tipo de extravagâncias, como ir pela rua com uma baguete atada à cabeça ou fazer conferências provocadoras que indignavam os ouvintes. Dalí foi o mais "quixotesco" dos artistas espanhóis. Não é casualidade que sua série de gravuras para a ilustração do romance *Dom Quixote* esteja entre as melhores transposições gráficas da obra de Cervantes. Seguramente, o pintor tinha muito em comum com o cavalheiro da triste figura. Dalí chegou a afirmar: "A única diferença entre um louco e eu é que eu não sou louco". Também lhe são atribuídas exclamações como: "Que falem de mim, ainda que seja bem!"

Para os surrealistas, o método "paranoico-crítico" não era outra coisa senão uma pura charlatanice para vender quadros. Breton criticou o mercantilismo de Dalí e, com ironia, transformou as letras de seu nome SALVADOR DALÍ em AVIDA DOLLARS (recordemos que Breton, como boa parte dos surrealistas, militava no partido comunista). Certamente, um dos motivos que impulsionava Dalí a fazer arte era o ânimo de lucro. De sua esposa Gala, dizia: "Amo-a mais do que tudo no mundo. Amo-a mais do que a mim mesmo. Amo-a mais até do que o dinheiro!"

Essa busca sem escrúpulos do êxito e da riqueza fez com que um setor da crítica, mais interessada em achar "artistas malditos" do que em avaliar o valor intrínseco das criações plásticas, virasse-lhe as costas. Ainda hoje não é raro encontrar análises da trajetória artística que distinguem um "bom Dalí", o vanguardista dos anos 1920 e 1930, e um "mau Dalí", o oportunista que só se preocupava em ganhar dinheiro utilizando como desculpa a arte. Pessoalmente, não concordo com essa diferenciação e acho tão interessante o segundo momento quanto o primeiro. Dalí antecipou-se mais de duas décadas às tendências do *pop art*. Arte e artista eram para ele a mesma coisa, iniciando uma concepção estética que a partir da década de 1960 será explorada nos *happenings*. Gostava de ser filmado enquanto lançava ovos com pigmentos de cores sobre uma tela, ao mesmo tempo em que pronunciava sentenças tão bombásticas quando indecifráveis. Mas Dalí foi, deixando de lado a valoração estética que sua obra possa merecer, um exemplo paradigmático de *marketing* artístico. Ajudou muito seu casamento com Gala, uma mulher especialmente dotada para os negócios e para a administração da economia doméstica.

A última "loucura" de Dalí fez-se pública depois de sua morte, quando da leitura de seu testamento. Depois de ter feito profissão de fé catalã e ter aparecido na mídia vestido com prendas típicas do vestuário catalão (como a *barretina*, uma espécie de toca), Salvador Dalí proclamou herdeiro universal "o Estado espanhol". O nacionalismo catalão ficou perplexo.

Chillida

O basco Eduardo Chillida figura entre os grandes escultores da segunda metade do século XX. Nascido em San Sebastián e formado em Paris, tirou a escultura do espaço fechado dos museus e a levou para o entorno aberto das praças, das ruas e dos parques. Sua linguagem plástica gira em torno da dualidade entre o cheio e o vazio. Suas formas, geralmente feitas de ferro, transmitem uma sensação de corporeidade, mas ao mesmo tempo são ligeiras e poéticas.

A escultura de Chillida está inspirada na terra e nos elementos atmosféricos. Suas formas às vezes quase vegetais convidam à reflexão e transmitem uma mensagem de fraternidade. Obras como *O pente dos ventos* (San Sebastián) ou *A casa de nossos pais* (Gernika) são como vasos que combinam a tradição artística do País Basco às tendências mais modernas das artes plásticas. O mistério, a ancestralidade e o mundo mítico que se encontram nas lendas bascas são um dos motores do conjunto de esculturas do *Chillida Leku* (Hernani), casa-museu do artista, que consiste em um *caserío* devidamente reformado e um bosque ao seu redor, onde a natureza coexiste com as esculturas de Chillida.

Um dos projetos mais polêmicos do artista (e que não foi realizado) é o esvaziamento de uma montanha no parque de Tindaya, na ilha canária de Fuerteventura. O plano inicial era transformar a montanha em um cubículo de 50 m de altura. Chillida pretendia aproveitar as energias mágicas do lugar para formar um espaço vazio quase místico, iluminado naturalmente, mediante a luz do exterior que se infiltraria até o interior da montanha. O projeto, porém, recebeu inúmeros protestos por parte de grupos ambientalistas, que achavam que as obras de escavação poderiam comprometer o equilíbrio ecológico do parque. As autoridades finalmente optaram por paralisar a obra.

Em Os *pentes dos ventos* (1975-77), Eduardo Chillida realizou uma fusão de suas criações escultóricas com o mar, o vento e os rochedos de seu País Basco natal.

Tàpies

O cinzento panorama artístico do pós-guerra espanhol, dominado pelas correntes neoclássicas e por um certo casticismo, foi chacoalhado em 1948 com a aparição em Barcelona da revista *Dau al set* (Dado ao sete). Em torno dessa publicação, concentraram-se alguns dos poetas e artistas plásticos mais relevantes da Catalunha na segunda metade do século xx, como Joan Brossa, Arnau Puig, Modest Cuixart, Joan Ponç, Joan Josep Tharrats e Antoni Tàpies. A fonte de inspiração do coletivo era ainda o surrealismo, mas esse era agora misturado com influências de um incipiente existencialismo e com alguns toques (que na década seguinte se aprofundarão) de marxismo.

Antoni Tàpies fez-se conhecido no meio artístico barcelonês através de *Dau al set*, mas em 1951 desligou-se do grupo e empreendeu uma carreira própria. Tàpies introduziu na arte espanhola o informalismo, isto é, a predominância da matéria sobre a forma. Nas suas telas incorporou objetos domésticos, como sacos, roupas de vestir, e explorou novas formas de expressão mediante o *collage* e o *grattage*, técnicas desenvolvidas previamente pelos cubistas e pelos surrealistas. O uso desses objetos distancia a obra pictórica de Tàpies do bidimensionalismo e aproxima-a da *arte povera*.

Na sua linguagem abstrata, aproveita-se de formas básicas, como a linha reta ou a cruz, criando quadros de grandes dimensões que inspiram uma sensação de sacralidade ao observador. Em parte, esse efeito é resultado do estudo e da reflexão do artista sobre temas da filosofia oriental, sobretudo o budismo e o zen. Em outros casos, Tàpies desperta grandes polêmicas, pelo uso quase blasfemo de elementos cotidianos nas obras de arte, como na exibição de seu *Calcetín* (Meia), de 1992, uma peça de 18 metros de altura.

Barceló

O maiorquino Miquel Barceló é um dos artistas com menos de 50 anos mais cotados no mundo da arte. Pintor e ceramista, vive alternando residência em seu Felanitx natal, em Paris e em Mali. A obra de Barceló apresenta uma tríplice influência: mediterrânea, africana e das vanguardas europeias.

A participação de Barceló na *Documenta* 77 de Kassel, em 1981, levou o artista à fama. Nas suas obras de juventude, manifesta-se o contato com o neoexpressionismo e a transvanguarda. Nos anos seguintes, o mar foi uma fonte de reflexão em sua criação plástica, e suas pinturas destilaram a atmosfera do Mediterrâneo. As estadias prolongadas no país de Dogon (Mali) puseram em contato o artista com as formas expressivas africanas, o que se revela em uma linguagem figurativa muito pessoal.

ARQUITETURA

Românico e gótico

O românico foi um estilo que se desenvolveu na Europa cristã entre os séculos XI e XII. Como a Península Ibérica estava dividida em duas grandes esferas político-religiosas (o norte cristão e o sul muçulmano), não existem manifestações do românico ao sul dos rios Tejo e Ebro.

O românico hispânico teve nos Pireneus e ao longo do Caminho de Santiago (vejam-se os conjuntos arquitetônicos de San Martín de Frómista, San Isidoro de León, San Juan de la Peña, San Baudelio de Berlanga ou a catedral de Santiago de Compostela) seus principais expoentes. À influência principal do românico europeu temos de acrescentar a tradição pré-românica visigótica, asturiana e moçárabe, além da imitação dos modelos bizantinos, sobretudo no caso da pintura românica catalã, como se observa nos afrescos de Sant Climent de Taüll.

O gótico chegou à Península Ibérica no século XIII. No caso do reino de Castela, a influência principal foi a do estilo gótico franco-germânico, como podemos apreciar em edifícios como as catedrais de Burgos ou Leão, dominados pela verticalidade do modelo norte-europeu. A Coroa de Aragão, por sua vez, foi mais influenciada pelo gótico italiano, mais oriental e próximo da tradição bizantina.

No século XV, o gótico ibérico avança para formas estilísticas cada vez mais autônomas. Assim, em Portugal aparece o estilo manuelista, em Castela desenvolve-se o gótico *plateresco* dos Reis Católicos, que enlaça a arquitetura medieval com a renascentista, e na Coroa de Aragão os edifícios civis construídos por arquitetos como Guillem Sagrera marcaram novas tendências dentro desse estilo.

A coexistência na península de uma tradição arquitetônica cristã com outra muçulmana produziu uma mútua influência de estilos. Enquanto na Baixa Idade Média a arte islâmica erigia algumas de suas obras magnas, como o conjunto de palácios e jardins da Alhambra (Granada), a arquitetura cristã impregnou-se de certos elementos arquitetônicos islâmicos. Fruto dessa influência é a arte mudéxar.[3] Toledo, Aragão e uma parte do reino de Leão foram os principais focos propagadores desse estilo sincrético.

El Escorial

O mosteiro de San Lorenzo del Escorial é considerado o momento culminante da arquitetura espanhola do século XVI. Foi edificado por ordem do rei Felipe II, que queria agradecer a São Lorenzo a vitória dos espanhóis na Batalha de Saint Quintin contra os franceses, em 1557 (o dia da batalha coincidiu com a festividade de São Lorenzo). Da sua construção, que abrangeu de 1563 a 1584, participaram vários arquitetos. Os mais famosos foram Juan Bautista de Toledo e Juan de Herrera.

Com uma forma de grelha invertida, o complexo de El Escorial é ao mesmo tempo um palácio real, um mosteiro, um monumento expiatório, uma das maiores bibliotecas de sua época e um mausoléu para os reis da Espanha. Felipe II viveu longas estadias em El Escorial, local que em muitos momentos se converteu no centro das decisões políticas que afetavam todo seu vasto império.

O palácio-mosteiro de San Lorenzo del Escorial definiu as linhas mestras da arquitetura da época de Felipe II e criou os alicerces do estilo espanhol castiço.

A arquitetura do complexo (às vezes chamada de estilo herreriano) mistura influências do renascimento italiano com a sobriedade e a severidade que muitos comentaristas atribuem à personalidade de Felipe II. A sua fusão de elementos sacros e cortesãos exemplifica o pacto entre o trono e o altar, característico da monarquia hispânica desses séculos. Por esse motivo, o estilo herreriano foi fonte de inspiração para projetos de edifícios públicos, inclusive no século XX, como podemos ver nos novos ministérios construídos em Madri durante o franquismo.

No entanto, não deixa de ser engraçado para o observador atento que o local que simboliza a grandeza do império espanhol – e que, aliás, serve de túmulo para os reis da Espanha – chame-se justamente *escorial*, vocábulo que significa depósito de escória.

Os palácios do século XVIII

A chegada da dinastia Bourbon, em 1700, significou a entrada de novas influências na arquitetura espanhola. Neto do rei francês Luís XIV, Felipe V, o primeiro Bourbon que reinou na Espanha, enfeitou alguns *reales sitios*, localizados em Madri e arredores, e que havia herdado de seus antecessores Habsburgo.

O palácio real de Madri – mais conhecido como Palácio de Oriente –, é o mais espetacular. Situado onde antes se localizava o Alcázar, a edificação transformou-se numa majestosa residência real, à imitação dos palácios parisienses (ver imagem a seguir).

Outros *reales sitios*, como o palácio real de La Granja de San Ildefonso (Segóvia) ou o de Aranjuez (Madri), foram reformados por Felipe V e seus sucessores para adaptá-los às novas tendências do classicismo francês e da arte rococó. O Palácio de Aranjuez, com seus belos jardins inspirados em Versalhes, é uma das joias da arquitetura espanhola do setecentos.

Gaudí e o modernismo catalão

Nas últimas décadas do século XIX, graças ao crescimento capitalista da Catalunha, emergiu uma nova burguesia industrial que, além de conquistar uma considerável fortuna nos seus negócios, começava a se articular politicamente. O nacionalismo e o modernismo cresceram juntos na Catalunha finissecular. Ambas exprimiram um anseio comum – e aparentemente contraditório – de revalorizar o passado catalão e, ao mesmo tempo, de inserir a Catalunha na Europa Ocidental. Tradição e modernidade deram-se as mãos numa tentativa política e estética de marcar as distâncias com o resto da Espanha.

A redescoberta do gótico, tido como o estilo que melhor exemplificava a "grandeza" da Catalunha medieval, antes de cair sob "o jugo castelhano", com a imitação das

A riqueza ornamental do interior dos palácios bourbônicos constata a importação do gosto francês na arquitetura.

tendências que triunfavam em Paris (nomeadamente o *art nouveau*), fez parte de um plano de recuperação das essências nacionais perdidas. Grandes arquitetos do modernismo catalão, como Domènech i Montaner ou Puig i Cadafalch, foram ativistas do movimento catalanista. Em seu afã de reconstrução coletiva da nação catalã, os artistas modernistas deram à Catalunha uma nova idade de ouro na arquitetura, na pintura (com artistas como Santiago Rusiñol), na escultura (com obras como as de Josep Llimona) e nas artes decorativas.

De todos os artistas modernistas, Antoni Gaudí é seguramente o mais conhecido. Graças ao mecenato da família Güell, ele pôde desenvolver livremente a sua imaginação em projetos como o palácio Güell, no centro de Barcelona, ou o Park Güell, um parque público em que as formas caprichosas e o uso criativo da cerâmica transportam o transeunte a um universo mítico e lendário, cheio de dragões, formas oníricas e salas hipostilas para a adoração de deuses ignotos.

Outros burgueses barceloneses, como os Batlló e os Milà, fizeram encomendas a Gaudí. Para os primeiros, este fez a Casa Batlló, com seus famosos balcões com forma de mandíbulas de tubarão. Para os segundos, fez a Casa Milà (mais conhecida como *Pedrera*). Ambas encontram-se situadas no Passeig de Gràcia, uma larga avenida planejada seguindo o padrão dos *boulevards* parisienses. As genialidades do artista nem sempre foram bem entendidas pelos seus clientes, que reclamaram da falta de funcionalidade de suas construções, o que motivou inúmeros litígios. Apesar de tudo, a fama de Gaudí não parou de crescer. Fora da Catalunha, ele recebeu alguns encargos, como o palácio episcopal de Astorga ou o *Capricho* (residência estival) em Comillas.

A obra mais famosa do arquiteto – à qual ele dedicou mais de quarenta anos de sua vida – é a Sagrada Família, de Barcelona. Trata-se um templo expiatório na tradição das catedrais góticas. Do projeto inicial, Gaudí só conseguiu concluir uma das quatro laterais: a fachada do Nascimento. Após sua morte, em 1926, as obras ficaram quase paralisadas e não foram retomadas até anos depois da guerra civil. A continuação da Sagrada Família não está isenta de polêmica. Gaudí não deixou plantas definitivas de como deveria ser o monumento. De fato, o arquiteto trabalhava com maquetes e outros modelos tridimensionais e improvisava muito no andamento das obras. Contudo, as generosas contribuições econômicas de empresas japonesas e coreanas – Gaudí é muito popular no Extremo Oriente – estão permitindo financiar a construção do templo. Embora se tente conservar a ideia original de Gaudí, as novas partes da Sagrada Família (especialmente as esculturas) estão sendo construídas conforme as tendências artísticas de nosso tempo, e não segundo os ditados do modernismo.

Em poucas obras de Antoni Gaudí fundem-se de forma tão clara o passado
e futuro como na inacabada Sagrada Família. Por um lado, a construção
de um templo expiatório que imita as grandes catedrais góticas. Mas, por outro, o
sábio aproveitamento das mais recentes técnicas de engenharia,
sem as quais uma obra dessas dimensões seria impossível de realizar.

Calatrava

O arquiteto que melhor expressa a mudança sofrida pela Espanha na segunda metade do século XX e a sua incorporação à modernidade é o valenciano Santiago Calatrava, uma das figuras mais importantes da arquitetura atual.

Bom conhecedor da tradição arquitetônica de Valência e da ilha de Ibiza, Calatrava funde em sua obra os avanços mais inovadores da engenharia com uma pureza de linhas que dá às suas obras uma sensação de leveza. Já conhecido internacionalmente por alguns projetos, como a estação ferroviária de Zürich (1984), cidade em que estabeleceu seu escritório de arquitetura, as obras comissionadas pelos organizadores dos jogos olímpicos de Barcelona e da exposição universal de Sevilha (ambos eventos acontecidos em 1992) transportaram definitivamente o nome de Calatrava às páginas da atualidade.

Imagem do pavilhão do Kuwait na Exposição Universal de Sevilha, obra do arquiteto Santiago Calatrava. Como em outras obras do artista, destaca-se a aparente leveza e a imitação das formas da natureza.

Calatrava é conhecido sobretudo pelas suas pontes (como as de Puerto Madero, em Buenos Aires, a do rio Loira, em Orléans ou a do Alamillo, em Sevilha), pelas suas antenas (como a Montjuïc, em Barcelona) e pelos conjuntos de edifícios, como a Cidade das Artes e das Ciências, recentemente inaugurada em Valência.

MÚSICA

Erudita

Os primórdios da música espanhola
As primeiras manifestações musicais de que temos registro escrito são as da música litúrgica. Na Alta Idade Média, proliferou a música moçárabe, que acompanhava uma forma de liturgia própria da Península Ibérica. A unificação que Roma levou a cabo a partir do século XI significou a paulatina substituição da música litúrgica moçárabe pelo canto gregoriano, que ainda hoje se pratica nos mosteiros beneditinos e cistercienses. Um canto medieval que também permaneceu até os nossos dias é o *Cant de la Sibil·la*, interpretado nas igrejas de Maiorca em toda véspera de Natal. Um menino de dez anos, vestido como uma profetisa da Antiguidade, anuncia aos fiéis a chegada do fim do mundo e do Juízo Final para todos os que cometeram a sevícia.

Na Baixa Idade Média, por influência da *ars nova* francesa, a música religiosa passa da monodia à polifonia, cantada por coros *a capella* ou acompanhados pelo órgão. Boas amostras dessa música dos séculos XIII e XIV são o *Códex Las Huelgas* e o *Llibre vermell de Montserrat*.

A partir do século XII, a música profana começa a ganhar espaço. O amor cortês, cantado pelos trovadores provençais, influenciou a *trova* catalano-aragonesa, que se compôs em língua ocitana e não na língua vernácula desses territórios. Trovadores como Marcabrú, Guillem de Bergadà, o conde de Girona Guerau de Cabrera ou o rei de Aragão Alfonso II compuseram obras para o canto acompanhado geralmente por um instrumento de corda. Galiza foi outro foco importante da lírica medieval. As cantigas de amigo de Martin Codax ocupam um lugar proeminente entre as composições musicais do Medievo. Dentro dessa tradição trovadoresca galaico-portuguesa devemos situar as *Cantigas em louvor de Santa Maria*, do rei castelhano Alfonso X, "o Sábio".

As peregrinações aos lugares santos favoreceram uma fusão entre a música sacra e a profana. O *Códex Calixtinus* é uma coleção de cantos do século XII, basicamente laudatórios, do apóstolo Jaime, mas com muitos elementos próprios da música popular.

A música profana foi muito cultivada nas cortes ibéricas na passagem da Idade Média para a Moderna. Cancioneiros como os de Palácio, Medinaceli ou da Colombina conservam um impressionante legado musical da época dos Reis Católicos e dos primeiros Habsburgo.

O século XVI foi um dos momentos mais altos da música espanhola. A polifonia de Tomás Luis de Victoria, músico da corte de Felipe II, é comparável à de seus contemporâneos italianos Allegri e Palestrina.

Do século XVI datam também alguns dos mais famosos compositores para a *vihuela*, antecessor do moderno violão. Autores como Alonso de Mudarra ou Luis Narváez escreveram livros de peças para esse instrumento. Uma das formas musicais mais populares foram as *ensaladas* (saladas), as quais, ao modo das partitas ou das suítes, reuniam peças de diferente signo, alternando ritmos mais animados com outros mais pausados.

A tradição dos *vihuelistas* continuou no século XVII, com autores como Gaspar Sanz, que em 1674 publicou um método para o estudo do violão. O Renascimento e o barroco foram o tempo das danças instrumentais, como as galhardas, as folias, as sarabandas, os canários, as passacaglias, as pavanas, os tientos e as batalhas imperiais. Também no século XVII surgia *zarzuela*, um gênero do qual nos ocuparemos em outro item deste mesmo capítulo.

No século XVIII destacou-se a música para teclado (órgão e cravo), de Antoni Soler, e no campo da ópera devemos destacar *Una cosa rara*, do valenciano Vicent Martín i Soler. O sucesso dessa ópera entre seus contemporâneos europeus foi tal que o próprio Mozart cita-a no ato segundo de seu *Don Giovanni*. Nesse mesmo século temos que mencionar a presença na Espanha de alguns destacados compositores italianos, como Domenico Scarlatti e Luigi Boccherini, atraídos pela corte dos Bourbon.

Os compositores nacionalistas

Como reação à hegemonia musical germânica do neoclassicismo e do primeiro romantismo, na segunda metade do século XIX, em muitos países da Europa, apareceram escolas de músicos nacionalistas. Tchecos, russos, húngaros, noruegueses ou poloneses pesquisavam seu folclore em busca de novos temas e formas para as suas composições.

A Espanha participou da onda dos nacionalismos europeus na passagem do século XIX para o XX. Fomentados pelos estudos sobre o folclore espanhol, iniciados por Felip Pedrell, toda uma série de compositores debruçou-se sobre o legado musical de seu país, justamente em um momento em que eram abundantes as reflexões filosóficas sobre o ser coletivo dos espanhóis. Os nomes mais importantes dessa escola nacionalista espanhola foram Albéniz, Granados e Falla, mas não podemos esquecer outras figuras significativas como as de Joaquín Turina e Ernesto Halffter. Na biografia da maioria dos compositores dessa escola consta uma estada mais ou menos prolongada no exterior – (em Paris, principalmente, mas também em outras capitais europeias, como Bruxelas). Essa exposição a outras realidades culturais contribuiu decididamente para que tais músicos, ao voltarem ao seu país de origem, olhassem de outro modo a tradição musical espanhola e valorizassem seu acervo. Também destaca-se a presença de músicos catalães (Pedrell, Albéniz, Granados) dentre os compositores nacionalistas espanhóis, numa época em que despontavam as reivindicações políticas do nacionalismo catalão.

Isaac Albéniz deixou nos quatro cadernos de sua *Suite Iberia* um dos monumentos mais admiráveis do piano espanhol. O compositor bebe na fonte da música popular e sua música é acariciada pelos ritmos do flamenco, da *jota*, da *sardana* e das canções populares (como *La Tarara*, que é a base da peça *El corpus christie en Sevilla*), mas não é um compilador de folclore. Albéniz elevou ao repertório culto dos salões burgueses os ritmos e as toadas que o povo iletrado cantava na rua. Muitas das suas peças para piano ganharam adaptações para o violão e têm sido divulgadas por mestres como Andrés Segovia, Narciso Yepes e Julian Bream. Embora hoje seja recordado pelas suas obras pianísticas, Albéniz dedicou boa parte de seu trabalho à música cênica, com a composição de *zarzuelas* e óperas praticamente esquecidas na atualidade.

Enrique Granados foi um virtuoso do piano no seu tempo e chegou a fundar uma academia de música para o ensino desse instrumento. Inspirando-se no folclore espanhol, Granados compôs uma extensa obra para canto, piano, conjuntos de câmera e orquestra sinfônica. As *Danzas españolas* figuram entre suas obras mais célebres. A atração pela pintura de Goya, mais concretamente pelos seus cartões para tapeçarias, levou Granados a compor sua ópera *Goyescas* (baseada em temas de uma suite para piano homônima do mesmo autor), que foi recebida com entusiasmo pela crítica e pelo público.

Entretanto, o mais dotado de todos os compositores espanhóis do primeiro terço do século XX foi o gaditano Manuel de Falla. Profundo conhecedor do folclore de sua Andaluzia natal e, ao mesmo tempo, perfeitamente a par das mais inovadoras tendências internacionais (tinha estudado em Paris e mantinha uma relação frequente com compositores da altura de Igor Stravinsky), a figura de Falla é para a música espanhola o que foi Bela Bartók para a música húngara. Falla não se limitou a copiar e repetir modelos da cultura popular, mas absorveu o profundo espírito musical de seu povo e o espalhou em partituras que atendiam às exigências formais das vanguardas de seu tempo.

O balé *El amor brujo* (1915), para *cantaora* (foi estreado pela *diva* do cante flamenco Pastora Imperio) e pequena orquestra, funde poesia e música e exprime todos os valores do povo cigano, sendo, ao mesmo tempo, uma obra radicalmente inovadora. A fama de Falla difundiu-se pelo mundo afora. Os balés russos de Sergei Diaghilev encomendaram uma peça ao mestre andaluz. Ele compôs *El sombrero de tres picos*, um passeio pelas formas musicais mais genuinamente hispânicas, como o fandango, as seguidillas, a farruca e a brilhante jota final. Arthur Rubinstein solicitou que lhe fosse dedicada uma obra para piano e Falla entregou-lhe a dificílima *Suite Bética*, um prodígio de técnica pianística que reflete a tradição musical da Andaluzia. Da mesma maneira, o concerto para cravo e sete instrumentos foi um encargo da cravista Wanda Landowska. Outras obras destacadas do gênio de Falla são a ópera *La vida breve* ou a fantasia para piano e orquestra *Noches en los jardines de España*.

A guerra civil obrigou Manuel de Falla a se exilar na Argentina, país em que faleceria. Deixou inconclusa *La Atlántida*, uma obra sinfônico-coral inspirada no poema de Jacint Verdaguer.

A partir da década de 1930, e sobretudo durante o franquismo, essa escola nacionalista tornar-se-ia cada vez mais fechada e impermeável às influências das músicas contemporâneas. Autores como Joaquín Rodrigo (popular pelo seu *Concierto de Aranjuez*) ou Salvador Bacarise às vezes são qualificados de "casticistas", pelo seu apego às formas clássicas, sua admiração pela música espanhola do setecentos e pela aversão às composições atonais ou seriais.

Os outros nacionalismos

O catalão Frederic Mompou refletiu sobre o folclore de sua Catalunha natal em obras como as *Cançons i danses*. Mompou foi um dos pianistas mais dotados de sua geração. Como compositor, destacou-se por sua capacidade de eliminar todo o supérfluo do pentagrama e ficar somente com a essência. Obras de sua fase mais madura, como *Música callada* ou *Combat del somni*, seguem à perfeição aquela máxima de Johannes Brahms, que dizia que o difícil não é escrever música, mas abandonar as notas que sobram.

O organista Javier Guridi foi um dos compositores bascos mais destacados do século XX. Estudioso do folclore de seu país, Guridi compôs a zarzuela *El caserío*. Dentre as composições para orquestra há que se destacar as *Diez melodías vascas*.

As vanguardas

Apesar do isolamento internacional durante os anos do franquismo, a partir da década de 1950 um grupo de compositores tentou integrar a música espanhola nas correntes das vanguardas europeias. Interessados pelas contribuições da Escola de Viena (Schönberg, Berg e Webern) e pelos novos campos sonoros explorados por Messiaen, Stockhausen, Xenakis ou Ligeti, uma série de jovens músicos, como Luis de Pablo, Cristóbal Halfter ou Tomás Marco, abriu novas trilhas para a arte musical.

Essa música de vanguarda não foi entendida pelo grande público. Suas criações eletroacústicas e a exploração de novas linguagens usando os instrumentos tradicionais da orquestra abriram um abismo entre a criatividade dos compositores e os gostos da audiência. No entanto, essa vanguarda nascida nos anos 1950 não abjurou por completo das raízes da música espanhola, analisando sob uma ótica diferente as obras dos criadores do passado, mas sem cair no casticismo dos epígonos do nacionalismo musical.

Popular

Zarzuela

A meio caminho entre a música popular e a erudita encontramos a zarzuela, o gênero lírico espanhol por antonomásia. Seu nome deve-se ao palácio real de La Zarzuela (Madri), onde no reinado de Felipe IV foram encenados os primeiros dramas musicais, nos quais se misturavam partes cantadas com outras declamadas. A primeira zarzuela de que temos notícia foi *El jardín de Falerina*, com texto de Calderón de la Barca e música de Juan Risca. Seguiram-se muitas outras, quase sempre de temática mitológica, mas em cujas partituras a música popular dava os ares de sua graça.

Com a chegada da dinastia Bourbon, a zarzuela perdeu um pouco de fôlego, pois a família real preferia a ópera italiana. Por esse motivo foram atraídos à corte de Madri compositores como Domenico Scarlatti ou cantores como o castrado Farinelli. Contudo, a zarzuela, nessa forma originária, manteve ainda alguns dignos adeptos, como foi o caso de Antoni Lliteres.

Na segunda metade do século XVIII, houve um ressurgir do teatro musical em castelhano com a *tonadilla escénica*, geralmente de um único ato, que era encenado – como os *entremeses* – nos intervalos de peças teatrais de maior duração. A *tonadilla* distinguia-se pelo seu caráter humorístico e pela incorporação de elementos da música popular.

O século XIX foi a época do renascer da zarzuela e de sua transformação de espetáculo cortesão em divertimento das massas. A inauguração, em 1856, do *Teatro de la Zarzuela*, em Madri, simbolizou a consagração deste gênero musical. Autores como Emilio Arrieta, Asenjo Barbieri, Cristóbal Oudrid, Ruperto Chapí, Federico Chueca ou Tomás Bretón, entre tantos outros, cultivaram essa forma de expressão lírica, próxima da opereta francesa ou vienense pela intercalação de cenas musicadas e passagens faladas. Títulos como *Marina*, *Los Gavilanes*, *El barberillo de Lavapiés*, *Luisa Fernanda*, *El huésped del sevillano*, *La boda de Luis Alonso*, *El rey que rabió*, *Agua, azucarillos y aguardiente*, *La Gran Vía* ou *La verbena de la paloma* eram as delícias dos amantes desse gênero e formam parte do patrimônio musical espanhol. As melodias mais populares dessas obras eram tocadas pelas bandas de música ou cantadas pelos *orfeones*, agrupações corais que se criaram sobretudo na Catalunha e no País Basco e que difundiram a música (popular ou erudita) entre todas as camadas sociais.

O irmão menor da zarzuela é o *género chico*, assim chamado – *chico* quer dizer pequeno – porque consta de um único ato, assim como aconteceu com a *tonadilla*. Fora essa distinção temporal, o *género chico* não apresenta nenhuma outra diferença em relação à zarzuela, com uma música de tão alta qualidade como a da sua irmã maior. Assim o demonstram peças como *La revoltosa*, uma joia do *género chico*, com música de Federico Chueca.

A zarzuela é um gênero musical que exige dos cantores um nível técnico comparável ao da ópera. O cultivo desse gênero fez com que a Espanha tenha sido um dos maiores filões de cantores líricos da Europa. Muitas estrelas que triunfam no mundo da ópera deram seus primeiros passos na música cênica puxados pela mão da zarzuela. Esse foi o caso de Alfredo Kraus, Plácido Domingo, Victòria dels Àngels, Jaume Aragall, Teresa Berganza, Josep Carreras, Pilar Lorengar, Joan Pons, Montserrat Caballé, entre tantas outras grandes vozes.

Flamenco

As origens precisas do flamenco são incertas. O nome flamenco (que em português seria flamengo) é o gentílico de Flandres, mas não existe nos Países Baixos nenhum ritmo ou dança que guarde relação com a música e baile flamencos. Existe uma hipótese que defende que o nome deriva das tropas castelhanas que lutavam em Flandres nas guerras de religião do século XVII. Talvez os soldados "flamencos" cantassem e dançassem os mesmos ritmos que depois deram lugar ao flamenco tal qual o conhecemos.

Alguns atribuem à etnia cigana a importação da música flamenca. Muitos ciganos destacam-se pela interpretação das danças flamencas, e certamente o som dessa música tem pontos em comum com alguns ritmos orientais presentes no subcontinente indiano, de onde provavelmente são originários os ciganos. Entretanto, é de estranhar que os ciganos da Europa Oriental tenham uma tradição musical tão distinta da dos ciganos espanhóis, o que nos faz supor que, da mesma maneira que os *zíngaros* se deixaram influenciar pela música eslava, os ciganos espanhóis adaptaram-se aos sons da música popular que se tocava no sul da Espanha. O elemento oriental do flamenco é mais fácil de ser explicado pela influência da música árabe (sobretudo na Andaluzia, pátria do flamenco, em que esta se manteve até o fim do século XV) do que por longínquas migrações de povos asiáticos.

As semelhanças entre a música flamenca e a antiga música do reino de Granada são significativas. Esta última é conhecida tanto pelos registros históricos como pela interpretação que os conjuntos de música *andalusí* do norte da África ainda praticam dela. Sem dúvida, com o passar dos séculos, esta "música clássica hispano-árabe" foi se transformando e recebeu influências diversas. Ritmos como o da *farruca* têm a sua origem no norte da Espanha. Podemos considerar que no final do século XVIII a música flamenca já estava configurada de uma forma muito semelhante à que conhecemos hoje. É comumente aceito que o berço do flamenco situe-se na Andaluzia sul-ocidental, concretamente entre as atuais províncias de Sevilha e Cádiz, ainda que tenha rapidamente estendido-se pelo restante da Espanha Meridional. A emigração andaluza para o centro administrativo de Madri e para os polos industriais da Catalunha e do norte da península – e depois para os centros turísticos do litoral mediterrâneo – foi um fator determinante na expansão e popularização do flamenco por toda a Espanha.

O termo flamenco engloba um variado número de danças e ritmos, que são chamados de *palos*. Os *palos* do flamenco mais conhecidos são: a *alboreá*, a *bulería*, os *campanilleros*, os *caracoles*, o *fandango*, a *farruca*, o *garrotín*, a *malagueña*, a *milonga*, a *petenera*, o *polo*, a *rondeña*, a *rumba*, a *saeta*, as *seguidillas*, as *serranas*, as *sevillanas*, a *soleá*, o *tango*,[4] a *taranta* e os *tientos*. Também existe o *palo seco*, isto é, o baile acompanhado unicamente pelo bater de palmas. O violão e alguns instrumentos de percussão, como as castanholas, fazem o acompanhamento normal do canto flamenco. O violão, ademais, adquire na música flamenca um papel protagonista, que lhe permite ser a única voz de um vesperal flamenco, sem precisar nem do apoio da voz humana nem de outros instrumentos. Essa tradição da *guitarra española* faz com que o país disponha de um grande número de *guitarristas* de primeiro nível. Nomes como Manolo Sanlúcar ou Paco de Lucía são expoentes máximos da arte do violão flamenco.

O flamenco é ao mesmo tempo poesia, música e dança. Cada um dos *palos* corresponde a um tipo de estrofe diferente, com a sua métrica própria. Também a música pode ser em ritmo binário ou ternário, com seus respectivos melismas característicos. A coreografia de cada *palo* é diferente, existindo danças individuais, em grupo, masculinas e femininas.

A grande expansão do flamenco data de finais do século XIX e primeira metade do século XX. A emigração de andaluzes para Madri e para as cidades industriais do norte contribuiu para a disseminação da arte flamenca por todo o país. Em um momento em que a Espanha precisava de símbolos para afirmar-se como Estado-nação, o flamenco cumpriu o papel de linguagem musical genuinamente espanhola. No teatro de revista e nos filmes nacionais, os números de flamenco eram corriqueiros; *cantaores* e *bailaores* triunfaram nas telas do cinema. Nomes como Lola Flores ou Antonio Gades imortalizaram sua arte em filmes mais interessantes pelos seus números de baile flamenco do que pela sua composição cinematográfica. Ao mesmo tempo, os *palos* serviram de inspiração para poetas e compositores eruditos e a reflexão intelectual sobre o flamenco alentava uma reflexão sobre o ser coletivo da Espanha.

Por esse motivo, o flamenco tem sido tanto louvado quanto rejeitado. A música e o baile flamenco continuam muito vivos no sul da península, sendo uma das principais atrações das festas locais (como a *Feria de abril* de Sevilha), e os *cantaores* e *bailaores* flamencos ainda são muito respeitados e venerados. Entretanto, especialmente nas regiões do norte, o flamenco é visto quase como um elemento alheio à cultura local, sendo utilizado como isca para atrair os turistas, mas pouco apreciado pelos nativos.

O baile das sevilhanas é uma das expressões
mais alegres da música e da dança flamencas.

Enquanto para muitos meridionais uma boa *juerga* flamenca pode ser um dos passatempos mais prazerosos, para muitos habitantes do norte peninsular não passa de uma entediante e barulhenta dor de cabeça.

A importância do flamenco na mídia foi perdendo força nas últimas décadas, dando lugar a expressões musicais mais próximas da cultura popular anglo-saxônica. Contudo, continua a ser uma fonte primordial de inspiração para muitos cantores e compositores que buscam nas próprias raízes o sentido de sua música.

Cante jondo
Embora o flamenco seja frequentemente animado, com melodias em modo maior e tempos rápidos, o seu canto pode expressar como poucos a dor e a amargura. Essa profundidade da cantiga, que faz brotar todos os sentimentos mais íntimos, é denominada *cante jondo* (*jondo* é a pronunciação andaluza de *hondo*, com o *h* aspirado, isto é, fundo).

Nas antípodas do flamenco para consumo dos turistas, dos *tablaos* de *sangría* barata e do *typical Spanish* pasteurizado, encontra-se o *cante jondo*, uma música para espíritos sensíveis e que condensa o sentimento de um povo que canta a sua dor. À frente de um cenário despojado, vestindo as roupas de rua, duas pessoas sentam-se em cadeiras de cânhamo: o *cantaor*, que acompanha seu canto com as palmas das mãos, e o *guitarrista*, que cria uma estrutura harmônica que segura a melodia. A forma básica do *cante jondo* é a *siriguilla* (ou *siriguiya*), que começa com um grito esgarçado, sendo seguido de um prolongado silêncio ainda mais inquietante. De verso em verso o *cantaor* vai entoando uma história de amores, ciúmes, solidão e vingança. A lua, o fogo, as árvores, os pássaros, o amado, a amada, o fado e a morte se sucedem nas estrofes de um cantar que exige o máximo do intérprete, do canto a plenos pulmões ao falsete mais delicado. Ao seu lado, o violão contribui com seus acordes, toques, arpégios e batidas na caixa de ressonância, criando todo um universo de esperanças e lamentações. O público aficionado assiste mudo a esse espetáculo catártico.

Camarón de la Isla ("o Pavarotti do flamenco") e seu acompanhante no violão, Tomatito, formaram uma das melhores duplas do *cante jondo* dos últimos tempos. A morte de Camarón, ocorrida em 1992, causou uma grande consternação entre a etnia cigana – da qual ele fazia parte – e entre todos os amantes do flamenco mais puro e carregado de sentimento.

Um dos melhores festivais de *cante jondo* acontece todos os anos em La Unión (Múrcia). É o Festival de Canto das Minas. Toda a Andaluzia oriental (províncias de Jaén e Almería, principalmente) e a região murciana são ricas em minas de carvão e metais. Essa riqueza do subsolo atraiu um grande número de emigrantes de outras partes da Espanha do sul, que trouxeram suas músicas e bailes. À noite, depois das extenuantes jornadas de trabalho, reuniam-se nos *cafés-cantantes*, onde interpretavam diversos *palos* do flamenco enquanto ingeriam litros de conhaque. Dessa forma de lazer nasceu uma tradição de *cante jondo* em localidades como Linares, La Carolina, Cartagena ou La Unión.

Uma forma próxima do *cante jondo* é a *saeta*, um dos *palos do flamenco*. A *saeta* é cantada nas procissões da Semana Santa. Geralmente, durante a passagem de uma imagem de Jesus ou da Virgem Maria, um membro do público que assiste à procissão canta espontaneamente, sem acompanhamento, estrofes laudatórias sobre a beleza da Virgem ou em homenagem à paixão de Cristo. No momento em que é cantada a *saeta*, a procissão para e o público permanece em um reverenciado silêncio.

Copla

A *copla* não faz parte do flamenco, mas sua música está influenciada por ele. Na realidade, a copla é uma forma lírica com mais de seiscentos anos de história. Nascida no fim da Baixa Idade Média para tratar tanto assuntos cômicos como transcendentais (vejam-se as *Coplas pela divisão do reino de Maiorca*, de Anselm Turmeda, e as *Coplas pela morte de seu pai*, de Jorge Manrique, como exemplos respectivos), com o correr do tempo tornou-se uma das formas básicas da canção espanhola.

Se o *cante jondo* desce até as profundezas da alma, a *copla* gosta de tratar temas mais levianos. Sua temática preferencial é o amor, e os seus versos costumam estar carregados de duplos sentidos. A *picardía* é essencial para a interpretação das *coplas*. Tanto no flamenco quanto na *copla* não basta ter uma bela voz ou bons dotes musicais; há que ter *duende*. E o que é o *duende*? É a capacidade de enfeitiçar o público pela graça dos movimentos, pela articulação da voz e pelo acento colocado em cada sílaba.

Existem vários cantores de *copla* com *duende*. Uma relação não exaustiva dos mais que mais se destacaram nas últimas cinco décadas pode ser a seguinte: Conchita Piquer, Imperio Argentina, Estrellita Castro, Juanita Reina, Carmen Sevilla, Antonio Molina, Rafael Farina, Juanito Valderrama, Rocío Jurado, Isabel Pantoja e María del Monte.

Às vezes as fronteiras entre o flamenco e a *copla* são tênues. Não é estranho que alguns intérpretes transitem com facilidade de um campo para o outro. Mas os puristas da arte flamenca renegam a *copla*, afirmando que ela é uma expressão musical menor.

Bailes regionais

Embora o flamenco tenha se erigido internacionalmente como a principal manifestação da cultura popular espanhola, não podemos deixar de lado que a diversidade do país também se revela no seu variado folclore.

A *jota*, uma dança em compasso de três por quatro, é um dos bailes mais célebres da Espanha. Originariamente aragonesa, a *jota* difundiu-se, com variantes locais, por Navarra, Castela, Leão, Extremadura e nas ilhas Baleares.

A Galiza apresenta um rico folclore com influências célticas. A *gaita*, semelhante às *pipes* escocesas, é um instrumento muito enraizado nas terras galegas e asturianas. Os sons das *gaitas* guardam uma estreita relação com a música interpretada na Irlanda, na Escócia ou na Bretanha francesa. Dos bailes típicos, o mais cultivado é a *muiñeira*, de caráter alegre e animado.

O folclore basco é muito rico e completamente diferente do que se pratica no restante do Estado. Instrumentos de sopro primitivos, como o *txistu* ou a *alboka*, entoam melodias que acompanham a dança de um homem só, vestido de branco (o *dantzari*). A dança é usada normalmente como homenagem a algum visitante e é uma mostra de hospitalidade do povo basco. Outras danças, como o *aurresku*, são de tipo social. Nele

O País Basco tem uma tradição folclórica claramente diferenciada
do restante do Estado, com ritmos e danças próprias da cultura basca.

homens e mulheres bailam juntando suas mãos por meio de lenços. Também existem as danças da espada (*Ezpata-dantza*), em que dois grupos de dançarinos simulam um combate. As danças da espada são reservadas para festividades religiosas.

O baile nacional da Catalunha é a *sardana*, na qual um grupo concentra-se ao ar livre e dança, formando uma espécie de ciranda. A música é interpretada pela *cobla*, um conjunto de onze instrumentistas, que formam uma pequena orquestra de instrumentos de corda, sopro e percussão. As pessoas entram livremente no círculo de bailarinos e são integradas pelo restante dos *sardanistas*. Para alguns comentaristas, a *sardana* é a mais bela expressão do caráter catalão: fechado em círculo e separado da outra parte do mundo, mas ao mesmo tempo aberto a integrar na sua roda as pessoas que tenham interesse em participar do grupo.

As *havaneras* também são muito populares na Catalunha. Embora o nome evoque a cidade de Havana, não existe na música popular cubana nenhum traço em comum com as *havaneras* catalãs. É mais provável que seja um ritmo genuinamente catalão difundido pelos emigrantes e comerciantes que viajavam para Havana. Nos meses de verão é frequente a convocatória de veladas de *havaneras* em muitas localidades do litoral. É uma música calma que dá a sensação de estamos flutuando sobre as ondas do mar.

O baile mais típico de Madri é o *chotis*, vocábulo que deriva de *scottish* e que de fato tem muita relação com a giga escocesa. O *chotis* foi a dança por excelência das *verbenas* madrilenas do começo do século XX e está associada a todo um universo de *majas*, *chulos* e *chulaponas*, assim como ao quase infinito repertório de gírias castiças. Os entendidos no *chotis* afirmam que devemos dançar este ritmo abraçados em alguém e mexendo muito pouco os pés. Um tijolo deve ser uma superfície suficiente para que um casal dance um *chotis*.

Danças muito praticadas na Espanha dos séculos XVI e XVII, como eram as *folías*, hoje estão praticamente ausentes do folclore. Outras como o *pasodoble*, que deriva das *tonadillas* cênicas do setecentos, mas fortemente influenciada pelas marchas militares binárias (daí o termo "passo duplo"), adquiriram no século XIX grande fama. O *pasodoble* é uma música dançada em todo o país e associada muitas vezes às touradas, pois trata-se do som ambiente tocado pelas bandas de música nas praças de touros. No entanto, o *pasodoble* aparece em muitas zarzuelas, em contextos que pouco ou nada tem a ver com a tauromaquia.

Instrumentos curiosos

A música popular espanhola oferece uma vasta quantidade de instrumentos musicais, alguns deles surpreendentes.

As *gaitas* e as *xirimies* são instrumentos medievais que perduram até nossos dias. Próximos do oboé, embora mais recentes (ambos têm pouco mais de 150 anos) são a *tenora* e o *tible*, instrumentos que dotam a *cobla* de seu som tão especial.

Além da *guitarra*, entre os instrumentos de corda temos de destacar a *bandurria*, uma versão espanhola da *mandolina*, muito usada no folclore de diversas regiões.

No mundo da percussão reinam os múltiplos tipos de tambores, o bumbo e os pandeiros (a *pandereta* é sua versão menor e a mais popular). No folclore basco devemos citar a *txalaparta*, um antecedente muito remoto do xilofone, com um som oco.

A *zambomba* é um curioso instrumento formado por um recipiente cerâmico que serve como caixa de ressonância. Ele é coberto por uma pele de carneiro e em seu centro é colocada uma vara. Ao mexer a cana produz-se uma vibração da pele que, ao ser amplificada pelo recipiente, emite um som grave e monótono. A *zambomba* é muito usada como acompanhamento dos *villancicos*, canções típicas do Natal.

E como a criatividade na hora de transformar utensílios cotidianos em instrumentos musicais não tem limites, alguns cantos e danças de Castela e de Extremadura são acompanhados pelo som que resulta do esfregar uma moeda ou qualquer outro utensílio de metal em uma garrafa de *anís* (destilado de erva-doce). O *anís* é um licor popular normalmente servido em garrafas de vidro rugoso.

CINEMA

Nos anos 1980, o humorista El Perich, em uma de suas charges na imprensa escrita, captou a triste situação do cinema na Espanha. A piada dizia assim: *Um de cada dez aficionados ao cinema afirma ter interesse pelo cinema espanhol. Seu nome é Antonio Gutiérrez.*

Ao contrário da pintura ou da literatura, expressões artísticas que normalmente não exigem grandes recursos econômicos e que podem ser praticadas por uma pessoa só, o cinema é, antes de tudo, uma indústria. Para fazer bons filmes não basta a genialidade do artista, mas é necessário todo um complexo empresarial que financie as filmagens, pague os atores, faça a promoção do filme e produza as cópias necessárias para a sua distribuição. Embora no passado tenham sido realizadas várias tentativas de se criar uma "Hollywood espanhola", os resultados artísticos foram escassos. Ou rodavam-se filmes de temática folclórica, para a glória de alguma estrela do canto e do baile flamencos (as denominadas *españoladas*), ou a produção filmográfica estava mediada pela ideologia do regime (caso da produtora CIFESA), promovendo filmes que glorificavam o passado imperial da Espanha e legitimavam o levante militar contra a Segunda República. O próprio general Franco chegou a participar como roteirista de uma dessas produções, *Raza* (1940), sob o pseudônimo de Jaime de Andrade.

Contudo, a cinematografia espanhola deu ao mundo um considerável número de grandes cineastas, com uma linguagem muito pessoal. O panorama cinematográfico melhorou nos governos socialistas, por causa das subvenções do ministério da cultura. O resultado, porém, foi muito desigual e as intenções de doutrinamento político às vezes foram explícitas demais. Além de muitos filmes medíocres sobre temas reiterativos, como o descobrimento do sexo por parte de um adolescente no contexto da guerra civil, a política de subvenção cultural revelou novos talentos e permitiu a realização de obras-primas como *Los santos inocentes* (1984), adaptação do romance homônimo de Miguel Delibes dirigida por Mario Camus.

Buñuel

Luis Buñuel foi um dos primeiros realizadores do "cinema de autor" da Espanha. Natural de Teruel (Aragão) e formado em Zaragoza, mudou-se para Madri para estudar medicina. Na Residência dos Estudantes dessa capital, Buñuel fez amizade com algumas das figuras mais brilhantes de sua geração, como o poeta Federico García Lorca e o pintor Salvador Dalí. Com eles, Buñuel descobriu o surrealismo, o que o motivou a viajar para Paris para conhecer mais de perto esse movimento.

Dessa primeira fase surrealista são as produções que rodou em Paris com Salvador Dalí: *Um cão andaluz* (1929) e *A idade do Ouro* (1930), que produziram uma forte comoção (e rejeição) nos ambientes parisienses, mas que hoje são consideradas peças-chave da história da filmografia mundial. Mesmo para nossos olhos, acostumados à extrema violência de alguns filmes recentes, a cena de *Um cão andaluz* em que aparece uma navalha cortando o globo ocular de uma mulher provoca calafrios. Esses dois filmes (o primeiro um curta-metragem de 17 minutos e o segundo um longa de 60 minutos) expuseram toda uma série de obsessões que no futuro Dalí representaria em suas telas e Buñuel em seu fotogramas: o sexo, a religião, a putrefação da carne morta, as formigas, a morte...

De volta à Espanha, Buñuel dirigiu o documentário *Las Hurdes, tierra sin pan* (1933), no qual as míseras condições de vida de uma das comarcas mais atrasadas do país eram retratadas. O governo republicano vetou a projeção desse filme, por considerar que atentava contra o orgulho da Espanha. Foi a primeira grande desilusão em relação à república de Buñuel, que já havia ingressado no partido comunista.

Com o início da guerra civil, Buñuel, que se encontrava em Madri, conseguiu fugir para a França e daí embarcou com a sua família para os Estados Unidos. Invejas e conspirações nos círculos artísticos, assim como a divulgação da orientação ateia e comunista de Buñuel, frustraram seus planos de permanência nesse país, o que o levou a emigrar para o México, onde se nacionalizaria. A fase mexicana é uma das mais criativas da biografia de Buñuel. Sua face mais crítica e comprometida com a justiça social levou-o a dirigir *Os esquecidos* (1950), descrição do dia a dia das crianças e adolescentes da periferia da Cidade do México. Com esse filme Buñuel ganhou um prêmio no festival de Cannes, o primeiro de uma longa série de reconhecimentos internacionais. Dessa fase mexicana também devemos destacar as produções *Nazareno* (1958) e *Simão do deserto* (1965).

Buñuel provocou um escândalo maiúsculo nos círculos católicos com seu filme *Viridiana* (1961), uma das poucas obras que o cineasta aragonês pôde filmar na Espanha. Apesar do sucesso entre a crítica internacional, o filme foi censurado pelas autoridades franquistas.

Em 1960, Luis Buñuel voltou à Espanha, depois de mais de duas décadas de exílio. Lá filmou *Viridiana*, obra que o fez ganhar a Palma de Ouro em Cannes em 1961, mas que desatou as fúrias da Igreja Católica, que considerou uma blasfêmia a cena dos mendigos jantando como se fosse a Santa Ceia. O governo de Franco proibiu a exibição do filme no país. Sem possibilidade de se desenvolver artisticamente sob a ditadura, Buñuel voltou ao exílio. Dessa vez foi para Paris, cidade onde residiu e realizou a maior parte de seu trabalho, ainda que fossem frequentes as viagens ao México, terra em que continuou a filmar.

Da fase francesa de Buñuel temos que citar *O anjo exterminador* (1962), *A bela da tarde* (1967) e *O discreto charme da burguesia* (1972), obra que converteu Buñuel no primeiro cineasta espanhol que ganhou um Oscar de Hollywood. Em 1970, Buñuel voltou a filmar em espanhol, dessa vez uma adaptação cinematográfica do romance de Galdó *Tristana: uma paixão mórbida* (1970), numa coprodução hispano-italiano-francesa. Todos os filmes dessa época têm um denominador em comum: a crítica amarga à forma de vida burguesa, com suas hipocrisias e convenções sociais. Em alguns desses filmes Buñuel faz uma gozação das obras e dos gostos de Dalí, artista com o qual havia se desentendido desde os tempos da guerra civil. Assim, o cineasta usa o *Cristo crucificado* de Dalí como decoração do gabinete de um torturador e mostra um casal de burgueses comentando a apresentação de *Tristão e Isolda* (a ópera predileta de Dalí) enquanto sentam-se na privada.

Berlanga

Luis García Berlanga foi o mais importante cineasta da Espanha de Franco. Valenciano de nascimento, para evitar represálias políticas devido à militância republicana de seu pai, Berlanga participou como voluntário na *División Azul*, unidade militar enviada por Franco para lutar ao lado de Hitler contra a União Soviética.

A estética de Berlanga aproxima-se muito da *españolada*, com toques folclóricos e algumas pinceladas de humor pouco refinado. Não obstante, os filmes de Berlanga passaram uma visão muito crítica da Espanha da ditadura, ultrapassando inclusive os limites que o regime podia aceitar. Isso fica evidente ao assistirmos a filmes como *Bienvenido Mr. Marshall* (1952), obra em que Berlanga trata com ironia o isolamento político do regime, justo no momento em que a Europa ocidental beneficiava-se dos recursos que os Estados Unidos enviaram durante o Plano Marshall. Numa realização sem pretensões, Berlanga (ao mesmo tempo diretor e roteirista) nos mostra as esperanças e ilusões que a notícia da passagem de um importante político americano desperta em um pequeno povoado. Todo o filme é uma narração dos preparativos que o conselho municipal organiza para os moradores receberem devidamente tão alto potentado. Berlanga faz um uso recorrente da ironia para mostrar o atraso econômico e mental do país. Finalmente, como na vida real, o Mr. Marshall do filme não parou no povoado.

Nessa mesma linha humorístico-crítica situam-se outras obras posteriores, também filmadas durante a ditadura, como *Los jueves milagro* (1957), obra criticada pelo seu anticlericalismo, *Plácido* (1961) ou *El verdugo* (1963). Este último filme é uma crítica contundente à pena de morte, através da história de um bom homem que tem a desgraça de ser o verdugo da cidade. Claramente satírica é a sua trilogia sobre a transição à democracia, formada pelos filmes *La escopeta nacional* (1977), *Patrimonio nacional* (1981) e *Nacional III* (1981), nas quais Berlanga ataca os poderes políticos e fáticos da nação, destapando todos seus defeitos e misérias. Aos olhos desse diretor, a política não tem nada a ver nem com as ideologias nem com as boas intenções, mas unicamente com a satisfação de interesses inconfessos. Nessa mesma linha de ajuste de contas com os políticos, mas agora com vinte anos de distância, temos o filme *Todos a la cárcel* (1993). Berlanga faz nesta produção um retrato feroz da esquerda progressista que nos anos 1960 e 1970 se enfrentou com o franquismo, seguindo caminhos muito diversos durante a democracia (do Opus Dei à militância ecologista).

No começo dos anos 1970, quando a *españolada* derivava em *destape* (equivalente espanhol das pornochanchadas brasileiras), época em que as atrizes tinham que se despir "por necessidades do roteiro", Berlanga deu a sua contribuição pessoal a esse subgênero. Com *Tamaño natural* (1973) desatou uma forte polêmica ao mostrar as relações sentimentais e sexuais de um dentista com uma boneca inflável.

Em 1985, Berlanga apresentou sua visão peculiar da guerra civil em *A vaca*. Como é de costume nas obras desse cineasta, o espectador pode chegar a conclusões macro a partir de um enfoque micro. O relato das vivências de um grupo de soldados no *front* e seu plano de ação para roubar um touro novilho que ia participar de uma tourada na cidade inimiga desenha um panorama divertido e amargo do conflito civil.

Toda a filmografia de Berlanga está impregnada de uma mesma visão, que une elementos sórdidos e entranháveis, sempre vistos sob um prisma irônico, mas no fundo tenro. Seus personagens jamais são estereotipados, mas seres humanos de carne e osso, com todas as suas fraquezas. A personalidade desse artista, que divide e dividirá por muito tempo a plateia, é indiscutível. Daí que o termo *berlanguiano* seja usado para definir algumas situações da vida cotidiana espanhola para as quais não cabe outro termo mais adequado. Talvez os *esperpentos* de Valle-Inclán sejam o antecedente literário mais próximo do espírito das realizações de Berlanga.

Fotograma do filme *Bienvenido Mr. Marshall*, de Luis García Berlanga.

Saura

Carlos Saura, multidisciplinar autor, em seus quase cinquenta anos de atividade cinematográfica abordou temas diversos, desde a crítica política e social até a abertura de novos caminhos da expressão estética. Saura começou sua carreira como diretor de cinema tentando levar às telas uma interpretação espanhola do neorrealismo italiano. O filme *Los golfos* (1959) abriria essa primeira fase, em que as influências dos grandes mestres italianos do *dopoguerra* misturam-se com a maestria de Luis Buñuel (com quem Saura colaborou em 1960) e com a tradição própria da literatura social espanhola, que a trancos e barrancos conseguia abrir um espaço próprio, apesar dos entraves da censura. *La caza* (1965) consagra Carlos Saura como um cineasta engajado com a problemática social de seu país. Nos anos seguintes, em parceria com o produtor Elías Querejeta, Saura realizará uma série de filmes que, embora fossem aplaudidos e premiados nos principais festivais de cinema europeus, ocasionaram-lhe toda uma série de perseguições e mutilações por parte da censura. Estamos nos referindo a obras como *A prima Angélica* (1967) ou *Cria cuervos* (1967).

Com o fim da ditadura, Saura começa a abordar temas mais humorísticos. Esse é o caso de *Mamã faz cem anos* (1979), indicado ao Oscar de melhor filme estrangeiro.

A partir de 1980, começa uma fase totalmente nova na sua obra. Em 1981, com a filmagem de *Bodas de sangue*, uma versão livre da peça teatral de Lorca, Saura inicia uma parceria com o bailarino Antonio Gades, que se consolidará nas produções seguintes, *Carmen* (1983) e *O amor bruxo* (1986). Com esses filmes, Saura funde cinema e dança. São obras que fogem dos esquemas tradicionais do cinema narrativo, ainda ancorado nos moldes da dramaturgia, mas não sendo tampouco simples balés filmados. Saura aproveita a plasticidade da dança espanhola, de sua sensualidade e feitiço, para narrar, sem palavras, histórias de amor e de morte.

Essa tendência em focar a atenção do espectador na expressividade do gesto humano e desviá-lo de outras construções literárias ou cênicas mais convencionais acha-se fortalecida nas produções da década seguinte: *Sevillanas* (1992), *Flamenco* (1995) e *Tango* (1998). Essas são obras ainda mais despojadas de considerações extramusicais ou extracorporais. A dança (espanhola ou argentina) é a verdadeira protagonista do filme, que flui no compasso de suas melodias e ritmos. A cenografia fica reduzida à mínima expressão, sendo substituída por painéis translúcidos que formam um jogo de cores que interage com os movimentos humanos, conseguindo assim uma "obra de arte total", que seduz o olhar do espectador. O próximo passo desse périplo de Saura pela música e pelas danças populares será o fado português, quando da realização de um filme que ainda está em preparação.

Mas a trajetória artística de Saura não é retilínea. Depois de ter filmado a trilogia com Antonio Gades, o diretor enveredou pelos caminhos do cinema histórico. Em 1988, apresentou *Eldorado* (1988), uma megaprodução muito desigual que narra as desventuras de uma expedição pelo Amazonas no século XVI, à procura de uma terra mítica na qual os homens vestiam-se de ouro. Na produção seguinte, Saura passou da América do Sul da época das conquistas à Espanha de 1936-39. O diretor também deu sua contribuição ao cinema sobre a guerra civil apresentando *Aí, Carmela!* (1990), em que conta a história de uma dupla de humoristas que tem de adaptar seu repertório de piadas e canções à ideologia do bando para o qual atuavam.

Finalmente, em 2004, Saura voltou em parte à linguagem realista que caracterizou seu início de carreira com *O sétimo dia*. Nesse filme o cineasta reconstruiu um fato real ocorrido em Puerto Urraco, uma pequena localidade extremenha, em 1990. Duas famílias acumularam por décadas ódios e rivalidades que finalmente desembocaram em uma chacina nesse povoado. Saura volta a tratar do tema da "Espanha negra", caínica e justiceira de algumas áreas rurais, contrastante com a vida calma de que desfrutam os sobreviventes da tragédia em uma grande cidade grande e moderna.

Almodóvar

A obra do manchego Pedro Almodóvar exprime como poucas a acelerada transformação da sociedade nos anos que vão do fim da ditadura até a consolidação da democracia. Almodóvar lançou o cinema espanhol (que ainda não havia se livrado por completo nem da complacência do discurso nacional-católico nem do protesto do realismo social) diretamente para a pós-modernidade. O discurso cinematográfico inicial do diretor estava plenamente inserido nos padrões da *movida*, um movimento juvenil que se enraizou em algumas cidades espanholas (particularmente em Madri, Barcelona e Vigo) na passagem da década de 1970 para a de 1980. A *movida* introduzia no país as novidades da cultura alternativa, como o *glam rock* ou o *punk*, e seu objetivo era provocar as "classes respeitáveis" através de atitudes e comportamentos considerados imorais. Com a *movida*, um setor da juventude espanhola libertou-se dos rígidos padrões da ditadura e adotou um modelo de comportamento transgressor, sem no entanto levantar nenhuma bandeira política. Ao contrário de sua geração antecessora (a do maio de 1968), que sonhava com a revolução mundial que acabaria com a opressão burguesa, os seguidores da *movida* não tinham outras pretensões que não curtir a vida ao máximo enquanto ela durasse. *No future*, o famoso *slogan* do movimento *punk* de Londres, permeou uma juventude desacreditada da política e castigada pelo desemprego das economias em crise.

Esse caráter provocador está claramente presente nos primeiros filmes de Pedro Almodóvar, que abriram grandes polêmicas. Assim, no seu primeira longa-metragem, *Pepi, Luci, Bom y otras chicas del montón* (1980), Almodóvar fez um passeio pelo mundo da noite madrilena. O filme incluiu cenas de "chuva dourada" e umas "ereções gerais", estas últimas em clara crítica ao processo democratizador. Na obra seguinte, *Labirinto de paixões* (1982), o cineasta filma um enredo sem pé nem cabeça entre uma ninfomaníaca, que é filha de um prestigioso cientista que acaba de clonar periquitos, um príncipe destronado de um Estado muçulmano e um terrorista islâmico e homossexual, que tem como missão o assassinato do príncipe, mas que acaba apaixonando-se por ele. E todo esse emaranhado de paixões está ambientado na Madri onanista da *movida*, na qual o consumo de drogas e a busca de novos prazeres são muito frequentes. Os personagens desses dois primeiros filmes são extremamente ambíguos, tanto no plano sexual (muitos deles praticam a homossexualidade ou são travestis) como no plano sentimental. As relações são frias e as manifestações de enamoramento são escondidas sob uma espessa camada de maquiagem.

Almodóvar continuou a provocar o público conservador com seu terceiro filme, *Maus hábitos* (1981), rodado em um convento muito heterodoxo, com freiras que têm comportamentos muito mundanos. Nessas três primeiras obras, Almodóvar formou um grupo de atores que o acompanharão nas duas décadas seguintes. Nomes como Antonio Banderas (que depois entrou no mundo do *star system* de Hollywood), Cecilia Roth, Rossy de Palma, Chus Lampreave ou Carmen Maura serão habituais na sua filmografia. Carmen Maura, uma das musas do cineasta, protagonizou o quarto filme do diretor manchego, *O que eu fiz para merecer isto?* (1984), em que narra as atribulações de uma dona de casa que mora num bairro periférico de Madri e que tem de lidar com um marido apaixonado por uma alemã, um filho que vende droga e um entorno social e familiar deprimente. Sem ser um filme realista, *O que eu fiz para merecer isto?* marca uma evolução no cinema de Almodóvar que o encaminha para questões mais cotidianas, sociais e sentimentais. Com essa produção e a seguinte (*Matador*, de 1985), o diretor saiu definitivamente do círculo do cinema *underground* e atingiu o grande público.

Nesta linha de não renúncia aos temas polêmicos, mas narrando-os de um jeito menos *desmadrado* (descabelado), Almodóvar filmou *A lei do desejo* (1987), seguramente uma de suas melhores obras. Com sensibilidade e grande dose de crueza, o cineasta nos conta nesse filme uma história de amor e de morte entre homossexuais. Malgrado a temática do filme (a homossexualidade ainda era tratada como um tabu em muitos âmbitos), *A lei do desejo* marca o fim definitivo da fase da *movida* e o começo de produções orientadas a um público mais vasto e maduro. De fato, a *movida* morreu em meados da década de 1980. Como dizia uma canção da época: "Com a Operação Primavera [uma mega-ação policial contra o tráfico de drogas] e com o aids se acabou a *movida*". Dos Estados Unidos chegou uma onda de puritanismo, impulsionada pelo presidente Reagan. Almodóvar nunca caiu na cilada do puritanismo, mas seus filmes exploraram novas temáticas e foram se afastando aos poucos da estética juvenil do começo de sua carreira.

Com *Mulheres à beira de um ataque de nervos* (1988), uma comédia urbana carregada da estética *kitsch*, tão característica desse cineasta, Almodóvar agradou a crítica e lançou um sucesso de bilheteria. O filme chegou a ser indicado ao Oscar de melhor produção estrangeira. O humor continuará muito presente nas suas realizações posteriores, no entanto cada vez ficará mais evidente que Almodóvar é um mestre na mistura de gêneros tão contrastantes como o drama familiar, a comédia romântica, o melodrama sentimental ou a tragédia de proporções clássicas. Em seus filmes fluem inúmeras citações ao mundo das artes e da cultura popular, das mais grotescas às mais tenras. São habituais os interlúdios musicais, à maneira dos videoclipes, normalmente para interpretar boleros ou coplas. Almodóvar sente uma especial nostalgia pela canção espanhola e hispano-americana dos anos 1930 a 1950 e convida artistas de nível internacional (como Caetano Veloso e Chabela Vargas) para interpretar esses temas nas suas produções.

As realizações *Ata-me* (1989), *De salto alto* (1991) e *Kika* (1993) são obras desiguais, com momentos de grande esplendor e outros quase vazios, que provocam o tédio no espectador. As três devem ser assistidas e entendidas como experimentações formais de um artista que está evoluindo para expressões mais complexas. São obras que marcam um passo à frente na evolução da linguagem estética do cineasta.

Com *A flor do meu segredo* (1995), Almodóvar inicia sua fase atual, com filmes cada vez mais tristes e introspectivos. Embora os roteiros estejam cheios de momentos engraçados e com a tensão atenuada pelos atores secundários, esse filme e os seguintes (*Carne trêmula*, de 1997, *Tudo sobre minha mãe*, de 1999, *Fale com ela*, de 2001, e *A má educação*, de 2004) tratam com profundidade temas universais da condição humana, como o amor, o ciúme, o matrimônio, a dor, a perda, a amizade, a difícil comunicação entre as pessoas, a infância, os traumas ou as relações entre pais e filhos. Suas qualidades foram reconhecidas até pela conservadora Academia de Cinema de Hollywood, que premiou o manchego com o Oscar em duas ocasiões, em 1999 e em 2003. Ainda que a estética marcadamente brega do diretor e a procura de cenas que escandalizem a audiência possam atrapalhar o espectador pouco atento, a capacidade de Almodóvar de transmitir emoções e a maestria como trata os diferentes estados de ânimos que qualquer ser humano vivencia ao longo de sua vida fazem desse autor um dos grandes diretores do panorama cinematográfico mundial.

Bigas Luna

O catalão Juan José Bigas Luna é uma figura atípica na cinematografia espanhola. Com uma formação artística baseada no videoarte e no desenho industrial, Bigas Luna começou no cinema com filmes experimentais como *Tatuaje* (1976), *Bilbao* (1978), que o consagrou internacionalmente, e *Caniche* (1978). Depois de uma estadia nos Estados Unidos, voltou à Catalunha e filmou algumas produções, tanto em castelhano como em catalão. O escasso sucesso de suas realizações quase o levou a abandonar o cinema. Entretanto, acabou animado para filmar *As idades de Lulu* (1990), adaptação cinematográfica do romance erótico de Almudena Grandes.

Em 1992, Bigas Lunas inicia com *Jamón, jamón* a sua triologia de "personagens ibéricos". Nesse filme, narra-se um conjunto de triângulos amorosos que une duas famílias: uma pobre, integrada por uma mãe ("a mãe puta"), que gere uma casa de prostituição numa estrada do interior da península, e uma filha ("a filha da puta"), que trabalha numa fábrica de confecção de cuecas e namora o filho do patrão (o *niñato* ou "moleque"); e uma família rica, formada pelo patrão da fábrica ("o pai do *niñato*"), que também é cliente do puteiro da mãe pobre, o filho mimado, que é demasiado imaturo tanto para assumir um relacionamento amoroso quanto para dirigir o negócio do pai, e uma mãe possessiva ("a puta mãe"), que tenta afastar o filho da família da prostituta, utilizando para isso os dotes de sedutor de um modelo de cuecas que também é o seu amante. Os triângulos amorosos vão tecendo múltiplas traições que desembocam em um final trágico, que inclui uma luta de presuntos crus (dando título ao filme). Em *Jamón, jamón,* Bigas, Luna disseca alguns dos mitos mais presentes na cultura espanhola, dispensando um tratamento quase zoológico à espécie humana. O culto ao touro, entendido como uma adoração à fertilidade masculina e feminina, a sedução sem escrúpulos ou a dominação dos poderosos sobre os débeis são analisados nessa produção. O filme lançou ao estrelato a jovem atriz Penélope Cruz.

A trilogia de "personagens ibéricos" continuou em 1993 com *Ovos de ouro*, centrado no mito do macho ibérico. Javier Bardem faz o protagonista, um tipo de Don Juan moderno, despido de qualquer romantismo, interessado unicamente no sucesso profissional e no prazer carnal. Bigas Luna retrata um sedutor mesquinho e desagradável, que adora alardear suas conquistas e que passa o tempo livre cantando temas de Julio Iglesias no karaokê. Finalmente, com *A teta e a lua* (1994), o cineasta completou sua trilogia. Voltam a estar presentes os temas da sexualidade e da fertilidade, mas nesse filme Bigas Lunas centra sua atenção nos mitos do nacionalismo catalão, que são tratados de forma iconoclasta. *A teta e a lua* é o filme mais onírico de uma trilogia com abundantes citações surrealistas. O universo de Salvador Dalí infiltra-se pelos fotogramas dessa produção.

A boa acolhida internacional que teve a trilogia, com prêmios e menções de honra em vários festivais, permitiu que Bigas Luna dirigisse coproduções europeias, como *Bámbola* (1996) ou *A camareira do Titanic* (1997). Em seu regresso à Espanha, o cineasta filma *Volavérunt* (1999), no qual observamos um tratamento de *thriller* ao suposto relacionamento que existiu entre o pintor Francisco de Goya e a duquesa de Alba.

Na sua produção mais recente até o momento, *Son de mar* (2002), baseada em um relato de Manuel Vicent, Bigas Luna trata de novo de algumas de suas obsessões recorrentes: a sexualidade, a gastronomia e o Mediterrâneo (esse mar cujo som dá título ao filme).

Amenábar

Com 30 e poucos anos e quatro filmes, o hispano-chileno Alejandro Amenábar é o mestre mais novo do cinema espanhol. Diretor, roteirista, compositor e inclusive ator secundário, Amenábar demonstra em suas obras uma capacidade para dar um toque artístico a todos os passos do processo fílmico. O cineasta surpreendeu o público e a crítica com seu primeiro longa-metragem, *Thesis: morte ao vivo* (1996), um trabalho de fim de curso que ia muito além do que se esperaria de uma prova universitária. Nesse filme, com recursos modestos e uma grande imaginação, Amenábar tratava, usando como pretexto as *snuff movies*, da banalização da violência na mídia audiovisual. E tudo num clima opressivo que dava frequentes sustos no espectador. Envolvido sob as formas do *thriller* clássico, *Tesis* deixava o espectador a sensação de ter participado de uma sessão de *voyeurismo*.

Em seu segundo filme, *Preso na escuridão* (1997), Amenábar explora, de forma hipnótica, os limites entre a realidade e a ficção, entre o presente e o passado. A insatisfação com a imortalidade é o tema que se esconde sob uma prolixa trama de paixões, traições e criogenia. O sucesso do filme fez com que Hollywood produzisse um *remake* bastante dispensável, intitulado *Vanilla Sky* e protagonizado por Tom Cruise.

Em *Os outros* (2001), Amenábar teve a possibilidade de trabalhar com um orçamento muito maior e dirigir uma das estrelas mais em voga no momento, Nicole Kidman. O filme em si não passaria de uma típica história de fantasmas com final surpreendente se não fosse pelo excelente trabalho de encenação e de direção de atores desenvolvido por Amenábar.

Essa capacidade de extrair dos atores o máximo possível é ainda mais evidente em *Mar adentro* (2004), com a excepcional interpretação de Javier Bardem no papel do tetraplégico Ramón Sampedro. Pela primeira vez, Amenábar abandona o mundo do mistério, da intriga e do sobrenatural para colocar na tela uma tocante história de um homem que está cansado de viver e pede que lhe reconheçam seu direito a uma morte digna. A luta de Ramón Sampedro para obter da justiça esse direito e o plano que ele traça para conseguir que lhe apliquem a eutanásia (sem que nenhum dos seus entes queridos possa ser culpado dessa ação) dá como resultado um filme comovente e que não cai no discurso moralista. O bom trabalho dos atores secundários (as mulheres que se sentem atraídas por ele, os familiares que não compartilham sua decisão de tirar a própria vida, o jesuíta que tenta convencê-lo de que está enganado etc.) diminui a tensão e acrescenta gotas de humor em um tema tão espinhoso. O trabalho de toda a equipe que participou na filmagem de *Mar adentro* foi recompensado pela Academia de Hollywood com a concessão do Oscar de melhor filme estrangeiro.

O cinema de Amenábar supõe a homologação do cinema espanhol às correntes cinematográficas internacionais. Sempre com um estilo próprio e pessoal, Amenábar supera os complexos e as obsessões que limitaram o trabalho de muitos de seus antecessores. Não se sente ligado a uma determinada tradição espanhola e assume os riscos de adentrar em campos inexplorados em seu país. O resultado é um cinema de qualidade que não exige do espectador estrangeiro nenhum conhecimento prévio da realidade espanhola. Os referenciais culturais hispânicos aparecem de forma muito sutil e, ao contrário do que acontece com outros cineastas, não são necessários para a compreensão da obra. Por isso o cinema de Amenábar, apesar de usar preferencialmente a língua castelhana, é facilmente exportável e assimilável por pessoas de outras nacionalidades.

LITERATURA E PENSAMENTO

Autores medievais

Durante a Alta Idade Média, os autores hispânicos usaram a língua latina como veículo de expressão. Isidoro de Sevilha, autor das *Etimologias*, uma espécie de enciclopédia medieval, foi o mais importante do período visigótico.

A invasão muçulmana do século VIII conectou a Península Ibérica com a cultura árabe e, indiretamente, com o pensamento da Antiguidade clássica. Em Al-Andalus floresceu a tradução de obras clássicas e modernas e, como já foi apontado no capítulo "Um passeio pela história", gerou-se um pensamento racionalista que discutia abertamente a relação entre a fé e a razão.

A partir do século X, o latim vulgar que se falava na península, com diferentes modalidades, foi transformando-se paulatinamente nas línguas romances ibéricas. As *jarchas*, breves canções que acompanhavam poemas mais extensos em árabe chamados *moaxajas*, são as primeiras manifestações escritas que conservamos da língua moçárabe.

A lírica galaico-portuguesa, que experimentou um grande desenvolvimento nos séculos XII e XIII, tem pontos em comum com as *jarchas*. Assim como no caso dos pequenos poemas moçárabes, na lírica galaico-portuguesa sempre a protagonista da cantiga é uma mulher. Esse paralelismo é ainda maior no caso das cantigas de amigo (os outros gêneros eram as cantigas de amor, de escárnio e de maldicência), nas quais a mulher se lamenta da ausência do amado e tenta dirimir sua solidão com a presença do mar, dando início assim a uma tradição saudosista presente ainda em nossos dias na cultura galega e portuguesa.

Um importante autor de cantigas foi o rei castelhano Alfonso x, "o Sábio", que no século XIII compôs em galego (naquele século o castelhano era considerado pelos seus próprios falantes uma língua rude demais para a lírica) as famosas *Cantigas em louvor de Santa Maria*.

Enquanto na metade ocidental da península usava-se o galego como idioma de expressão dos sentimentos, na parte oriental os trovadores preferiam o provençal para cantar o amor cortês.

A épica tradicional teve no *cantar* sua forma mais vigorosa. Cantados por rapsodos em vilas e castelos, os cantares de gesta narravam as vitórias e atribulações de heróis do passado. El Cid foi um dos temas prediletos dos jograis. Além do célebre *Cantar de mío*

O rei castelhano Alfonso x, "o Sábio" se destacou pelo fomento da cultura.
A ele é atribuída a autoria do *Livro do xadrez*, uma obra
que revela o peso da cultura árabe no pensamento cristão medieval.

Cid, o cavalheiro castelhano foi fonte de inspiração para *Las mocedades de Rodrigo* e para um grande número de romances que se transmitiam oralmente e que hoje conservamos graças ao registro escrito que alguns monges fizeram a partir do século XIV.

Enquanto essas expressões literárias populares se espalhavam pela península, no século XIII reapareceu o gênero culto nas literaturas ibéricas. O *mester de clerecía* (em contraposição ao *mester de juglaría*) foi um conjunto de obras escritas por clérigos com uma finalidade erudita. Com predileção pelo verso alexandrino e por um tipo de estrofe conhecida como *cuadernavía*, a temática do *mester de clerecía* foi preferencialmente piedosa (como assim o revela a obra de Gonzalo de Berceo, um dos principais autores dessa corrente). Mas não foram raras as referências à cultura greco-romana.

Entre o popular e o erudito está a obra de Raimundo Lúlio, polígrafo que abordou gêneros e ciências tão diversos como a teologia, a filosofia, a novela, a lírica etc., e que é considerado o pai da prosa catalã. Lúlio dispôs-se a fazer ciência em língua romance, num tempo em que o latim ainda era o idioma dos círculos acadêmicos.

A peste negra de 1348 alterou profundamente as estruturas mentais do mundo medieval, em um momento em que o crescimento das cidades e o florescimento do comércio traziam novas expectativas para um mundo ainda feudal. Com a intenção de ensinar o caminho certo, mostrando os erros dos pecadores, Juan Ruiz – mais conhecido pelo seu cargo de arquipreste de Hita – seguiu a mesma trilha de seus contemporâneos Bocaccio e Chaucer, com a redação de *El libro del buen amor*.

Desde finais do século XIV e durante todo o século XV evidenciam-se as influências do humanismo italiano na produção literária das Espanhas. O autor catalão Bernat Metge foi um dos primeiros a acomodar as influências italianizantes em sua obra literária. O poeta valenciano Ausiàs March escreveu alguns dos melhores versos da literatura catalã. Também seu coetâneo Joanot Martorell, autor da novela de cavalaria *Tirant lo Blanc*, esteve submetido às influências do humanismo.

Como pioneiros do humanismo nas letras castelhanas devemos mencionar a obra de Íñigo López de Mendoza (marquês de Santillana) e de Jorge Manrique, autor das célebres *Coplas por la muerte de su padre*.

O Renascimento

No ponto intermediário entre o Medievo e a Idade Moderna, temos a *Tragicomedia de Calisto y Melibea*, mais conhecida popularmente pelo nome de um de seus personagens centrais: *A celestina*. Seu autor, Fernando de Rojas, que, pelo pouco que sabemos, era um judeu converso, escreveu essa peça teatral de difícil representação cênica. Tanto a temática, claramente amoral, de dois amantes que recorrem aos serviços de uma velha alcoviteira acusada de bruxaria, como a língua fresca e viva dos diálogos, especialmente dos criados, que não poupam palavrões e xingamentos, distanciam *A Celestina* das coordenadas literárias e mentais da Idade Média e aproximam-na da futura *novela picaresca*.

O humanismo chegou à Península Ibérica pela via italiana, mas também através dos pensadores flamengos, em especial Erasmo de Roterdã. O erasmismo, ainda que tenha tido importantes seguidores, foi objeto de perseguição, já que algumas de suas concepções podiam levar à defesa de posturas protestantes. O principal humanista espanhol do século XVI, o valenciano Joan Lluís Vives, foi severamente perseguido pela Inquisição, até o ponto de ter de abandonar definitivamente seu país de origem em 1509 e residir a partir de então entre a Inglaterra e Flandres. Nesses países, suas ideias foram bem recebidas; neles, publicou suas obras principais, como *Introductio ad sapientiam*, *De subventione pauperum* ou *De disciplinis*.

No século XVI, a decolagem do castelhano como língua literária correu paralelamente à decadência das outras línguas espanholas. Até mesmo os autores portugueses, como Gil Vicente e Camões, alternaram sua língua materna com o castelhano. O poeta barcelonês Juan Boscán abandonou seu catalão natal e passou a compor poesia em castelhano, imitando os modelos italianos. Este e seu amigo Garcilaso de la Vega são os primeiros a introduzir na literatura castelhana as formas poéticas do soneto (à imitação do modelo de Petrarca) e das églogas (segundo o modelo de Virgílio). O gênero bucólico também foi cultivado por Jorge Montemayor, com *La Diana*, e até pelo próprio Cervantes.

Cervantes

A vida de Miguel de Cervantes Saavedra, tido como o maior escritor em língua castelhana de todos os tempos, foi azarada. Nascido em Alcalá de Henares, sua vida dividiu-se entre a Castela natal, a Itália e o norte da África, onde esteve preso. Participou da batalha de Lepanto (1571), onde perdeu a mão esquerda e, anos depois, voltou à Espanha com uma carta de recomendação do infante Juan de Áustria, filho bastardo do imperador Carlos V. Em Castela, transitou por diferentes profissões: da arrecadação de impostos até – segundo alguns rumores – o proxenetismo, e tentou obter alguma atribuição nas Índias, graça que lhe foi negada. Acabou, como tantos outros, com seus ossos na cadeia, por ter contraído dívidas que depois não pôde pagar.

Cervantes tentou sorte como escritor de dramas. *Los tratos de Argel* e *La Numancia*, estreadas por volta de 1583, foram algumas de suas contribuições ao mundo do teatro. Nelas Cervantes aproveitou sua experiência devida como soldado e cativo, vivências que também estarão presentes em passagens de outras obras suas, como em *Dom Quixote*. Sua linguagem e seu estilo, porém, eram arcaicos e, mesmo que num primeiro momento

Retrato de Cervantes, segundo uma gravura de 1868.

tenham contado com a aprovação do público, essas peças aos poucos foram esquecidas. Como dramaturgo, Cervantes não pôde competir com o florescente teatro castelhano, com nomes como Lope de Vega e Pedro Calderón de la Barca.

As influências italianas são evidentes em sua obra poética. *La Galatea* (1585) entra de cabeça na temática bucólica que outros autores renascentistas espanhóis também praticaram.

Entretanto, o ponto forte de Cervantes foi a narrativa. As suas *Novelas ejemplares* (1613), formadas por um prólogo e 12 novelas, apresentam um panorama da Espanha do começo do século XVII, com algumas pitadas de pimenta, embora o seu discurso, no conjunto, esteja bastante carregado de considerações morais.

Contudo, a obra que fez de Cervantes um autor de fama universal foi *Dom Quixote*, um romance publicado em duas partes, entre 1605 e 1615. Dessa obra e do mito que gerou já tratamos no capítulo anterior deste livro.

Místicos e ascetas

Enquanto a Europa era sacudida pela Reforma protestante e o mundo católico reafirmava seus dogmas no concílio de Trento, uma nova religiosidade, mais interior

Teresa de Ávila (também conhecida como Santa Teresa de Jesus) combinou a mística de seus escritos com uma profunda reforma da ordem carmelita.

e intimista, surgia nas letras castelhanas. Místicos e ascetas tentam sublimar o espírito da carne, levitar do mundo material para integrar-se nas altas esferas. Para isso eles têm de superar uma fase de expurgação, longa e dolorosa. Os ascetas conseguem superar essa fase e entreveem a divindade, mas não são capazes de unir-se a ela. Isso os faz sentir em uma perpétua sensação de agonia e de tormento espiritual. Os místicos são mais afortunados e chegam a unir sua alma ao Criador, o que lhes proporciona uma intensa sensação de gozo e uma profunda paz espiritual. A Igreja não viu com complacência as experiências místicas. Ascetas e místicos foram submetidos a inquéritos inquisitoriais para provar que suas viagens astrais não eram mera feitiçaria.

Frei Luis de León foi um dos precursores da poesia ascética em Castela. Suas obras estão embutidas de neoplatonismo renascentista e de ascetismo cristão. Professor da universidade de Salamanca, a vida de frei Luis de León transcorreu entre disputas acadêmicas e perseguições de uma Inquisição que achava suas ideias excessivamente heterodoxas. O poeta descreveu a ascese em odes, como a que foi dedicada ao músico Francisco Salinas. Frei Luis de León resgatou também a forma clássica da lira, através da qual esboçou os sentimentos contraditórios de esse sentir-se tão próximo da divindade e ao mesmo tempo impotente para chegar até ela.

Os carmelitas Juan de la Cruz e Teresa de Ávila (também conhecida como Teresa de Jesus) foram os máximos expoentes da lírica mística castelhana do quinhentos. O primeiro compôs *Noche oscura del alma* e *Cántico espiritual*. Da segunda conservamos *Las moradas* ou *Camino de perfección*. Na obra de ambos, o protagonista é a alma do poeta, tratada como a "amada", que procura se unir ao "amado", isto é, Deus, em direção ao qual o espírito deve seguir um tortuoso caminho para libertar-se das amarras do mundo terreno e elevar-se às altas esferas do céu.

A novela picaresca

O início da novela picaresca costuma a ser datado em 1554, com a primeira edição de *Lazarillo de Tormes,* de autor anônimo. No entanto, essa afirmação vem sendo questionada há muito tempo pelos especialistas em literatura, já que a eclosão da literatura de pícaros não chegou até o começo do século XVII. Entre a publicação do *Lazarillo* e a proliferação de novelas picarescas, há um vazio de quase meio século.

Contudo, o *Lazarillo* demarcou os traços gerais da figura do pícaro, isto é, uma pessoa (homem ou mulher) que faz de tudo para ascender socialmente, ou simplesmente sobreviver, mediante a lei do mínimo esforço. O pícaro é o ideal do fidalgo ocioso, que vive de rendas e abomina o trabalho físico, associado às classes subalternas. A extração social do pícaro sempre é modesta (lavradores, criados, pequenos artesãos etc.) e às vezes nem sequer sabe quem são seus pais. Apesar destes condicionantes, o pícaro não se resigna a aceitar sua condição, e com uma fértil imaginação, idealiza subterfúgios para melhorar seu *status*. Em certas ocasiões, inventa doenças ou mutilações para angariar a esmola das pessoas de bem. Em outras, dedica-se ao roubo ou ao estelionato. Gosta de se vestir como um grande senhor e burla de todas as convenções morais da época.

Embora a literatura de pícaros não seja originariamente espanhola – lembremos, por exemplo, o Till Eulenspiegel da literatura medieval alemã, quatro décadas anterior ao *Lazarillo* –, o pícaro passou a fazer parte do imaginário literário castelhano mais do que que em outras literaturas vizinhas. A afluência das riquezas da América, entre os séculos XVI e XVII, alterou as rígidas estruturas sociais medievais. Agora as fortunas criavam-se e desvaneciam-se muito mais rapidamente. "Fazer as Américas" oferecia certas possibilidades de enriquecimento e projeção social antes inimagináveis. Mas, ao mesmo tempo, a enxurrada de metais preciosos que chegavam do outro extremo do Atlântico acentuou as disparidades sociais na Espanha. As distâncias entre ricos e pobres alargaram-se. O pícaro ilude-se com a riqueza que vê ao seu redor e nega-se a acatar o papel que a sociedade lhe atribui. Sua inteligência, seus dotes histriônicos ou sua sem-vergonhice suprem o "defeito" de não ser de berço.

Diversos autores nos deixaram divertidas novelas picarescas, cuja leitura é imprescindível para qualquer estudioso da vida cotidiana da época. Dentre as obras mais significativas, convém destacar: *Vida del pícaro Guzmán de Alfarache* (1599), de Mateo Alemán; *Historia de la vida del Buscón llamado don Pablos, exemplo de vagamundos y espejo de tacaños*, de Francisco de Quevedo; *El libro de entretenimientos de la pícara Justina* (1605), de Francisco López de Úbeda e *El diablo cojuelo* (1641), de Luis Vélez de Guevara.

O teatro clássico

Entre os séculos XVI e XVII, o teatro castelhano viveu seus anos dourados. As apresentações teatrais – como era comum na época – duravam mais de cinco ou seis horas. Entre os atos da obra principal, intercalavam-se peças breves (*entremeses*) ou números de música e dança. No começo, o teatro era apresentado nas praças públicas, nas quais se instalava um tablado (o *tinglado*). Paulatinamente passou-se às estruturas fixas dos *corrales* e daí à construção de teatros permanentes.

As peças tinham como argumento principal uma história de amor, que estava entremeada por outras tramas secundárias de tipo heroico ou religioso. Na *comedia nueva*, o final sempre era feliz, com a união dos dois amantes. Estritamente supervisionados pelas autoridades inquisitoriais, as peças teatrais transmitiam uma mensagem moral, mesmo quando seus protagonistas fossem delinquentes ou pessoas que não se comportassem conforme os padrões de conduta socialmente aceitáveis. Da mesma forma, a Igreja Católica e seus dogmas eram escrupulosamente respeitados. A monarquia era uma instituição tão sagrada quanto a divindade. O rei, ainda que atuasse raramente, era sempre bom e justo, ao contrário dos nobres, que muitas vezes aparecem retratados como rufiões mesquinhos.

Félix Lope de Vega foi o máximo expoente da *comedia nueva* castelhana. Com uma vida digna de um enredo de novela (várias esposas e amantes, dívidas, duelos e, finalmente, um retiro espiritual num convento), o autor atraiu o gosto do público e da crítica com obras como *El villano en su rincón*, *Peribáñez y el comendador de Ocaña*, *El perro del hortelano*, *Fuenteovejuna*, *El caballero de Olmedo* ou *El mejor alcalde, el rey*.

Pedro Calderón de la Barca foi a outra grande figura do teatro castelhano do seiscentos. Assim como Lope de Vega, destacou-se pela composição de *comedias nuevas* de capa e espada (como *La dama boba*), um gênero muito apreciado pelo público da época. Mas, à diferença de Lope, Calderón explorou em seu teatro gêneros e estilos mais espirituais. São de grande importância seus *autos sacramentales*, um gênero teatral de caráter sacro (embora às vezes tomado por alguns elementos mitológicos), que tem como tema central a exaltação da eucaristia. O *auto sacramental* tem seus precedentes em algumas encenações medievais que eram representadas sobretudo no Corpus Christie. Gil Vicente, no começo do século XVI, deu forma mais aprimorada a essa tradição e foi o primeiro grande autor não anônimo desse gênero. Calderón aprofundou as potencialidades do *auto sacramental* e elevou-o à categoria de peça de reflexão intelectual e espiritual. Esse é o caso de *El divino Jasón*, peça em que Calderón utiliza personagens da mitologia clássica, como Jasón ou Medea, num sentido alegórico. Assim, Jasón é na verdade a alegoria de Cristo, que resgata Medea, símbolo da alma, do Rei – este a personificação das tentações do mundo – e da idolatria.

Nessa mesma linha, mas distante do discurso explicitamente cristão, Calderón compôs dramas filosóficos. *El gran teatro del mundo* ou *La vida es sueño* são os dois casos mais emblemáticos deste gênero. Neles o autor faz uso dos recursos próprios do teatro para forçar o espectador a se perguntar pelas grandes questões da existência: o que é o homem, o que é a vida, o que existe depois da morte, o que é a justiça...

A poesia barroca

O século XVII espanhol apresenta um dos momentos mais destacados da poesia castelhana. Como foi habitual no barroco, os autores embarcaram em intermináveis disputas literárias, às vezes com final violento. A preferência pela forma ou pelo conteúdo dividiu os poetas espanhóis do período, segundo a crítica, em dois grupos: os *culteranos* e os *conceptistas*, respectivamente.

Luis de Góngora foi o máximo representante dos *culteranos*. Em obras como a *Fábula de Polifemo y Galatea* ou nas *Soledades*, Góngora se manifesta ao mesmo tempo como um profundo conhecedor da mitologia clássica e um artista da ourivesaria poética. Sua linguagem, obscura até um nível desconhecido para a época, surpreendeu seus contemporâneos e fez desse um dos poetas mais venerados da literatura castelhana.

Francisco de Quevedo priorizou em sua obra o conteúdo da mensagem em vez do envoltório formal que a rodeava. Seus poemas vão do mais religioso e sublime ao mais baixo e abjeto. Poucos poetas como Quevedo podem ser qualificados de escatológicos, nas duas definições que inclui o dicionário. O amor foi um dos seus temas prediletos. Tratou-o tanto de forma apaixonada e idealizada como de maneira desenganada e malévola. Uma mesma amante podia ser a destinatária de belos versos sentimentais ou receber uma lista de insultos em questão de poucos meses. A língua áspera e viperina de Quevedo feria, com suas sátiras e ironias, senhores prepotentes e donzelas de moral duvidosa.

A Ilustração

Por temor à contaminação das ideias do protestantismo, Felipe II fechou as fronteiras espanholas à chegada de novas correntes de pensamento. A preocupação com as questões teológicas e morais, seguindo o fio condutor marcado pelo Concílio de Trento, fez com que a Península Ibérica assistisse à eclosão de uma segunda escolástica (dessa vez encabeçada pelos jesuítas), mas manteve os reinos peninsulares à margem da revolução das ciências do século XVII.

Os ideais iluministas do século XVIII e, em parte, a mudança de dinastia, trouxeram uma renovação no pensamento e nas letras hispânicas. A casa real promoveu a criação de centros de pesquisa e reais academias como meio de fomentar o espírito racionalista e crítico. Ao contrário do caso da vizinha França, a Ilustração espanhola não foi tão anticlerical. É verdade que alguns clérigos estão entre as figuras mais destacadas do Iluminismo na Espanha. A condição de homens de igreja não parecia contradizer a luta contra as trevas da superstição. Devemos mencionar a fundação das sociedades econômicas de amigos do país, entidades filantrópicas de caráter privado, que reuniam as mais proeminentes personalidades do mundo da ciência, da tecnologia, da economia ou da administração de cada região. Estas sociedades econômicas publicaram interessantes relatórios sobre as condições econômicas e sociais de seus territórios e, seguindo sempre um método racionalista e esclarecido, ofereciam soluções para melhorar a situação vigente.

A gravura *O sonho da razão gera monstros*, de Goya, tem sido interpretada como uma crítica ao otimismo racionalista do Iluminismo.

Um grande impulso também foi dado às ciências naturais. A fundação do Real Jardim Botânico de Madri e a organização de expedições marítimas como as de Malaspina ou Jorge Juan coletaram importantes dados para o conhecimento da geografia, da flora e da fauna da Espanha e das suas colônias de ultramar. No âmbito das humanidades, os ilustrados propugnaram o estudo de línguas vivas (ante o estudo do latim e do grego praticado nas escolas religiosas) e o uso de métodos empíricos e racionais em lugar das convenções retóricas à moda dos séculos anteriores.

Ideologicamente, a ilustração espanhola girou em torno do despotismo esclarecido (praticado por Carlos III) e de um protonacionalismo que começa a evidenciar-se durante o reinado de Carlos IV. No entanto, este só explodirá a partir da invasão napoleônica.

Em relação às formas literárias, o século XVIII presenciou uma diminuição do cultivo da poesia, em favor da narrativa e do ensaio. O teatro também foi utilizado por alguns autores (como Leandro Fernández de Moratín, autor de *El sí de las niñas*) como veículo propagador das novas ideias liberais.

Podemos citar como principais expoentes do pensamento ilustrado espanhol o monge galego Benito Jerónimo Feijoo, o valenciano Gregori Mayans i Siscar, o gaditano José Cadalso e o asturiano Melchor Gaspar de Jovellanos. Feijoo foi o introdutor do gênero ensaístico na literatura espanhola, seguindo o modelo de Montaigne. Sua obra capital é o *Teatro crítico universal*, conjunto de ensaios em que Feijoo critica os "erros e enganos" comuns de sua época. A obra fez grande sucesso, mas também levantou fortes polêmicas, que colocaram Feijoo, por sua vez, à beira da heresia. Apesar de tudo, o beneditino ficou muito distante das duras críticas que o enciclopedismo francês fez contra a religião e nem sequer chegou a aceitar o racionalismo de Descartes.

Gregori Mayans reconstruiu a história da Espanha retirando os fatos lendários e praticando um cônscio trabalho de revisão crítica das fontes. Mayans pesquisou sobre as origens da língua espanhola e publicou a primeira biografia de Miguel de Cervantes.

José Cadalso criticou os defeitos dos seus contemporâneos, como a soberba ou a presunção, e publicou textos satíricos sobre as filosofias da moda. Nas suas *Cartas marruecas*, imitou o exemplo de Montesquieu e ocupou imaginariamente o lugar de um marroquino que visita a Espanha. Essas cartas serviram para expressar toda uma série de críticas e comentários irônicos sobre o comportamento dos espanhóis. Cadalso foi um dos primeiros autores a tratar o tema da decadência do país.

Jovellanos foi um arguto historiador e um brilhante ensaísta. Seu *Informe sobre la ley agraria*, publicado em 1795 sob encomenda da Sociedade Econômica de Amigos do País de Madri, é uma convincente análise da situação do campo espanhol na travessia do século XVIII para o XIX. Suas dicas, porém, ficaram engavetadas.

Romantismo e nacionalismo

O romantismo chegou às letras castelhanas por influência das literaturas vizinhas. Às vezes tem sido defendida a tese de que esse movimento chegou à Espanha "tarde e mal". E realmente é difícil encontrar uma figura que esteja à altura de um Schiller, Byron ou Hugo. No entanto, o romantismo deu à literatura em castelhano algumas figuras de renome, como os poetas José Espronceda e Gustavo Adolfo Bécquer, que têm algumas obras – como a *Canción del pirata* do primeiro ou as *Rimas* do segundo – amplamente conhecidas pelo público medianamente culto.

Romantismo e liberalismo estiveram estreitamente relacionados na primeira metade do século XIX espanhol. É justamente nessa época que se ressalta a figura do intelectual crítico. Mariano José de Larra foi um dos máximos representantes dessa tendência. Em seus artigos jornalísticos, Larra fez uma extensa descrição dos males que afligiam a sociedade espanhola: a morosidade da administração, a tolice da plutocracia, a manutenção de tradições e costumes que iam contra o espírito do tempo etc.

Uma das repercussões ideológicas do romantismo na ideologia política foi o nacionalismo. A publicação da ode *A la pàtria* (1833), de Bonaventura Carles Aribau, significou um despertar da literatura catalã após três séculos de hibernação. A *Renaixença* significou a recuperação das raízes históricas e culturais dos povos de língua catalã. A princípio tratou-se apenas de um movimento poético, com a ressurreição dos Jogos Florais, a imitação dos seus homólogos medievais, em que os melhores trovadores eram honrados com o título de "Mestre no Gai Saber", mas com o passar do tempo a *Renaixença* derivou em uma tomada de consciência nacional e em reivindicações políticas contra o centralismo.

Paralelamente, na Galiza se deu o *Rexurdimento*, com a recuperação da tradição literária e cultural galega. Nesse contexto apareceu uma das melhores poetisas espanholas de todos os tempos: Rosalía de Castro. Em seus livros de poemas como *Follas novas* ou *Orillas del Sar*, ela exprime um espírito lírico que a torna um referencial na literatura universal.

O realismo

Da exaltação do sentimento mais íntimo e da exploração de espaços exóticos ou sinistros, próprias do estilo romântico, na segunda metade do século XIX, saltamos para a dura realidade cotidiana. Se o romantismo castelhano foi bastante medíocre (salvo casos excepcionais), o realismo trouxe uma geração de grandes figuras.

O canário Benito Pérez Galdós fez um retrato fidedigno das grandezas e misérias do século XIX espanhol na sua coleção de *Episodios nacionales*. Outras obras importantes

Benito Pérez Galdós soube descrever, com ternura e fino senso de humor, o complexo panorama da Espanha do século XIX.

desse autor são os romances *Fortunata y Jacinta*, *Miau* e *Tristana*. Ainda que Galdós adote a postura do narrador onisciente, tão própria do realismo, em seus relatos evidencia-se o peso da ideologia do autor, uma ideologia que transitou do liberalismo exaltado ao republicanismo e que chegou a flertar com o socialismo de Pablo Iglesias. Em suas obras Galdós não poupa críticas à Igreja e aos políticos conservadores, mas as pitadas de humor que aparecem aqui e acolá evitam que a narrativa galdosiana caia no panfletismo.

Outras figuras importantes do realismo espanhol foram Leopoldo Alas (mais conhecido pelo apelido de Clarín, que usava para assinar seus artigos jornalísticos), autor de *La Regenta*; Juan Valera, que em *Pepita Jiménez* adentra no gênero do romance psicológico; ou José María de Pereda, próximo das teses mais conservadoras do costumismo.

Também a literatura catalã ofereceu grandes escritores realistas. Narcís Oller soube retratar a ascensão e decadência do capitalismo barcelonês da década de 1870 em seu romance *La febre d'or*.

Um passo além do realismo foi o naturalismo, cujo expoente mais conhecido internacionalmente é o francês Émile Zola. A corrente naturalista foi cultivada na Espanha sobretudo por Emilia Pardo Bazán, autora que alternou o castelhano e o galego e cujos escritos estiveram influenciados pelo socialismo e por um – ainda incipiente – feminismo.

A geração de 1898

A derrota na guerra contra os Estados Unidos (1898), além de supor a perda das últimas colônias que a Espanha mantinha em ultramar, foi uma cacetada no orgulho de uma nação que ainda acreditava ser um império. Se as consequências econômicas do "desastre" foram relativamente superficiais e o país pôde se recuperar em pouco tempo, o golpe psicológico marcou várias gerações e o som da derrota de 98 ecoou até a guerra civil de 1936-39.

São conhecidos como a geração de 98 – embora talvez fosse melhor chamá-los de grupo literário – toda uma série de autores do fim do século XIX e do começo do XX que foram marcados pelo "desastre". Os nomes mais representativos são: Miguel de Unamuno, Pío Baroja, Ramón del Valle-Inclán, Antonio Machado, Manuel Machado, José Martínez Ruiz (Azorín), Ángel Ganivet e Ramiro de Maeztu. Todos esses autores tinham muitos pontos em comum. O primeiro foi o "regeneracionismo". Todos concordavam que a Espanha tinha um problema que devia ser resolvido, um problema que impedia que fosse um país homologável aos seus vizinhos europeus. *Les dolía España* e era necessário encontrar uma cura para os males do país.

Os autores de 1898 procediam da periferia da península. Unamuno e Maeztu eram bascos, Baroja era navarro, Valle-Inclán era galego, Azorín era valenciano e os irmãos Machado e Ángel Ganivet, andaluzes. Mas todos concentraram sua atenção no centro, para Castela, como formadora da Espanha, e, portanto, nesse momento de crise, como a única região que poderia dar soluções para o conflito interno de que padecia a nação. Note-se que essa postura de introspecção acontecia simultaneamente ao desenvolvimento dos nacionalismos políticos catalão e basco, que achavam que Castela não era a solução para os males da Espanha, mas justamente a sua causa.

Unamuno pesquisou sobre a essência do ser espanhol e publicou uma série de ensaios sobre esse tema, como *En torno al casticismo*. O *Idearium español*, de Ángel Ganivet, possui uma tônica parecida. O autor, pela sua profissão de diplomata, teve oportunidade de residir em países afastados – geográfica e culturalmente – da Espanha, o que lhe deu suficiente distância crítica para analisar a sua terra. Ramiro de Maeztu reorientou-se para teses de extrema direita, com obras como *Defensa de la Hispanidad*, que depois será usada pelo franquismo como sustentação ideológica de suas pretensões imperiais. Também Azorín, autor que na juventude estava próximo das teses anarquistas, foi redirecionando-se para posturas conservadoras e direitistas.

Antonio Machado, pelo contrário, defendeu posturas progressistas, com muitos pontos em comum com o ideário socialista, para regenerar a Espanha. Sem renunciar à idiossincrasia espanhola, Machado lutou por "europeizar" seu país, aproximando-o aos índices socioeconômicos da Europa. Essa combinação de amor por uma terra dura e áspera e de sonho por um amanhã melhor ganhou forma em *Campos de Castilla*, possivelmente o melhor livro de poemas de Antonio Machado.

Ortega y Gasset

José Ortega y Gasset é membro da geração posterior à dos *noventayochistas*, às vezes denominada geração de 1914 (por causa do impacto da Primeira Guerra Mundial) ou – seguindo o critério de Eugeni d'Ors – de geração *novecentista*. Os autores mais novos, dentre os quais podemos citar Ramón Gómez de la Serna, Gabriel Miró, Ramón Pérez de Ayala ou Juan Ramón Jiménez, estiveram influenciados pelas vanguardas artísticas que começavam a eclodir na Europa e que substituíram o espírito niilista e decadentista da geração de 98 por um elitismo cultural europeísta.

Para entender o alcance que o pensamento de Ortega y Gasset tem tido no âmbito internacional, é necessário levar em consideração dois fatores: a) a formação germânica de Ortega (ironicamente, alguém o qualificou como "o mais espanhol dos filósofos alemães"), o que lhe deu um distanciamento crítico na análise da realidade espanhola;

e b) a boa acolhida que sua obra teve na Argentina, o que facilitou a divulgação de suas ideias pela América Latina.

Ortega y Gasset não foi somente um dos grandes filósofos espanhóis, mas personificou a figura do intelectual preocupado pelos temas do seu tempo. Ele alternou a colaboração com a imprensa periódica (primeiro em *El Imparcial*, propriedade de seu avô, e depois em *El Sol*, jornal que tornou-se referência dos intelectuais das décadas de 1920 e de 1930) com ensaios filosóficos mais ambiciosos.

O "problema da Espanha" foi motivo de várias reflexões desse autor. Ensaios como *Meditações de Quixote* demonstram a preocupação de Ortega com realidade e o destino do país. O filósofo afastou-se de interpretações essencialistas da nação espanhola, mas jamais chegou a entender nem a aceitar as reivindicações dos nacionalismos periféricos, vistos como um pernicioso movimento separatista. Assim como os autores de 98, Ortega y Gasset defende o papel de Castela na formação da Espanha, o que, de certo modo, serve como argumento para afirmar a supremacia castelhana no Estado espanhol.

As novidades trazidas pelas vanguardas são comentadas e defendidas no trabalho *A desumanização da arte*. A ascensão das classes subalternas e a irrupção da sociedade de massas são igualmente tratadas com respeito e receio em *A rebelião das massas*. Ortega também dedicou esforços à filosofia da história, sendo *História como sistema* um dos seus títulos mais representativos.

A geração de 1927

A efeméride do terceiro centenário da morte de Luis de Góngora, em 1927, congregou no Ateneu de Sevilha um grupo de jovens poetas para prestar homenagem ao mestre do barroco. Essa reunião deu lugar à denominação de "geração de 1927", na qual figuraram além dos poetas inscritos no evento outros companheiros de geração. Geralmente são considerados membros do grupo poético de 27 nomes como Gerardo Diego, Dámaso Alonso, Pedro Salinas, Jorge Guillén, Vicente Aleixandre, Federico García Lorca, Rafael Alberti e Luis Cernuda.

A homenagem a Góngora não era fruto do acaso, mas uma declaração de princípios em si. Enquanto os *noventayochistas* e os *novecentistas* haviam praticado uma literatura de ideias e formulações teóricas, em que a forma literária ficou um pouco descuidada em benefício da profundidade conceitual, os poetas de 1927 quiseram dar uma volta de 180 graus. Não é que estes descuidassem do conteúdo de suas obras, muito pelo contrário, mas destacaram o papel da forma na literatura.

Se os *novecentistas* manifestaram influências das vanguardas, e inclusive fizeram delas objetos de reflexão filosófica, os autores de 1927 absorveram essas novidades de forma mais intuitiva e menos racional. O *ultraísmo* do chileno Huidobro e as *greguerías* de Ramón Gómez de la Serna serviram de inspiração, mas foram ainda mais relevantes as novas tendências que vinham da França ou da Itália, como a poesia de Apollinaire, o futurismo de Marinetti, o dadá ou o surrealismo. Este último movimento foi um dos que penetrou mais fundo na poética desses autores e marcou presença na literatura espanhola por várias décadas.

A narrativa, a preferida dos autores das gerações anteriores, foi pouco tratada. Em sua substituição, a geração de 1927 centrou-se na poesia e, em menor medida, no teatro.

Também no plano político distanciaram-se de suas predecessoras. Se a geração de 1898 havia se dividido entre as posturas conservadoras-casticistas e o progressismo-europeísta e a geração de 14 havia praticado o esnobismo das elites, a imensa maioria dos poetas de 1927 militou ativamente na esquerda, o que os obrigou (no melhor dos casos) a partir para o exílio quando a república foi derrotada na guerra civil.

O murciano Miguel Hernández é tratado frequentemente como um "epígono" da geração de 1927. Mais novo que os outros poetas, Hernández teve uma formação autodidata, pois quando criança teve de exercer a função de pastor. Aprendeu a ler e escrever já na adolescência. Sua lírica, porém, tem uma rara sensibilidade, que toca a pele sensível do leitor. Sua morte por tuberculose numa cadeia franquista, aos 30 e poucos anos de idade, abafou uma trajetória muito promissora.

Lorca

O granadino Federico García Lorca é seguramente, com Antonio Machado, a figura mais emblemática da poesia espanhola do século xx. Além da qualidade intrínseca dos versos de Lorca, outros elementos extraliterários ajudam a compreender a admiração que esse autor tem despertado entre tantos amantes da literatura. Lorca foi um apaixonado por sua Andaluzia natal. O amor pela terra e pelo povo foi expresso numa lírica que se assemelha à tradição da poesia oral. É verdade que Lorca não gostava de editar seus poemas, pois achava que era uma forma de "mumificá-los". A poesia devia ser algo principalmente verbal, passando de ouvido em ouvido e sendo mudada cada vez que novos lábios enunciassem os versos. Talvez incidisse nessa visão da poesia a formação musical que Lorca recebeu (e que o levou a compor algumas canções e até a colaborar com Manuel de Falla em algum espetáculo cênico-musical). O *Poema del cante jondo* foi uma das primeiras manifestações dessa lírica às vezes denominada "neopopulista".

Essa aproximação ao cancioneiro e ao romanceiro das classes humildes tem um dos seus pontos mais altos na publicação do *Romancero gitano*, uma coletânea de poemas inspirados nas cantigas dos ciganos. Em seus versos, Lorca revela sua estima e respeito pela etnia cigana, marginalizada constantemente da sociedade espanhola, que contribuiu fortemente para consolidação de sua cultura.

A estadia de Lorca na Residência de Estudantes de Madri colocou-o em contato com as tendências literárias de vanguarda. A influência do surrealismo é evidente na coleção de poemas *Um poeta em Nova York*, escrita em 1927-28, anos em que Lorca trabalhou como leitor de espanhol numa das universidades dessa cidade.

Federico García Lorca destacou-se também como dramaturgo. Depois de algumas obras de juventude, centradas na temática infantil, a partir de 1925-26 começa a produzir os dramas de sua maturidade. O autor entendia o teatro como um instrumento de pedagogia para as massas. Já nos anos da república, Lorca dirigiu o grupo de teatro universitário *La Barraca*, que levou as obras do teatro clássico espanhol até os mais remotos vilarejos do Estado, com o intuito de aproximar as massas do legado cultural hispânico e como maneira de elevar o nível educativo das classes baixas, sempre tão esquecidas pelos poderes públicos.

Assim como na poesia, na obra dramática de Lorca repetem-se uma série de temas ou ideias centrais: a insatisfação, o anseio de liberdade, o amor como força irresistível e o destino trágico da vida. Pela sua temática, muitos dramas de Lorca situam-se próximos da estética romântica, mas a sua linguagem poética e cênica é claramente do século xx. *Mariana Pineda* é sua primeira grande obra para o teatro. Estreada durante a ditadura de Primo de Rivera, a peça é um cântico à liberdade e à luta contra a opressão, numa crítica nada velada ao regime autoritário que vigorava na Espanha. Nos dramas posteriores, a mulher voltará a ser a protagonista, e a condição feminina numa Espanha atrasada e conservadora será o objeto de reflexão dessas peças. Assim, em *Bodas de sangue* Lorca trata a questão da honra nos casamentos arranjados, em *Yerma* a situação de uma mulher estéril que é marginalizada pela sociedade e em *Doña Rosita la soltera o el lenguaje de las flores* a angustiante solteirice que impede a realização de uma mulher. Mas é provavelmente em *A casa de Bernarda Alba* que Lorca trata com maior profundidade a condição subalterna à qual estava condenada a maioria das mulheres. As estritas normas do luto submetem as filhas de Bernarda Alba a um enclausuramento na casa de mãe. Afastadas de qualquer atividade social e sem possibilidades de extravasar seus instintos sentimentais e sexuais, a atmosfera dentro da casa torna-se cada vez mais asfixiante, até o ponto em que a pressão em demasia deriva em rebeldia e em um final trágico.

Um final trágico como o que acometeu o próprio Lorca, que, poucas semanas depois de ter acabado a redação de *A casa de Bernarda Alba*, foi assassinado por um grupo de falangistas, numa das primeiras repressões incontroladas que sofreu Granada durante a guerra civil. Federico García Lorca foi morto não tanto pelas suas ideias de esquerda quanto pelo que era: um grande escritor, homossexual e defensor dos desprotegidos. A morte de Lorca comoveu o mundo.

Literatura e ditadura

O fim da guerra civil não trouxe a paz para a Espanha, mas a vitória de um bando sobre o outro. Importantes autores tiveram que se exilar e outros, como Pío Baroja, sem saírem do país, optaram por um exílio interior. O panorama literário dos anos 1940 ficou obscurecido também pela duríssima ação da censura, que controlou qualquer desvio do discurso ideológico dominante. A partir da segunda metade da década começaram a regressar ao país destacados intelectuais que fugiram dos rigores da guerra e da repressão (esse foi o caso, entre outros, de Ortega y Gasset), mas o entorno que os recebeu não tinha nada a ver com aquela "idade de prata" vivenciada pela cultura espanhola no primeiro terço do século XX. Poucos autores em idade madura ou avançada conseguiram recuperar-se do golpe moral da guerra.

Apesar de todas essas dificuldades para a criação artística, acrescentadas às asperezas de um dia a dia marcado pela fome, uma nova geração de escritores, formados no falangismo, mas rapidamente desiludidos pela realidade do regime franquista, começou a despontar. Autores como Camilo José Cela, Miguel Delibes, Gonzalo Torrente Ballester ou Carmen Laforet souberam criar literatura de qualidade. Para isso, no entanto, tiveram de caminhar no limite do aceitável pela ditadura. O tom sombrio e violento de suas primeiras obras – perfeitamente compreensível dado o clima de ruptura social que significou a guerra – fez com que esses escritores fossem qualificados como *tremendistas*. Obras como *A família de Pascual Duarte*, de Cela, *Nada*, de Laforet, ou *La sombra del ciprés es alargada*, de Delibes, mostravam uma Espanha triste, violenta e deprimida, nas antípodas do discurso triunfalista e imperialista que o regime alentava.

Sob influência do existencialismo francês e de um tímido marxismo que a duras penas conseguia passar pela impermeabilidade ideológica da ditadura, surge na Espanha a literatura social. Poetas como Blas de Otero ou Juan Hierro e narradores como Rafael Sánchez Ferlosio, Jesús Fernández Santos ou os irmãos Goytisolo percorrem novas trilhas de compromisso político, usando um realismo duro e direto para criticar as injustiças da sociedade de sua época.

Nesses anos renasce também o teatro espanhol, com dramaturgos da altura de Antonio Buero Vallejo e Alfonso Sastre. Em peças como *Historia de una escalera*, *El tragaluz* ou *El concierto de San Ovidio* (no caso de Buero) ou *Escuadra hacia la muerte*, *La mordaza* ou *La taberna fantástica* (no caso de Sastre) os dramaturgos mostram a face menos complacente da sociedade espanhola. Sob seus textos flutua o trauma da guerra civil, um conflito que para alguns é um meio de manter-se no poder e para outros um pesadelo perpetuado pela repressão e pelo clima sufocante da ditadura.

Esse renascimento das letras castelhanas só foi possível graças à paulatina "liberalização" do regime. A censura que até 1945 foi quase inquisitorial diminuiu seu rigor a partir do fim da Segunda Guerra Mundial. Na década de 1960, o franquismo quis apagar seu passado falangista e eliminou boa parte dos símbolos fascistas que presidiam suas atividades. Da mesma forma, a aprovação da lei de imprensa (1966) suprimiu a censura prévia das publicações. Embora o clima de coação e de ameaças sobre os dissidentes se mantivesse até a morte do ditador, abriu-se um maior espaço para a criação literária. Isso permitiu o ressurgimento das literaturas em galego, basco e catalão e até certa tolerância (muito pequena) em seu uso público e no ensino.

As mulheres ganharam espaço no mundo literário espanhol do fim do franquismo. Além da já mencionada Carmen Laforet, autoras como Carmen Martín Gaite e Ana María Matute (em castelhano) e Mercè Rodoreda (em catalão) contribuíram com uma perspectiva feminina à literatura espanhola do pós-guerra.

Notas

[1] O *Dicionário da Real Academia de la lengua española* define *cañí* como "de raça cigana". Na linguagem coloquial, *cañí* é um adjetivo usado para expressar os lugares-comuns do pseudoandaluzismo.

[2] Em uma entrevista, Dalí comparou-se a Picasso da seguinte maneira: "Picasso é um grande artista; eu também. Picasso é espanhol; eu também. Picasso é comunista; eu... tampouco".

[3] Para alguns estudiosos, a arte mudéjar não constitui um estilo *per se*. Para essa corrente de opinião, seria mais apropriado falar de "românico-mudéjar" ou de "gótico-mudéjar", pois esses estilos mantêm o padrão básico da arquitetura românica ou gótica, acrescentando alguns elementos da arquitetura islâmica (como o tijolo ou algumas tipologias de arco).

[4] Não confundir com o tango argentino, com o qual só compartilha o nome e o ritmo binário. O tango flamenco é anterior no tempo, pois está documentado desde o início do século XIX.

QUEM SÃO OS ESPANHÓIS?

CONTRASTES DA ESPANHA ATUAL

Na Espanha dos nossos dias, convivem o mais antigo e o mais novo. Não me atreveria a qualificar essa convivência de harmoniosa. Nem sequer tenho certeza de que conviver seja o verbo mais correto. Talvez fosse mais conveniente falar de justaposição, pois são dois mundos que coexistem mas que não se comunicam. Um enxerga o outro com um ar de superioridade, seja porque conserva intacto o sabor da tradição, seja porque é capaz de assimilar rapidamente qualquer moda que chegue do exterior.

Possivelmente seja a ilha de Ibiza o lugar onde esses contrastes se manifestem de forma mais aguda. Com uma população de pouco mais de 80 mil habitantes, essa ilha experimenta uma revolução durante os meses de verão. Ibiza recebe 2,5 milhões de turistas, entre os meses de julho e agosto. Isso significa que, em alguns momentos do ano, a população temporária da ilha pode chegar a multiplicar vinte vezes os seus habitantes permanentes.

Ibiza tornou-se, na década de 1960, um dos santuários do movimento *hippie* europeu e, uma vez fenecida essa corrente contracultural, foi escolhida pelo movimento gay-lésbico como um dos seus principais paraísos, junto com Mikonos (Grécia) no mar Egeu. A ilha também é um centro de peregrinação dos jovens alternativos, que adoram as *raves* de música *techno*. As noites de verão de Ibiza são apreciadas internacionalmente por seu ambiente de festa sem limites e sem preconceitos. Ônibus fretados pelas administrações locais deslocam os farristas de uma danceteria para outra, numa diversão que começa por volta da meia-noite e que normalmente acaba ao meio-dia. Após o desenfrear da noite, vai-se para o tórrido sol das praias, a fim de tostar a pele e recuperar forças para a próxima noitada. Esse ambiente de ultramodernidade contrasta com a visão de mulheres idosas, vestidas integralmente de preto, e que caminham com dificuldade, apoiadas nas suas bengalas, pelas ruas íngremes que levam à *Dalt Vila*, a parte alta da cidade de Ibiza. O mundo mais rústico e "atrasado", porém riquíssimo

Ibiza é uma ilha de contrastes extremos: do mundo rural,
que parece parado no tempo, à mais radical modernidade.

em tradições, compartilha um mesmo espaço com a realidade das drogas sintéticas e das experiências psicodélicas. Enquanto alguns organizam uma orgia, outros se dedicam a rezar o rosário. E ao mesmo tempo em que uma turma fala em inglês sobre as mais recentes inovações em matéria de redes telemáticas, outro grupo conversa na modalidade local da língua catalã sobre a próxima colheita de ameixas. A ilha é como um grande aquário dividido no meio por uma parede de vidro. Os peixes de ambos os lados se veem, se escutam, compartilham a mesma água para nadar, mas não se comunicam. Têm tão pouco para se dizer...

E o que comentamos para o caso de Ibiza é válido, *grosso modo*, para o conjunto da Espanha, um imenso aquário, com peixes de muitas raças e cores, que, ainda que compartilhem o mesmo espaço desde há muito tempo, se veem, se escutam, mas não se compreendem. Os esquisitos sempre são os outros.

QUE LÍNGUAS FALAM OS ESPANHÓIS?

A afluência de mais de 50 milhões de turistas ao ano e a chegada de importantes contingentes de imigrantes nos últimos tempos têm mudado por completo o panorama linguístico espanhol, em comparação com a realidade existente meio século atrás. Nas cidades espanholas, hoje se pode ouvir falar uma grande diversidade de línguas e dialetos europeus, africanos, asiáticos ou americanos. Contudo, há muito menos línguas autóctones da Espanha.

Castelhano ou espanhol?

Uma boa mostra da dificuldade do caráter espanhol para chegar a um consenso sobre qualquer tema é a falta de unanimidade acerca do nome da língua oficial em todo o Estado e que é a língua materna de mais de três quartos da população.

A discussão sobre o nome da língua é tão antiga quanto estéril, mas ainda suscita rios de tinta e defesas encarniçadas de uma ou de outra parte. É um fato cientificamente demonstrado que tal língua surgiu no condado (e posteriormente reino) de Castela, entre as províncias de Burgos, Sória e a região de La Rioja, como resultado da evolução do dialeto local, um latim vulgar importado pelos legionários romanos, cheio de vocábulos da língua basca. Assim, por exemplo, a palavra *sinistra*, que em latim se usava para designar a esquerda, foi substituída por *izquierda*, cuja origem encontra-se na expressão basca *ezkerra*. O basco influenciou também a fonética do castelhano. Essa é a única língua romance que tem apenas cinco vocais (*a*, *e* fechado

A Espanha é um mosaico linguístico. Os estatutos de autonomia garantem a cooficialidade do galego, do basco e do catalão nas regiões em que estas línguas são faladas. Ademais, existem outros idiomas autóctones como o asturleonês, o aragonês ou o aranês (uma modalidade pirenaica da língua ocitana).

(ê), o fechado (ô) e u), enquanto o catalão tem oito (as anteriores, mais o e aberto (é), o e neutro (ə) e o português tem, além das oito do catalão, toda uma série de vocais nasais. Outras particularidades da fonética castelhana são a não diferenciação dos sons b e v (ambos soam com b), a existência do som gutural j (jota) e a transformação da consoante f em h, que atualmente soa mudo, mas que na Idade Média se pronunciava aspirada, como o h inglês. Dessa forma, uma palavra latina como *filius* derivou em *figlio* (italiano), *fils* (francês), *fill* (catalão) e *filho* (português), mas deu lugar a *hijo* em castelhano.

Por causa dessas particularidades, o castelhano foi visto na Idade Média como uma língua rude, quase bárbara, pouco apta para a expressão de sentimentos ou para a criação literária. As crônicas leonesas descrevem as reações de espanto e gozação dos cortesãos de Leão diante da fala de seus vizinhos castelhanos, que eles acharam demasiado rústica. Talvez por essas razões, a lírica castelhana tenha sido a última a aparecer na Península Ibérica. Até o século XV, os líricos castelhanos preferiram o galego-português como língua para a sua inspiração poética. Inclusive o rei de Castela, Alfonso X, "o Sábio", escolheu o galego-português para a composição de suas famosas *Cantigas em louvor de Santa Maria*.

A expansão do reino de Castela na Baixa Idade Média propagou o uso do castelhano por uma extensa faixa, que percorria o centro da Península Ibérica do Cantábrico até o estreito de Gibraltar. Essa expansão do castelhano pelas terras meridionais, onde o árabe e o moçárabe (dialeto do latim falado pelos cristãos que residiam em reinos muçulmanos) eram as línguas de uso corrente, permitiu o nascimento dos dialetos andaluzes, muito mais doces e musicais do que os dialetos da Meseta. Os andaluzes suprimiram a distinção entre o som interdental *z* (em castelhano não existe o *s* sonoro) pelo alveolar *s*. Assim, *zapato* soa em andaluz *sapato*, como em português. Outro traço do andaluz é a simplificação das terminações –*ado* e –*ada* por –*ao* e –*á*, respectivamente (ex.: *terminado* é dito *terminao* e *casada* transforma-se em *casá*).

A conquista da América foi uma empreitada quase exclusivamente castelhana, já que os habitantes dos outros reinos da península tinham vetado o livre acesso ao continente até o século XVIII. Entre os povoadores da América destacaram-se os andaluzes e os extremenhos, cujos dialetos regionais contribuíram poderosamente à formação dos dialetos que hoje são falados na América hispânica. É por esse motivo que grande parte das peculiaridades próprias da fala andaluza foram passadas ao continente americano, o que fez com que as variantes americanas do castelhano guardassem uma estreita relação com a forma como é falada essa língua no sul da Espanha.

Graças à sua presença na América, o castelhano (ou espanhol), com seus 425 milhões de falantes, é a quarta língua mais falada no mundo, só ultrapassada pelo chinês mandarim (1,075 bilhão), o inglês (514 milhões) e o hindu (496 milhões).

No século XVIII, o rei Carlos III fundou a Real Academia de la lengua castellana, seguindo o modelo da Academia Francesa. O objetivo da instituição era preservar a pureza da língua e unificar as normas ortográficas, justamente em um momento em que – devido às reformas bourbônicas na administração – o castelhano tornou-se a única língua oficial da Espanha. As outras modalidades linguísticas foram discriminadas, seu uso público reprimido, tendo de ficar restritas ao âmbito familiar e privado.

Com o liberalismo, prosseguiu-se na mesma linha de identificar o castelhano como a única língua da Espanha. Os liberais foram ainda mais centralistas no âmbito linguístico que seus antecessores absolutistas. Somente a partir da segunda metade do século XIX, por influência do romantismo e do nacionalismo, houve um renascer das outras línguas do país, cuja reaparição na cena pública deveu-se à articulação dos movimentos políticos de reivindicação nacional. Catalães e bascos – e, em menor medida, os galegos, os valencianos e os baleares – reivindicaram que o uso de suas línguas vernáculas fosse reconhecido e amparado pelo Estado, em contraposição à hegemonia centralista do castelhano.

A ditadura de Miguel Primo de Rivera (1923-29) esmagou os movimentos nacionalistas e regionalistas. Nesse período, os coletivos nacionalistas voltaram à clandestinidade e o castelhano foi imposto novamente como única língua do Estado. Foi nesse contexto que se iniciou o debate sobre qual deveria ser o nome dessa língua. Os partidários do nome castelhano apresentavam argumentos de caráter histórico, mas acabaram derrotados (com o apoio cúmplice do governo de Primo de Rivera) pelos defensores do nome espanhol. Estes achavam que espanhol era mais apropriado para a língua oficial da Espanha, já que o âmbito linguístico do castelhano excede de longe os limites da Castela histórica. Ademais, espanhol era o nome com que esta língua era conhecida internacionalmente, o que lhe dava um caráter mais universal que castelhano, muito mais restrito a um entorno regional concreto. Foi dessa maneira que a Real Academia passou a chamar-se *de la lengua española* e não mais da língua castelhana, mudança que se mantém até a atualidade.

Depois do franquismo, voltou à tona o debate sobre o nome da língua. Durante a redação da Constituição de 1978, alçaram-se vozes em favor das duas denominações. Contrariando o parecer da Real Academia, partidária de denominar espanhol a língua oficial da Espanha, o constituinte preferiu usar o termo castelhano. Com isso, esperava-se atrair os partidos nacionalistas, já que o nome espanhol dava margens a se imaginar que fosse a castelhana a única língua da Espanha, e isso poderia levar até o absurdo de se considerar como não espanholas as outras línguas vernáculas do Estado.

Esse debate sobre o castelhano e o espanhol também se deslocou para a América Latina. A maior parte das constituições hispano-americanas denominam o castelhano como sua língua oficial. Entretanto, existem vozes autorizadas no mundo acadêmico e intelectual que preferem chamá-la de espanhol.

Catalão

O catalão é o resultado da evolução do latim vulgar numa região conhecida como a Catalunha Velha, situada entre os dois lados dos Pireneus Ocidentais, limitada pelo rio Llobregat (ao sul) e pelas montanhas Corberas (ao norte). A origem dessa região acha-se nos condados fundados por Carlos Magno no século VIII para proteger seu império das incursões muçulmanas (a Marca Hispânica). Na atualidade, esse território está dividido entre o Estado francês, que controla os antigos condados do Rosselló, o Vallespir e a metade norte da Cerdanya, e o Estado espanhol, sob cuja soberania fica o resto da Catalunha.

Até o século XII, o catalão e o ocitano formaram uma mesma língua. Só a partir desse momento, o catalão configurou uma língua diferenciada da provençal. Essa origem comum faz dele a língua ibérica mais próxima do francês e do italiano, tanto pela morfologia e a gramática do idioma como por seu vocabulário.

A partir do século XIII, com as conquistas do rei Jaime I de Aragão, o catalão estendeu-se às Ilhas Baleares e ao reino de Valência. Neste último, a faixa litorânea foi repovoada por catalães ocidentais, enquanto as comarcas do interior eram repovoadas por aragoneses, e se mantiveram um número elevado de *moriscos* (muçulmanos que habitavam terras cristãs). Esse diferente povoamento do reino provocou uma dicotomia entre as regiões do litoral, que falavam catalão, e as do interior, onde coexistia o aragonês com o *mudéxar* (variante dialetal do árabe). Quando, no começo do século XVII, Felipe III expulsou os *moriscos* de seus territórios, o interior valenciano foi repovoado por castelhanos, consagrando-se assim a dualidade linguística dessa comunidade.

Com a expansão marítima da Coroa de Aragão, o catalão tornou-se uma *língua franca* dos mercadores do Mediterrâneo, entre os séculos XIII e XV. Foi também a língua materna dos papas Borja (mais conhecidos pela sua grafia italiana Borgia). Como vestígio histórico desse império marítimo, restou uma pequena comunidade de catalano-falantes (apenas 60 mil pessoas) na cidade de l'Alguer (ou Alghero), na ilha da Sardenha.

A decadência da Coroa de Aragão na Idade Moderna e a ascensão das potências castelhana e francesa marginalizaram a língua catalã, que paulatinamente foi assediada pelo centralismo dos dois estados transpirenaicos. O catalão acabou banido das escolas, do exército e da administração pública. Seu uso limitou-se ao âmbito familiar e a um cultivo literário minoritário. Foi objeto de reivindicação pelo nacionalismo político, na passagem do século XIX ao XX. Conseguiu certo reconhecimento nos últimos anos da Restauração e durante a Segunda República, mas a perseguição da língua catalã foi especialmente severa durante as duas ditaduras (a de Primo de Rivera e a de Franco), que empurraram a cultura catalã às catacumbas. Na década de 1960, com a ligeira abertura do franquismo, a literatura catalã pôde retomar um pouco da normalidade perdida. Na transição, constituíram-se as comunidades autônomas de Catalunha, Valência e das Ilhas Baleares, e o catalão ganhou reconhecimento público como língua cooficial, junto com o castelhano. Desde então, algumas políticas autônomas esforçaram-se em "normalizar" a situação linguística, permitindo que o catalão ocupasse as esferas públicas que havia ocupado no passado. Aos poucos, o catalão foi ganhando terreno nas escolas, na mídia e na administração, embora os entraves à sua plena normalização não tenham sido poucos.

Com mais de dez milhões de falantes repartidos em três países (Espanha, França e Itália), o catalão é, atualmente, a segunda língua mais falada na Espanha. Ainda que quase todos os seus falantes também tenham o castelhano como idioma nativo, o conhecimento do catalão resulta imprescindível para uma plena integração dos não nativos nas regiões onde é falado.

Tampouco existe entre os falantes do catalão um consenso sobre a denominação de sua língua materna. E o tema não é recente. Já os poetas da *Renaixença* decimonônica debateram sobre essa questão, e alguns optaram pela solução de chamá-la lemosim (gentílico da cidade de Limoges, no sul da França). Mesmo que essa língua tenha tido a sua origem na Catalunha Velha, o nome catalão irritava alguns falantes de València e das Ilhas Baleares, que viam nele uma tentativa solapada de imperialismo barcelonês. Uma solução salomônica foi chamar a língua de catalã-valenciana-balear, mas o comprimento excessivo do nome impediu sua implementação. Ainda que a unidade da língua catalã seja uma unanimidade científica, em València (e em menor medida nas Ilhas Baleares) existe um secessionismo linguístico que reivindica a independência de suas modalidades linguísticas. O debate sobre se a língua deve denominar-se catalã ou valenciana (ou maiorquina, menorquina ou ibicenca) é interminável e suscita contínuas disputas bizantinas.

Galego

O galego-português é uma língua que se desligou do latim no século IX. Sua região de origem coincide aproximadamente com a província romana de Gallaecia, a qual integra, além da comunidade autônoma de Galiza, parte das províncias espanholas das Astúrias e de Leão e toda a região minhota até o rio Mondeo, no estado português.

A língua galega teve seu período de ouro na Idade Média. Ajudada pelo Caminho de Santiago, por onde transitaram centenas de artistas, a Galiza tornou-se um dos polos culturais da Península Ibérica nas épocas em que dominaram os estilos românico e gótico. O galego foi uma das línguas prediletas dos trovadores, que acharam seu acento e sua musicalidade especialmente aptos para cantar o amor cortês.

Uma das grandes figuras da trova galega, Martin Códax, assentou no século XII as bases da "cantiga de amigo". Nesse gênero poético-musical, uma mulher lamentava a solidão que lhe causava a ausência do amado. As cantigas de amigo de Códax são uma das primeiras manifestações da saudade, expressão típica do espírito galego-português.

Nesse mesmo século XII, deu-se a separação do reino de Portugal, que, durante o reinado de Afonso Henriques, proclamara-se independente do reino de Leão, ao qual também pertencia o condado da Galiza. Essa divisão política representou o começo de uma separação entre duas línguas – o galego e o português – que, mesmo sendo muito próximas em morfologia, sintaxe e léxico, apresentam hoje notórias variantes.

Para um lusófono, não é nada complicado entender o galego. Tanto em sua forma oral como escrita, o falante português perceberá uma enorme semelhança com a sua língua materna. Porém, algumas características da língua galega lhe soarão esquisitas. A primeira delas é a não distinção pelos galegos do som fricativo sonoro *j* do som fricativo surdo *x*. De fato, ambos soam em galego *x*. Assim, nomes como "José" em galego viram *Xosé* e palavras como "junta" transformam-se em *xunta*.

A Galiza foi sempre uma região remota da Espanha, de difícil comunicação por terra, por culpa de sua orografia montanhosa. Os galegos tradicionalmente constituíram-se de um povo dedicado à agricultura e à pesca. Essa vocação marítima fez da Galiza uma das principais regiões de procedência dos emigrantes espanhóis, até o ponto que, em alguns países americanos (como é o caso da Argentina), o adjetivo *gallego* é sinônimo de espanhol, seja qual for sua região de origem. Esse caráter afastado e de difícil comunicação da Galiza garantiu que a língua galega sobrevivesse até os nossos dias.

Mesmo assim, as influências do castelhano no galego são evidentes. O galego carece das vocais nasais, talvez um dos elementos mais característicos do português. Desta maneira, palavras como "legislação" ou "verão" em galego pronunciam-se *lexislación* e *verán*, respectivamente. Também na ortografia galega contemporânea usam-se as grafias castelhanas *ll* e *ñ* em lugar de suas equivalentes lusas *lh* e *nh*. Isso, porém, é motivo de controvérsia entre os filólogos galegos, entre os quais existe um setor lusitanista que exige uma maior aproximação da ortografia galega à sua língua irmã portuguesa.

Por muitos séculos, a Galiza vivenciou – como as outras regiões bilíngues da Espanha – uma situação de diglossia, ou seja, nas ocasiões cultas ou formais os galegos expressavam-se em castelhano (com um peculiar sotaque e com as inevitáveis contaminações linguísticas), e reservavam o uso do galego para as conversas informais do entorno da família e das amizades. A expansão do castelhano cresceu à medida que avançou a escolarização na Galiza. As cidades se "castelhanizaram" muito antes que o campo. Nas áreas rurais, predominavam até há pouco tempo os monolíngues galegos.

O romantismo decimonônico revitalizou o uso literário do galego. Nessa época, a Galiza contribuiu com uma das poetisas mais importantes da literatura universal: Rosalia de Castro. Já no século XX, os escritos de Castelao ajudaram a formar um galeguismo político, que teve sua máxima expressão no estatuto de autonomia da Galiza, aprovado em 1936. A deflagração da guerra civil abortou o projeto autonomista galego e os políticos nacionalistas, como o próprio Castelao, tiveram de refugiar-se no exterior.

Desde 1980, a Galiza dispõe novamente de autonomia política. Atualmente, as instituições regionais estão relançando a língua galega, que ocupa um lugar significativo na administração, na educação e na mídia. Estima-se que 88% dos galegos (cerca de 2,5 milhões de pessoas) falem esse idioma. Apesar da pressão do castelhano, as expectativas de futuro do galego são promissoras.

Basco

É enigmática a origem da língua basca. Todas as tentativas de relacioná-la com outras línguas célticas (como o galês, o escocês, o bretão ou o irlandês), uralo-frígias (como o húngaro ou o finlandês), caucásicas (como o georgiano ou o armênio) ou norte-africanas (como o berbere) resultaram insatisfatórias. Parece certo que o basco (ou *euskera*) seja uma língua pré-indoeuropeia, isto é, que a sua presença na Península Ibérica remonte há **mais de três mil anos**, o que faz do basco o idioma vivo mais antigo da Europa Ocidental. O caráter ignoto da procedência desse idioma deu lugar a elucubrações esdrúxulas, como a defendida por algum pioneiro do nacionalismo basco que, num clima de integrismo religioso, chegou a afirmar que o *euskera* era a língua usada por Jeová no Paraíso. Com critérios muito mais sólidos, estudiosos apontaram algumas semelhanças entre o *euskera* e a línguas iberas. No entanto, essas pesquisas ainda não são conclusivas e não podemos afirmar com certeza que o basco atual seja uma variante da língua que os povoadores das regiões orientais e meridionais falavam na península antes da romanização.

Além de um léxico claramente diferenciado, o basco apresenta algumas particularidades quando comparado às línguas indo-europeias. Para começar, o verbo concorda em pessoa e número não somente com o sujeito, mas também com o objeto direto e indireto. Outra especificidade é o caso ergativo, correspondente ao sintagma nominal que realiza a ação nas orações transitivas e que se destaca com a terminação –*k*.

O domínio geográfico atual da língua basca está conformado pela província de Guipúzcoa, a metade oriental da província de Biscaia, o terço norte do reino de Navarra, na Espanha, e pelos três departamentos do País Basco francês (Iparralde), que são Lapurdi, Zuberoa e a Baixa Navarra. A província de Álava e a maior parte de Navarra, apesar de frequentemente incluídas dentro dos limites de Euskal Herria (a pátria basca), foram regiões muito "castelhanizadas" desde a Baixa Idade Média e, hoje em dia, quase não possuem falantes nativos do *euskera*.

O basco foi por muitos séculos uma língua de expressão oral. Até as criações literárias eram transmitidas verbalmente, mediante as cantigas dos bardos. Em 1545, publicou-se o primeiro livro em *euskera* com um título em latim: *Linguae Vasconum Primitae*, de Bernart Etxepare; e 26 anos depois saía publicada uma tradução ao basco do Novo Testamento, por encargo do navarro Leizarraga.

A dispersão do *euskera* em mais de cinquenta modalidades dialetais distintas – tão diferentes umas das outras que impediam a compreensão mútua de dois falantes procedentes de localidades distantes a poucas dúzias de quilômetros –, unida à falta de instituições próprias de governo que usassem esse idioma para comunicar-se com os cidadãos, fez com que o basco perdesse presença para o castelhano ao longo da Idade Moderna e de boa parte da Contemporânea. Por muitas gerações, o idioma foi sendo confinado nas áreas mais rurais, enquanto nas cidades o castelhano era dominante.

A necessidade de unificar o idioma através da criação de uma variante comum (o *euskera batua* ou basco unificado) já está presente nos textos de Sabino Arana. A constituição de 1919 da Academia da Língua Basca (*Euskaltzaindia*) buscou a elaboração de uma gramática unificada, o que se conseguiu na década de 1960 nos congressos de Baiona e de Arantzazu.

A proclamação do estatuto de autonomia do País Basco (1979) impulsionou o uso público do *euskera* nas três províncias bascas, nas quais esse idioma é cooficial. Porém, ainda carece de cooficialidade na comunidade foral de Navarra e nos departamentos franceses onde também é falado. Hoje, o *euskera* dispõe de um canal de televisão (Euskal Telebista 1) e vários jornais e revistas que publicam seus conteúdos, total ou parcialmente, em basco. Estima-se que existam cerca de 600 mil falantes nativos do basco (*euskaldunes*), somados a outros 400 mil que aprenderam a língua mas que ainda não se sentem totalmente fluentes nela. A província com a maior proporção de *euskaldunes* é Guipuzkoa, que quase atinge os 50%, enquanto a província de Álava não chega aos 15% e Biscaia fica nos 24%. A média de falantes do basco em Euskadi está em torno de 30% do total da população.

OUTRAS LÍNGUAS E DIALETOS

Astur-leonês

Devido à preponderância da língua castelhana, os dialetos latinos que se falavam na Alta Idade Média no principado das Astúrias e no reino de Leão (províncias de Leão, Zamora e Salamanca e em algumas comarcas da região da Extremadura) não chegaram a constituir uma língua própria. No entanto, alguns dos traços diferenciadores do astur-leonês permaneceram na fala local, especialmente nas áreas rurais. Desse modo, não é raro que asturianos e leoneses usem o plural das palavras femininas em –*es*, em lugar do sufixo castelhano –*as*, ou que substituam o *h* das palavras castelhanas por *f* (como dizer *fabes* em lugar de *habas*).

Esse jeito de falar foi denominado pejorativamente *bable*, além de ter sido objeto de repressão no ensino, por ser considerado um dialetalismo camponês próprio de pessoas iletradas. Mas nas últimas décadas aconteceu uma revitalização do *bable*, com a constituição da Academia da Língua Asturiana (1981), que pretende fazer do astur-leonês uma língua de pleno direito. Não obstante, seu reconhecimento público é ainda muito débil. É ensinado somente nas Astúrias, como matéria optativa, aos alunos que cursam os dois últimos anos do ensino médio. Estima-se que cerca de 60 mil pessoas tenham o astur-leonês como primeiro idioma.

Aragonês

Um caso parecido com o do astur-leonês é o do aragonês. Também por causa da influência do castelhano, o dialeto latino de Aragão, que teve manifestação escrita na chancelaria da Coroa de Aragão na Idade Média, acabou por não se constituir em uma língua autônoma. A partir do século XV, a nobreza aragonesa optou pelo castelhano como veículo habitual de comunicação. Nos séculos seguintes, a primazia do castelhano só cresceu e hoje se considera que 95% dos aragoneses são monolíngues castelhanos. Contudo, o aragonês ainda se mantém em alguns redutos da província de Huesca.

O legado desse idioma está presente no sotaque dos habitantes do reino de Aragão (os popularmente chamados *baturros*). A escassez de palavras proparoxítonas na língua aragonesa influenciou a forma como os *baturros* pronunciavam o castelhano. Palavras como *música* ou *fábrica* eram articuladas como *musica* ou *fabrica*.

Aranês

No vale de Aran, no norte da Catalunha, ainda se preserva um dialeto (aranês) da língua occitana. Os líricos cultivaram muito a língua de Oc (nas suas variantes provençal, gascã e franco-provençal) na Idade Média. Já na Idade Moderna, devido ao peso crescente da língua de Oil (antecessor do francês moderno), o occitano foi perdendo relevância. Os centralismos bourbônico e jacobino acabariam por reduzir esse idioma a uma peculiaridade do sul da França, se não fosse pela maestria do poeta Mistral, que a trouxe novamente à tona.

Dois terços da população do vale de Aran (de 60 mil habitantes) afirmam conhecer o aranês. Essa modalidade desfruta de proteção jurídica e de um *status* especial dentro da comunidade autônoma da Catalunha.

Caló

A partir do século XV, o continente europeu vivenciou uma invasão silenciosa e pacífica de tribos ciganas. As Penínsulas Balcânica, Itálica e Ibérica foram os locais preferidos para a instalação desse povo. Não está clara a procedência da raça *calé* (nome que os outrossim chamados ciganos, *gitanos* ou *zíngaros* dão a si próprios), e não faltam hipóteses românticas, como a que os considera uma das 12 tribos de Israel ou que os relaciona com o Egito faraônico. Estudos etnológicos permitem afirmar que se trata de uma etnia de origem indiana, mas a região exata de sua procedência e o caminho que eles seguiram para chegar à Europa são ainda um mistério.

O idioma próprio dos ciganos, o romanó, que ainda persiste com força nos países balcânicos, produziu uma variante local na Espanha: o caló. Embora os ciganos não se integrassem por completo na sociedade espanhola e mantivessem em todo momento sua personalidade e sua cultura próprias, os séculos de coexistência com os payos[1] fizeram com que o romanó fosse se misturando com o castelhano, até o ponto em que o caló atual se fundamentou basicamente na gramática castelhana, mas com muitos empréstimos linguísticos do romanó. Da mesma forma, muitas palavras castelhanas (algumas de uso comum e outras gírias), como *bulo* (mentira), *chaval* (moleque), *parné* (dinheiro) ou *currelar* (trabalhar), procedem da língua dos ciganos. A nada desdenhável importância desse povo na evolução da música popular espanhola (sobretudo no flamenco) facilitou a incorporação no léxico castelhano (e especialmente andaluz) de seus modismos.

Mesmo que a cultura cigana seja uma parte integrante do patrimônio cultural espanhol, e que assim seja valorizada pelos visitantes estrangeiros, isso não significa que a relação entre ciganos e payos tenha sido pacífica. Ao analisar o caso dos ciganos, evidencia-se a falácia do mito segundo o qual os espanhóis não são racistas. O preconceito em relação a eles tem sido uma constante na vida espanhola e ainda hoje existem pais que trocam seus filhos de escola, caso precisem dividir a sala de aula com alunos dessa etnia. O fato de os ciganos serem um povo nômade, dedicado às atividades comerciais e ao trabalho no campo como diaristas, mas sem um local fixo de residência, geraram a desconfiança dos payos. O envolvimento de ciganos em pequenos crimes (furtos principalmente), somado à sua não aceitação do ordenamento jurídico vigente (os ciganos têm seus próprios códigos de conduta e os clãs dispõem de um patriarca que se encarrega de fazer a justiça) e à permanência de tradições diferenciadas das espanholas (como em matéria de casamentos), provocou repetidas vezes atitudes de segregação e repressão.

Árabe

O idioma árabe chegou à Península Ibérica no século VIII e permaneceu a língua da cultura por toda a Idade Média, em estreita concorrência com o latim. O avanço dos reinos cristãos deixou o árabe restrito às comunidades *moriscas*, localizadas principalmente nos reinos de Aragão, Valência e Granada. Essas comunidades protagonizaram alguns levantes, como a guerra das Alpujarras. Filipe III, no começo do século XVII, decretou a expulsão dos *moriscos*. Com o seu exílio, a península perdeu os últimos coletivos de fala árabe.

Nos dias de hoje, o árabe é uma língua muito presente na vida cotidiana dos habitantes de Ceuta e Melilla, as duas cidades do norte da África de possessão espanhola. Em Melilla, esse idioma convive com o espanhol e o *tamazight*, uma das línguas berberes faladas no norte do Marrocos.

Nas últimas décadas, com a chegada em massa de imigrantes procedentes do Magreb, o árabe tem ganhado presença nas localidades espanholas, ainda que seu uso – como o de qualquer outra língua estrangeira – não esteja protegido pela lei. Alguns partidos políticos, porém, com a finalidade de atrair votos de imigrantes, editam parte de sua publicidade eleitoral nesse idioma.

PLURALIDADE CULTURAL

Mas não é só a língua que diferencia os povos habitantes da Espanha. Existem grandes diferenças de valores, atitudes políticas, tradições, formas de fazer negócios etc. Essas diferenças foram muito maiores no passado, afetando a forma de vestir, de namorar, de praticar os rituais funerários, de se divertir, de expressar a dor, conforme revela o rico folclore hispânico. A proliferação da mídia audiovisual e a difusão dos padrões culturais anglo-saxões têm modificado essa realidade nos últimos cinquenta anos, mas sem suprimir por completo as personalidades coletivas que fazem da Espanha um rico mosaico etnológico.

Essa pluralidade foi reconhecida e explorada pelo franquismo, para o qual a diversidade de manifestações culturais não contrariava "a unidade das terras e dos povos da Espanha". Nas escolas da ditadura, ensinava-se aos alunos uma matéria intitulada "Formação do Espírito Nacional". Nela, além de um relato épico da história espanhola, ministravam-se lições sobre as variantes culturais de cada região, que naqueles anos incluíam o norte do Marrocos, o protetorado do Saara Ocidental e a colônia da Guiné Equatorial.

Os alunos da escola nacional-católica aprendiam que os andaluzes eram alegres e divertidos, que os castelhanos eram severos e honrados, que os catalães eram laboriosos e poupadores, que os aragoneses eram rudes defensores da pátria, que os bascos eram nobres e grandes navegadores, que os galegos eram taciturnos e de trato agradável, que nas terras valencianas maduravam as melhores laranjas, e assim sucessivamente.

No entanto, todas as regiões, ainda que com suas características individuais, eram partes indivisíveis da pátria espanhola, definida, seguindo uma citação de Ortega y

Gasset reproduzida por José Antonio Primo de Rivera, como uma "unidade de destino no universal". Como é lógico, o ensino franquista ignorava que muitas partes do país incubavam movimentos independentistas, alguns dos quais deram mostras públicas de existência ainda durante a vida do general Franco. A vitória militar suprimira os direitos de autonomia de catalães, bascos e galegos, mas não o espírito separatista de alguns setores dessas nacionalidades.

Deixando de lado os tópicos, as diferenças regionais são percebidas imediatamente nos bares e restaurantes. Não peça um pão com tomate e azeite na Andaluzia porque vão achar que você é catalão, nem uma *morcilla* na Catalunha porque isso é coisa de castelhanos. A Catalunha tem seus próprios embutidos (a *botifarra*, o *fuet* ou o *espetec*), dos quais se sente enormemente orgulhosa. Tampouco peça um vinho *ribeiro* ou um *txacolí*, fora da Galiza ou do País Basco, respectivamente, porque é possível que o garçom nem saiba do que se trata. A forma de servir algo tão simples como um café com leite muda enormemente de uma região para outra. Também não peça *sobrassada* ou *ensaïmada*, se você não está em Maiorca. Os habitantes de Astorga sentem uma honra quase patriótica pela qualidade de suas *mantecadas*, ao igual que os cântabros por seus *sobaos pasiegos*. Cada região tem sua confeitaria própria, com receitas cuidadosamente guardadas. Se os italianos souberam tirar partido de sua rica gastronomia e transformá-la em um *fast-food* consumido internacionalmente, a ideia de uma difusão global das *delicatessen* espanholas, que pudesse alterar no menor dos detalhes suas receitas, causa urticária entre os mais puristas. Se alguém quer experimentar a verdadeira culinária espanhola, que vá à Espanha!

O CONFLITO BASCO

O encaixe do País Basco no Estado espanhol é um tema ainda não totalmente resolvido. Embora a integração das províncias bascas ao reino de Castela venha de longa data (o século XII, para os territórios de Álava e Guipúzcoa, e o século XIV, para o senhorio de Biscaia), essas províncias sempre dispuseram de um ordenamento jurídico próprio, assente nos foros. Esses direitos forais garantiam, entre outras coisas, que as instituições bascas conduzissem a arrecadação de impostos e que não fossem recrutados soldados bascos para servir no exército fora dos limites dos territórios provinciais. Nem sequer o absolutismo bourbônico ousou mexer nesses privilégios das províncias bascas e do reino de Navarra.

Foi no primeiro terço do século XIX que a ideologia liberal pregou o conceito de igualdade na sua interpretação jacobina, isto é, com a imposição de um mesmo regime constitucional para todo o país, com os mesmos direitos e deveres para todos

Refugiados em suas bases francesas, os terroristas do ETA realizaram periódicas reuniões com a imprensa para reivindicar atentados e propagar seu discurso.

os cidadãos. A relutância de bascos e navarros em renunciarem a seus direitos forais os levou a lutar contra o centralismo liberal em três guerras carlistas (das quais também participaram outras regiões, como a Catalunha, o norte do País Valenciano e comarcas da Galiza e de Castela). O carlismo esteve presente até o estalar da guerra civil de 1936-39, quando as milícias tradicionalistas (os *requetés*) uniram-se aos generais rebeldes na sua luta contra a Segunda República.

Nas derradeiras décadas do século XIX, apareceu o nacionalismo basco, que, ao contrário do carlismo, teve uma maior presença nos centros urbanos. Segundo o idealizador do nacionalismo, o biscaíno Sabino Arana, fundador do Partido Nacionalista Basco (Partido Nacionalista Vasco, em espanhol – PNV), o povo basco era único no mundo e seus membros apresentavam uma série de características étnicas (como a predominância do Rh negativo no sangue) que os diferenciavam por completo do resto dos povos da Europa Ocidental. O nacionalismo basco construiu-se em contraposição à figura do *maketo*, termo pejorativo usado para designar os imigrantes do resto da Espanha, que estavam chegando ao País Basco atraídos pela necessidade de mão de obra de suas indústrias, e aos quais o fundador do PNV atribuía todo tipo de vícios e males. A utopia de Sabino Arana era uma espécie de Arcádia basca, livre de *maketos*, em que reinassem os bons costumes da terra e o respeito e a adoração a Deus. Daí que o lema do Partido Nacionalista Basco seja "Deus e leis velhas".

O PNV prosperou nos anos da Restauração e, por intermédio dos *batzokis* (um clube social) e do sindicato de trabalhadores bascos (ELA/STV), tornou-se um dos eixos da articulação social do País Basco. Na Segunda República, não conseguiu a aprovação de um estatuto de autonomia (como haviam conseguido os catalães), devido ao integrismo católico que professava o PNV – as forças de esquerda chegaram a temer que o País Basco acabasse se convertendo em um "satélite vaticano". Somente com o início da guerra civil, quando não restaram dúvidas da fidelidade do PNV para com a república e a democracia, saiu do parlamento espanhol o primeiro estatuto de autonomia basco. As derrotas militares na primavera de 1937 malograram essa primeira tentativa de autogoverno e o *lehendakari* Aguirre teve de se exilar.

Nos anos do pós-guerra, o Partido Nacionalista Basco prosseguiu a oposição contra o franquismo. Com a integração do partido na Internacional Democrata-Cristã, a causa basca ganhou alguns adeptos no exterior. Nesse contexto de repressão feroz ao nacionalismo e de proibição do uso público do idioma basco ou de suas marcas identitárias, surgiu em 1968 o grupo *Euskadi ta Askatasuna* (País Basco e Liberdade), o ETA, como uma cisão de radicais descontentes com a postura moderada do PNV.

Ideologicamente, o ETA esteve influenciado pelo nacionalismo basco, pelo socialismo autogestionário e pelos movimentos independentistas asiáticos e africanos. O objetivo final do ETA era a independência de *Euskal Herria* (a pátria basca) – conceito sob o qual se incluem todas as comunidades euskaldunas, ou seja, o País Basco, Navarra e Iparralde (o País Basco francês) – e a implantação do socialismo. Para conseguir isso, o ETA faria uso das armas.

O primeiro atentado do grupo data de 1968. A vítima, um comissário de polícia, de quem se suspeitava que torturasse detentos. O regime de Franco intensificou a

A bancada abertzale agride verbalmente o rei Juan Carlos I em sua visita oficial ao País Basco (fevereiro de 1981).

repressão dos grupos nacionalistas e esquerdistas, para evitar que o surto do terrorismo ETA se espalhasse. Mas os serviços de segurança franquistas fracassaram estrepitosamente em dezembro de 1973, quando um comando do ETA conseguiu assassinar o almirante Carrero Blanco (número dois da ditadura), em um espetacular atentado à bomba no centro de Madri.

Nesse primeiro momento, o grupo atraiu para si as simpatias de um setor da dissidência política, que via nas atuações dos terroristas uma forma legítima de lutar contra uma ditadura sanguinária.[2] Mas as dúvidas sobre a bondade do ETA acabaram logo na transição democrática. Mesmo com a realização da reforma política, a celebração das primeiras eleições livres (1977), a promulgação da Constituição (1978) e a aprovação do estatuto de autonomia do País Basco (1979), a violência do ETA não cessou. A democratização da Espanha e a autonomia basca provocaram um debate interno dentro da organização. O grupo conhecido como ETA Político-Militar decidiu que o tempo da luta armada tinha acabado, dissolvendo-se e seus membros reintegrando-se à vida profissional ou política. Entretanto, o setor duro da banda terrorista, o ETA Militar, considerou insuficientes os resultados e intensificou o número de ações violentas. O pior ano foi 1980, com mais de cem pessoas assassinadas em atentados terroristas.

Ao longo dos anos 1980, o ETA mudou de estratégia. Se até então os alvos de seus atentados eram prioritariamente membros das forças armadas ou dos corpos policiais, a partir daquele momento os terroristas preferiram ações com carros-bomba, que provocaram a morte indiscriminada de pessoas sem relação alguma com as reivindicações políticas do grupo. O carro-bomba explodido na garagem do centro comercial Hipercor de Barcelona, em junho de 1987, acabou com a vida de 21 pessoas, cuja única culpa era ter saído às compras naquele dia. A onda de violência indiscriminada deixou a população em uma situação de absoluta insegurança. Diferentes grupos sociais cobraram do governo atitudes drásticas para controlar o terrorismo.

O governo socialista tentou três medidas distintas para acabar com o grupo. A primeira foi a negociação direta com os membros. Em 1989, deram-se diversas reuniões em Argel entre dirigentes do grupo terrorista e representantes do governo espanhol, que, ao final, não deram nenhum resultado. A segunda medida teve caráter político. Mediante os pactos de Ajuria Enea e de Madri, formou-se um bloco democrático contra o terrorismo e contra aqueles que o apoiassem. Desse bloco fizeram parte todas as forças políticas com representação nos parlamentos de Vitória e de Madri, com a exceção de Herri Batasuna, um partido independentista que era, na realidade, o braço político do ETA. Finalmente, uma terceira medida adotada pelo governo consistiu no fomento de grupos paramilitares que lutassem contra os terroristas usando as mesmas armas. O ministério do interior, utilizando-se de fundos reservados, financiou o Grupo Antiterrorista de Libertação (GAL), organizado pelos comissários de polícia Amedo e Domínguez. As atividades do GAL, que incluíram o sequestro errôneo do empresário Segundo Marey, pensando que fosse um colaborador do ETA, e a tortura e assassinato dos militantes terroristas Lasa e Zabala, causaram estupor numa opinião pública que não podia digerir um estado de direito que usasse esses recursos mafiosos. No longo prazo, a ação do GAL mostrou-se contraproducente para pôr fim ao terrorismo e alcançar uma solução pacífica para o conflito basco.

Em 1992, com a desarticulação da cúpula do ETA no sul da França (detenção de Artapalo), o grupo perdeu boa parte de sua estrutura logística e financeira e ficou sem a possibilidade de organizar novos atentados. Isso permitiu que o verão daquele ano, marcado pela celebração dos Jogos Olímpicos de Barcelona e da Expo de Sevilha, transcorresse tranquilamente. Cada vez mais cercado pela polícia e asfixiado politicamente pela união dos partidos democráticos, o ETA mudou seus objetivos. Os alvos passaram a ser jornalistas, professores e políticos de segunda linha (vereadores e prefeitos de pequenas cidades). Os cargos públicos do Partido Popular (PP) – o mais espanholista dos partidos com implantação em Euskadi – foram o alvo preferencial dos terroristas, mas não podemos esquecer que também fizeram vítimas entre os militantes socialistas e nacionalistas democráticos. Paralelamente, o grupo juvenil de Herri Batasuna, *Jarrai*, praticava constantes atos de vandalismo e "luta urbana" (*kalea borroka*), imergindo o País Basco em um clima de violência e de medo.

A legislatura de 1993-96 deixou o governo de Felipe González sem maioria absoluta no parlamento. A fim de assegurar a estabilidade do governo, os socialistas precisaram pactuar com os nacionalistas bascos e catalães o apoio parlamentar em troca de transferência de competências para as suas autonomias. O PP decidiu desgastar o governo criticando o acordo com os nacionalistas e negando que os socialistas tivessem um projeto nacional para o país. Açoitados pelos contínuos atentados terroristas contra seus cargos públicos, os dirigentes populares pressionaram os nacionalistas democráticos, acusando-os de conivência com o terrorismo, numa atmosfera de tensão política, animada por alguns meios de comunicação, vinculados à direita econômica e à Igreja Católica. Os populares esticaram tanto a corda que acabaram por quebrar os pactos de Ajuria Enea e de Madri. A chegada de José María Aznar ao palácio de La

Manifestação em favor da paz no País Basco.

Moncloa, ainda que tenha sido com o apoio político dos nacionalistas catalães (em troca, novamente, de mais competências para o seu governo autonômico), não detêve o clima de tensão política no País Basco. Ao contrário, ele só aumentou.

O bloco democrático desmoronou e em pouco tempo o panorama político basco dividiu-se em duas frentes: a nacionalista basca (tanto democrática como violenta) e a não nacionalista (ou espanholista), integrada pelos socialistas e os populares. Os nacionalistas democráticos do PNV e do EA (Eusko Askatasuma) fizeram um acordo com os abertzales (braço político do ETA), o Pacto de Lizarra (1997), um documento político inspirado nos acordos da Sexta-Feira Santa no Ulster e que preconizava a solução do conflito basco mediante o reconhecimento de direito à autodeterminação de Euskal Herria. O PP e o PSOE recharam-se frontalmente o Pacto de Lizarra e os nacionalistas do PNV foram acusados de negociar com assassinos. Enquanto isso, o governo redobrava os esforços na luta antiterrorista, com o compromisso cada vez mais estreito das autoridades francesas. Nos últimos anos do século XX, o número de vítimas mortais do ETA despencou. Os nacionalistas atribuíram o fato à intenção dos terroristas de negociar o fim da violência. O governo atribuiu-o à eficácia policial e considerou que se o ETA não matava não era por falta de vontade, mas por falta de capacidade. Entrementes, a violência "de baixa intensidade" continuava presente nas ruas do País Basco.

Seguindo a mesma linha soberanista traçada no pacto de Lizarra, o *lehendakari* Ibarretxe preparou um plano político que previa a possível independência do País Basco, caso a população votasse a favor da autodeterminação em um eventual referendo. O governo de Madri negou-se imediatamente a aceitar o plano Ibarretxe e replicou que a Constituição espanhola não reconhecia o direito à secessão de suas regiões. Aznar chegou a ameaçar aplicar medidas penais se o parlamento basco aprovasse tal proposta. Paralelamente, o Tribunal Supremo declarava ilegal o partido político Herri Batasuna, por considerar que praticava apologia do terrorismo. Os abertzales, todavia, burlaram essa resolução organizando partidos políticos com nomes distintos (Euskal Herritarrok, Batasuna, Partido Comunista das Terras Bascas etc.).

Os atentados islamitas do dia 11 de março de 2004 alteraram, de forma direta ou indireta, o panorama político. Apesar de as pesquisas de opinião assinalarem que o PP revalidaria uma maioria suficiente para governar por mais quatro anos, no domingo, dia 14, as urnas deram a vitória ao PSOE. José Luis Rodríguez Zapatero era nomeado presidente do governo, com o apoio dos independentistas catalães do ERC (Esquerda Republicana Catalã) e dos pós-comunistas do IU (Esquerda Unida). Um novo "talante" tomou conta de La Moncloa. Zapatero defendeu um discurso menos unitarista e foi mais partidário do diálogo com os nacionalistas. Contudo, o "talante de Zapatero" é mais um compêndio de boas maneiras do que uma vontade de negociar com os nacionalistas, cujas pretensões são consideradas abusivas pela maioria da militância socialista. O plano Ibarretxe, de fato, foi discutido no Congresso dos Deputados e rejeitado pela maioria da câmara. As eleições bascas da primavera de 2005 deixaram claro que o projeto soberanista não contava com o apoio de grande parte da população basca.

Atualmente, o conflito basco continua numa situação incerta. O problema não é apenas a criminalidade. Se assim fosse, o ETA teria sido derrotado há muito tempo. O problema é de fundo político: entre 10% e 15% do eleitorado basco vota nos abertzales, ou seja, justifica ou, no mínimo, não condena o uso do terrorismo para conseguir a independência. É, definitivamente, um problema interno de convivência entre os próprios bascos, uma sociedade que está entre as mais avançadas do sul da Europa, com um espírito empresarial e uma consciência social admiráveis, mas em cujo seio mora uma minoria que defende métodos próximos aos do nazismo. Todos os governos espanhóis tentam primeiro a negociação e, depois, optaram pela solução policial para acabar com o grupo terrorista. Nenhuma das duas alternativas tem dado certo até agora. Tampouco está claro que até mesmo a concessão da independência ao País Basco sirva para que o ETA declare o cessar-fogo. Não seria de estranhar que a independência deflagrasse uma guerra civil entre os bascos.

Talvez algum dia os terroristas e aqueles que os apoiam se deem conta de que a violência leva a um beco sem saída. Nesse dia, voltará a paz ao País Basco. Em 23 de março de 2006, o ETA anunciou pela televisão uma trégua com caráter indefinido. A notícia foi recebida pelos cidadãos espanhóis e por sua classe política com manifestações de esperança, mas também de ceticismo. Ainda é cedo, porém, para saber se esse comunicado do grupo terrorista representa mesmo o primeiro passo para um processo definitivo de pacificação, ou se, pelo contrário, foi mais uma manobra dilatória de seus membros. Só o tempo dirá.

UM MODELO TERRITORIAL À *LA CARTE*

Superados os quarenta anos de centralismo franquista e chegada a hora de assentar as bases da democracia, o constituinte precisou tratar do delicado tema da organização territorial do Estado. No fim da década de 1970, coexistiam duas ou três sensibilidades distintas em relação a essa questão. De um lado, os cidadãos que se sentiam confortáveis em um Estado centralizado. Não consideravam errado que boa parte das decisões políticas fossem tomadas em Madri. No máximo, esperavam algum grau de descentralização administrativa para as províncias e os municípios.

No ponto diametralmente oposto, encontravam-se os nacionalistas bascos e catalães (em uma extensa gama de matizes, que ia do regionalismo até o independentismo), que consideravam a Espanha uma "prisão de povos" e reclamavam altas cotas de autogoverno – ou, inclusive, o reconhecimento do direito à autodeterminação de seus países.

Outras regiões com personalidade própria, como Galiza, Andaluzia ou Valência, entre outras, não pretendiam romper com a unidade espanhola, mas confiavam que a mudança política também trouxesse a cessão de competências políticas para os seus governos regionais.

Encaixar essas diversas sensibilidades em uma mesma constituição não era tarefa simples. A ideia de fazer da Espanha um estado federativo ficou descartada, já que ainda persistia a memória do experimento falido de 1873, que derivou em uma guerra civil. Ademais, a federação ia na contramão do sentimento da maioria da população, sem grandes expectativas com um modelo de descentralização política. Uma alternativa era o modelo seguido na Segunda República, que mantinha um estado centralizado forte e outorgava autonomia às regiões que assim o solicitassem. Seguindo o modelo de 1931, deu-se início à descentralização, inclusive antes da promulgação do texto constitucional, com a concessão da pré-autonomia ao País Basco e à Catalunha, e prosseguiu-se com a aprovação dos estatutos de autonomia da Galiza, do País Valenciano e da Andaluzia.

No começo dos anos 1980, desatou-se uma febre autonomista na Espanha e as deputações provinciais começaram a elaborar projetos de estatutos que lhes garantissem o direito ao autogoverno. Os políticos desenterraram antigos foros e símbolos medievais, evocaram cartas de povoamento e consultaram nos arquivos possíveis antecedentes institucionais que dessem cobertura histórica às suas pretensões. O governo da UCD, com o apoio da oposição socialista, aplicou a política do *café para todos*. Até 1983, todo o território peninsular e os dos arquipélagos estavam divididos em 17 comunidades autônomas. Somente as cidades norte-africanas de Ceuta e Melilla ficaram de fora do banquete autonômico.

Mas nem todas as autonomias desfrutaram do mesmo nível de competências. Houve comunidades de primeira, de segunda e de terceira categoria. As de primeira (o País Basco e a Catalunha) tinham as mais extensas competências e podiam constituir inclusive seus próprios corpos policiais. No caso do País Basco e de Navarra, em virtude de direitos forais da Idade Média, as autonomias conservaram a competência de arrecadar todos os impostos e de negociarem com o Estado central a cessão de uma parte deles (o *cupo*).

As autonomias de segunda não possuem um teto de competências tão elevado, mas dispõem de algumas importantes, como a saúde e a educação. Finalmente, as comunidades de terceira só têm competências residuais: ordenação do território, artesanato, algumas obras públicas etc.

O então presidente da Catalunha Jordi Pujol conversa com
Adolfo Suárez no palácio de La Moncloa.

O elenco de competências de cada autonomia não é fechado, podendo ser ampliado através de leis de transferências ou das reformas dos estatutos de autonomia. Essa flexibilidade do sistema autonômico espanhol faz com que a questão territorial seja um tema permanentemente aberto e objeto de contínuos debates políticos. A maior ou menor relevância das forças nacionalistas na hora de constituir o governo do Estado denota o maior ou menor progresso na transferência de competência do centro para as autonomias. Essa perpétua discussão origina frequentes estados de inquietação política. Enquanto, para uns, o nível de competências das comunidades autônomas já é excessivo e enfraquece bastante a coesão nacional, para outros, ainda falta percorrer um longo caminho para atingir a independência.

Ainda que o tema territorial seja tratado de maneira visceral pelos políticos e alguns meios de comunicação, a maior parte da população não está nem um pouco interessada nesses assuntos. Preocupa-se mais com a qualidade dos serviços públicos que recebe do que com sua titularidade estatal ou autonômica.

O QUE UNE OS ESPANHÓIS?

Depois de tudo o que foi exposto e comentado, deve restar uma dúvida para o leitor: se os espanhóis são tão distintos uns dos outros e se muitos deles nem sequer se sentem espanhóis, o que mantém a Espanha unida?

Certamente não são os seus símbolos (a bandeira, o hino etc.), rejeitados por uma parte da população, inclusive por alguns que se sentem verdadeiramente espanhóis mas que ainda não conseguem abandonar uma imagem retrógrada, motivada pelo uso e abuso que deles fez a ditadura franquista. Tampouco parece que a monarquia seja uma instituição com suficiente penetração social e ideológica para aglutinar todos os cidadãos do Estado espanhol numa mesma nação. Embora a figura do rei Juan Carlos I usufrua de merecido respeito, dado seu labor em prol da democracia e das liberdades, a monarquia como instituição não é plenamente aceita. As forças políticas que defendem a forma republicana, mesmo que minoritárias, têm representação parlamentar. A Constituição de 1978, referência constante dos políticos que nos últimos tempos descobriram a obra de Habermas e que, em uma forçosa manobra ideológica, tentam adaptar os princípios do "patriotismo constitucional" aos seus modelos políticos, também não constitui um ponto de apoio suficientemente sólido para sustentar a unidade espanhola. Ainda que a Carta Magna de 1978 seja fruto de um amplo consenso, naquele momento foi rejeitada pelas províncias bascas e recebeu a abstenção das forças políticas conservadoras. E agora que já se passaram quase trinta anos desde sua promulgação, são notórias algumas deficiências desse texto, compreensíveis pelo difícil momento histórico em que foi aprovado.

A história pesa na unidade dos espanhóis. A Espanha é, com a França e a Inglaterra, um dos países mais antigos da Europa. Ao contrário dos alemães e dos italianos, que só chegaram à unificação política na segunda metade do século XIX, os reinos hispânicos medievais conseguiram a união dinástica no começo da Idade Moderna. Fruto do acaso ou resultado de uma vontade explícita de unificar a Península Ibérica num só Estado, os reis de Castela, Leão, Navarra e Aragão (e por algumas décadas também de Portugal) passaram a denominar-se "reis da Espanha".

Mas a união dos espanhóis num mesmo ordenamento jurídico só foi possível na Idade Contemporânea, após as revoluções liberais. Foi então que essa unidade jurídica produziu um projeto nacional comum, mutuamente aceito pelo conjunto dos povos hispânicos. O peso do elemento castelhano na formação do Estado espanhol e

A Puerta del Sol marca o quilômetro zero da malha rodoviária espanhola, traçada no século XIX de forma radial e com um único centro na capital do Estado. Esta praça tem um significado emocional para muitos espanhóis, pois é seu relógio que assinala a passagem de ano todo dia 31 de dezembro. As doze badaladas do relógio da Puerta del Sol são acompanhadas pela ingestão das doze "uvas da sorte". Poucas tradições atuais unem tanto os espanhóis como essa, independentemente de ideologias ou procedências.

a confusão dos conceitos Castela e Espanha, até entre pensadores da envergadura de Ortega y Gasset, revitalizou as particularidades regionais e fortaleceu os movimentos nacionalistas de caráter centrífugo. A luta entre um nacionalismo espanhol-castelhano e os nacionalismos periféricos, que se negam a perder suas identidades nacionais, têm marcado a evolução política do Estado espanhol até os nossos dias. Duas concepções da Espanha brigam desde a época dos Áustrias: a que prima pela eficiência do poder central e prega a uniformidade do Estado e a que exige que a unidade do Estado não abafe os interesses legítimos da periferia. A conjunção dessas duas sensibilidades não é tarefa fácil e o debate ainda permanece em aberto.

Examinando com atenção a realidade espanhola, talvez devêssemos concluir que o que une os espanhóis são aspectos aparentemente secundários, mas muito presentes na vida cotidiana. Mais do que a história de quinhentos anos, o que liga os espanhóis a uma hipotética ideia de nação são os cinquenta anos de mídia audiovisual, que têm configurado um imaginário coletivo comum a todos os cidadãos. É a recordação de imagens de notícias, eventos esportivos, programas de entretenimento, filmes, piadas, expressões coloquiais etc. que, de fato, faz com que os espanhóis adquiram uma maneira especial de ver e entender o mundo. Esta *Weltauschauung* (visão do mundo) hispânica não significa que todos os espanhóis pensem igual, e sim que suas esferas de interesse sejam quase idênticas. Apesar de todas as suas diferenças regionais, é indubitável que um espanhol só consiga brigar de verdade com outro espanhol.

A Espanha é como uma família conflituosa, com alguns membros que se sentem à vontade e outros que ameaçam ir embora. Parafraseando Renan, poderíamos afirmar que a nação espanhola (se é que ela existe) é um plebiscito diário. Até agora a Espanha se manteve unida, seja pelo interesse comum de todas as partes, seja por comodidade de continuar em um Estado que funciona relativamente bem ou pelos mecanismos coercitivos de que dispõe o centro para esmagar os movimentos centrífugos. Contudo, nada pode garantir a sua permanência no futuro, exceto a vontade de seus cidadãos de continuar vivendo sob um mesmo país. A democracia e o respeito mútuo deveriam estar acima de considerações essencialistas de uma suposta pátria hispânica. Saber se a Espanha é ou não é uma nação, uma comunidade de nações, uma nação formada por nacionalidades e regiões e outras sutilezas parecidas, pode ser um exercício intelectual muito criativo, mas são outras as preocupações que tiram o sono da maioria dos espanhóis.

Notas

[1] Nome que os ciganos dão àqueles que não são da sua etnia.

[2] O ETA não foi o único grupo terrorista de extrema-esquerda a agir durante a transição. Houve outros bandos armados como o FRAP ou os GRAPO, mas a maioria acabou desarticulada nos anos seguintes ao estabelecimento do regime constitucional.

OS DESAFIOS DA ESPANHA DE HOJE

A Espanha de hoje é um país do Primeiro Mundo. Assim corroboram os indicadores de desenvolvimento econômico e social. Como comentávamos na introdução deste livro, jamais na história do país tantas pessoas desfrutaram do alto grau de bem-estar da atualidade. Muita coisa mudou no país na segunda metade do século XX, embora algumas mentalidades tenham ficado ancoradas no passado.

Neste capítulo, vamos tratar das luzes e das sombras que existem na Espanha do começo do terceiro milênio.

EXISTEM AS MARCAS ESPANHOLAS? DESDE QUANDO?

A mentalidade do fidalgo, para a qual o trabalho era coisa de camponês, atrapalhou e muito o desenvolvimento econômico da Espanha. Ao contrário do caso inglês, em que a partir do século XVII a nobreza teceu laços estreitos com a alta burguesia e formou a *gentry*, classe cardinal na decolagem industrial britânica dos séculos XVIII e XIX, a aristocracia espanhola teimou em preservar seus privilégios feudais. A máxima honra de um espanhol era viver sem trabalhar. Essa foi uma mentalidade possível de manter enquanto a Espanha detinha um extenso império ultramarino. Mas quando as colônias tornaram-se independentes ficou evidente o caráter periférico e atrasado da economia espanhola e o pesado fardo que tal mentalidade representava.

Somente na Catalunha e no País Basco apareceu uma mentalidade empresarial moderna, com empreendedores que apostaram na inovação e na aplicação das novas tecnologias. Contudo, a Espanha do século XIX e de boa parte do século XX registrou um atraso tecnológico de várias décadas em comparação com os principais centros industriais do mundo. Isso obrigou os fabricantes nacionais a exigirem dos poderes públicos políticas protecionistas que impedissem a entrada de produtos estrangeiros.

Nos anos da ditadura de Franco, continuou-se com a política protecionista, ao mesmo tempo em que o governo intervinha mais ativamente na economia produtiva. Os planos de desenvolvimento e o investimento do Estado na indústria representavam uma tentativa de promover uma industrialização tardia na Espanha, com resultados desiguais. À fase do crescimento dos anos 1960, seguiu-se a crise econômica dos 70, que forçou a reconversão industrial de uma parte considerável do setor manufatureiro espanhol.

A entrada do país na CEE em 1986 implicou uma mudança radical nas regras do jogo econômico. O protecionismo e o intervencionismo do Estado, característicos das décadas anteriores, deram passagem à liberdade de mercado e de concorrência. Muitas empresas não resistiram a esse novo cenário, mas as que souberam superar o desafio do mercado único europeu saíram mais fortalecidas.

A década de 1990 representou o momento da internacionalização da empresa espanhola. O choque da integração europeia deixou claro aos empresários espanhóis que a única forma de sobreviver em mercados cada vez mais liberalizados era marcando presença no exterior. Se no passado o mercado peninsular e o de algumas colônias que restaram do império de ultramar bastavam para absorver a produção industrial espanhola, agora o mercado interno era disputado por multinacionais estrangeiras. A única maneira de manter a rentabilidade dos negócios, agora que o bolo devia ser dividido com outros concorrentes, era crescer em outros mercados.

Um dos primeiros problemas que os empresários espanhóis encontraram foi a falta de marcas conhecidas mundialmente, ainda mais em um momento em que os intangíveis tinham um peso crescente nos ativos das empresas. O país tinha se dedicado por muito tempo à venda de matérias-primas ou de manufaturas, sem pensar em criar marcas de prestígio que ajudassem à consolidação de projetos empresariais de caráter internacional. Havia inclusive um certo complexo de inferioridade na hora de exibir nos produtos a denominação *made in Spain*, até que o governo, na década de 1970, lançou uma campanha publicitária com o título "Espanha fabrica qualidade". Até 1990 eram conhecidas no mundo somente algumas poucas marcas, como Iberia (a companhia aérea nacional), alguns times de futebol (como o Madrid ou o Barça) e alguns produtos de consumo (como a marca de azeite Carbonell, bem consolidada em alguns mercados latino-americanos). A imensa maioria das marcas que circulava na Espanha era para consumo exclusivo do mercado nacional. Até algumas multinacionais dos setores da alimentação ou dos artigos de limpeza mudavam os nomes de suas marcas internacionais, para adaptá-las às preferências do cliente espanhol, um consumidor que até então não costumava sentir-se atraído pelos nomes em inglês.

Sem marcas (ou grifes), os produtos espanhóis estavam condenados a brigar pelo preço. Quando a peseta foi substituída pelo euro e a política monetária passou a ser ditada pelo Banco Central Europeu, tornou-se ainda mais evidente que a única forma de vender valor agregado nos mercados externos seria pela associação dos produtos a um conceito de qualidade ou de *design* diferenciado. E isso só seria possível por meio da formação e consolidação de marcas de prestígio. Devagar e paulatinamente, a presença das marcas espanholas foi ganhando terreno e hoje são conhecidas, somente a título de exemplo, as seguintes: no setor têxtil, Adolfo Domínguez, Mango e Zara; no setor de alimentação, Borges, Calvo, Chupa Chups, Gallo, Lacasa, Panrico, Pescanova e Sos-Cuétara; no setor de vinhos e bebidas alcoólicas, Codorniu, Freixenet, González Byass, Miguel Torres e Osborne; no setor hoteleiro, Sol Meliá, Barceló, Riu e NH; no setor automotivo, Seat; e no setor financeiro e de seguros, o Banco Bilbao Vizcaya Argentaria (BBVA), o Banco Santander Central Hispano (BSCH) e o grupo Mapfre.

A mundialização da economia trouxe riscos e oportunidades às empresas espanholas. O setor têxtil viu-se especialmente afetado. Enquanto o tecido produtivo catalão sentia a pressão dos novos concorrentes externos, outras regiões, como a Galiza, souberam aproveitar as oportunidades que a abertura de mercados oferecia e experimentaram um rápido desenvolvimento econômico e social. Na imagem, vista da Corunha.

Foi este último setor, o financeiro e de seguros, o que experimentou um processo de internacionalização mais profundo nas últimas décadas. O Banco Santander, uma empresa originariamente familiar, conseguiu formar um grupo com os bancos espanhóis Central e Hispano-americano. Na década de 1990, lançou-se à conquista de novos mercados na Europa e na América Latina, continentes que são atualmente os dois alicerces sobre os quais se sustenta o grupo. Em 2004, com a aquisição do banco inglês Abbey National, o BSCH converteu-se na nona maior entidade financeira do mundo e na primeira da zona euro. Na América Latina, tem investimentos na Argentina, na Bolívia, no Brasil, na Colômbia, no Chile, no Peru, no Uruguai e na Venezuela. No Brasil, causou surpresa a compra do Banespa pelo Santander, última grande privatização do mandato do presidente Fernando Henrique Cardoso.

O outro grande grupo bancário espanhol é o BBVA, fruto da fusão nos anos 1980 dos dois grandes bancos comerciais do País Basco, o Banco de Bilbao e o Banco de Vizcaya, aos quais depois se agregou o grupo Argentaria, um conglomerado de bancos estatais privatizado na época de Felipe González. Finalmente, a Mapfre também desembarcou na Ibero-américa e tornou-se uma das seguradoras mais importantes da região. No Brasil, a Mapfre comprou, no começo da década de 1990, a seguradora Veracruz.

A privatização de monopólios energéticos e do setor das telecomunicações, iniciada pelos governos de Felipe González e continuada por seu sucessor José María Aznar, significou um impulso para a exportação de capitais. Firmas como Repsol, Telefónica, Endesa ou Iberdrola (muitas delas monopólios estatais até o fim da década de 1980) projetaram ambiciosos planos de expansão, que as transformaram em *players* de primeira categoria no âmbito multinacional. Saneadas financeiramente e impulsionadas pela bonança econômica dos anos 1990 (só interrompida pela recessão do segundo semestre de 1992 e do ano de 1993), essas empresas aplicaram agressivos planos de expansão exterior, com foco de investimentos principalmente na América Latina. O continente padecera de uma severa crise nos anos 1980, responsável pela estagnação econômica e uma hiperinflação que só contribuiu para alargar as desigualdades sociais. Os Estados Unidos, que haviam sido durante toda a segunda metade do século passado o maior investidor na região, reorientaram as suas prioridades para os mercados asiáticos, muito mais atraentes por seu espetacular crescimento. Ao mesmo tempo, as políticas neoliberais auspiciadas pelo Banco Mundial e pelo FMI compeliram muitos governos latino-americanos a privatizarem as autarquias públicas. Com isso, pretendia-se enxugar em parte o tremendo endividamento externo – um dos maiores empecilhos para a decolagem destas economias – e favorecer os investimentos que redundassem em uma modernização dos seus serviços públicos, obsoletos após mais de uma década de estagnação.

As privatizações latino-americanas brindaram com uma oportunidade única a expansão rápida das multinacionais europeias, sobretudo as da Península Ibérica, dados os laços históricos e culturais que uniam esses países. No entanto, a este fator cultural devia somar-se que, por culpa das deficiências do sistema educativo da Espanha, as empresas espanholas tinham dificuldades para contratar bons executivos com domínio de línguas estrangeiras. O inglês, língua franca dos negócios, demorou para entrar no currículo do ensino público, e outras limitações, como o fato de os filmes serem dublados em lugar de legendados, fizeram com que os espanhóis, no geral, tivessem um domínio muito pobre do idioma de Shakespeare. A identidade linguística com os povos ibero-americanos favorecia o fechamento de negócios nesse lado do Atlântico e explica em parte por que a América Latina foi o primeiro alvo da internacionalização das empresas espanholas.

O ano de 1998 foi decisivo para os investimentos espanhóis no continente americano. Nesse ano, a petroleira Repsol comprou a argentina Yacimientos Petroleros Fiscales (YPF), o que transformou o novo grupo Repsol-YPF em uma das dez maiores empresas petroleiras do mundo. Também em 1998, a Telefónica adquiria a Telesp, a companhia telefônica do estado de São Paulo, consolidando a presença da empresa espanhola no Brasil, país no qual já detinha o controle da telefonia gaúcha. Nos anos seguintes, a Telefónica continuou os investimentos na área da telefonia fixa e celular e fundou, em parceria com a Portugal Telecom, a Vivo, a principal operadora de celular do Brasil. Essas fusões e aquisições foram as mais impactantes, junto com a antes citada compra do Banespa pelo Banco Santander, e marcaram uma nova etapa na história dos fluxos de capital entre a Espanha e a Ibero-américa. Mas não podemos esquecer do desembarque americano das empresas energéticas, como Endesa, Iberdrola ou Gas Natural, com pesados investimentos nos países ibero-americanos, nem podemos deixar de considerar a implantação no continente americano de pequenas e médias empresas espanholas que no seu país de origem prestavam serviços às grandes multinacionais e que, ao formalizarem-se as fusões e aquisições, acompanharam essas grandes firmas em sua aventura transatlântica.[1] Desses investimentos espanhóis, derivaram-se notáveis melhorias na modernização das infraestruturas de muitos países latino-americanos. Mas também, por serem investimentos privados, e portanto movidos pela vontade de lucro, comportaram aumentos consideráveis nas tarifas de serviços básicos, como os de telefonia, água, gás e eletricidade. Essa disputa entre o interesse dos acionistas em maximizar e antecipar o retorno de seus investimentos e as exigências dos governos latino-americanos de manterem serviços públicos de qualidade a preços acessíveis para a população carente têm sido objeto de numerosos debates e enfrentamentos. O caso mais evidente é a queda de braço mantida pelo presidente Néstor Kirchner com as multinacionais que se beneficiaram das privatizações da era Menem. Enquanto o governo exige a manutenção de tarifas baixas que não agravem a crítica situação econômica de muitas famílias, as empresas negam-se a fazer os investimentos necessários para o crescimento econômico da Argentina, e até ameaçam deixar o país.

Se no passado a Espanha fora um importador nato de capitais procedentes da América Latina, primeiro pela exploração colonial do império e depois pelas remessas que enviavam os emigrantes às suas famílias, nas duas últimas décadas o país foi um exportador de capitais. Os vetores dos capitais e das migrações inverteram-se recentemente. Antes, os recursos iam da América para a Península Ibérica e as pessoas emigravam da península para a América. Agora, ocorre justamente o contrário: os investimentos vão da Península Ibérica para as Américas, enquanto o fluxo migratório vai das Américas para a península.

O forte investimento exterior das multinacionais espanholas na última década, unido aos laços históricos e culturais entre a Península Ibérica e a América Latina, têm facilitado que o aeroporto de Barajas (Madri) seja atualmente um dos principais nós de comunicações entre os dois lados do Atlântico.

Tudo, em suma, faz com que as empresas espanholas tenham na atualidade um grau de internacionalização bastante elevado, o que era impensável trinta anos atrás. As fontes das receitas e dos riscos estão repartidas entre ambos os lados do Atlântico. Quando a economia latino-americana cresce, isso se percebe logo nos bons resultados da bolsa de Madri. Da mesma maneira, quando os países latino-americanos entram em crise, a bolsa espanhola é a primeira a ser afetada. Paralelamente, Espanha e Portugal são vistos no restante da UE como a via de acesso natural (a *gateway*, se preferirmos o jargão dos economistas) para exportar e investir na América Latina e, no sentido inverso, uma porta de acesso privilegiada para as empresas latino-americanas que querem ter presença nos mercados europeus. O Ibex-35, índice bursátil dos 35 títulos mais importantes da bolsa de Madri, é extremamente sensível às flutuações da economia ibero-americana. As principais firmas que integram o Ibex-35, como a Telefónica, a Repsol-YPF, o BSCH, o BBVA, a Endesa e a Iberdrola, têm fortes investimentos nas Américas. Uma gripe na economia do Brasil, da Argentina, do Chile ou do México causa espirros e febre na bolsa madrilena. A crise dos anos 2001 e 2002, provocada pelo *default* argentino e pelas incertezas levantadas pela eleição presidencial brasileira, mobilizou as multinacionais e o governo espanhol para paliar seus efeitos.

A bolsa de Madri desempenha um papel de primeira ordem na atração de capitais europeus para as empresas latino-americanas. Com esse fim, criou-se em dezembro de 1999 um mercado de valores exclusivo para essas empresas (Latibex), no qual podem cotar as suas ações em euros. O sucesso do Latibex observa-se pelo fato de esse mercado movimentar mais volume de negócio que qualquer uma das bolsas latino-americanas.

Já não é somente a língua, a cultura e o passado que unem a Espanha à Ibero-américa. Também são os investimentos e as expectativas de retorno financeiro, algo tão pouco romântico. As notícias que chegam da América Latina não afetam somente a emotividade dos espanhóis, mas os balancetes das empresas e a carteira de seus acionistas. Tudo isso nos ajuda a entender por que a diplomacia espanhola cuida com especial carinho de suas relações com a Ibero-américa, fortalecendo os vínculos existentes há séculos.

EFEITOS COLATERAIS DO TURISMO

Não é possível entender a transformação e o avanço da sociedade espanhola nas últimas cinco ou seis décadas sem mencionar o turismo, essa "galinha dos ovos de ouro". Os cerca de cinquenta milhões de turistas que chegam à Espanha todos os anos para passar as férias representam uma das principais fontes de renda do país. Tanto os governos ditatoriais como os democráticos têm cuidado desse setor, um dos motores mais vigorosos do crescimento econômico espanhol.

Entretanto, o turismo não está livre de alguns "efeitos colaterais" que complicam a vida dos povoadores das regiões turísticas. Além do impacto positivo que supõe a entrada de divisas estrangeiras e a chegada de um grande número de consumidores dispostos a gastar seu dinheiro em alojamento, alimentação, viagens, atrações e outros divertimentos, o turismo (e isso não é uma particularidade espanhola, mas é comum no mundo inteiro) também favorece uma espiral inflacionária. Esse fenômeno evidenciou-se principalmente entre as décadas de 1950 e 60, quando existia um abismo entre o poder aquisitivo dos espanhóis e o dos visitantes do norte da Europa. Os preços de uma refeição ou de um simples refrigerante era o triplo nas áreas do que em outras populações mais distantes dos centros turísticos. Esses preços altos, que para o turista eram, mesmo assim, inferiores aos que ele pagava no seu país de origem, limitavam o poder de compra dos autóctones.

O crescimento do setor turístico disparou a atividade da construção. Era necessário edificar rapidamente hotéis e apartamentos para os estrangeiros que vinham passar as férias. Realizou-se essa explosão urbanística, conhecida como o *boom* dos 1960 (ainda que em muitas regiões tenha começado bem antes), sem a mais mínima planificação. Formosas *calas* em que os banhistas podiam nadar à sombra dos pinheiros foram arrasadas. Cortaram as árvores e no seu lugar construiu-se uma série de instalações hoteleiras, de gosto estético mais que discutível. E em paradisíacos areais erigiu-se, bem na primeira linha da costa, uma barreira arquitetônica que detonou o encanto do lugar. Lloret de Mar, Benidorm, Costa del Sol, Calvià... são exemplos paradigmáticos do que recebeu o nome de "balearização". Todo o litoral mediterrâneo, da Costa Brava até a Andaluzia ocidental, assim como os arquipélagos balear e canário, sofreram um soberbo movimento de especulação urbanística. Terras que antigamente não valiam nada, já que nelas não dava para semear nenhuma espécie de vegetal comestível, transformaram-se em poucos anos nos terrenos mais cobiçados para a construção. A depredação do território foi um dos primeiros efeitos negativos do turismo.

Com a edificação em massa, o turismo motivou também um consumo excessivo dos recursos aquíferos e meio ambientais. Redes de abastecimento de água e de esgoto que estavam preparadas para atender às necessidades da população local demonstravam-se totalmente insuficientes para atender a procura nos meses de verão, época do ano em que a população desses núcleos mais do que quintuplicava. A poluição das águas e a acumulação de lixo urbano representaram dois problemas que os municípios turísticos tinham de encarar e para os quais raramente estavam preparados. As infraestruturas sanitárias também tiveram de ser reforçadas para atender às necessidades dessa avalanche humana. Da mesma forma, estradas e rodovias não conseguiam dar saída ao número crescente de veículos que transitavam por elas. Congestionamentos e acidentes de trânsito aumentaram muito durante a temporada turística.

A sazonalidade do turismo, uma atividade que se concentra em no máximo seis meses ao ano, com um pico nos meses de julho e agosto (época das férias coletivas na Europa), também trouxe consigo dificuldades para os operários do setor. Era necessária uma boa planificação da economia doméstica para que as famílias dos chamados funcionários fixo-descontínuos pudessem sobreviver durante todo o ano com o salário recebido em um único semestre. Bicos esporádicos e algumas ajudas públicas (como o seguro-desemprego) ajudavam a paliar os efeitos negativos da sazonalidade. Não somente os setores mais próximos do atendimento ao turista, como o serviço de hotelaria e o da oferta turística complementar (bares, restaurantes, dancetarias, parques de diversões, locadoras de carros etc.), viam-se afetados pela chegada do inverno. O encolhimento da população e a queda drástica no consumo afetavam quase todos os setores econômicos. O único negócio que se mantinha a pleno vapor no inverno e que ficava mais lento nos meses de verão era o da construção. A volta dos turistas para seus países de procedência e o fechamento dos hotéis marcava o começo das obras de restauração e ampliação dos complexos turísticos. Da mesma maneira, durante os meses de inverno vivia-se uma atividade febril para concluir as obras dos hotéis e apartamentos antes do começo da temporada turística. Por outro lado, nos meses de verão, o setor da construção centrava-se quase exclusivamente em reparações de emergência e em trabalhos em residências privadas. Não era raro que um mesmo indivíduo trabalhasse no inverno como pedreiro e no verão ocupasse algum emprego relacionado com o atendimento aos turistas.

A necessidade de mão de obra para os setores turístico e da construção motivou migrações interiores. Foram milhares as famílias que, a partir dos anos 1960, emigraram da "Espanha seca" (Castela-La Mancha, Extremadura e interior da Andaluzia e de Múrcia) para os pujantes núcleos turísticos, nos quais conseguiam melhores oportunidades profissionais. A partir dos anos 1980, essa migração interior foi substituída aos poucos pela imigração de norte-africanos, africanos subsaarianos e latino-americanos.

Passada a euforia inicial, em que a população local se esforça ao máximo para tornar agradável a estadia do turista e em que o negócio turístico é visto com uma mistura de orgulho pelo atrativo da própria terra e de expectativa diante do enriquecimento que resulta dele, o turismo torna-se um aborrecimento. Deixa de ser atrativo ver ano após ano aquelas multidões de europeus do norte, brancos como leite, que calçam sandálias com meias, e que, depois de uma ou duas semanas de férias no local, voltam vermelhos como camarões, com algumas lembranças *kitsch*, talvez com um chapéu de mexicano (mesmo que na Espanha ninguém use chapéus de aba larga) e um vídeo com as bonitas paisagens que não viram, pois estavam ocupados demais tomando cerveja e *sangría* sob um sol de 40°C. O turismo acaba sendo chato. A cidade já não é mais a mesma, e transbordam os grupos de viagens organizadas que visitam com uma disciplina exemplar todos os monumentos significativos da localidade. E partes do litoral convertem-se em guetos para turistas, onde tudo está escrito em inglês, alemão, holandês, francês ou sueco. O turismo, no passado mais distante exclusivo de elites aventureiras, é hoje um negócio que se assemelha a qualquer outro processo industrial, com os mesmos desagradáveis inconvenientes para a população vizinha. O *input* a ser transformado é agora o turista estrangeiro (o *guiri*, como é chamado pejorativamente na Espanha), que sai do centro turístico como um *output* industrial, mais ou menos satisfeito pelo atendimento, o clima, as festas, as bebedeiras e o sexo experimentado durante suas férias.

Esse caráter de "indústria" é a chave do sucesso turístico da Espanha. Um bom *marketing* internacional, que soube explorar os atrativos naturais, artísticos e humanos do país, assim como um setor privado que viu no turismo uma oportunidade única de fazer bons negócios, fez da Espanha um dos países que mais turistas recebe no mundo. O *know-how* adquirido pelas empresas hoteleiras espanholas é um dos seus bens mais prezados e tem facilitado a expansão internacional de multinacionais como Sol-Meliá, que começaram sua história na Espanha e que hoje estão presentes nos cinco continentes.

Algumas nuvens escuras, porém, toldam o panorama do turismo na Espanha. O *boom* turístico iniciou-se quando ainda era um país pobre e atrasado. Muitos turistas europeus prefeririam passar as férias na Espanha, em lugar de outros destinos concorrentes, como a Itália ou o sul da França, justamente pelo diferencial de preços. Com menos dinheiro, o turista europeu conseguia pagar melhores hotéis e se divertir mais. Fazer turismo na Espanha era bom e barato. Atualmente, isso já não é mais assim. O país continua com índices econômicos mais baixos que os da maioria dos estados fundadores da UE, mas a distância entre eles tem se encurtado muito. A Espanha já não é tão barata como o foi no passado. E, simultaneamente, estão surgindo novos polos turísticos comparativamente mais econômicos, como a Tunísia, a costa dálmata da Croácia ou a Turquia, os quais, aliás, por serem centros turísticos novos, não têm seu meio ambiente tão danificado.

Como é possível manter o fluxo de turistas de massas (ou "de chinelo", como às vezes são denominados) com preços cada vez mais altos? A tendência nos últimos tempos tem sido a especialização no turismo de qualidade. Foram inaugurados numerosos *resorts* com campos de golfe, hotéis que oferecem quadras de tênis aos seus visitantes e hotéis destinados principalmente aos praticantes do ciclismo. Durante os meses de inverno, abundam as equipes de ciclismo profissional que elegem os destinos espanhóis no Mediterrâneo para preparar a temporada seguinte. Os hotéis que os recebem dispõem de serviços úteis para os ciclistas, como uma oficina mecânica e academia de ginástica adequada para complementar a formação física dos esportistas. Também a prática de esportes náuticos atrai uma ampla fatia de visitantes de alto poder aquisitivo. Em uma linha semelhante estão as estações de esqui, que aproveitam a temporada de inverno para oferecer distintas modalidades de esportes sobre a neve. Contudo, o turista com maior poder aquisitivo não quer se misturar com o de baixa renda, o que obrigará muitos núcleos turísticos nascidos no *boom* dos anos 1960 a uma profunda remodelação, caso não queiram permanecer em um contínuo processo de degradação.

O turismo cultural tem vivenciado uma nova decolagem, graças à recuperação de rotas históricas, como o Caminho de Santiago, ou à melhor divulgação do patrimônio histórico-artístico espanhol. Cada vez são mais frequentes os turistas que visitam as igrejas românicas do Pirineu ou os mosteiros góticos da Extremadura. Também existe uma tendência ao turismo rural. Não são poucas as pessoas que preferem dedicar suas férias a descansar em hotéis-fazenda distantes do estresse das grandes cidades e das praias mais badaladas. O turismo rural permite um maior sossego e descanso para o visitante e é um meio eficaz para melhorar a renda das regiões interiores, afastadas do agito industrial e turístico.

DA EMIGRAÇÃO À IMIGRAÇÃO

A Espanha foi historicamente um país emissor de emigrantes. Até a década de 1980, o saldo migratório espanhol apresentou-se sempre negativo, isto é, havia mais emigrantes que imigrantes. A crise do petróleo de 1973 brecou a tendência emigratória espanhola. A recessão das economias europeias não só parou de atrair mão de obra da Europa meridional, mas provocou o retorno de muitos emigrantes a seus países de origem. Na década de 1980, os índices começaram a mostrar uma reversão no fluxo migratório. Cada vez menos espanhóis emigravam e cada vez mais imigrantes chegavam do exterior.

Entre 1991 e 2001, a população estrangeira residente legalmente na Espanha quase triplicou, passando de 360.655 indivíduos para 1.109.060. Os europeus representavam 37% dos residentes, os africanos 27% e 25% procediam da América Central e do Sul. Os asiáticos ficavam com 8% do total.[2]

A imigração de europeus tem algumas particularidades que devem ser observadas. Para começar, a supressão de fronteiras entre os países membros da UE favoreceu os deslocamentos dentro da união. Os cidadãos da comunidade têm um *status* privilegiado e não precisam superar os trâmites de imigração impostos aos cidadãos de outras procedências. Ademais, o padrão elevado de vida da maioria dos países europeus faz com que o emigrante dessas origens não seja o protótipo do emigrante que foge da miséria e tenta abrir caminho numa terra de promissão. A mobilidade demográfica intraeuropeia acolhe circunstâncias pessoais muito diversas. Existe uma emigração por motivo de estudos (para cursar cursos de especialização no estrangeiro), amparada pelos programas europeus Erasmus e Sócrates. Outros migrantes são profissionais de empresas multinacionais que mudam de país a cada três anos para assumir novos desafios e ascender no organograma corporativo.

Também existe uma emigração de aposentados, que começou na década de 1960, e que afeta sobretudo as regiões litorâneas dos países mediterrâneos. Trata-se de um movimento migratório de pessoas idosas naturais dos países do Norte da Europa que deslocaram a sua residência para os países do sul, aproveitando tanto o clima agradável como o desnível de poder aquisitivo da Europa meridional. Aposentados britânicos, alemães e escandinavos, principalmente, conseguiam passar seus últimos anos em países de clima quente e com custos comparativamente inferiores.

Mais recentemente, as possibilidades abertas pelo "teletrabalho" têm facilitado a mudança de famílias de alguns empresários e profissionais liberais com suas famílias para países como a Espanha. Alguns centros do Mediterrâneo recebem uma grande afluência de famílias, basicamente alemãs, que residem permanentemente na Espanha, enquanto o marido viaja periodicamente à Alemanha para resolver assuntos profissionais. Esse movimento de população viu-se favorecido pelo incremento da oferta de transporte aéreo a baixo custo entre os centros turísticos espanhóis e as principais cidades do norte da Europa. A formação de colônias alemãs nestes núcleos traz consigo o estabelecimento de uma vasta oferta de educação, lazer e serviços sanitários e domésticos em língua alemã.

Totalmente distinta é a situação dos imigrantes africanos e latino-americanos. Salvo algumas exceções, nesses casos podemos falar de um movimento migratório induzido, principalmente, por motivações econômicas. As sucessivas crises de que padeceu a América do Sul na virada do milênio (Equador em 2000, Argentina em 2001 e Uruguai em 2002), aliadas à instável situação política e econômica da região, uma das mais desiguais do mundo em termos de distribuição da riqueza, provocaram sucessivas ondas de imigrantes sul-americanos. Os estreitos vínculos linguísticos e culturais que unem as duas beiras do Atlântico fizeram da Espanha uma porta de ingresso dos imigrantes da América Central e do Sul. Alguns deles ficaram no país e outros acabaram assentando-se em diferentes estados europeus. Devido ao alto custo de uma passagem aérea entre a América e a Europa, esse tipo de movimento migratório circunscreveu-se às classes médias latino-americanas, empobrecidas nos anos 1980 e 90 do século passado pela hiperinflação e pelas erráticas políticas neoliberais.

Ainda pior é a situação dos imigrantes africanos, que podem ser divididos em dois grandes grupos: os magrebinos (naturais do Marrocos, Argélia e Tunísia) e os subsaarianos (categoria que inclui quase toda a África negra). O continente africano é o grande esquecido do mundo de hoje. Nele acontecem sangrentas guerras civis, que a mídia ocidental apenas menciona. A África continua a apresentar elevados índices de crescimento vegetativo, ainda que a mortalidade infantil seja uma das mais elevadas do mundo e ainda que periódicas crises alimentícias causem tremendas mortandades. Estima-se que 2,6 milhões de marroquinos residam legalmente na UE, dos quais 425 mil moram na Espanha. Se a essa cifra pudéssemos acrescentar a dos imigrantes ilegais, o número total seguramente triplicaria. Além dos emigrantes originários do próprio país, o norte do Marrocos é o ponto nevrálgico onde se concentram emigrantes de toda a África para tentar o salto para a Europa. Alguns tratam de entrar a pé nas cidades espanholas de Ceuta e Melilla, cruzando a cerca e os controles policiais que separam os dois países. Outros contratam os serviços de máfias especializadas no transporte de pessoas para chegar à Península Ibérica por mar, em embarcações precárias e hiperlotadas.

O fluxo migratório das últimas décadas apresenta novas problemáticas. Ao contrário da emigração de europeus para a América do século XIX e início do século XX, essa não é uma imigração nem favorecida nem desejada pelos países receptores. A Europa vê com receio a chegada de novos contingentes populacionais e considera que seus países não estão preparados para atender às necessidades dos que chegam. Em consequência, Bruxelas faz esforços para harmonizar as políticas migratórias dos 25 estados membros, no sentido de fortalecer as fronteiras externas da união e dificultar a entrada de mais imigrantes. Conseguir as permissões de residência e de trabalho na Europa é hoje uma odisseia para muitos imigrantes, que se encontram imersos em uma espiral burocrática, com processos dilatados de vários anos de duração e cuja conclusão mais frequente é o indeferimento da solicitação. A única forma rápida e segura de obter a residência legal na Europa é com um passaporte de algum dos estados membros. Por isso, quando explodiu a crise Argentina entre 2001 e 2002, muitos argentinos e uruguaios exumaram de seus arquivos familiares os documentos que davam fé da procedência europeia de seus pais ou avós e correram para os consulados da Espanha, Portugal, Itália, França, Grã-Bretanha ou Alemanha para conseguir a nacionalidade comunitária o quanto antes.

A impossibilidade de conseguir os documentos que legalizem a estadia na Europa obriga muitos imigrantes a viver na clandestinidade. E isso alimenta as redes mafiosas de tráfico de pessoas e de extorsão, assim como favorece o crescimento da economia informal. Imigrantes extracomunitários são muitas vezes explorados por patrões sem escrúpulos, que os fazem trabalhar jornadas de até 14 horas, com salários miseráveis e sem nenhum dos benefícios sanitários ou previdenciários de que usufrui um trabalhador regularizado. O setor agrícola é um dos que mais utiliza mão de obra imigrante clandestina, sobretudo nas épocas de safra de frutas e hortaliças, atividades basicamente manuais. Também no setor da construção civil são frequentes os trabalhadores sem documentação, embora nesse caso a fiscalização do ministério do trabalho seja muito mais intensa.

É um paradoxo que as autoridades europeias afirmem que o continente não está em condições de receber tantos trabalhadores estrangeiros, ao mesmo tempo em que a realidade nos demonstra que esses imigrantes arrumam facilmente bicos e empregos mal remunerados, mas que lhes dão uma retribuição suficiente para sobreviver e, ainda, em muitos casos, conseguem economizar uma parte para enviar remessas às suas famílias. Parece lógico que, se a Europa não oferecesse oportunidades para essas pessoas, elas nem pensariam na possibilidade de emigrar para lá, mas não é isso o que acontece. Muito pelo contrário, os emigrantes africanos parecem dispostos a entrar no continente europeu a qualquer custo, mesmo que tenham que arriscar suas próprias vidas. Por isso, se lançam ao mar para atravessar o estreito de Gibraltar em precárias embarcações lotadas de gente. Os naufrágios desses pequenos barcos são frequentes e, sobretudo nos meses de verão, quando o mar está mais manso, os cadáveres dos que não conseguiram sobreviver à travessia chegam às praias andaluzas. Não temos dados precisos sobre o número de pessoas que pereceram ao tentar chegar à Espanha por mar, mas a UE estima que entre oito e dez mil pessoas morreram no estreito de Gibraltar entre 1989 e 2002.

A UE responde ao desafio da imigração dos países pobres impondo barreiras físicas, jurídicas e policiais à sua entrada. A Espanha, cujo território peninsular fica distante de solo africano por apenas 13 quilômetros de mar e que possui duas cidades no norte do Marrocos, é um dos flancos mais débeis da fronteira comum europeia e um dos estados que padece com maior força da pressão das massas de emigrantes que lutam para entrar no território europeu. Ademais, as históricas relações com a América Latina, uma parte de cujos habitantes são descendentes diretos de espanhóis, fazem da Espanha uma das principais vias de acesso à Europa dos emigrantes latino-americanos. Enquanto os governos se negam a reconhecer a regularização de sua condição de imigrantes, muitos empresários e famílias beneficiam-se dos serviços de pedreiros, faxineiros, empregadas domésticas, jardineiros, lavradores, eletricistas, encanadores, que, vivendo na clandestinidade, oferecem bons serviços a preços baixos. O fenômeno da migração põe em questão todo o modelo social europeu. E não porque esse modelo seja intrinsecamente ruim, mas porque separa brutalmente a rica e acomodada Europa da imensa maioria da população mundial que não tem acesso a nenhum dos direitos e privilégios de que se orgulham os europeus.

Malgrado as vantagens que para muitos espanhóis significa o uso (ou a exploração) da mão de obra imigrante, não são raras as reações racistas ou xenófobas. O imigrante é tratado com desconfiança ou até mesmo com hostilidade. Em alguns locais não se permite a sua entrada e, quando procuram moradia, recebem trato discriminatório por parte dos proprietários dos imóveis e pelos vizinhos, que em algumas ocasiões os relacionam com a delinquência ou com o tráfico de drogas. O desemprego juvenil às vezes serve de pretexto para atuações neonazistas, que jogam a culpa da difícil inserção dos jovens no mercado de trabalho nos imigrantes. As notícias de grupos jovens de *skin heads*, que agridem imigrantes pelo simples fato de serem pobres ou de terem a pele de uma cor mais escura, infelizmente não são raras.

Não parece que a solução passe por conceder automaticamente as permissões de residência e de trabalho a todo imigrante que assim o solicite. Nem a economia nem o tecido social europeu estão em condições de suportar uma avalanche migratória. Mas também é notório que com meras políticas de segurança e ordem pública nada se resolverá. O uso de recursos coercitivos pode disparar ainda mais a tensão nas fronteiras e gerar explosões de violência.

Para a Espanha, essa reversão do ciclo emigratório para o imigratório traz consigo novos desafios. Se o país já se mostrou pouco capaz de conviver com sua pluralidade interna, agora terá de enfrentar a convivência com pessoas de outras religiões, etnias, línguas e culturas. A integração dos imigrantes e de suas famílias na sociedade espanhola apresenta certas dificuldades, agravadas pelo fato de muitos imigrantes terem de viver na clandestinidade. Se antes era pouco frequente cruzar pela rua com uma pessoa negra, agora são as crianças que devem compartilhar os espaços educativos e recreativos com outras de todas as etnias, línguas e religiões. Isso, que nos países americanos, habituados a serem centros receptores de imigrantes de todos os cantos do mundo, é uma coisa perfeitamente normal, na Espanha é uma novidade.

AS NOVAS FORMAS DE TERRORISMO

O uso de forças irregulares para a luta armada não é uma novidade na Espanha, o país que inventou o termo *guerrilla*. Já os cronistas romanos nos alertavam do uso de pequenas camarilhas, com um bom conhecimento do terreno, para desferir duros golpes ao exército imperial sem perder muitos homens na operação. Quase dois milênios mais tarde, as tropas napoleônicas padeceram da crueldade dos guerrilheiros espanhóis, que usaram com habilidade a arma do terror para atemorizar os invasores. A derrota de Napoleão não significou o fim da guerrilha na Espanha. Liberais descontentes com o retorno do absolutismo prosseguiram sua luta contra a tirania. Os mesmos métodos de guerra de guerrilhas foram aplicados nas três guerras carlistas, fazendo com que o século XIX espanhol ficasse marcado como uma era de guerrilheiros.

Os anarquistas constituem os primeiros terroristas no sentido moderno do termo. Com suas ações violentas, pretendiam derrubar o Estado, ora assassinando dirigentes políticos (reis, príncipes, ministros, bispos, governadores etc.), ora semeando o medo entre a classe burguesa com ações de pistolagem ou através de atentados a bomba em centros nevrálgicos, tais como teatros de ópera.

A guerrilha voltou à tona na década de 1940, quando militantes de esquerda enrolados no *maquis* realizaram incursões na Espanha com o propósito de lutar contra a ditadura de Franco. As medidas policiais tomadas pelo governo e a falta de interesse das potências estrangeiras pela derrubada do regime ditatorial fizeram com que os focos de *maquis* fossem abafados quase todos antes que essa década finalizasse.

Nos anos 1960, novos grupos terroristas lutaram contra o regime. O terrorismo independentista do grupo basco ETA é o mais conhecido internacionalmente, mas existiram outros que visavam à implantação no país de regimes revolucionários. Foi o caso da Frap ou do Grapo, este último em atividade até inícios da década de 1990. Também coletivos de extrema direita agruparam-se em movimentos terroristas para propagar o pânico entre a população e forçar uma reação armada dos militares. Embora essa fase de terrorismo coincida, mais ou menos, com os anos da transição à democracia, no caso do ETA, já analisado anteriormente, a violência continuou mesmo com a consolidação das instituições democráticas e a concessão de uma ampla margem de autonomia para o País Basco.

Em 11 de março de 2004, uma quinta-feira, a três dias das eleições gerais, o país acordou sobressaltado pela maior ação terrorista da história da Espanha. Dez bombas escondidas em mochilas e acionadas por telefones celulares explodiram em quatro trens que ligavam Madri às cidades-dormitório de sua periferia. Duas dessas bombas estavam sincronizadas para explodir justo no momento em que dois trens entrariam simultaneamente na estação de Atocha, a principal da capital. Afortunadamente, um dos trens chegou com alguns minutos de atraso. Isso evitou o efeito multiplicador das duas explosões, que, segundo os especialistas, teria sido suficiente para explodir pelos ares toda a estação. A inveterada falta de pontualidade da companhia ferroviária espanhola dessa vez salvou os passageiros de uma tragédia maior. Ainda assim, o número de mortos atingiu 191 pessoas e houve mais de 1.500 feridos.

Nas primeiras horas posteriores ao atentado, todos os esforços centraram-se em socorrer as vítimas, e as primeiras informações policiais eram confusas e contraditórias.

As suspeitas recaíram, em um primeiro momento, sobre o ETA. Embora esse não fosse o estilo usado pela organização terrorista basca em atentados anteriores, quase ninguém duvidava que os terroristas pudessem ser capazes de tal monstruosidade. Quase quatro décadas de atentados e violência demonstravam que o ETA sempre buscava o máximo de dor e desespero com suas ações. Assim acreditou o próprio governo basco, cujo presidente, menos de duas horas depois de tomar conhecimento do atentado, leu um comunicado à imprensa manifestando a repugnância que sentia pelo ato e a vergonha de uma organização tão cruel definir-se como "libertadora" do povo basco. No entanto, Arnaldo Otegi, o porta-voz do braço político do ETA, negou imediatamente que o grupo armado tivesse alguma relação com o atentado de Madri.

As investigações policiais realizadas nas 48 horas posteriores à explosão das bombas apontavam que o ETA nada tinha a ver com os atentados. De acordo com algumas evidências achadas num furgão abandonado, era possível que a Al-Qaeda estivesse por trás desse crime. Inclusive, um jornal árabe de Londres recebeu na mesma quinta-feira um comunicado atribuindo o atentado a tal grupo. Na tarde do sábado, dia 13, a polícia deteve vários cidadãos marroquinos e indianos suspeitos de envolvimento no massacre. Em questão de horas, determinar quem havia sido o responsável pelos atentados do 11 de Março passou a ser um fator capaz de determinar os resultados das eleições do domingo. Mesmo que os partidos políticos decidissem pôr fim à campanha eleitoral no próprio dia 11, em sinal de luto, rapidamente circularam boatos sobre a autoria dos atentados. Caso se confirmasse que o culpado era o ETA, isso seria um ponto a favor do governo do PP, que aplicara uma política de decidida asfixia dos terroristas bascos, sob o risco de romper a unidade entre os partidos democráticos. A autoria do ETA era a mais conveniente para revalidar a maioria absoluta do PP no Congresso dos Deputados e garantir, assim, que Mariano Rajoy, sucessor *in pectore* de José María Aznar, pudesse governar sozinho por mais quatro anos. Mas se finalmente fosse revelado que por trás da operação estava a Al-Qaeda, a situação era mais comprometedora para o governo. Aznar levara a Espanha para a guerra do Iraque, contra o parecer majoritário da população, sem o apoio da comunidade internacional, em um clima de grande tensão dentro da UE e na contramão da história política espanhola de alianças com os países árabes. Um golpe do terrorismo islâmico poria sobre a mesa a gravidade dos riscos que o governo espanhol havia tomado (talvez precipitadamente) ao se unir à cruzada antiterror do presidente norte-americano George W. Bush.

Enquanto as cadeias internacionais de notícias apostavam em uma autoria dos terroristas islâmicos, o governo espanhol fazia de tudo para reorientar as atenções para o terrorismo do ETA, diminuindo a importância das investigações policiais que também apontavam a Al-Qaeda como a responsável pelo atentado. A vontade do governo de manter o povo desinformado sobre o andamento das investigações foi tão clara que provocou uma reação revoltosa da população. A oposição socialista aproveitou a situação para reverter o resultado eleitoral que as pesquisas de opinião apontavam como desfavorável para eles. No sábado, com alguns meios de comunicação amordaçados pela lei eleitoral (impedindo que durante a "jornada de reflexão" fossem emitidas notícias capazes de fazer mudar a opinião dos votantes), lançou-se uma campanha anônima contra o secretismo do governo. E-mails e mensagens sms de telefones celulares foram os recursos mais utilizados para denunciar as práticas do governo de Aznar para esconder a verdade. Usando esses mesmos meios, convocaram-se reuniões populares reivindicatórias em frente às sedes do PP, nas quais proferiram-se insultos e ameaças. Circularam inclusive boatos de que o governo estava planejando um "golpe de estado institucional" para adiar as eleições.

Não obstante, estas foram realizadas no domingo, dia 14, como estava previsto, e o PP saiu derrotado. O PSOE conseguiu a maior bancada parlamentar, mas ficou muito longe da maioria absoluta. Para governar, teve de negociar com os independentistas catalães de ERC e com os ex-comunistas de IU. Era a primeira vez que os meios de comunicação telemáticos serviam para provocar uma reviravolta em resultados eleitorais.

Enquanto isso acontecia no plano político, a polícia prosseguiu com as investigações e achou um apartamento em Leganés (cidade da área metropolitana de Madri) que servia de moradia para os terroristas. Em 3 de abril, as forças policiais cercaram o prédio. Dos seis terroristas que lá habitavam, um conseguiu fugir e outros cinco imolaram-se fazendo explodir o material explosivo depositado no apartamento. Na ação, faleceu um agente do corpo especial da polícia e uma parte do prédio desabou em consequência da deflagração.

Com o socialista José Luis Rodríguez Zapatero no palácio de La Moncloa, o congresso decidiu convocar uma comissão parlamentar para apurar o que acontecera nos atentados de 11 de Março e para tomar medidas no sentido de evitar que o fato se repetisse no futuro. Após quase um ano de deliberações, dois pontos ficaram claros. Primeiro, o governo precisava enfrentar um modelo de terrorismo totalmente distinto do que havia presenciado até aquele momento. A Al-Qaeda não dispunha da estrutura típica de um grupo terrorista, como o caso do ETA ou do IRA. Apesar de Osama bin Laden ser o líder máximo da organização, a Al-Qaeda articula-se em forma de rede, com células operacionais e outras latentes. As células latentes podem ficar anos inteiros sem dar o mínimo sinal de pertença à rede islamita. No entanto, um dia, sem aviso prévio, são despertadas e começam a preparar atentados. Estas células latentes poderiam inserir-se facilmente na comunidade imigrante de origem árabe sem levantar as suspeitas da polícia. Por tudo isso, era necessário reformar o ordenamento legal para adaptá-lo ao novo desafio terrorista e dotar a polícia de maiores recursos humanos e materiais para ser mais efetiva na perseguição dos criminosos.

Segundo ponto esclarecido após todos os meses de investigações, interrogatórios, análise de documentos e troca de acusações: a classe política espanhola (salvo digníssimas exceções) não estava à altura do desafio do terrorismo islâmico. Ainda que tenha havido asseverações e recriminações de depoimentos tão autorizados como o do magistrado Baltasar Garzón ou tão emotivos como o de Pilar Zanjón (presidente da associação de vítimas dos atentados de 11 de Março), os membros da comissão dedicaram mais esforços a determinar se o governo de Aznar mentira ou não à população, ou a acusar os socialistas de vulnerar a legislação eleitoral com a convocatória de atos de protesto contra o governo, do que a trabalhar em prol de uma melhoria dos mecanismos de segurança do estado sem esmagar as garantias constitucionais dos cidadãos.

DO MITO DO MACHO IBÉRICO À IGUALDADE DOS SEXOS

A espanhola tem obtido nas últimas gerações uma considerável libertação do jugo patriarcal. Até 1975,[3] uma mulher só podia abandonar o domicílio paterno sem autorização do progenitor para se casar ou para entrar num convento. Considerava-se, seguindo a tradição jurídica do direito romano, que a mulher era um ser incapaz (*capitis deminutio*), que não podia pensar por si própria e que precisava em todo momento da direção de um homem adulto. Os códigos de direito mercantil também estabeleciam consideráveis limitações à capacidade de obrar da mulher casada, já que para quase tudo era necessário o consentimento expresso do marido. O casamento era a troca da supervisão do pai pela supervisão do marido. Também a vocação de freira significava um tipo de casamento, só que dessa vez com Deus.

A Constituição de 1978 consagrou a igualdade jurídica de homens e mulheres, mas algumas conquistas são ainda mais recentes. Apenas em 1981, por exemplo, a lei da separação e do divórcio foram aprovadas. O aborto só seria legalizado em 1985. A interrupção voluntária da gestação foi permitida unicamente em três casos específicos: estupro, malformação do feto ou perigo para a mãe. O legislador caminhou sempre um passo atrás da realidade social. O crescimento econômico dos anos 1960 havia facilitado a integração da mulher no mundo do trabalho, e a invenção da pílula anticoncepcional deu a ela a possibilidade de planejar a maternidade e de manter relações sexuais sem o risco da gravidez.

Durante o franquismo, a Seção Feminina do Movimento Nacional tratou de impor uma visão estereotipada da mulher, como mãe e esposa, protetora da família e educadora nos dogmas do catolicismo.

Os fenômenos da democratização e da "feminização" da sociedade espanhola correram em paralelo. A população feminina, tradicionalmente excluída do ensino superior, lançou-se com entusiasmo ao estudo, até o ponto que, em 2004, o número de mulheres com título universitário superior ultrapassou o de homens. Somente no grau de doutor se mantém (por enquanto) a hegemonia masculina. Se a presença de mulheres nas salas de aula da universidade foi na década de 1960 uma curiosidade que suscitava comentários nos corredores, hoje, a presença feminina em algumas faculdades é esmagadoramente majoritária. Isso é notório nas faculdades de Direito (as mulheres estão conquistando cada vez mais espaço nas profissões jurídicas), nas de Letras e nas relacionadas à Biologia e as ciências da saúde. As engenharias continuam a ser um reduto masculino, mas a participação de mulheres está crescendo. No entanto, os principais bolsões de analfabetismo continuam concentrando-se no gênero feminino. Nesse mesmo ano de 2004, dois de cada três analfabetos na Espanha eram mulheres.

Uma das consequências dessa integração da mulher no mundo do trabalho foi a redução das taxas de fecundidade e de natalidade na Espanha. A taxa de fecundidade (número de filhos por mulher) das espanholas é uma das mais baixas do mundo. O índice, que em 1976 estava em 2,79 filhos por mulher, caiu nas décadas seguintes até atingir o mínimo, em 1999, de 1,2. A média da UE estava naquele momento em um alarmante 1,45. Nos últimos anos, esse indicador tem aumentado ligeiramente, devido em parte à chegada de imigrantes, cujas taxas de fecundidade são mais elevadas do que as espanholas. Mesmo assim, os indicadores espanhóis continuam abaixo da média europeia, que já é uma das mais baixas do mundo.

Conquanto tenha havido todos esses avanços, a igualdade entre os sexos ainda está longe de ser uma realidade. As mulheres recebem salários inferiores aos homens pelo desempenho das mesmas tarefas e têm mais dificuldades para alcançar cargos de responsabilidade nas empresas. Políticas discriminatórias na seleção de pessoal, motivadas por crenças machistas ou por considerar que as mulheres possam gerar despesas extras para as firmas (baixas por maternidade, perda de horas de trabalho por causa do cuidado dos filhos ou de parentes adoentados etc.), e a existência de "tetos de vidro" que limitam as aspirações de crescimento profissional nas organizações são empecilhos que ainda existem no mundo do trabalho e que impedem uma plena equiparação das mulheres aos direitos conferidos aos homens.

A participação cada vez maior das mulheres nas atividades profissionais, políticas ou empresariais não tem conseguido acabar por completo com os mitos machistas. Ainda não faltam homens com a crença de que o melhor lugar para a mulher é "na casa e com a perna quebrada". A ideia de a mulher se tornar independente do marido e empreender uma vida sozinha sem a tutela deste não é facilmente digerida por um setor importante da população masculina. O pior de tudo é que os moldes machistas não se restringem apenas aos homens de idade madura ou avançada. Também entre os jovens e os adolescentes repetem-se padrões de conduta que defendem a superioridade do homem sobre a mulher, fato refletido nos dados da violência de gênero, que afeta mulheres de todas as faixas etárias.

A violência de gênero é um dos temas mais preocupantes na Espanha atual. Entre janeiro de 1999 e setembro de 2005, morreram 580 mulheres pelas mãos de seus maridos, ex-maridos, noivos ou namorados. A violência contra as mulheres causou mais vítimas mortais nesse período que o terrorismo. E esse não é um problema novo. Infelizmente, há muitas gerações que as mulheres padecem em silêncio dos maus-tratos dos seus "companheiros sentimentais". O que tem mudado é a percepção social do fenômeno e a coragem com que muitas encaram o vexame das agressões. Versos como os que cantava Sara Montiel nos anos 1950 no célebre *cuplé Es mi hombre*, e que diziam "se ele me bater, tanto faz, é natural", seriam hoje inimagináveis e provocariam uma onda de indignação popular.

As medidas legais para a proteção das mulheres agredidas são, porém, insuficientes. Descumprem-se as ordens judiciais de afastamento e muitos conflitos conjugais que começam com agressões verbais e físicas, ao não serem devidamente solucionados, podem derivar em ações cruéis que acabam com a vida das vítimas. Medidas especiais como a criação de juizados específicos para atender com a maior celeridade possível os casos de violência doméstica ou o encurtamento dos trâmites do divórcio, para evitar assim que a ruptura do casal se converta em uma lenta agonia, foram medidas tomadas recentemente pelos poderes públicos para frear as agressões contra as mulheres. Seus efeitos ainda estão por vir.

Frases como "matei-a porque era minha" ou "antes morta do que de outro" ainda são pronunciadas por homens incapazes de aceitar que suas esposas ou namoradas sejam algo mais que um objeto. Embora os fracassos sentimentais produzam sempre dor e às vezes possam gerar reações agressivas, é a negação da mulher como sujeito dos mesmos direitos do homem a causa última por trás de assassinatos horrendos, cujo selvagerismo chega a atingir até mesmo as crianças.

A decisão do presidente socialista José Luis Rodríguez Zapatero de formar, em 2004, um conselho de ministros com o mesmo número de homens e mulheres tem de ser vista como um passo adiante. Até a vice-presidência foi dividida em duas pessoas, uma de cada gênero. Entretanto, não se pode afirmar que a paridade seja completa. As principais pastas ministeriais (economia, defesa, interior ou assuntos exteriores) são ocupadas por homens, enquanto as mulheres dirigem ministérios menos relevantes (cultura, meio ambiente ou assuntos sociais).

ACABOU A FAMÍLIA TRADICIONAL?

Por muitos séculos, a Espanha preservou, em certa medida, os moldes da família extensa de raiz romana. Na mesma casa coexistiam, com o serviço doméstico, três gerações: a dos avós, a dos pais e a dos filhos. Quem tinha todo o poder de decisão sobre a família era o "patriarca" (o *pater familias* dos romanos). Ele era o titular de todas as propriedades, administrava os negócios e impunha prêmios e castigos aos membros da família, em uma estrutura familiar claramente vertical e autoritária. As mulheres faziam parte dela através do casamento; mas nunca se integravam plenamente na família.

Em caso de sucessão hereditária, eram as últimas a receber e o seu maior direito era o usufruto sobre a metade da massa hereditária dos maridos, como garantia de que não morressem de fome. Somente tinham um certo poder sobre o seu dote, isto é, os bens que entregavam à família de acolhida e que em muitos casos eram a motivação principal do casamento. A disposição da mulher sobre o seu dote também não era livre, já que se exigia o consentimento do marido para qualquer transação.

Essa família tradicional era própria de uma sociedade rural, em que a exploração da terra constituía a fonte de sustentação das pessoas. A urbanização e a industrialização introduziram mudanças nesse modelo familiar e, paulatinamente, passou-se da família extensa originária a outra nuclear integrada unicamente pelos pais e pelos filhos. As famílias numerosas, formadas por mais de quatro filhos foram frequentes no começo do século xx. As melhoras na higiene, na vacinação e nos serviços sanitários fizeram com que diminuísse drasticamente a mortalidade infantil. Como em todos os países, também na Espanha, o índice de mortalidade recuou antes que o de natalidade. As medidas de planificação familiar, entretanto, demoraram um certo tempo para serem aplicadas no país. A ideologia imperialista e nacional-católica do franquismo enalteceu as famílias numerosas como exemplo patriótico. Casais com mais de vinte filhos eram recebidos pelo caudilho e distinguidos por sua contribuição ao alargamento da Espanha.

A bonança econômica dos anos 1960 alentou uma explosão demográfica na Espanha (o chamado *baby boom*), cuja população cresceu a ritmos vertiginosos. Nas décadas seguintes, a geração dos *baby boomers* vivenciou na própria carne as limitações de um sistema educativo e de um mercado de trabalho que não estavam preparados para receber esse aluvião demográfico.

A crescente inclusão da mulher no mundo profissional libertou-a da condição única e exclusiva de esposa e mãe e abriu-lhe novos horizontes de crescimento pessoal. Essa "feminização" do mundo do trabalho alterou profundamente as estruturas da família nuclear, embora determinadas formas de pensar continuem inalteradas. As mulheres espanholas reclamam – e com motivo – que seus parceiros dedicam pouco tempo às tarefas domésticas, fazendo com que tenham uma dupla jornada de trabalho: uma na qual desenvolvem sua profissão e a outra ao voltar para casa e ter de limpar, cozinhar e cuidar das crianças. O máximo que elas conseguem de seus companheiros é alguma "ajuda", o que dista muito de uma verdadeira partilha das responsabilidades domésticas.

Essa defasagem entre a realidade cada vez mais igualitária do matrimônio, no qual ambos os cônjuges trabalham fora de casa e contribuem em igual medida na sustentação econômica da família, com a permanência de mentalidades machistas é uma causa de contínuas tensões, que muitas vezes desembocam em processos de separação e divórcio. É fato que, nos casais de menos de 40 anos, quem insta a separação judicial é, na maioria dos casos, a mulher. Sem precisar depender do ordenado do marido para subsistir e cansada dos hábitos pouco solidários dele, é frequentemente a esposa quem solicita a dissolução do vínculo matrimonial e reinicia sua vida sozinha ou com outro parceiro. Por isso, é cada vez mais frequente a existência de famílias monoparentais, nas quais a mãe convive com seus filhos (são muito raras as concessões da custódia ao pai, sobretudo quando os filhos são pequenos).

Cada vez existem menos famílias que albergam no seu seio os avôs. Se décadas atrás não era estranho que a filha mais nova ficasse solteira para poder tomar conta dos pais quando estes não pudessem mais cuidar de si mesmos, nos tempos de hoje, essa ideia soa totalmente discriminatória e atentatória contra a liberdade individual. Com famílias cujos membros adultos devem se ausentar do lar para cumprir sua jornada de trabalho, o atendimento das pessoas idosas é feito em instituições especializadas. Se no começo do século XX, enviar o avô para um asilo supunha um constrangimento para a família – e levantava críticas por parte da sociedade –, atualmente se trata de uma realidade plenamente aceita. Por outro lado, as residências atuais para a terceira idade não são simples estacionamentos de velhos à espera da morte, mas centros bastante dinâmicos. Contudo, obviamente é muito diferente entrar numa residência pela própria vontade do que ser conduzido a ela porque os filhos não podem ou não querem manter o velhinho em casa.

Enquanto os casais jovens apresentam uma tendência à instabilidade conjugal, a terceira idade mostra-se muito ativa na procura da cara-metade. Com uma esperança de vida que supera os 80 anos (no caso das mulheres) e graças ao investimento público em atividades recreativas para os idosos (viagens, clubes da terceira idade, centros de dança e de ginástica, residências etc.), o amor e as relações de casal deixaram de ser patrimônio exclusivo dos mais novos. São cada vez mais costumeiras as bodas de pessoas de mais de 70 anos, às vezes celebradas nas próprias residências para idosos. A fim de evitar que a esposa perca a pensão de viuvez, esses casamentos raramente são formalizados no cartório, mesmo que um padre celebre uma missa para santificar essa união.

Outra mostra palpável de como as relações de família tradicionais vêm sendo substituídas por novos tipos de casamento é a recente irrupção do casamento gay. Os homossexuais, que até há pouco tempo precisavam esconder a sua orientação sexual e até disfarçá-la sob casamentos heterossexuais, agora decidem "sair do armário" e expor publicamente a sua condição. Colocando-se à frente no reconhecimento dos mesmos direitos para gays e lésbicas, o governo espanhol aprovou em 2005 uma nova lei que permite o casamento entre pessoas do mesmo sexo e que também inclui o direito de gays e lésbicas de adotarem crianças. Dessa maneira, a outrora católica Espanha tem tornado-se um dos países pioneiros na regulamentação desses direitos e se situa à vanguarda (junto com países como a Holanda ou o Canadá) na proteção jurídica desse coletivo.

Notas

[1] O governo espanhol e vários governos autonômicos têm favorecido a instalação na América Latina das empresas espanholas, proporcionando informação e ajudas financeiras. Entidades como o ICEX, o COPCA ou o SPRI, entre outras, têm facilitado a implantação de empresas de pequeno ou médio porte no exterior.

[2] Dados do Ministerio de Trabajo y Asuntos Sociales, Anuario de Migraciones, Madri, 2002.

[3] Os dados estatísticos mencionados neste item foram obtidos de um relatório publicado em outubro de 2005 pelo Instituto de la Mujer em <www.mtas.es/mujer/mujeres/cifras/demografia>.

CONCLUSÃO

A Espanha talvez seja um dos países em que é mais evidente a crise do Estado-nação. Essa construção política, produto da Revolução Francesa e implantada em solo ibérico nem sempre com muito sucesso, resulta, neste começo do terceiro milênio, excessivamente grande para tocar os assuntos locais e demasiado pequena para atender aos desafios do mundo globalizado. Essa crise é reconhecida pelo próprio Estado-nação, que permite que algumas das competências próprias da sua soberania alcem voo e viajem para estruturas supranacionais (a União Europeia, a Organização Mundial do Comércio etc.), permitindo ainda que outras sejam delegadas às comunidades autônomas, deixando o poder central de Madri cada vez mais enxuto.

Todavia, esse processo de emagrecimento do Estado-nação em favor de outras entidades de um espectro territorial superior ou inferior não está isento de tensões. Não se trata somente de transferir determinadas competências a um ente decisório ou a outro, mas de definir o que é a Espanha e o que são os espanhóis, e isso significa mexer com questões delicadas que afetam a emotividade de muitas pessoas. A Espanha é um dos Estados mais antigos da Europa e os espanhóis têm mais de quinhentos anos de convivência sob o mesmo soberano (o que não significa que fossem regidos pelas mesmas instituições e leis). Na Idade Contemporânea, milhares de pessoas deram sua vida por um ente intangível chamado Espanha e poderiam matar caso alguém tivesse duvidado de sua espanholidade. No entanto, ao mesmo tempo, também são milhares os que não aceitam essa identidade espanhola e que veem seus símbolos como elementos de opressão de uma nação sobre outras.

Denominamos Espanha um Estado com seus limites territoriais protegidos pelo direito internacional, e espanhóis aqueles que possuem a cidadania desse Estado. O direito civil empresta-nos os critérios que determinam se uma pessoa é ou não espanhola, e, objetivamente, a nação espanhola está formada por todos aqueles que possuem essa nacionalidade. Outra questão muito mais escorregadia é determinar se existe algum elo comum entre todos os espanhóis. E aqui adentramos no terreno da metafísica.

Na Espanha, existem diferentes identidades nacionais. Se tomássemos como exemplo as Astúrias, com certeza encontraríamos indivíduos que se sentem apenas espanhóis, outros que se sentem igualmente espanhóis e asturianos, outros ainda que se sentem mais espanhóis que asturianos, e outros tantos que se sentem mais asturianos que espanhóis. Um quinto grupo se sente somente asturiano, um sexto se sente mais europeu que espanhol, outro mais asturiano que europeu e mais europeu que espanhol, e por aí vai. Sobre identidades (como sobre gostos), não há o que se discutir.

A coexistência de distintas identidades nacionais não supõe por si só um problema. A situação fica difícil quando um coletivo quer impor aos outros sua visão particular sobre o assunto. Eis que temos um choque de identidades, que, se não for canalizado por condutos democráticos, pode dar lugar a explosões de violência. A experiência histórica nos demonstra que o conflito entre identidades excludentes conduz ou a uma balcanização ou a soluções autoritárias e centralistas. A Espanha já experimentou ambas e hoje vivencia um titubeante equilíbrio entre essas duas posições extremas.

Não parece que apelações ao glorioso passado da pátria sirvam atualmente como pretexto para a coesão nacional. Mais do que o passado, o que decidirá a união dos espanhóis será plano de futuro. Somente um projeto nacional atraente para todas as partes que integram o mosaico espanhol (e que seja democraticamente aceito por todos) garantirá que o o país subsista no porvindouro. Se fazer parte da Espanha converte-se em uma condenação ou em uma obrigação imposta pela força das armas, dificilmente esse Estado resistirá às tensões centrífugas.

A forma como os espanhóis irão resolver suas contradições internas condicionará seu relacionamento com o restante da Europa e em especial com Portugal. Embora uma união ibérica, como a que almejavam os republicanos decimonônicos, soe hoje bastante improvável, a supressão das fronteiras internas da União Europeia tem aproximado os dois países como nunca antes acontecera. Ora, para que essa integração econômica se estenda também ao plano cultural e humano será necessária uma superação dos receios recíprocos, que só poderá vir acompanhada do respeito às diferenças e da vontade de conhecimento mútuo.

Essas mesmas considerações são válidas no caso da relação entre a Espanha e a comunidade ibero-americana. Um aprofundamento nos valores positivos da pluralidade interna pode render frutos valiosos e imprescindíveis para a consolidação dos laços que unem as duas beiras do oceano Atlântico.

CRONOLOGIA

c. 1,2 milhão	Primeiros vestígios de atividade humana na jazida de Atapuerca.
c. 35.000	Pinturas rupestres de Altamira.
III milênio a.C.	Civilizações megalíticas de El Argar e Los Millares.
séc. VIII a.C.	Primeiras fundações fenícias na Península Ibérica.
219 a.C.	Aníbal conquista Sagunto. Começo da Segunda Guerra Púnica.
210 a.C.	Públio Cornélio Cipião inicia as operações da conquista romana da Península Ibérica.
197 a.C.	Hispânia é dividida em duas províncias: Hispânia Citerior e Hispânia Ulterior.
133 a.C.	Rendição de Numância.
58 d.C.	Primeiras pregações cristãs.
409	Invasões dos vândalos, suevos e alanos.
416	Os visigodos entram na Hispânia para pacificar o território e expulsar os bárbaros.
589	Recadero converte os visigodos ao catolicismo.
711	O reino visigodo sucumbe à invasão dos muçulmanos. O último rei godo é derrotado na batalha de Guadalete.
756	Abd al-Rahman, único sobrevivente da família real Omeia, foge de Damasco e se estabelece em Córdoba, onde funda um emirado independente.
778	Carlos Magno forma no sul dos Pireneus a Marca Hispânica, para proteger seu império das incursões muçulmanas.

912	Abd al-Rahman III proclama-se califa, rompendo assim os laços religiosos que uniam Al-Andalus com o califado de Bagdá.
946	O conde Fernán González independentiza Castela do reino de Leão.
1031	O Califado de Córdoba desagrega-se em múltiplas taifas independentes.
1085	Alfonso VI de Castela e Leão conquista Toledo.
1090	Os almorávidas anexam Al-Andalus ao seu império.
1094	El Cid conquista Valência, cidade que os muçulmanos recuperarão oito anos depois.
1172	Os almóadas ocupam o lugar dos almorávidas na Península Ibérica.
1212	Batalha de Las Navas de Tolosa. Derrota muçulmana e aceleração da expansão dos reinos cristãos.
1250	O reino de Granada é o único território muçulmano que resta na Península Ibérica.
1340	Vitória conjunta de castelhanos e portugueses contra os benimerines na batalha de El Salado.
1469	Casamento de Isabel de Castela e Fernando de Aragão, os Reis Católicos.
1478	Funda-se a Inquisição, como instituição sob domínio real.
1492	Conquista de Granada. Expulsão dos judeus. Primeira viagem de Colombo à América.
1494	Tratado de Tordesilhas entre Castela e Portugal para delimitar as áreas de influência.
1519	Proclamação do imperador Carlos V da Alemanha.
1521	Conquista do México.
1530	Fundação da Companhia de Jesus.
1533	Conquista do Peru.
1568	Execução dos condes flamengos Horn e Egmont. Início da guerra dos oitenta anos entre as Províncias Unidas dos Países Baixos e os Habsburgo espanhóis.
1571	Batalha de Lepanto contra os turcos.
1581	Felipe II é proclamado rei de Portugal nas cortes de Tomar.

1588	Fracasso da Armada Invencível.
1618	Queda do duque de Lerma, *valido* de Felipe III.
1623	O conde-duque de Olivares ocupa o cargo de *valido* de Felipe IV.
1640	Catalunha e Portugal rebelam-se contra Felipe IV.
1652	Reintegração da Catalunha aos domínios de Felipe IV.
1659	Paz dos Pireneus. Espanha perde os condados do Rosselló e da Cerdanya.
1668	Carlos II reconhece a independência de Portugal.
1700	Morre Carlos II sem descendência. Guerra de sucessão entre Felipe de Anjou e Carlos de Habsburgo.
1713	O Tratado de Utrecht reconhece Felipe de Anjou como o rei Felipe V da Espanha. Perdas territoriais dos Países Baixos, Gibraltar e Menorca.
1714	Felipe V conquista Barcelona e suprime as instituições catalãs (Decretos de Nova Planta).
1759	Começa o reinado de Carlos III.
1767	Expulsão dos jesuítas.
1777	Tratado de San Ildefonso para delimitar as fronteiras dos reinos espanhóis e portugueses na América.
1778	Carlos III proclama a liberdade de comércio com a América, que até então só podia ser feita através do porto de Cádiz.
1792	Começa a guerra entre a Espanha de Carlos IV e a Convenção Republicana francesa.
1795	Paz de Basileia. Fim da guerra da Convenção.
1801	Invasão de Portugal ("guerra das laranjas").
1805	Batalha de Trafalgar. Fim da aspiração de Napoleão de acabar com a superioridade naval dos britânicos.
1807	Napoleão inicia a invasão da Península Ibérica, com o apoio de Carlos IV e de seu *valido* Manuel Godoy. A finalidade é ocupar militarmente Portugal, aliado da Grã-Bretanha.

1808	Motim de Aranjuez. Carlos IV abdica em nome de seu filho Fernando VII. Napoleão usurpa o poder de ambos e proclama seu irmão José I rei da Espanha. A família real espanhola fica sequestrada em Baiona. Levante popular em Madri contra as tropas de ocupação francesas (2 de maio).
1810	Início da rebelião independentista da Venezuela.
1812	As cortes de Cádiz promulgam a primeira Constituição liberal e democrática.
1814	Fernando VII volta à Espanha e nega-se a jurar a Constituição de Cádiz.
1816	O Congresso de Tucumán proclama as Províncias Unidas da América do Sul.
1820	Pronunciamento militar de Riego. O exército obriga Fernando VII a acatar a Constituição.
1821	José de San Martín conquista Lima.
1822	Reunião em Guayaquil entre Simón Bolívar e José de San Martín Agustín. Iturbide proclama-se imperador do México.
1823	Invasão dos "Cem mil filhos de São Luís". Conclui o Triênio Liberal e o rei volta ao absolutismo.
1824	As últimas forças realistas que ficavam na América foram derrotadas na Batalha de Ayacucho.
1833	Morte de Fernando VII e início da primeira guerra carlista. Divisão da Espanha em províncias.
1854	Os liberais progressistas ocupam o poder por dois anos.
1868	Derrubada de Isabel II. O anarquista Fanelli visita Barcelona.
1870	Amadeu de Saboia é proclamado rei da Espanha.
1873	Após a abdicação de Amadeu I é instaurada a Primeira República.
1874	O golpe de estado de Pavía conclui a Primeira República. Pablo Iglesias funda o Partido Socialista Operário Espanhol (PSOE). Restauração bourbônica. Alfonso XII rei da Espanha.
1876	Promulgação da Constituição liberal conservadora, a mais longa da história espanhola.
1892	As *Bases de Manresa* exprimem as reivindicações do nacionalismo catalão.

1898	Guerra com os Estados Unidos. Perda das colônias de Cuba, Porto Rico e Filipinas.
1909	Semana Trágica de Barcelona.
1917	Greve revolucionária de socialistas e anarquistas.
1921	Desastre de Annual.
1923	Ditadura de Miguel Primo de Rivera.
1929	Exposição Universal de Barcelona e Exposição Ibero-americana de Sevilha.
1930	Primo de Rivera abandona o poder.
1931	Alfonso XIII abdica e proclama-se a Segunda República.
1932	Estatuto de autonomia da Catalunha.
1933	Vitória eleitoral dos partidos conservadores.
1934	Revolução nas Astúrias e na Catalunha.
1936	Vitória eleitoral das esquerdas unidas na Frente Popular (fevereiro). Alçamento militar (18 de julho) e início da guerra civil. Francisco Largo Caballero ocupa a chefia do governo republicano (setembro). Francisco Franco é elevado à chefia do Estado do bando rebelde (outubro). Madri resiste à ofensiva rebelde (novembro).
1937	Franco unifica falangistas e carlistas na FET-JONS (abril). Bombardeio de Gernika (abril). Anarquistas e comunistas lutam corpo a corpo em Barcelona (maio). Juan Negrín é o novo presidente do governo da república. Os rebeldes conquistam o norte peninsular.
1938	Batalha do Ebro. Retirada das Brigadas Internacionais.
1939	Fim da guerra civil.
1940	Franco pactua com Hitler a não beligerância da Espanha na Segunda Guerra Mundial, mas o caudilho presta apoio ao Eixo Roma-Berlim.
1943	Espanha muda seu *status* de "não beligerante" para "neutra".
1946	As Nações Unidas condenam a Espanha de Franco, como última expoente do fascismo em solo europeu. Declara-se um embargo internacional ao país.

1952   Acaba o racionamento de produtos.

1953   Acordo entre a Espanha e os Estados Unidos.

1955   A Espanha é aceita como membro da ONU.

1956   Crise no governo, que provoca a saída dos ministros falangistas e a sua substituição por tecnocratas.

1959   Plano de Estabilização Econômica. Criação do ETA.

1962   A oposição democrática ao franquismo participa do colóquio de Munique.

1964   Constituem-se as Comissões Operárias.

1969   O governo decreta o estado de exceção, pela proliferação de atividades de oposição ao regime. As cortes proclamam Juan Carlos de Bourbon sucessor de Franco na chefia do Estado.

1973   ETA assassina o almirante Carrero Blanco, presidente do governo.

1975   Conflito com Marrocos pela soberania do Saara Ocidental. Morte de Francisco Franco e proclamação de Juan Carlos I rei da Espanha.

1976   Adolfo Suárez é selecionado pelo rei para ocupar o cargo de presidente do governo. Aprovação da lei para a reforma política.

1977   Legalização do Partido Comunista. Primeiras eleições gerais. Pactos de La Moncloa.

1978   Referendo e aprovação da Constituição.

1979   Estatutos de autonomia da Catalunha e do País Basco.

1981   Demissão de Adolfo Suárez. Golpe de estado frustrado (23 de fevereiro). Escândalo sanitário da *colza* (óleo de canola). Espanha entra na OTAN.

1982   Um setor do ETA abandona a luta armada. Os socialistas ganham as eleições e obtêm maioria absoluta no parlamento. Felipe González ocupa a presidência do governo.

1986   Ingresso da Espanha na CEE.

1988   Greve geral organizada pelos sindicatos contra a política econômica do governo socialista.

1990   A imprensa revela contínuos escândalos de corrupção.

1992	São celebrados os Jogos Olímpicos de Barcelona e a Exposição Universal de Sevilha. O Tratado de Maastricht elimina restrições à livre circulação de mercadorias e pessoas pela União Europeia e estabelece as bases da futura moeda comum.
1993	O PSOE consegue a quarta vitória eleitoral consecutiva, mas dessa vez precisa do apoio dos deputados nacionalistas para governar em maioria.
1994	O processo judicial contra os ativistas do Grupo Antiterrorista de Libertação (GAL) aponta que o Ministério do Interior esteve envolvido numa trama de terrorismo de estado.
1995	O ETA tenta assassinar o líder da oposição parlamentar José María Aznar.
1996	O Partido Popular ganha as eleições gerais, mas José María Aznar precisa pactuar com os nacionalistas para garantir o apoio parlamentar ao seu governo de centro-direita.
2002	Começam a circular as moedas e notas de euros. A divisa comum europeia substitui a peseta.
2004	O terrorismo islâmico realiza o atentado com o maior número de vítimas mortais da história espanhola. Contra prognóstico, os socialistas ganham as eleições gerais. José Luis Rodríguez Zapatero é nomeado presidente do governo.
2005	O parlamento permite a reforma do Código Civil para permitir os casamentos homossexuais. Polêmica com a Igreja Católica pelo ensino da religião nas escolas públicas.

ANEXO

A PELE DE TOURO

Se esfolássemos um touro e esticássemos a sua pele para prepará-la para as tarefas de curtimento, teríamos uma forma muito parecida à do mapa da Península Ibérica. A imagem dos cabos e baías da península recorda a silhueta de um couro pronto para ser usado na indústria têxtil ou do calçado.

OROGRAFIA

A península situa-se no extremo sul-oriental da Europa, do qual a separa a cordilheira dos Pireneus, uma serra que percorre a prática totalidade do istmo. No centro da península localiza-se a meseta, um planalto central de mais de 700 m de altura sobre o nível do mar. A meseta está dividida no meio pela cordilheira Central, uma sucessão de serras (serra de Guadarrama, serra de Gredos, serra de Gata e, já em solo português, a serra da Estrela), cujos picos chegam a superar os 2.500 m de altura. A submeseta norte apresenta uma elevação média superior à da submeseta sul, e as alturas mais elevadas de ambas as submesetas situam-se no lado mais oriental das mesmas. De fato, a meseta é um planalto que forma uma rampa que conduz ao Atlântico. Assim, as alturas médias de mais de 700 m que encontramos em terras castelhanas vão minguando à medida que nos aproximamos do oceano. A altura vai diminuindo gradativamente até chegarmos às planícies litorâneas de Portugal, com alturas inferiores aos 150 m sobre o nível do mar.

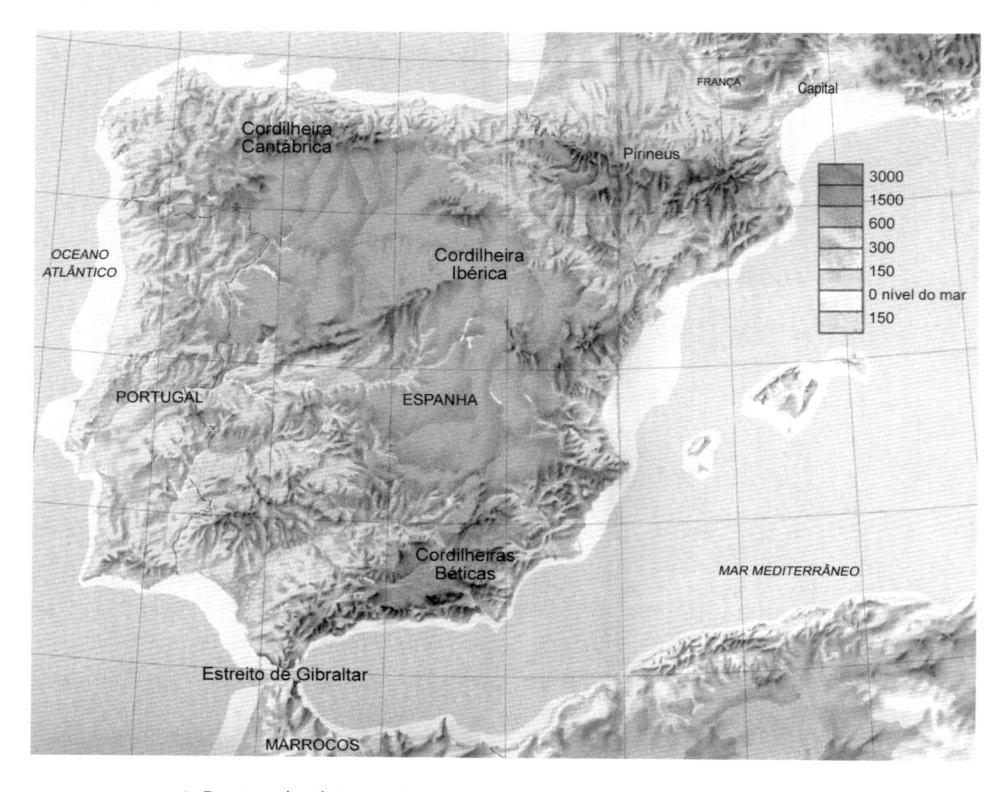

A Península Ibérica é um dos territórios mais montanhosos
do continente europeu, devido à meseta central
e às abundantes cordilheiras que criam barreiras naturais.

Enquanto a meseta vai se deslizando lentamente para o Atlântico pelo seu lado oeste, nos outros quatro pontos cardeais está limitada por cordilheiras. No norte situa-se a cordilheira Cantábrica, que limita ao oeste com o maciço Galaico, uma das formações montanhosas mais antigas da península, e ao leste com os montes Bascos. A mais elevada das serras que conformam a cordilheira Cantábrica é a dos picos de Europa, que fica nas Astúrias.

No leste, a meseta limita-se com a cordilheira Ibérica, um conjunto de serras que vão da província de Burgos até a de Castelló. As montanhas mais altas desta cordilheira encontram-se ao norte de Sória, na Serrania de Cuenca, em Castela, e na comarca do Mestrat (ou Maestrazgo), no País Valenciano. A borda sul da meseta está formada por *Sierra Morena*, a qual, mais que uma serra propriamente dita, é uma espécie de degrau que separa o altiplano central da depressão do Guadalquir, na Andaluzia.

O rio mais longo da Península Ibérica é o Ebro, que nasce perto da cordilheira Cantábrica e desemboca num estuário ao sul da província de Tarragona. No seu percurso, o Ebro forma uma depressão em forma de triângulo, rodeada ao norte pelos Pireneus, a sudoeste pela cordilheira Ibérica e a sudeste pelo Sistema Costeiro Catalão. O Ebro é um rio que se alimenta no outono e inverno da água de chuva e nos meses de primavera e verão do degelo das montanhas que o circundam.

No sul da península situa-se o vale do Guadalquivir, a outra depressão importante da geografia espanhola. O Guadalquivir é um rio que atravessa quase toda a Andaluzia e segue seu percurso entre a *Sierra Morena*, ao norte, e as cordilheiras Béticas, ao sul. Estas formam um conjunto de três cordilheiras: os sistemas Bético, Penibético e Sub-Bético (*Betis* é o nome latino do rio Guadalquivir) e são fruto do preguemento alpino, um fenômeno geológico ocorrido na era terciária e que teve como resultado a prática totalidade das serras da Península Ibérica, com a exceção do maciço Galaico. Em *Sierra Nevada*, uma das serranias que formam as cordilheiras Béticas, localizada na província de Granada, encontra-se o pico mais alto da Península Ibérica: o Mulhacén, com 3.481 m. Desse mesmo choque de placas tectônicas que deu origem à maior parte de cordilheiras da península resultaram também as ilhas Baleares, que são geologicamente uma continuação das cordilheiras Béticas.

Totalmente distintas do ponto de vista geológico são as ilhas Canárias. Situadas no oceano Atlântico, mais ao sul do arquipélago da Madeira, e na mesma latitude do Saara Ocidental, as ilhas Canárias são um arquipélago vulcânico. O vulcão que domina a ilha de Tenerife, o Teide, é o pico mais alto da Espanha (3.718 m).

Clima

Climaticamente, na Península Ibérica confluem duas grandes influências: a do clima atlântico e a do clima mediterrâneo. Nos dois casos, o mar ameniza as temperaturas extremas, mas, pelas suas especiais condições, o Mediterrâneo provoca verões secos e calorosos. A presença do planalto central também age como modificador das influências climáticas dos dois mares. Consequentemente, a península pode ser dividida em quatro grandes regiões:

    a) *Clima atlântico temperado*. Abrange a vertente cantábrica da península, a Galiza e quase todo o litoral português. Os invernos e os verões são suaves, com temperaturas médias que oscilam entre os 10º C no mês de janeiro e os 23º C no mês de julho. A pluviometria é elevada, com precipitações médias mensais superiores a 200 mm nos meses de inverno e de 50 mm nos meses mais secos do verão.

b) *Clima mediterrâneo continental.* A influência climática do Mediterrâneo, um mar quente, afeta quase toda a Península Ibérica. Porém, a elevada altura da meseta faz com que o clima das regiões centrais da Espanha seja uma mistura de clima mediterrâneo e continental europeu. Assim, os verões são quentes (temperaturas médias superiores a 25º C em julho) e as precipitações escassas (uma média de 50 mm em janeiro e de menos de 10 mm em julho). Mas, ao contrário do que acontece no clima mediterrâneo, os invernos são frios, com temperaturas médias no mês de janeiro inferiores aos 5º C.

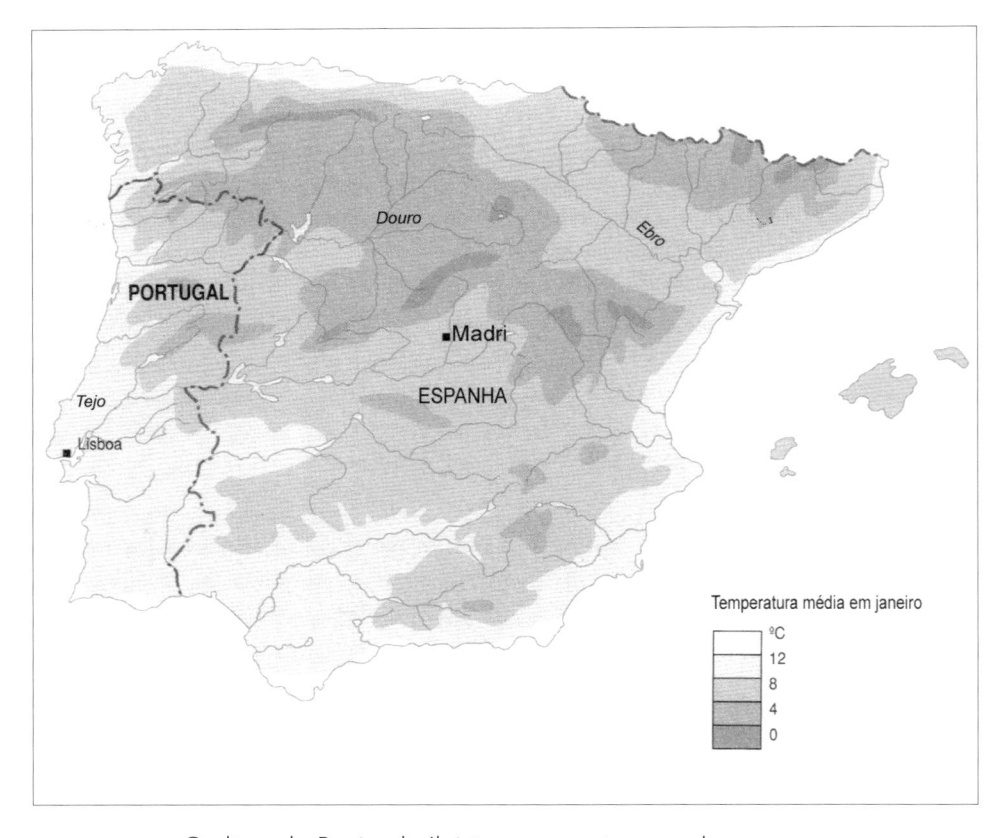

O clima da Península Ibérica caracteriza-se pelo contraste entre o norte frio e chuvoso e o sul cálido e seco.
A temporada seca coincide com os meses mais quentes do ano (julho e agosto), quando o sol e o calor atraem a maior parte dos turistas que viajam à Espanha.

c) *Clima mediterrâneo de litoral.* Nas regiões costeiras do Levante e Meio-dia da Península Ibérica, prevalece o clima mediterrâneo. Caracteriza-se pelos invernos suaves (temperaturas médias superiores aos 12º C em janeiro) e pelos verões quentes (temperaturas médias superiores aos 25º C em julho) e secos (precipitações inferiores aos 10 mm no mês de julho). As chuvas concentram-se sobretudo nos meses de outono (setembro-novembro) e de primavera (março-maio). A Espanha goza de muito sol nos meses de verão graças em parte ao anticiclone dos Açores. Todos os anos, a partir de maio ou de junho, o arquipélago dos Açores vira um centro de altas pressões, desviando as frentes oceânicas para latitudes superiores e deixando a Península Ibérica sob os efeitos do anticiclone. Somente nas últimas semanas de agosto o anticiclone dos Açores começa a perder força, o que facilita a entrada de massas de ar frio procedentes do norte da Europa. Nessa época do ano, a temperatura da água do mar Mediterrâneo está muito alta, chegando a atingir mais de 26º C. Ao mesmo tempo, devido à evaporação da água do mar, a atmosfera das áreas litorâneas encontra-se com percentuais de umidade superiores a 90%. O choque das massas de ar frio que chegam da Europa com o ar úmido e quente da bacia mediterrânea provoca chuvas torrenciais, de mais de 150 mm em poucas horas. Este fenômeno, conhecido como "gota fria", pode ter efeitos devastadores, produzindo alagamentos e paralisando as comunicações terrestres, marítimas e aéreas. O período da "gota fria", com eventuais alertas à população, abrange desde as últimas semanas de agosto até outubro.

d) *Clima de montanha.* Nas serras que sulcam a península, devido à altura, o clima tem as características próprias das regiões europeias de montanha. As precipitações são superiores e as temperaturas apresentam registros bem inferiores aos das localidades situadas mais próximas do nível do mar. As nevadas são correntes nos meses de inverno, o que favorece a prática de esportes como o esqui. Assim mesmo, o degelo da primavera fornece água para manter circulando os rios peninsulares, apesar da seca dos meses de verão.

Sistema fluvial

A orografia e o clima determinam o sistema fluvial da Península Ibérica. Na vertente cantábrica, devido ao curto espaço que existe entre as montanhas e o litoral, os rios dessa região (como o Nalón ou o Navía) são pequenos, de poucos quilômetros de comprimento, mas bastante caudalosos. Geralmente, na sua desembocadura formam-se pequenos estuários chamados rias. Os rios que atravessam a meseta são, ao contrário, muito longos e aumentam seu caudal à medida que vão avançando em direção ao oceano Atlântico e vão recebendo a água procedente dos afluentes. Os principais rios que se formam no altiplano são o Douro, que nasce na cordilheira Ibérica, recebe afluentes que provêm da cordilheira Cantábrica e do Sistema Central e desemboca à altura da cidade do Porto; o Tejo, que nasce na serrania de Cuenca (também na cordilheira Ibérica), aumenta seu caudal com afluentes que nascem basicamente no Sistema Central e tem seu estuário atlântico nas proximidades de Lisboa; e o Guadiana, que se nutre de afluentes que procedem da cordilheira Ibérica, de *Sierra Morena* e dos montes de Toledo e cuja desembocadura coincide com a divisa entre a região espanhola da Andaluzia e a portuguesa do Algarve.

A esses rios temos de acrescentar o Ebro e o Guadalquivir, que já foram mencionados ao comentar a orografia da península, e os rios da vertente mediterrânea. Estes últimos são muito menos caudalosos, por culpa da escassez de chuvas que afeta a região, e são muito mais curtos. Os principais são o Ter e o Llobregat, na Catalunha, o Júcar, o Túria e o Segura, que desembocam no País Valenciano, e que são fundamentais para garantir a rega das hortas valencianas e murcianas. Tanto o Ebro, como o Guadalquivir e alguns rios mediterrâneos formam em suas desembocaduras áreas de águas lacustres, conhecidas como pântanos ou marismas. Muitas delas têm interesse ecológico, pois albergam colônias de aves migratórias nos seus deslocamentos entre a Europa e a África.

Os rios espanhóis são pouco profundos e, por isso, pouco usados para o tráfego de embarcações, salvo algumas balsas de pouco calado. Somente no trecho português alguns rios como o Douro ou o Tejo são navegáveis. O rio Guadalquivir, no passado, foi navegável até Sevilha, o que permitiu que essa cidade centralizasse o comércio com a América no começo da exploração e conquista do continente. No entanto, no início do século XVIII, por culpa da acumulação de sedimentos no rio e pelo uso de navios de calado mais profundo, foi necessário interromper o trânsito fluvial até essa cidade, e Cádiz, um porto situado no oceano, passou o controlar o comércio com a América.

Vegetação

As diferenças climáticas expostas acima diferenciam, em termos de vegetação e cultivos, duas Espanhas: a Espanha úmida e a Espanha seca.

A Espanha úmida corresponde às regiões da Galiza, das Astúrias, de Cantábria, do País Basco e do norte de Navarra. É a parte atlântica do país e a que mais se beneficia das precipitações que trazem consigo as frentes frias vindas do oceano. Com chuvas que em muitos casos superam os 1.500 mm anuais e sem padecerem as secas do verão, essas regiões atlântico-cantábricas desfrutam de uma vegetação de árvores de folha caduca, como os castanhos ou os carvalhos. São terras apropriadas para a agricultura intensiva e para o pasto do gado bovino.

A Espanha seca está constituída pela grande maioria do território central, levantino e meridional da península. Caracteriza-se por uma agricultura extensiva e de seca, em que predomina o cultivo da "trilogia mediterrânea", isto é, o trigo, a vide e a oliveira. Espanha é um dos líderes mundiais na produção de vinho e de azeite. Nas áreas

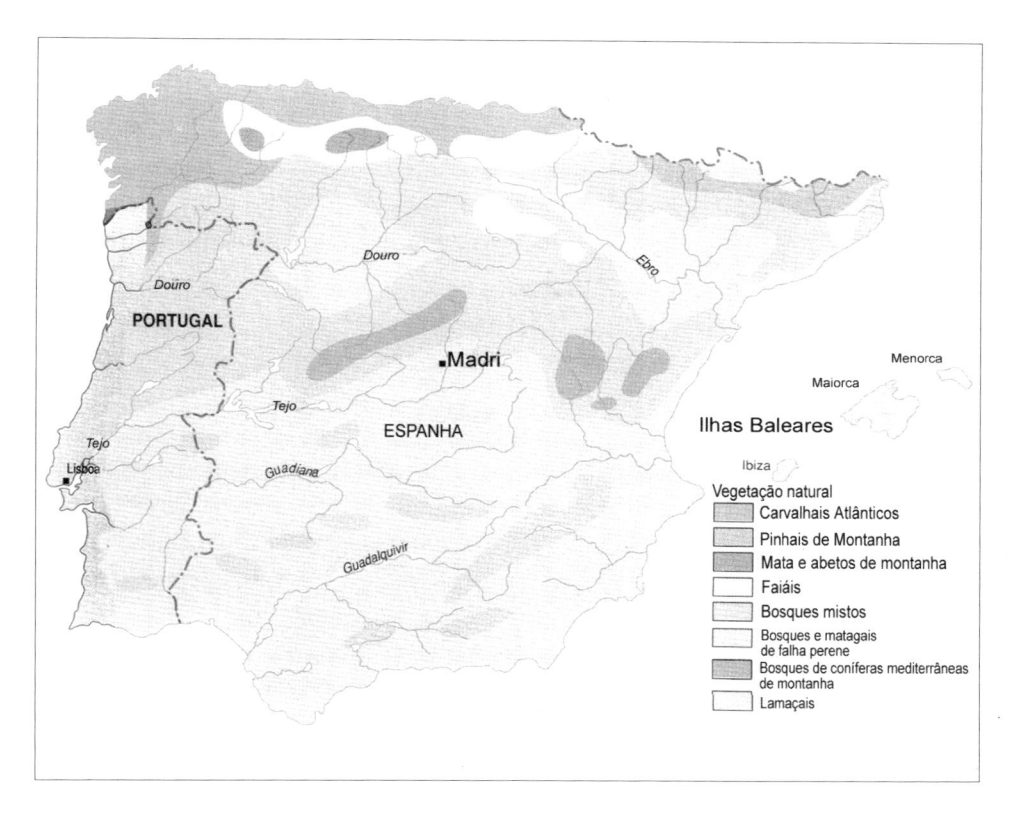

A vegetação da Península Ibérica muda conforme as variações
climáticas e passa do mato de arbustos do Mediterrâneo
aos bosques de carvalhos e faias da vertente atlântica.
Nas áreas de montanha abundam as coníferas (pinheiros e abetos).

regadas pelos rios – e beneficiadas pelo elevado número de horas de luz solar ao ano –, existem hortas em que se cultivam frutas e hortaliças. Também nas áreas lacustres das desembocaduras de alguns rios pode-se cultivar arroz e espécies vegetais que precisam de um alto consumo de água.

POPULAÇÃO

Em 1º de janeiro de 2004 (última atualização do padrão municipal), residiam na Espanha 43.197.684 habitantes.[1] No decorrer do século XX, a população espanhola mais do que dobrou, já que em 1900 era de 18,6 milhões. A média de crescimento por década superou em boa parte do século o 7%, destacando-se especialmente o *boom* demográfico dos anos 1920 e 1930 (apesar da guerra civil, a população espanhola cresceu nessa década quase 10%) e depois nos anos 1960 e 1970, em que se atingiriam picos superiores a 11%. Essas taxas de crescimento deram-se em um contexto de intensa emigração, primeiro para a América e o Norte da África e depois, a partir dos anos 1950, para os países europeus. Mesmo com saldos migratórios negativos, o vigoroso crescimento vegetativo permitiu um incremento continuado da população espanhola.

Número de habitantes na Espanha (1900-2001)[2]

	1900	1910	1920	1930	1940	1950	1960	1970	1981	1991	2001
População (em milhões)	18,62	19,99	21,39	23,68	26,01	28,12	30,58	33,96	37,74	39,43	41,12
Crescimento		7,4%	7,0%	10,7%	9,9%	8,1%	8,8%	11,0%	11,2%	4,5%	4,3%

A partir dos anos 1980, o ritmo de crescimento demográfico desacelerou-se. Houve uma queda muito significativa na natalidade, com taxas de fecundidade inferiores ao mínimo necessário para assegurar a reposição populacional. Nessas duas últimas décadas do século XX houve uma reversão de ciclo migratório. Graças à decolagem de sua economia, a Espanha passou de ser um país de emigrantes, transformando-se em um centro de atração da imigração. Boa parte do crescimento demográfico nos anos derradeiros no século passado deveu-se ao saldo migratório positivo, o qual, aliás, reativou a natalidade na Espanha, com a chegada de casais jovens de imigrantes, com taxas de fecundidade superiores às da juventude espanhola.

A população encontra-se desigualmente distribuída no território espanhol. As regiões litorâneas são as que concentram a maior densidade demográfica, enquanto as terras do interior estão quase despovoadas. Somente Madri, que apresenta um dos maiores índices de habitantes por quilômetro quadrado da Europa, e alguns centros urbanos destacados, como Valladolid, são a exceção de um panorama geral semidesértico. Devido à facilidade do transporte marítimo, a costa atraiu historicamente os principais investimentos comerciais e industriais, enquanto as províncias da meseta dedicaram-se principalmente à agricultura extensiva ou às atividades pecuárias. A partir dos anos 1950, com o desenvolvimento do setor turístico, alargou-se o abismo demográfico que separava as regiões do litoral das do interior, fomentando novas migrações interiores. Unicamente Madri, graças à sua condição de capital e de importante nó de comunicações, conseguiu atrair importantes empresas financeiras e, nos últimos sessenta anos, experimentou um processo de industrialização.

DIVISÃO POLÍTICA E ADMINISTRATIVA

No começo do terceiro milênio, a Península Ibérica está dividida em quatro Estados: Espanha, Portugal, Andorra e Gibraltar. A Espanha é o país com o território peninsular mais extenso e também inclui os arquipélagos das Baleares e das Canárias e as cidades norte-africanas de Ceuta e Melilla. Portugal é o país vizinho, e até datas recentes fora o grande desconhecido dos espanhóis. Separado do reino de Leão desde o século XII, o condado Portucalense foi uma das nações mais antigas da Europa. Portugal sempre fora almejado pelo nacionalismo castelhano-espanhol, já que foi o único reino da península que ficara fora da união dinástica entre Castela e Aragão. Diversas tentativas de anexação por parte da Espanha sucederam-se até o século XX. Como resultado desse expansionismo, o nacionalismo português olhou com desconfiança o vizinho espanhol e formou a sua identidade nacional, em parte, como oposição ao modelo unificador castelhano.

Andorra é quase um fóssil do feudalismo. Consiste em um pequeno principado situado no meio dos Pireneus, cuja soberania correspondeu a dois copríncipes: o bispo da Seu d'Urgell e o conde Toulouse (atualmente o presidente da república francesa). Até a década de 1990, quando promulgou sua primeira Constituição e solicitou seu ingresso nas Nações Unidas, Andorra manteve um ordenamento jurídico medieval.

Gibraltar é a última colônia restante na Europa, e é uma das reivindicações corriqueiras da diplomacia espanhola (da mesma maneira que o Marrocos reivindica periodicamente a soberania sobre Ceuta e Melilla). A possessão britânica de Gibraltar remonta à Guerra de Sucessão espanhola, no início do século XVIII. Desde então, o *peñón* (penha) esteve sempre sob pavilhão do Reino Unido.

Desde 1833, a Espanha está dividida em 50 províncias. Com a constituição de 1978, estas províncias agruparam-se formando comunidades autônomas, isto é, regiões com um regime de autogoverno diferente e particular para cada caso.

Notas

[1] Dados do Instituto Nacional de Estadística – Espanha.
[2] Elaboração própria a partir dos dados do Instituto Nacional de Estadística – Espanha.

BIBLIOGRAFIA

ABELLÁN, J.L. (ed.). *El reto europeo:* identidades culturales en el cambio de siglo. Madrid: 1994.

_____. *Historia crítica del pensamiento español*. Madrid: 1991.

ACOSTA, R. et al. *La España de las autonomías*. 2 vols. Madrid: 1981.

ALTAMIRA, R. *Historia de España y de la civilización española*. 4 vols. Barcelona: 1898-1911.

ÁLVAREZ JUNCO, J. *La ideología política del anarquismo español (1868-1910)*. Madrid: 1976.

ARANA GOIRI, Sabino. *Bizkaya por su independencia*. Bilbao: 1892.

ARANGUREN, J. L. *La cultura española y la cultura establecida*. Madrid: 1975.

ARÓSTEGUI, Julio (ed.). *Historia y memoria de la Guerra Civil*: encuentro en Castilla y León. 2 vols. Madrid: 1991.

ARTOLA, M. *Antiguo Régimen y Revolución Liberal*. Madrid: 1978.

_____. *Partidos y programas políticos*: 1808-1936. 2 vols. Madrid: 1974-75.

AZORÍN. *El alma castellana*. Madrid: 1900.

_____. *España*. Madrid: 1909.

BAHAMONDE, A.; CAYUELA, J. *Hacer las Américas*: las élites coloniales españolas en el siglo XIX. Madrid: 1992.

BALCELLS, Albert. *El nacionalismo catalán*. Madrid: 1991.

BALLBÉ, M. *Orden político y militarismo en la España constitucional (1812-1983)*. Madrid: 1983.

BEN-AMI, S. *La revolución desde arriba*: España 1936-1979. Barcelona: 1980.

BENNASSAR, Bartolomé (ed.). *Historia de los españoles*. 2 vols. Barcelona: 1989.

_____ et al. *Aux origines du retard économique de l'Espagne (XVIe-XIXe siecles)*. Paris: 1983.

_____. *La España del Siglo de Oro*. Madrid: 1983.

BERNAL, A. M. *Economía e historia de los latifundios*. Madrid: 1988.

BERNECKER, Walther L. *España entre tradición y modernidad*: política, economía, sociedad (siglos XIX y XX). Madrid: 1999.

BLANCO FREIJEIRO, A.; VALIENTE MALLA, J. *La España antigua*: de Altamira a Sagunto. Madrid: 1980.

BLINKHORN, M. (ed.). *Democracy and Civil War in Spain 1931-1939*. London: 1988.

BOTTI, A. *El nacionalcatolicismo en España (1881-1975)*. Madrid: 1992.

Boyd, C. B. *Historia Patria*: Politics, History and National Identity in Spain, 1875-1975. Princeton: 1997.

Brenan, G. *The Spanish Labyrinth*: an account of the Social and Political Background of the Civil War. London: 1950.

Breuer, T. *Spanien*. Stuttgart: 1982.

Busquets Grau, Julio. *El militar de carrera en España*. Barcelona: 1984.

Cacho Viu, Vicente. *Els modernistes i el nacionalisme cultural*. Barcelona: 1984.

Cánovas Del Castillo, Antonio. *Historia de la decadencia de España desde el advenimiento de Felipe III hasta la muerte de Carlos II*. Madrid: 1854.

Cárcel Ortí, V. (ed.). *La Iglesia en la España contemporánea*: 1808-1975. Madrid: 1979.

Cardona, G. *El problema militar en España*. Madrid: 1990.

Caro Baroja, Julio. *El mito del carácter nacional*: meditaciones a contrapelo. Madrid: 1970.

_____. *Introducción a una historia contemporánea del anticlericalismo español*. Madrid: 1980.

_____. *Las falsificaciones de la Historia*: en relación con la de España. Madrid: 1991.

_____. *Sobre la lengua vasca*. San Sebastián: 1988.

Carr, Raymond. *Spain 1808-1936*. Oxford: 1966.

Casassas, Jordi. *La Dictadura de Primo de Rivera (1923-1930)*. Barcelona: 1983.

Castro, Américo. *Origen, ser y existir de los españoles*. Madrid: 1959.

Cepeda Gómez, J. *El ejército español en la política española (1787-1843)*: conspiraciones y pronunciamientos en los comienzos de la España liberal. Madrid: 1990.

Chacon, Vamireh: *A grande Ibéria*: convergências e divergências de uma tendência. São Paulo: 2005.

Clemente, J. C. *Los carlistas*. Madrid: 1990.

Collins, R. *The Basques*. Oxford: 1986.

Cucó, Alfons. *El valencianismo político, 1874-1939*. Barcelona: 1977.

Cuenca Toribio, J. M. *Parlamentarismo y antiparlamentarismo en España*. Madrid: 1995.

_____. *Relaciones Iglesia-Estado en la España contemporánea (1833-1985)*. Madrid, 1985.

Domínguez Ortiz, Antonio. *El Antiguo Régimen*: los Reyes Católicos y los Austrias. Madrid: 1973.

_____. *Sociedad y Estado en el siglo XVIII español*. Barcelona: 1976.

Elorza, A. *Ideologías del nacionalismo vasco (1876-1931)*. San Sebastián: 1978.

Elliot, John. *La rebelión de los catalanes*. Madrid: 1977.

Escudero, José Antonio. *Curso de Historia del Derecho*. Madrid: 1990.

Fernández de Castro, I. *De las Cortes de Cádiz al Posfranquismo (1808-1980)*. 2 vols. Barcelona: 1981.

Ferrer Benimeli, J. A. *La masonería española*. Madrid: 1996.

Fontana, Josep (ed.). *España bajo el franquismo*. Barcelona: 1986.

_____. *La crisis del Antiguo Régimen, 1808-1833*. Barcelona: 1979.

Fox, E. I. *La crisis intelectual del 98*. Madrid: 1976.

Fox, Inman. *La invención de España*. Madrid: 1998

Fuster, Joan. *Nosaltres els valencians*. Barcelona: 1962.

Ganivet, Ángel. *Idearium español*. Granada: 1897.

García de Cortázar, F.; González Vesga, J. M. *Breve historia de España*: Madrid: 1994.

Gómez Molleda, M. D. *La masonería en la crisis española del siglo xx*. Madrid: 1986.

González Antón, Luis. *España y las Españas*. Madrid: 2002.

Gortázar, G. (ed.). *Nación y Estado en la España liberal*. Madrid: 1994.

Hennessy, A. M. *La República federal en España*: Pi y Margall y el movimiento republicano federal, 1868-1874. Madrid: 1967.

Herr, R. *Rural Change and Royal Finances in Spain at the End of the Old Regime*. Berkeley: 1989.

Herzog, W. *Spanien*: die zerbrechliche Einheit. Zürich: 1982.

Heywood, P. *Marxism and the failure of organised socialism in Spain, 1879-1936*. Cambridge: 1990.

Hina, H. *Kastilien und Katalonien in der Kulturdiskussion, 1714-1934*. Tübingen: 1978.

Huhle, R. *Die Geschichtsvollzieher: Theorie und Politik der Kommunistischen Partei Spaniens, 1936-1939*. Giessen: 1980.

Jackson, Gabril. *The Spanish Republic and the Civil War, 1931-1939*. Princeton: 1965.

Jover Zamora, José María. *La civilización española a mediados del siglo xix*. Madrid: 1992.

Juaristi, Jon. *Literatura vasca*. Madrid: 1987.

_____. *Vestigios de Babel*: para una arqueología de los nacionalismos españoles. Madrid: 1992.

Juliá, Santos (coord.). *El socialismo en España*: desde la fundación del psoe hasta 1975. Madrid: 1986.

Lafuente, Modesto. *Historia General de España*: desde los tiempos primitivos hasta nuestros días. 30 vols. Madrid: 1850-67.

Launay, Drew. *The Xenophobe's Guide to the Spanish*. London: 1999.

Lynch, J. *Bourbon Spain, 1700-1808*. Oxford: 1989.

Madariaga, Salvador. *The genius of Spain*. Oxford: 1923.

Maeztu, Ramiro de. *Defensa de la Hispanidad*. Madrid: 1935.

Mainer, J. C. *La Edad de Plata*. Barcelona: 1975.

Maravall, J. A. *El concepto de España en la Edad Media*. Madrid: 1964.

Marías, Julián. *España inteligible*: razón histórica de las Españas. Madrid: 1985.

Marimon, Antoni. *La crisis de 1898*. Madrid: 1998.

Martín Retortillo, S. (ed.). *Pasado, presente y futuro de las Comunidades Autónomas*. Madrid: 1989.

Melià, Josep. *Els mallorquins*. Palma: 1967.

Menéndez Pidal, Ramón. *La España del Cid*. Madrid: 1929.

_____. *Orígenes del español*. Madrid: 1926.

Miguel, Amando de. *Sociología del franquismo*. Madrid: 1975.

Nadal, J.; Wolff, Ph. *Historia de Cataluña*. Barcelona: 1992.

Nadal, Jordi. *El fracaso de la revolución industrial en España, 1814-1913*. Barcelona: 1975.

_____. *La población española*: siglos XVI al XX. Barcelona: 1974.

Nieto Soria, José M. *Fundamentos ideológicos del poder real en Castilla (siglos XIII-XVI)*. Madrid: 1988.

Núñez, L. C. *La fuente de la riqueza*: educación y desarrollo económico en la España contemporánea. Madrid: 1992.

Orizo, F. A. *Los nuevos valores de los españoles*. Madrid: 1991.

Ortega y Gasset, José. *España invertebrada*. Madrid: 1921.

Palacio Atard, V. *Nosotros, los españoles*: una breve historia de España. Barcelona: 1991.

Payne, S. G. *El régimen de Franco*. Madrid: 1987.

Pérez, Joseph. *Isabel y Fernando*: los Reyes Católicos. Madrid: 1988.

Pérez-Prendes, José María. *Las Cortes de Castilla*. Madrid: 1974.

Pi y Margall, Francisco. *Las nacionalidades*. Madrid: 1876.

Prados de la Escosura, L. *De imperio a nación*: crecimiento y atraso económico en España (1780-1930). Madrid: 1988.

Preston, Paul. *Franco, Caudillo de España*. Barcelona: 1994.

Ringrose, D. R. *España 1700-1900*: el mito del fracaso. Madrid: 1996.

Rovira i Virgili, Antoni. *Història Nacional de Catalunya*. 5 vols. Barcelona: 1926.

Rubert de Ventós, Xavier. *Nacionalismos*: el laberinto de la identidad. Madrid: 1994.

Salinas, Pedro. *Ensayos de literatura hispánica*: del Cantar de Mío Cid a García Lorca. Madrid: 1958.

Sánchez Albornoz, Claudio. *España, un enigma histórico*. 2 vols. Buenos Aires: 1971.

Sánchez Alonso, Blanca. *Las causas de la emigración española, 1880-1930*. Madrid: 1995.

Sayas Abengochea, J. J.; García Moreno, L. A. *Romanismo y germanismo*: el despertar de los pueblos hispánicos, s. IV-X. Barcelona: 1981.

Seco Serrano, Carlos; Tusell, Javier. *La España de Alfonso XIII*: el Estado y la política (1902-1931). 2 vols. Madrid: 1995.

Soldevila, Ferran de. *Història de Catalunya*. 3 vols. Barcelona: 1963.

Solé Tura, Jordi. *Nacionalidades y nacionalismos en España*: autonomía, federalismo, autodeterminación. Madrid: 1985.

Suárez Fernández, Luis. *El proceso de la unidad española*. Santander: 1972.

Tamames, Ramón. *Estructura económica de España*. 2 vols. Madrid: 1978.

Termes, Josep. *Anarquismo y sindicalismo en España*: la Primera Internacional, 1864-1881. Barcelona: 1972.

_____. *Las Bases de Manresa de 1892 i els orígens del catalanisme*. Barcelona: 1992.

Thompson, E. A. *Los godos en España*. Madrid: 1971.

Tomás y Valiente, F. *Manual de Historia del Derecho Español*. Madrid: 1981.

Tortella, Gabriel. *Los orígenes del capitalismo en España*. Madrid:1982.

Townson, Nigel (ed.). *El republicanismo en España (1830-1977)*. Madrid: 1994.

Tuñón de Lara, Manuel. *El movimiento obrero en la historia de España*. Madrid: 1972.

_____. *Medio siglo de cultura española, 1885-1936*. Madrid: 1970.

_____; Jover, José María (eds.). *La cultura bajo el franquismo*. Barcelona: 1977.

Tusell, Javier. *La dictadura de Franco*. Madrid: 1988.

Unamuno, Miguel de. *En torno al casticismo*. Madrid: 1902.

Vicens Vives, Jaime. *Aproximación a la historia de España*. Barcelona: 1952.

_____. *Noticia de Cataluña*. Barcelona: 1954.

Vilar, Pierre. *Cataluña en la España Moderna*. 3 vols. Barcelona: 1978.

_____. *Hidalgos, amotinados y guerrilleros*: pueblo y poderes en la historia de España. Barcelona: 1999.

_____. *La guerre d'Espagne*. Paris: 1985.

Villares, R. *Historia de Galicia*. Madrid: 1995.

Villarroya, J. T. *Breve historia del constitucionalismo español*. Madrid: 1987.

Vives, P. (coord.). *Historia general de la emigración española a Iberoamérica*. 2 vols. Madrid: 1992.

O AUTOR

Josep M. Buades, nascido em Palma de Maiorca, Espanha, é doutor em História, licenciado em Filosofia e Letras (seção de Geografia e História), licenciado em Direito e tem MBA em Administração de Empresas. Desenvolveu seus estudos e atividades acadêmicas em diversas universidades e centros de pesquisa da Espanha, Portugal, Itália, Inglaterra, Bélgica, Alemanha e Brasil. Reside em São Paulo desde 2000, onde trabalha na área de comércio exterior e colabora com a Cátedra Jaime Cortesão da Universidade de São Paulo (USP). Colaborador em jornais e revistas e autor de vários artigos e livros de história contemporânea, entre eles *Intellectuals i producció cultura a Mallorca durant el franquisme (1939-1975)*.

GRÁFICA PAYM
Tel. [11] 4392-3344
paym@graficapaym.com.br